A LIBRARY OF DOCTORAL DISSERTATIONS IN SOCIAL SCIENCES IN CHINA

中国社会科学博士论文文库

中国近代国立大学学科建制与发展研究（1895–1937）

Disciplinary Institution and Development in Modern China's National Universities (1895–1937)

斯日古楞 著

导师 张亚群

中国社会科学出版社

总　序

在胡绳同志倡导和主持下，中国社会科学院组成编委会，从全国每年毕业并通过答辩的社会科学博士论文中遴选优秀者纳入《中国社会科学博士论文文库》，由中国社会科学出版社正式出版，这项工作已持续了12年。这12年所出版的论文，代表了这一时期中国社会科学各学科博士学位论文水平，较好地实现了本文库编辑出版的初衷。

编辑出版博士文库，既是培养社会科学各学科学术带头人的有效举措，又是一种重要的文化积累，很有意义。在到中国社会科学院之前，我就曾饶有兴趣地看过文库中的部分论文，到社科院以后，也一直关注和支持文库的出版。新旧世纪之交，原编委会主任胡绳同志仙逝，社科院希望我主持文库编委会的工作，我同意了。社会科学博士都是青年社会科学研究人员，青年是国家的未来，青年社科学者是我们社会科学的未来，我们有责任支持他们更快地成长。

每一个时代总有属于它们自己的问题，“问题就是时代的声音”（马克思语）。坚持理论联系实际，注意研究带全局性的战略问题，是我们党的优良传统。我希望包括博士在内的青年社会科学工作者继承和发扬这一优良传统，密切关注、深入研究21世纪初中国面临的重大时代问题。离开了时代性，脱离了社会潮流，社会科学研究的价值就要受到影响。我是鼓励青年人成名成家的，这是党的需要，国家的需要，人民的需要。但问题在于，什么是名呢？名，就是他的价值得到了社会的承认。如果没有得到社会、人民的承认，他的价值又表现在哪里呢？所以说，价值就在于对社会重大问题的回答和解决。一旦回答了时代性的重大问题，就必然会对社会产生巨大而深刻的影响，你也因此而实现了你的价值。在这方面年轻的博士有很大的优势：精力旺盛，思想敏捷，勤于学习，勇于创新。但青年学者要多向老一辈学者学习，博士尤其要很好地向导师学习，在导师的指导下，发挥自己的优势，研究重大问题，就有可能出好的成果，实现自己的价值。过去12年入选文库的论文，也说明了这一点。

什么是当前时代的重大问题呢？纵观当今世界，无外乎两种社会制度，一种是资本主义制度，一种是社会主义制度。所有的世界观问题、政治问题、理论问题都离不开对这两大制度的基本看法。对于社会主义，马克思主义者和资本主义世界的学者都有很多的研究和论述；对于资本主义，马克思主义者和资本主义世界的学者也有过很多研究和论述。面对这些众说纷纭的思潮和学说，我们应该如何认识？从基本倾向看，资本主义国家的学者、政治家论证的是资本主义的合理性和长期存在的“必然性”；中国的马克思主义者，中国的社会科学工作者，当然要向世界、向社会讲清楚，中国坚持走自己的路一定能实现现代化，中华民族一定能通过社会主义来实现全面的振兴。中国的问题只能由中国人用自己的理论来解决，让外国人来解决中国的问题，是行不通的。也许有的同志会说，马克思主义也是外来的。但是，要知道，马克思主义只是在中国化了以后才解决中国的问题的。如果没有马克思主义的普遍原理与中国革命和建设的实际相结合而形成的毛泽东思想、邓小平理论，马克思主义同样不能解决中国的问题。教条主义是不行的，东教条不行，西教条也不行，什么教条都不行。把学问、理论当教条，本身就是反科学的。

在21世纪，人类所面对的最重大的问题仍然是两大制度问题：这两大制度的前途、命运如何？资本主义会如何变化？社会主义怎么发展？中国特色的社会主义怎么发展？中国学者无论是研究资本主义，还是研究社会主义，最终总是要落脚到解决中国的现实与未来问题。我看中国的未来就是如何保持长期的稳定和发展。只要能长期稳定，就能长期发展；只要能长期发展，中国的社会主义现代化就能实现。

什么是21世纪的重大理论问题？我看还是马克思主义的发展问

题。我们的理论是为中国的发展服务的，决不是相反。解决中国问题的关键，取决于我们能否更好地坚持和发展马克思主义，特别是发展马克思主义。不能发展马克思主义也就不能坚持马克思主义。一切不发展的、僵化的东西都是坚持不住的，也不可能坚持住。坚持马克思主义，就是要随着实践，随着社会、经济各方面的发展，不断地发展马克思主义。马克思主义没有穷尽真理，也没有包揽一切答案。它所提供给我们的，更多的是认识世界、改造世界的世界观、方法论、价值观，是立场，是方法。我们必须学会运用科学的世界观来认识社会的发展，在实践中不断地丰富和发展马克思主义，只有发展马克思主义才能真正坚持马克思主义。我们年轻的社会科学博士们要以坚持和发展马克思主义为己任，在这方面多出精品力作。我们将优先出版这种成果。

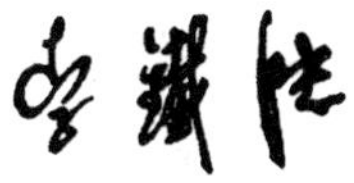

2001年8月8日于北戴河

序

在近代中国高等教育转型中，学科变革居于核心地位。从传统的中学分类转向近代西方的学科分类，对中国大学制度建设和专门人才的培养产生了深远的历史影响。从某种意义上说，西学东渐激发的知识更新与学科转型，成为中国高等教育近代化的重要内容和显著标志。

作为近代大学制度的重要组成部分，现代意义上的“学科”是典型的舶来品。无论是先秦时期的“孔门四科”，或是汉唐以降察举、科举的“分科”取士，抑或是经史子集“四部之学”的知识分类，都与近代学科的内涵迥然有别。就高等教育变革而言，以西方的“七科之学”取代传统的“四部之学”，实为划时代的变革，由此引发中国近代知识体系、课程结构、教育理念与教学方式方法的连锁变革，影响甚为广泛。

中国近代的学科变革发轫于洋务教育，历经清末学制改革、废科举兴学堂，以及民初学制改革，最终建立以西式教育制度为基础的学科分类和课程体系。在这一变革过程中，国立大学作为最高学府，不仅自身适应学制变革和人才培养的要求，不断调整其学科建制和课程结构，而且对其他高等教育机构的学科建设也产生了重要影响。

学科是大学的基础，与知识生产、人才培养和社会服务密切相关。可以说，一部中国近代大学史，就是学科不断变革与扩展、学科建制逐步发展演变的历史。20 世纪前半期，国立大学的学科建制，经历了从“科—门”“科—系”到“院—系”的发展历程，其间的演化特征、发展规律和利弊得失，需要从理论与实践层面进行深入探析。总的来看，学术界有关中国近代普通教育的学科变革和课程演变的研究成果较多，对于高等教育内部的学科制度变革研究则较少，对国立大学的学科建制与发展更是鲜有系统、专门的探究。如今，《中国近代国立大学学科建制与发展研究》一书的问世，填补了这一空白。

斯日古楞同学是我指导的教育史专业博士生，研究方向为中国近现代高等教育。入学前，硕士专业读的是课程与教学论；读博期间，刻苦向学，系统学习了高等教育学理论和高等教育史知识。这些都为其博士论文的写作打下了良好基础。她勤于研究，发表了多篇论文，成绩斐然，曾获得厦门大学教育研究院“懋元奖”一等奖。这本专著就是在其博士学位论文基础上精心撰就的学术成果。

该著视野开阔，从高等教育学的视角，系统考察了中国近代国立大学学科变革与学科建制的动因、发展历程，探析其演化特征、发展规律与历史启示。作者运用文献研究、统计分析、案例分析、比较研究等方法，在实证研究的基础上，得出不少新的结论。如：中国近代国立大学学科建设，促进了学术分科思想的产生与发展；国立大学学科建制与发展具有外来性与本土化并存的特征，既受社会现实需求、政府宏观调控和大学法规政策的制约，也受学科知识发展、大学自身传统以及办学者学科思想的引导；大学学科建制变革，应循序渐进，从长计议，兼顾大学的内外部环境、学科传统，减少盲目性，避免随意增减、合并学科。这些研究成果，丰富了高等教育近代化研究的内涵，读来颇受启发。

学科建设是当今高等教育改革发展的关键，建设高水平大学，须从一流学科建设做起。抚今追昔，我们既要借鉴近代国立大学学科建设的经验，又要不断汲取世界新知。

是为序。

张亚群

2015 年 7 月 22 日

摘　要

学科是相对独立系统化的科学知识体系，是大学的组织细胞。大学学科建制是按学科编制编成的大学学术组织及其隶属关系，是支持大学学科发展的组织基础，没有它学科发展无从谈起。以学科建制为组织基础，学科发展从高深知识的传播、创新到应用，逐渐完善了大学的人才培养、科学研究与社会服务职能。从大学学科建制与发展的视角考察中国国立大学的近代化，不仅丰富了高等教育近代化理论，对当今大学学科建设也有积极的借鉴意义。本研究综合运用高等教育理论与学科理论，遵循史论结合、实事求是的基本原则，开展实证研究，主要采用了文献分析、比较研究、统计分析和个案研究相结合的方法。

本书共分九章：第一章，绪论。阐述选题缘起及意义，界定相关概念，综合分析文献资料，并说明研究思路与方法。第二章，中国近代国立大学学科建制的思想基础。通过分析经、史、子、集“四部之学”的近代转型动因、清末大学学术分科思想的产生与大学堂学科体系的创立，为探讨中国近代国立大学学科建制，提供必要的认识基础。第三章至第六章为中国近代国立大学学科建制与发展的综合研究，系统考察了清末大学堂学科建制雏形、民初国立大学学科建制以及民国中期国立大学学科的调整与发展历程。第七章与第八章为中国近代国立大学学科建制与发展的专题研究，重点考察了中国近代国立大学教育学科建制的演化和国立东南大学（中央大学）与私立厦门大学学科发展之异同，探讨了大学学科建制与发展的影响因素。第九章，中国近代国立大学学科发展演变的理论探讨。总结中国近代国立大学学科建制演变的特点，揭示中国近代国立大学学科发展的规律，为当今大学学科建设提供重要借鉴。通过系统考察与深入探究，本书得出如下一些结论：

第一，在学科发生机制上，中国近代国立大学学科建制没有继承性。

中国近代大学学科制度是在西学东渐的基础上发展起来的，制度制约下国立大学学科建制是从西方移植而来，与太学、国子监、书院等中国传统高等教育机构之间没有直接的继承关系。

第二，在学科建制变迁动因上，中国近代国立大学从清末民初的“科—门”建制，到20世纪20年代末的“院—系”建制，反映了西方大学模式的影响。中国近代国立大学的学科建制，从模仿日本、德国的大学模式，到采纳美国大学模式，深受留学教育的影响。

第三，在学科发展演变历程上，中国近代国立大学学科的建制与发展，是办学者的主观愿望与培养人才的客观需求相互作用的结果，受社会需求、政府调控、大学法规以及学科知识、大学传统、办学者学科思想等诸多因素的影响。

第四，中国近代国立大学以学科分类为基础建立多学科“院—系”建制，通过学科知识的传播、扩展与应用，完善了大学的职能，但以西学为基础构建的大学学科体系，使西方科学在大学中占据统领地位，中国传统学科被忽视，大学学科表现出明显的西方文化取向。

第五，中国近代国立大学学科建制与发展历程，验证了大学的多学科性特征，学科发展始终以人才培养为核心，在有限的条件下拓展大学的科学研究与社会服务职能，对当今中国大学学科建设具有重要借鉴：大学要注重多学科文理综合发展，学科建设应把人才培养放在首位，加强传统人文学科建设。

关键词： 中国近代国立大学；学科；学科建制；学科发展

Abstract

Disciplines are relatively independent branches of knowledge. Disciplinary Institution determinates structure of a university. It is around disciplinary divisions that a university develops its structure of academic organizations. Disciplinary Institutions are important for disciplines development. It is around Disciplines that studies in different academic fields are carried out. Progressing from disorder to order, Modern China's National Universities' established a "school-department" structure of disciplines and specialties. With disciplinary divisions as structural basis, these universities played their roles in Knowledge dissemination, innovation and utilization, and performed functions of education, research and social service. A study of China's national universities' modernization from the perspective of disciplinary institution and development will not only be helpful to enrich education modernization theories, but also with significant practical meanings to disciplinary development in nowadays universities.

This dissertation consists of nine chapters: the first chapter, introduction, includes statement of the problem and significance of the study, definitions of key terms, a literature review and the research design, especially research methodology. The second chapter introduces the ideological basis of modern China's national universities' disciplinary institution. It begins with context and motivation for transformation of China's traditional "four disciplines", which are Confucian classics, historical records, philosophical writings and miscellaneous works, in modern times, and continues to present a review of disciplinary division ideas in academic fields and forms of disciplinary institution in universities in late Qing dynasty. This chapter provides the knowledge basis and institutional background for the discussion of disciplinary institution in modern

China's national universities. Chapter three to six, describe disciplinary institution and development in modern China's national universities. First, an introduction of forms of disciplinary institution in universities in late Qing dynasty, as well as in national universities in early stage of the Republic of China, and reorganization and development of disciplines in the middle of the Republic of China. Chapter seven and eight are study cases. Chapter seven illustrates how education as a discipline developed and evolved in modern China's national universities, highlighting factors exerting influences on the process. Chapter eight selects two universities, one national and one private, and compares differences and similarities in disciplinary institution and development in the two universities, emphasizing the role of school operators. The concluding chapter is a theoretic analysis of disciplinary institution in modern China's national universities. It summarizes the characteristics and patterns of disciplinary development and evolution, and discusses policy implications of this study. A series of recommendations are made in regard to disciplinary development in nowadays universities.

This study adopts the theory of internal-external relations of higher education development, combines historical facts and resources with academic arguments. Literature review, comparative and statistical methods are used.

The study suggests that, in the formation of disciplines, China did not inherit too much from its tradition; on the transformation of disciplinary institution, western university models exerted deep influences on modern China's national universities' transition from "discipline-program" structure to "school-department" structure. The process of disciplinary institution is an active and positive adaptation to social demands. Findings of this study have significant implications for education decision making concerning disciplinary development by nowadays universities.

Key Words: National Universities in Modern China; discipline, disciplinary institution; disciplinary development

目　　录

CONTENTS

第一章

绪　　论

几个世纪以来，大学以学科建制为组织基础，学科发展从高深知识的传播、创新到应用，逐渐完善了大学的人才培养、科学研究与社会服务职能。不同于“早发内生型”的西方大学模式，“后发外生型”的中国近代大学学科何以建制与发展，确实是值得思考与研究的主题。

一　选题缘起及意义

选题出于以下三方面考虑：第一，中国近代大学学科具有特殊的历史地位与影响。“现代意义的中国学术的许多基本学科，如果寻其形成的根源，大多数皆可追溯到 19 世纪后期至 20 世纪初期。”[①] 这一时期正是中国近代大学创建时期，也是近代大学学科在西学冲击下，从传统知识体系转型为现代意义科学知识体系的关键时期。此后中国大学学科的正当性基本以传入中国的近代西方学科分类为标准，学科发展与传统学科越走越远，以至于当今对自己传统学科的定位产生了极大困惑。为了揭示问题产生的根源，有必要考察分析中国近代大学的学科建制与发展历程。

第二，研究大学学科建制与发展的必要性。作为知识分类概念的学科不是大学特有的现象，却是大学不可或缺的因素，“大学的使命是培养、扩展和传递人类的想象、推理、记忆和观察能力所能使之达到尽量合理的知识。如果它不这样做，就没有资格成为一所大学，即使它顶着大学的名称”[②]。显然，学科是大学的组织细胞，大学的产生与发展离不开学科，正因为如此，学科研究才是大学研究永恒的主题。“从大学的角度来看学

---

① 钟少华：《试论民俗学科词语概念的近代阐述》，《民俗研究》2002 年第 4 期，第 5 页。

② ［美］爱德华·希尔斯：《学术的秩序——当代大学论文集》，李家永译，商务印书馆 2007 年版，第 213 页。

科，它还有一个十分重要的含义，即学科还指称‘建制’。”① 学科建制是学科发展的组织基础，大学学科建制是探索学科发展的重要领域，也是了解一个国家大学发展历程的独特视角，只有经过学科建制，学科发展才具备基本的物质条件、人员储备和组织基础。因此，考察大学学科建制与发展，将有利于人们从整体上把握大学的演进发展历程，进一步解读大学的人才培养、科学研究与社会服务职能，也能深入了解学科发展中复杂多变的影响因素，为揭示大学学科发展规律提供思考空间。

第三，考虑到“中国近代大学发展中的个体差异极大，又存在多种不同类型的大学，各自的发展规律不同”② 的特点，笔者确定以中国近代国立大学学科建制与发展为研究主题。中国近代国立大学由政府投资，着眼于国家需要培养人才，在整个高等教育体系中占有重要地位。国立大学建设具有一定的保障，有利于从整体上解读近代大学学科发展脉络。比较而言，省市立大学经费主要依靠省库供给，在政局动荡、战乱不停的年代，诸多方面的建设不够健全，其学科发展在经费、师资、生源等方面存在困难，且在1943年后的官方统计中已查不到省立大学。民初获得合法身份的私立大学，由于其办学主体的特殊性以及在不同当局经历立案或备案审批等手续，对其学科建制与发展脉络的把握带来一定的影响。教会大学“因其办学宗旨是为传教服务，与西方对华侵略相联系，因此，它并不代表中国近代高等教育的发展方向”③。所以，选择近代国立大学，将有利于从制度、实践与现实的参照点上较全面地解读中国近代大学学科建制演变发展历程。

中国近代国立大学学科建制与发展研究具有重要的学术价值。主要表现在以下两方面：其一，本研究有助于丰富和发展高等教育近代化理论，有利于教育史学科建设。研究中国近现代高等教育，高等教育近代化是不可回避的研究领域。高等教育的近代化“需要结合具体历史发展过程，从不同角度和层次展开研究，才能揭示其全貌”④。作为“后发外生型”

---

① 李金奇、冯向东:《学科规训与大学学科发展》,《高等教育研究》2005年第9期，第80页。

② 金以林:《近代中国大学研究：1895—1949》，中央文献出版社2000年版，第1页。

③ 张亚群:《科举革废与近代中国高等教育的转型》，华中师范大学出版社2005年版，第56页。

④ 同上书，第2页。

的中国高等教育的近代化，离不开西学的影响，选择学科的视角，系统考察中国近代国立大学学科建制、调整与发展历程，可以从知识层面上探讨中国国立大学的近代化，有助于丰富和发展高等教育近代化理论。同时，西学东渐中以经、史、子、集“四部之学”为代表的中国传统学科向文、理、法、商、医、农、工“七科之学”的转型是中国近代大学学科体系形成的重要标志，随着知识转型而演化的中国近代国立大学学科建制与发展历程，不仅是外来因素影响下的客观发展历程，也是本土化努力中的主观适应过程。通过研究中国近代国立大学学科演变特点以及学科发展规律，可以充实中国近代高等教育研究成果，有助于教育史学科建设，具有一定的学术价值。

其二，本研究有助于高等教育学科理论体系的完善。高等教育研究的复杂性决定其研究方法的多学科性，随着多学科研究领域的发展，形成了高等教育学诸多分支学科。其中高等教育学科理论是以科学学的观点与方法研究科学发展与高等教育变革之间的内在联系。通过考察分析中国近代国立大学学科建制与发展历程，探索大学学科发展与科学研究之间的内在联系，试图对科学在中国近代大学中的历史地位与影响做出适当评价。同时结合专题研究分析中国近代国立大学学科演变发展的影响因素，揭示中国近代国立大学学科演变的特点与学科发展的规律，为高等教育学科理论建设提供可资参考的实证基础，有助于完善其理论体系。

中国近代国立大学学科建制与发展研究，对我国当今大学学科专业设置与学科建设具有借鉴意义。大学学科专业设置是一项十分复杂的系统工程，它关系到一个国家人才培养与科学发展的问题。中国近代大学学科体系建立以来，为了适应人才培养的需要和社会科学发展的实际需求，大学学科设置、建制也不断地进行着调整与发展。面对当今社会发展对大学学科专业设置提出的新要求，有必要系统考察分析清末以来中国近代大学尤其是国立大学学科建制与发展中的历史经验，总结归纳出学科发展的规律，为当今大学学科专业设置提供借鉴。

大学的重要任务之一是通过学科建设提高人才培养质量和科学研究水平。学科建设的内容包括方方面面，有重点学科的建设，有特色学科的挖掘，有优势学科的发展，也有学科文化的建设，学科制度的规范以及学科建制的改进等。“没有一流的学科，就没有一流的大学。”[①] 面对高等教育的全球化与国际化，本土化与民族化显得尤为重要，若想建设世界一流学科，保持传统与体现特色是制胜的法宝。毕竟每个国家的文化底蕴不同，传承和发展的文化传统更不同，千人一面的局面并不是高等教育现代化要达到的终极目标。如何使特色学科与优势学科接近或达到世界一流水平，向世界一流大学迈进是当前中国研究型大学面临的一个重要问题。

争创世界一流大学一流学科，我们学习借鉴发达国家知名大学的学科建设经验无可厚非，同时关注中国近代大学学科建制与发展的历史脉络也义不容辞。中国近代国立大学的学科从无到有，学科建制从无序到有序，经历了艰难的发展历程，以大学学科建制为组织基础，学科发展从高深知识的传播、创新到应用，逐渐完善了大学的人才培养、科学研究与社会服务职能。这一发展历程所呈现的学科演变特点与学科发展规律对当今中国大学学科建设具有一定的参考价值。

二　相关概念界定

本研究主要涉及如下概念界定：

1. 中国近代国立大学

中国近代国立大学是中国近代大学的重要组成部分，它与省市立大学、私立大学和教会大学共同构成大学整体。通常以国家或中央政府拨款为主，最高教育行政机构审查设立为国立大学的标准，其表现形式包括办学主体为国家或中央政府，经费来源主要由国库支给，生源不受省份局限，校长由中央政府相关部门聘任。中国近代国立大学的时间跨度始于清末，止于 1949 年。限于文献资料及研究精力，本研究的时间下限为 1937 年。这一时期的国立大学，主要包括清末 3 所官办大学堂，民国初期经教育部认可，经费由国库支给的公立大学以及国民政府时期高等教育统计中明确指认的国立大学。

2. 学科

不同历史时期学科的内涵有所不同。中国古代文献中出现的“学科”一词，是指科举考试科目。发展到近代，学科主要指西方引进的诸多科学分支。演变到当今，学科是相对独立系统化的科学知识体系，它是“学

① 李化树：《论大学学科建设》，《教育研究》2006 年第 4 期，第 86 页。

术的分类，指一定科学领域或一门科学的分支”①。外延上学科包括人类科学发展中形成的诸多科学分支。如自然科学中的数学、物理学、化学、生物学，社会科学中的经济学、政治学、社会学、人类学以及人文学科中的文学、历史与哲学等理论科学。也包括农学、工学、商学、医学、法学、教育学等应用科学。这里的理论科学与应用科学是相对而论的，“理论科学指综合研究一门科学的基本概念、基本原理和基本规律等的科学……应用科学指直接服务于生产或其他社会实践的科学”②。

“学科”一词早在中国古代文献中就已出现过。《新唐书》一九八卷《儒学传》记载：“自杨绾郑余庆郑覃等以大儒辅政，议优学科，先经谊，黜进士，后文辞，亦弗能克也。”③ 由此推断，“学科”一词与科举考试相关联。杨绾为国子监祭酒，好学不倦，博通经史，唐玄宗时期登科，辅政于唐代宗，曾当过宰相。“唐代宗宝应二年（763），礼部侍郎杨绾上疏奏请停罢进士、明经和道举科目，令县令依古制察孝廉。”④ 可见，“议优学科”中的学科指科举考试科目。科举考试科目从进士一科，到唐高宗时期增加到进士、杂文、明经填贴。从唐代开始常行秀才、明经、进士、明法、明书、明算等分科取士科目。

发展到近代，“学科”一词的内涵发生变化，不再专指科举考试科目，开始指称从西方引进的诸多科学分支，“学科”一词包含了学术分科的含义。据《近现代辞源》记载，近代文献中出现“学科”一词是在1878年郭嵩焘的《伦敦与巴黎日记》中。他在记载《东京开成学校一览》时“略记其学科：曰普通学，曰法学科，曰化学科，曰工学科，曰物理学，曰制作学，曰史学、理学，曰数学，曰动物学、植物学，曰金石学科，曰地质学科，曰采矿学科，曰画学科，曰冶金学，曰机械工学，曰土木工学”⑤。此后人们对“学科”一词的解读基本采纳其学术分科的内涵，不再从科举考试科目的含义去解释。

1930年商务印书馆出版的《教育大辞书》对“学科”作了如下解释：“学校中一种课程之全体。据我国法令，在小学校者谓之教科，在中

---

① 《辞海·教育学·心理学分册》，上海辞书出版社1987年版，第14页。

② 夏征农：《辞海（1999年版缩印本）》，上海辞书出版社2002年版，第1003、2051页。

③ 《辞源》（修订本）二，商务印书馆1979年版，第796页。

④ 刘海峰：《科举学导论》，华中师范大学出版社2005年版，第97页。

⑤ 黄河清编著：《近现代辞源》，上海辞书出版社2010年版，第845页。

学校以上之学校者始谓之学科。”① “学科”明显区别于小学的“教科”，专指中学以上学校一种课程的全部，课程也成为学科的内容载体和外在表现形式。如果以不同阶段课程的属性特征看，小学阶段的课程以语文、数学、品德为主，注重知识的常识性和综合性，而中学阶段的课程除了语文、数学、品德之外加设历史、地理、物理、化学、生物等，开始注重知识的多样性和相对独立性。如此看来，区别于“教科”，专指中学以上学校一种课程全部之学科，倾向于知识的多样性和相对独立性，代表了知识的分门别类。

“学科”与“教科”二词除了内容的区分之外，主体的区分也值得思考。相较于“教科”注重教授者主体地位，“学科”强调的是学习者主体地位。教学过程是一种由教与学构成的双边活动，它必然要求教师与学生之间的双向交流与互动，在这一过程中师生均处于主体地位。不可否认二者在知识、经验和成熟度等方面存在差异，也正因为这种差异的存在才有了“师”与“生”的角色区分。“教师与学生的主体性及各自在教学活动中的地位是一个动态的过程”②，随着学生年龄的不断增长，教师的主体地位逐渐减弱，学生的主体地位却呈现上升趋势。按照主体地位消长规律，小学“教科”，凸显的是教授者主体地位，中学以上学校的“学科”，凸显的是学习者主体地位。这一点与英文的学科（discipline）一词的解释颇为相似：“据《牛津英语字典》，discipline（学科/规训）为门徒和学者所属，而教义（doctrine）则为博士和教师所有。”③ 英语的“学科”相对于“教义”，指向主体上凸显了学习者。可见，中国近代采用的“学科”一词不仅体现了知识的多样性与相对独立性属性，也表现出注重学习者主体地位的特征。

如今，人们强调学科是科学发展到一定阶段，随着知识分化而出现的产物。如《辞海》中解释“学科：学术的分类。指一定科学领域或一门科学的分支”④。学科是学术分类的结果，学术是系统的、较专门的学问，而学问是正确反映客观事物的系统知识。那么，学科产生的基本理路可以

① 唐钺、朱经农、高觉敷：《教育大辞书》，商务印书馆1930年版，第1509页。

② 王鉴：《现代教学论要旨》，《教育理论与实践》1998年第4期，第59页。

③ 沙木韦、梅瑟-达维多：《学科规训制度导论》，［美］华勒斯坦等《学科·知识·权力》，刘健芝等编译，生活·读书·新知三联书店1999年版，第13页。

④ 《辞海·教育学·心理学分册》，上海辞书出版社1987年版，第14页。

表述为：

$$\text{知识}\underset{\text{系统化}}{\underline{\qquad}}\text{学问}\underset{\text{专门化}}{\underline{\qquad}}\text{学术}\underset{\text{分类}}{\underline{\quad}}\text{学科}$$

知识的系统化研究构成学问，学问的专门化研究构成学术，学术的分类便是学科。

学科产生的基本理路，为探析现代语境中学科的逻辑起点提供了重要的启迪。曾有学者把知识作为学科的逻辑起点。但是人类的知识浩如烟海，是否所有知识都包含在学科里呢？答案是否定的。“孔德认为，作为科学分类之对象的知识不是全部知识。作为科学分类之对象的又仅仅是‘理论的知识’中的‘抽象的一般科学。’”① 孔德曾把人类知识分为“理论的知识”（关于思考的知识）和“实践的知识”（为了行动的知识）。把“理论的知识”又分解成“抽象的一般科学”和“具体的特殊的记述科学”。前者是以发现各种现象的规律为目的的科学，后者是把各种规律运用到现实中去的科学。既然学科是一定科学领域或一门科学的分支，孔德强调的科学分类的对象是抽象的一般科学，那么可把学科的逻辑起点归结为科学知识。

学科是一个严密而严谨的科学知识体系，不是任何研究领域都能成为学科。首先，学科是科学知识体系，由一系列概念、原理以及证明它们的科学事实构成，不是零散的思想和观念。其次，学科具有系统化特征。系统化表现为学科具有规范的概念体系和严密的逻辑结构。它是经过反复论证和实践后的规律性认识成果，不因外在环境的变迁而轻易变动。所以，不是任何一个研究领域都能成为学科，“‘学科’（discipline）、‘研究领域’（research field）、‘问题’（issue）的内在逻辑性和严密性则依次递减。实际上，中文里面传统学术领域中的‘学’在英语中对应的是‘研究’（study）而非‘学科’（discipline），更不是‘科学’（-ology）的概念”②。最后，学科具有相对独立性。相对独立性说明学科具有独特的研究对象与独立的治学方法。此观点在国内外学术史研究者的论点中就可以得到印证，如陈平原在分析中国现代学术建立历程时，就曾强调学科的不同路径与方法，“不难明白学科的界定，其实与治学方法相互勾连……在章氏看来，不同的学科应有不同的路径与方法，比如，‘经学以比类知原

① 欧力同：《孔德及其实证主义》，上海社会科学院出版社1987年版，第83页。

② 刘海峰：《科举学导论》，华中师范大学出版社2005年版，第15—16页。

求进步’‘哲学以直观自得求进步’‘文学以发情止义求进步’”[①]。如此看来，章太炎先生对经学、哲学和文学独特研究方法的归纳总结，启迪了人们对学科独有的治学方法的关注与认可。沙木韦和梅瑟－达维多在《学科规训制度导论》中也提出，“称一个研究范围为一门‘学科’，即是说它并非只是依赖教条而立，其权威性并非源自一人或一派，而是基于普遍接受的方法和真理”[②]。如果说学科独立地位的确立，以代表性人物、著作或是实验室创始等作为标志的话，学科独立地位被公众认可，必然离不开其独特的研究对象与治学方法。

3. 知识分类

知识分类是依据一定的逻辑关系对知识外延进行的一种归类。由于划分标准的不同，可以有多种归类。中国古代代表性知识分类有“六艺”，“六经”，“七略”，经、史、子、集“四部之学”以及义理、词章、考据、经世四种分类。在西方，柏拉图和亚里士多德提出了知识分类体系。随着近代科学的产生，培根、孔德、斯宾塞、恩格斯等人也提出代表性观点，促进了人文学科、自然科学与社会科学的分化与发展。随着科学知识的不断积累与发展，知识的分化与分类越发繁多。

学科是知识分类的结果，知识分类是学科的本质属性，但并不是所有知识分类都能成为学科。作为一定科学领域或一门科学分支的学科是以探索规律为目的的理论知识分类的结果。知识本质上是综合一体的，分类本身一方面反映人类认识的深化，另一方面也说明人类认识的局限性。随着人类认识与实践活动的不断深化，学科发展的终极目标是回归知识的整合。“每一学科内部所包含的基本概念、基本命题及基本原理往往是同相邻学科的概念、命题及原理相关联的。这种关联使得学科与学科之间具有一种相互依存、相互作用的关系，由此就使知识结合为一个统一的不可分割的整体。”[③] 所以，学科不是永恒的概念，而是历史的概念，是人类认识活动的阶段性产物。

---

① 陈平原：《中国现代学术之建立：以章太炎、胡适之为中心》，北京大学出版社 1998 年版，第 16—17 页。

② 沙木韦、梅瑟－达维多：《学科规训制度导论》，［美］华勒斯坦等《学科·知识·权力》，刘健芝等编译，生活·读书·新知三联书店 1999 年版，第 13 页。

③ 昌家立：《关于知识的本体论研究：本质、结构、形态》，巴蜀书社 2004 年版，第 61 页。

4. 科学

“学科”与“科学”有诸多关联，词源上二者均源自中国古代科举考试。“‘科学’一词的词源也是从‘科举之学’演化而来，在19世纪60年代，日本人从中国宋代用法中借来了术语‘科学’。只是‘科学’一词虽然脱胎于‘科举之学’，但经过日本人的借用迁移之后，语义已发生变化，一般专指自然方面的学问，用来指英语中的science一词，与科举已没有什么关系了。”[①] 日本人借用的“科学”一词，在近代国人学习和翻译日本书籍的过程中开始被使用。据“中国科技史家樊洪业先生考证，中国最早引入‘科学’二字的学者是康有为先生，他在1897年11月前编写的《日本书目志》一书中介绍了这样两本书：《科学入门》，普及舍译；《科学之原理》，木村俊吉著”[②]。由此推断，“科学”一词，在中国近代社会转型中内涵发生变化，从“科举之学”演变为“自然方面的学问”。

发展至今，科学不局限于自然科学方面的学问，它是“运用范畴、定理、定律等思维形式反映现实世界各种现象的本质和规律的知识体系”[③]。不仅包括自然科学，也包括社会科学和人文学科以及农业科学、医药科学、工程与技术科学等。学科作为相对独立系统化的科学知识体系，是一门科学的分支。因此科学是学科的上位概念，学科是科学的下位概念，外延上科学涵括学科，学科包括人类科学发展中形成的诸多分支。正因为如此，“科学是第一性的、决定方面的因素，学科是第二性的，被决定方面的因素”[④]。二者的区分在于，科学具有整体性，整个客观世界的各种现象都是它的研究对象。学科具有相对独立性，有自己独特的研究对象与治学方法。

5. 学科建制

解释学科建制，必定先从建制一词的内涵入手。“有的时候，建制这个名词被当成是‘组织’的同义语，其他一些时候，这个名词被当成是

---

① 刘海峰：《“科举学”古今含义的演变》，《集美大学学报》2005年第1期，第3页。

② 张建伟：《近代化细节》，湖南人民出版社2008年版，第138页。

③ 夏征农：《辞海（1999年版缩印本）》，上海辞书出版社2002年版，第919页。

④ 蔡曙山：《科学与学科的关系及我国的学科制度建设》，《中国社会科学》2001年第3期，第79页。

‘社会规范’‘习俗’或‘传统’的同义语。”① 本书主要从其“组织”的内涵上解释并理解学科建制的含义。按照《辞海》的解释，建制是“按编制编成的军队各种组织及其隶属关系”②。将建制的概念演绎到高等学校中，高等学校建制指“高等学校中学科专业的编制方式及其组织形式”③。由此可见，高等学校建制的核心是学科建制。结合建制与高等学校建制的词义界定，把学科建制界定为：按照学科编制编成的学术组织及其隶属关系。其中学科编制是指学科门类、层次、数量的设置及其人员定额与职务分配。学科建制是学科发展的组织实体，只有经过学科建制，学科发展才具备基本的物质条件、人员储备和组织基础，“学科建制则可以被认为是实现学科组织实体化、保障学科组织在大学中获得合法地位，从而确定学科组织真正成为大学学科建设核心的关键一步”④。

“以中世纪为起点，学科建制经历了个人—学会—科学院—大学的演变历程。”⑤ 由此推断，按学科编制编成的学术组织系统不是大学独有的，大学之外的学会、专门研究机构、图书资料中心和学科专门出版机构等也归属于学科建制范畴。但是以学科为基础建立的科、门、学系、学院以及研究院、研究所、研究部等基层学术组织是大学学科建制特有的范畴。

为了加深对学科建制的理解，有必要分析学科建制与学科建设、学科制度之间的关系。其一，学科建制不同于学科建设。学科建设是学科的属概念，涵括了学科发展的所有方面。它可以把一个研究领域建设成学科，也可以把学科门类划分出一级学科、二级学科等分支领域，也可以把普通学科建设成重点学科，甚至可以把特殊学科建设成特色学科和优势学科等。除了学科的产生、发展和完善的纵向历程之外，学科建设还包括很多横断面，如学科文化、学科制度以及学科建制等，似乎与学科相关的任何一个概念都可以是它的种概念。从学科建设终极目标看，观念层面上，学科建设要形成不同学科的传统，不仅得到同行间相互认同，还便于吸纳和培养各自学科的继承者；行动层面上，学科建设要形成学术共同体，促进

---

① ［美］小摩里斯·N. 李克特：《科学是一种文化过程》，顾昕、张小天译，生活·读书·新知三联书店1989年版，第26页。

② 夏征农：《辞海（1999年版缩印本）》，上海辞书出版社2002年版，第798页。

③ 周川：《高等学校建制的组织学诠释》，《教育研究》2002年第6期，第69页。

④ 宣勇、凌健：《大学学科组织化建设：价值与路径》，《教育研究》2009年第8期，第36页。

⑤ 宣勇：《大学变革的逻辑》（上），人民出版社2009年版，第93页。

学科人员的职业化、确定人才培养计划、创办学会和专业期刊等。因此，外延上学科建设涵盖学科建制，学科建制在学科建设中更多侧重于学科的组织机构方面的建设。

其二，学科建制不同于学科制度。目前为止，学界在学科制度概念界定上基本引用方文教授的观点，“学科制度界定为，秉承确定的职业伦理体系的知识行动者，在特定学科的知识生产和知识创新过程中所建构的制度体系，其基本要素，涵括知识行动者群体及其职业伦理体系、学科培养制度、学科评价与奖惩制度、学科基金制度”①。从其构成内容看，学科制度主要是学科内部标准，包括学科人员职业化、人才培养制度、学科评价制度和奖惩制度等。相较于学科制度，学科建制是学科外在组织框架，是划分学科界限的显性标志，人们通过学院、学系等大学学科建制很容易区分不同学科领域。大学学科建制作为一种以学科为基础建立的学术组织系统，它是一种社会实体，只有实体才能承担一定的职责、任务，其主要职能是培养人才、发展科学与社会服务。学科制度作为一种活动标准，要发挥一定的作用，具体而言，“学科制度的基本功能——训练学科新人、训练学者。学科制度的派生功能——约束、秩序、激励功能”②。相对而言，功能是客观的，表明事物能做什么、起什么作用，职能是主观设定的，带有人为的目标与职责。因此，学科制度是客观标准，学科建制是人为划分的结果。学科制度具有普适性，一旦形成，便具有普遍的约束规范作用。学科建制具有因地制宜性，同样的学科建制在不同的历史时期、不同院校中的职能发挥有所不同。

6. 学科发展

“学科发展指的是学科知识获得了增长或学科知识体系得以扩张。学科发展本质上是实现学科组织从无序到有序的发展，从被组织到自组织的进化。”③ 学科发展是一个内外部共同发展的过程，通过内在知识的增长与外在组织的进化得以实现。一方面通过相对独立系统化的科学知识的传播、创新与应用，使学科知识体系得以扩张；另一方面通过学科外在表现实体的组织系统的良性循环，使学科组织由外部作用力下的发展逐步实现

① 方文：《学科制度和社会认同》，中国人民大学出版社 2008 年版，第 32 页。

② 庞青山：《大学学科论》，广东教育出版社 2006 年版，第 229—231 页。

③ 宣勇：《大学变革的逻辑》（下），人民出版社 2009 年版，第 718 页。

内部作用力下的进化。

学科是大学的组织细胞，对大学而言，大学学科发展意味着大学的人才培养、科学研究与社会服务职能的完善与整合过程。虽然学科发展不局限于大学范围，关系到整个学科共同体，但大学职能的充分发挥无疑是学科发展强大的动力来源。大学学科发展离不开知识、资源与制度等核心因素的影响，其中知识的传播、创新与应用是学科发展的基础，人力、物力与财力的获取是学科发展的基本保障，规范、激励与决策制度的建设是学科发展的有效途径。

三　文献综述

有关中国近代国立大学的研究，主要集中在国立化进程、校史、管理制度、校长、教师、学科、课程等研究领域。虽未查到系统研究中国近代国立大学学科建制与发展的相关论著，但有关中国近代学科演变的论著论文以及中国近代国立大学学科建制、学科发展史及校长学科思想研究文献，为本研究提供了宝贵的研究基础。

1. 中国近代学科演变研究

研究中国近代国立大学学科建制，首先从近代学科转型或演变历程入手。近年来系统研究中国近代学科演变的代表作有左玉河的《从四部之学到七科之学：学术分科与近代中国知识系统之创建》。该著作专门探讨了晚清时期中国传统知识系统——经、史、子、集“四部之学”向文、理、法、医、农、工、商“七科之学”的转型历程，时间跨度上学科转型从 19 世纪 60 年代开始，20 世纪初大致成形，五四运动时期基本确立，20 世纪 30 年代最终完成。在学科转型动因分析中突出经世学风的兴起与西学的传播，认为传统学术的衰落及转型与西学的引入之间存在一种关联互动关系。张亚群教授的《科举革废与近代中国高等教育的转型》一书，在探讨废科举对近代中国高等教育转型的重大影响时，专门论述了废科举对中国近代学科演变、大学学科设置与建设产生的深远影响。纪宝成教授的《中国大学学科专业设置研究》，在历史纵向考察部分，以晚清和民国时期大学的学科分类为起点，高度概括清末《奏定大学堂章程》与民初《大学令》中有关学科分类思想，并简要分析了中国近代大学学科设置的特点。

直接探讨中国近代学科演变的博士学位论文 3 篇、硕士学位论文 2

篇。山西大学陈学东的博士学位论文《近代科学学科规训制度的生成与演化》，第七章探讨了近代科学在中国的传播与学科规训制度在近代中国诞生与发展的社会根源。河北大学刘毅玮的博士学位论文《西方心理学的传入与中国近现代心理学科的发展》与山东大学毛新清的博士学位论文《刘师培与中国文论的现代转型》，均属于中国近代学科转型问题的专门研究。河南大学崔跃峰的硕士学位论文《西学东渐与中国高等教育中近代学科的设立》与大连理工大学赵灵芝的硕士学位论文《西方学科分类在中国的引入——以张之洞的“八科分学”为例》，均分析探讨了晚清西学东渐背景下中国近代大学学科体系的形成问题。

肖朗教授探讨过西学东渐与近代大学学科的形成问题，在中国近代大学学科演变方面的研究成果较多。[①] 其中《中国近代大学学科体系的形成——从“四部之学”到“七科之学”的转型》一文，从思想、实践与制度层面分析了中国近代大学学科体系的形成过程。《明清之际西方大学学科体系的传入及其影响》一文，主要考察分析了第一次西学东渐中，西方大学学科体系由来华天主教耶稣会传教士传入中国的过程及其深远影响。

罗志田教授深入探索了西学冲击下中国近代学科的演变与影响问题，先后在《社会科学研究》发表《国学不是学：西方学术分类与民初国学定位的困惑》与《西学冲击下近代中国学术分科的演变》等文。[②] 前文探讨了清末民初一部分学者对“国学”学科正当性问题的争论，深入剖析传入近代中国的西方学科分类对传统学科定位产生的直接与深远影响。后文重点考察回顾了近代中国学术分科的演变历程。张亚群教授的《废科举与学术转型——论清末科学教育的发展》一文，以废科举为契机，探

① 代表性论文有：肖朗《明清之际西方大学学科体系的传入及其影响》，《浙江大学学报》（人文社会科学版）2009 年第 1 期；肖朗《中国近代大学学科体系的形成——从“四部之学”到“七科之学”的转型》，《高等教育研究》2001 年第 11 期；肖朗《艾儒略与明清之际西方教育的导入》，《社会科学战线》2001 年第 2 期；肖朗《从传教士看西方高等教育的导入》，《高等教育研究》2000 年第 5 期；肖朗《略论明清西方高等教育的导入》，《南京大学学报》（哲学·人文科学·社会科学）2000 年第 4 期；肖朗《〈西学考略〉与中国近代教育》，《华东师范大学学报》（教育科学版）1999 年第 1 期；肖朗《近代西方教育导入中国之探源——艾儒略与明末西方教育的导入》，《河北师范大学学报》（教育科学版）1999 年第 1 期。

② 罗志田：《国学不是学：西方学术分类与民初国学定位的困惑》，《社会科学研究》2002 年第 1 期；罗志田：《西学冲击下近代中国学术分科的演变》，《社会科学研究》2003 年第 1 期。

索了清末学术评价标准发生的深刻变革以及科学教育在管理体制、规模、程度及专业课程上获得的长足发展，进而阐述废科举对近代学术转型与20世纪中国文化教育的演进产生的深远影响。[①] 王天根教授的《严复与近代学科》一文，以严复的进化论思想为根基，剖析其学科建构思想。[②] 此外，也有相关论文[③]探讨了近代大学学科演变与西方学科的引入问题。

2. 中国近代国立大学校长学科思想研究

该研究主要集中在梅贻琦、蔡元培、郭秉文、杨振声、严复、竺可桢、辛树帜等曾任近代国立大学校长者的学科思想探讨方面，或专题研究，或结合其办学思想综合论述。[④] 研究成果方面，刘剑虹研究员2001年发表的《梅贻琦的大学学科建设思想初探》一文，以梅贻琦通才教育思想为核心，分析其大学学科的综合化思想和国家需要为准绳的学科建设思想。其同年发表的《蔡元培的大学学科建设理论及特点》一文，结合蔡元培二元论哲学思想，分析其文理综合、学术分立的大学学科建设理论和教授为主体的学科建设组织管理模式，可以说开启了中国近代国立大学校长学科思想研究的序幕。刘正伟的《国立东南大学与江苏教育近代化》一文涉及郭秉文校长“寓师范于大学”“人文与科学相结合”的学科思想。张雪蓉在《国立东南大学办学思想和办学实践的启示》一文中，分析郭秉文校长的学科思想为：人文学科与自然科学并重、理工交叉、文理

① 详见张亚群《废科举与学术转型——论清末科学教育的发展》，《东南学术》2005年第4期。

② 详见王天根《严复与近代学科》，《清史研究》2007年第1期。

③ 代表性论文有：王成军、周志丹、袁军《百年中国大学学科改造及现阶段相关问题研究》，《科研管理》2002年第6期；邓岳敏、张亚群《探析民国时期大学设置标准的演变》，《交通高教研究》2003年第6期；徐曼《留美生与中国近代自然科学学科的建立和发展》，《学术论坛》2005年第4期；杨吉安《江西留学生与中国近代科学学科的构建》，《教育评论》2008年第5期；郑刚《学科视角：中国近代大学设置标准的演变及特点》，《南通大学学报》（教育科学版）2009年第3期；崔跃峰《近代学科引入中国的历程（1862—1922）》，《周口师范学院学报》2010年第4期。

④ 代表性论文有：刘剑虹《蔡元培的大学学科建设理论及特点》，《师资培训研究》2001年第3期；刘剑虹《梅贻琦的大学学科建设思想初论》，《高等师范教育研究》2001年第1期；苟德敏《竺可桢大学学科建设思想研究》，《华中师范大学研究生报》2010年第1期；刘正伟《国立东南大学与江苏教育近代化》，《东南大学学报》（哲学社会科学版）2002年第3期；张雪蓉《国立东南大学办学思想和办学实践的启示》，《高等工程教育研究》2003年第2期；翟广顺《国立青岛大学时期的闻一多——纪念闻一多殉难60周年》，《青岛大学师范学院学报》2006年第3期；傅宏远《杨振声与国立青岛大学》，《云梦学刊》2009年第5期。

渗透的文、理、工俱全思想和本科重通、专科重专的通才与专才并重思想。翟广顺的《杨振声与国立青岛大学——纪念杨振声逝世50周年》一文，在阐述杨振声校长办学特色时，专门提到其“文理兼通，中西交融”思想和增设海洋学、气象学、历史学、考古学和哲学等特色学科的主张。傅宏远在《杨振声与国立青岛大学》一文中，阐释杨振声校长学科思想的来源为“深深带有蔡元培和北大的印迹，这特别表现在对于文理的高度重视”①。苟德敏的《竺可桢大学学科建设思想研究》一文，以国立浙江大学校长竺可桢学科思想的产生条件、内容、意义为基本思路，重点分析其尚朴素、重实用和重规模、更重层次，走内涵式发展道路的学科思想。

许小青的博士学位论文《从东南大学到中央大学——以国家、政党与社会为视角的考察（1919—1937）》，第一章第二节中专门分析了郭秉文“四个平衡”的办学理念，即“通才与专才的平衡”“人文与科学的平衡”“师资与设备的平衡”“国内与国际的平衡”。其中前两个平衡为其学科理念的集中体现。尤其把他的“通才与专才的平衡”与蔡元培的“学与术相区分”的学科思想对比研究很有启发。朱长彦的硕士学位论文《从甘肃官立法政学堂到国立兰州大学（1909—1949）》，阐述辛树帜校长办学特点时也涉及其学科思想。总的来看，近代国立大学校长的学科思想研究主要集中于北大、东大、清华、浙大等知名大学校长的学科思想方面。

3. 中国近代国立大学学科建制研究

周川教授的《中国近代大学建制发展分析》一文，以中国近代高等教育的有关法规文献和国立大学校史资料为依据，考察了中国近代大学建制形成与发展的线索，并总结归纳出其发展的特点，很大程度上体现了该研究领域的新成果，具有重要的参考价值。② 此外，有关中国近代国立大学校史研究中，涉及学科建制的相关研究成果。王李金的博士学位论文《从山西大学堂到山西大学（1902—1937）：探寻中国近代大学教育创立和发展的轨迹》第二、三章，考察山西大学堂教学实践部分，分析了中学专斋和西学专斋的学科设置情况；第四章第二节，结合中国近代大学学

① 傅宏远：《杨振声与国立青岛大学》，《云中学刊》2009年第5期，第7页。

② 详见周川《中国近代大学建制发展分析》，《北京大学教育评论》2004年第3期。

科体系演变，探索了山西大学学科建制从传统趋向近代的发展历程。许小青的博士学位论文《从东南大学到中央大学——以国家、政党与社会为视角的考察（1919—1937)》第一章第一节，分析了东南大学国立化进程时期科、系建制。

胡晶君的硕士学位论文《国立中山大学学校管理探析（1924—1931)》第二章第二节，介绍了国立广东大学学科设置情况与改称国立中山大学后的学科建制。徐文勇的硕士学位论文《邹鲁与国立广东大学(1924—1925)》，也介绍了邹鲁长校时期国立广东大学学科建制。朱长彦的硕士学位论文《从甘肃官立法政学堂到国立兰州大学（1909—1949)》，也提到国立兰州大学“科—系”建制概况。李莉的硕士学位论文《抗日战争时期的国立东南联合大学（1941年12月—1943年7月)》，阐述了东南联大真正筹办时期的“院—系”建制。

萧超然的《京师大学堂创办述略》一文，对京师大学堂分科大学时期“科—门”建制略有介绍。刘正伟的《国立东南大学与江苏教育近代化》一文，也较早涉及学科建制问题的研究，提出“东大在朝向大学的发展过程中，依靠一些知名专家，往往把原来一二个单科的系科，经营和拓展成多个学系组成的相当于现在学院的联合性系群——科”①，并强调指出这种科、系建制在当时并不多见，也可以说是国立东南大学的独创。赵雄辉的《国立长沙临时大学历史述评》一文，在阐述国立长沙临时大学建立过程时提到有关学科建制问题。刘鹏，顾渊彦的《国立中央大学体育教育之研究》一文，在国立中央大学体育科历史沿革中，简单梳理了南京国民政府成立初期、抗战时期和抗战胜利后不同历史时期国立中央大学学科建制演变历史。以此类推，有关中国近代国立大学校史研究中或多或少可以查到学科建制方面的简介或概要分析。

4. 中国近代国立大学学科发展史研究

在中国近代国立大学学科发展的系统梳理方面，有河南大学李昕撰的硕士学位论文《近代学制变革与中国现代文学理论学科的确立》和中国科学技术大学陈家新的硕士学位论文《国立西南联合大学的物理人才培养及研究工作》。论文分别对中国现代文学理论学科的建立与西南联大物

---

① 刘正伟：《国立东南大学与江苏教育近代化》，《东南大学学报》（哲学社会科学版）2002年第3期，第27页。

理学科建设与人才培养问题进行了系统考察分析。

此类研究还包括国立大学科学教育、教育学科、商科、工科、农科等学科门类以及心理学、哲学等一级学科的历史演变发展研究。[①] 在中国近代国立大学科学教育研究方面，巴斯蒂的《京师大学堂的科学教育》一文具有重要的参考价值。此文不仅以翔实的史料论证了京师大学堂创办初期与发展过程中科学教育的实施状况，还分析其学科建制。

教育学科发展研究成果较丰富，项建英的系列论文很有代表性。其中《民国时期综合性大学教育学科论略——以中央大学、北京大学为个案》一文，专门论述了民国时期两所代表性国立大学的教育学科设置的缘由及特点；《论近代中国大学教育学科设置模式嬗变》一文，从宏观视角审视了中国近代高等教育领域中教育学科设置模式的演变历程。侯怀银、李艳莉的《民国时期教育系科的分布及其特征》一文，对民国时期教育系科在中国的地域分布、院校分布以及时间分布情况进行了较为全面的研究。周兴樑、胡耿的《中国教育科学研究与人才培养的开拓者——国立中山大学教育研究所（1927—1949）探析》和胡耿的《中国近代教育科学研究机构的先驱——国立中山大学教育研究（1927—1949）》等文，探索了国立中山大学教育研究所的发展历史及其对人才培养产生的作用。

张绍磊的《黄炎培与国立暨南学校规复初期的学科建设（1917—

① 代表性论文有：［法］巴斯蒂《京师大学堂的科学教育》，《历史研究》1998 年第 5 期；侯怀银、李艳莉《民国时期教育系科的分布及其特征》，《高等教育研究》2011 年第 10 期；项建英《民国时期综合性大学教育学科论略——以中央大学、北京大学为个案》，《高教探索》2006 年第 5 期；项建英《论近代学制与大学教育学科的发展》，《江苏高教》2007 年第 3 期；项建英《论近代中国大学教育学科设置模式嬗变》，《江苏高教》2009 年第 3 期；项建英《教育“科学化”运动与近代中国大学教育学科的发展》，《现代大学教育》2009 年第 5 期；肖朗、项建英《近代高等师范学校教育学科的建立与发展——以北高师和南高师为中心》，《华东师范大学学报》（教育科学版）2006 年第 1 期；肖朗、项建英《学术史视野中的近代中国大学教育学科》，《社会科学战线》2009 年第 9 期；周兴樑、胡耿《中国教育科学研究与人才培养的开拓者——国立中山大学教育研究所（1927—1949）探析》，《中山大学学报》（社会科学版）2009 年第 2 期；张绍磊《黄炎培与国立暨南学校规复初期的学科建设（1917—1923）——以商科建设为例》，《暨南学报》（哲学社会科学版）2006 年第 6 期；邓小林《近代工科的发展及其引起的社会分层与社会流动——以交通大学土木工程学科的发展为个案》，《煤炭高等教育》2010 年第 4 期；周谷平、赵师红《农学留学生与近代中国高等农学学科的发展》，《浙江大学学报》（人文社会科学版）2009 年第 10 期；徐曼《留美生与中国近代自然科学学科的建立和发展》，《学术论坛》2005 年第 4 期；胡延峰《学科规训视野中近代中国心理学学科的发展——以中央大学心理学系为例》，《心理学探新》2009 年第 5 期；尚小明《民国时期大学哲学科系的“热”与“冷”》，《北京大学教育评论》2010 年第 3 期。

1923）——以商科建设为例》一文，阐述了暨南学校创办到上海商科大学创建过程中黄炎培对我国商科的创建与发展做出的巨大贡献。邓小林的《近代工科的发展及其引起的社会分层与社会流动——以交通大学土木工程学科的发展为个案》一文，通过土木工程学科在国立交通大学的设置与发展历程，揭示其在近代国立大学的发展路径。杨直民、沈凤鸣、狄梅宝的《清末议设京师大学堂农科和农科大学的初建》一文，回顾北京农业大学前身时，考察了京师大学堂农科创建历程。胡延峰的《学科规训视野中近代中国心理学学科的发展——以中央大学心理学系为例》一文，从学科理论视角，论述了国立中央大学心理学系的创建、师资队伍建设、人才培养、科学研究等活动史。尚小明的《民国时期大学哲学科系的“热”与“冷”》一文，以纵横角度比较分析民国时期哲学发展的不均衡现象，在纵向时间跨度上，分析了1919年前后出现的短暂的哲学研究热，在横向比较上，对比文学和历史学发展，阐述了哲学在大学学科体系中的地位与发展状况。

除了上述专题研究之外，也有从教育与社会宏观角度或从教师聘任的微观层面探讨中国近代国立大学学科发展中影响因素的研究成果。如方增泉的《略论20世纪二三十年代中国大学的学科调整——从大学教育与经济现代化的关系的角度看》与邓小林的《试论近代国立大学教师聘任与近代大学及学术发展之关系》等较为典型。

综合上述研究，中国近代学科演变研究较为系统，不仅有代表性著作，也有系列研究论文，且研究群体属于近代史研究与学科研究方面的专家学者，为中国近代学科问题的后续研究提供了重要的理论基础。中国近代国立大学学科方面的研究以个案研究为主，呈现出多学科研究的特点。个案研究中不仅有院校个案与单学科个案研究，还有某一所国立大学某学科的个案研究。如国立交通大学土木工程学科、国立中央大学心理学科、北京高等师范学校与南京高等师范学校的教育学科、国立中央大学与国立北京大学教育学科研究等。

多学科研究特点主要表现为研究视角的多科性与研究主体专业背景的多样性。以学位论文为例，《近代科学学科规训制度的生成与演化》，采用科学社会学的观点与方法，探索近代中国学科规训制度的确立及其对中国科学技术发展产生的重要作用。《西方心理学的传入与中国近现代心理学科的发展》，基于教育史专业背景，探讨了心理学科在中国近代的发展历程。《西学东渐与中国高等教育中近代学科的设立》，采用历史学的观点与方法，阐述清末民初近代学科的发展历程及其对中国社会近代化产生的重要影响。《西方学科分类在中国的引入——以张之洞的“八科分学”为例》，采用哲学的观点与方法，分析“八科分学”背后隐藏的中西思维方式的融合过程以及西方学科分类对中国传统学术分类产生的影响。可见，研究视角涉及科学社会学、教育学、历史学、哲学等多学科领域。中国近代国立大学学科研究群体中既有教育学专业的，也有历史学、管理学、政治学、科学社会学等专业人员。从整体状况看，多学科研究成为发展趋势。

就现有研究的不足而言，人们对中国近代国立大学学科研究关注得不够，不仅缺少学科建制与发展问题的系统全面研究成果，且学科思想研究部分重复，学科发展规律的探寻较少。涉及中国近代国立大学学科建制问题的论文，多以学科建制为研究背景或论据之一加以阐述，少以学科建制为研究主题，系统分析学科建制、演变与发展历史。

在大学学科研究领域中，中国近代国立大学学科研究成果不仅有限，研究规模也较小。随着目前中国高等教育领域学科建设热潮，相关理论探讨与日俱增。在大学学科研究中中国近代大学学科研究相当不足，尤其是中国近代国立大学学科研究极其有限，可谓热门中的冷门研究。在中国知网中，以“题目”为检索项，1979—1989 年有 4 篇研究“大学学科”的论文，1990—1999 年有 23 篇，此后的研究逐渐形成规模，数量分布见表 1—1。

表 1—1　　大学学科研究主题划分

研究主题 \ 年份	2000年	2001年	2002年	2003年	2004年	2005年	2006年	2007年	2008年	2009年	合计
现代院校个案研究	2	5	11	7	5	8	6	3	5	7	59
国外大学学科探讨	3	2	1	1	4	6	4	6	5	6	38
中国近代大学学科	0	4	1	0	0	1	0	2	1	1	10
学科理论思辨	0	1	8	11	20	19	28	25	27	36	175
学科及学科带头人简介	0	0	0	3	1	7	7	11	19	0	48
总计	5	12	21	22	30	41	45	47	57	50	330

如表1—1所示，有关大学学科研究论文数量从2000年的5篇到2009年的50篇，从少到多逐年递增，形成一定的研究规模。如果把大学学科研究主题划分为五大领域，其中理论思辨类占53%，现代院校个案类占18%，学科及学科带头人类占14.5%，国外大学学科探讨类占11.5%，而中国近代大学学科研究仅占总数的3%。当然，通过其他方式检索中国近代大学或中国近代国立大学学科研究文献不只是10篇，出于对同一检索项的横向比较，采取单一维度上的检索结果。至少这种比较在某种程度上反映出人们对中国近代大学，尤其是近代国立大学学科研究的冷热度以及对该研究领域的关注度。

总之，在国内近30年来大学学科研究文献中既有学理探究，又有实践探索；既有国外学科介绍，又有本土学科关注；既有现代学科建设研究，又有近代学科形成研究。然而理论思辨多于实证分析，国外大学学科考察多于国内大学学科历史探寻。少有人探寻中国近代国立大学在怎样的背景下设置学科，学科起初的建制怎样，又是如何演变与发展等问题。通过分析已有研究文献及其研究特点与研究的不足，一方面确信中国近代国立大学学科建制与发展研究具有较大的研究空间；另一方面从已有研究成果中吸收有益的见解与思路，有助于在现有研究基础上取得新的研究成果。

四　研究思路与方法

本书通过系统考察中国近代国立大学学科建制、调整与发展历程，揭示其演变发展的特点并探索中国近代国立大学学科发展的规律。以中国传统学科的转型与近代大学学科体系的创建为开端，从大学学科的组织形态角度，重点考察了中国近代国立大学学科建制、改制、调整与发展历程，并对其进行深入的理论探讨。在研究内容上，主要按照历史与逻辑顺序，有效结合了综合研究与专题研究。以晚清西学东渐中传统学科向近代大学学科体系的转型为引子，综合研究了清末大学堂的学科建制雏形，民国初期国立大学的学科建制与系所改制，民国中期大学设置标准的演变与国立大学的学科调整以及国立大学大规模院系整顿与学科发展的历史进程。之后分别以中国近代国立大学的教育学科建制演化和代表性国立大学与私立大学的学科建制与发展比较为专题研究，探讨大学学科建制与发展的影响因素，进而对中国近代国立大学学科建制与发展进行深入的理论探讨。横向以制度史、活动史与个案相结合，制度层面上分析《奏定大学堂章程》《大学令》《大学组织法》《大学规程》中学科编制特点，活动层面上勾勒出中国近代国立大学学科建制与发展演变图，配以典型个案凸显国立大学学科建制与发展历程。

本书共分九章：第一章，绪论，阐述选题缘起及意义，界定相关概念，综合分析文献资料，并说明研究思路与方法。第二章，中国近代国立大学学科建制的思想基础，通过分析晚清西学东渐中经、史、子、集"四部之学"的近代转型动因、清末大学学术分科思想的产生与大学堂学科体系的创立，为探讨中国近代国立大学学科建制，提供必要的思想基础与制度背景。第三章，清末大学堂的学科建制雏形，阐述了天津中西学堂（北洋大学堂）、京师大学堂和山西大学堂的学科体系草创过程及其特点，并探讨了京师大学堂分科大学的"科—门"建制的特色。第四章，民国初期国立大学的学科建制，对1912年《大学令》《大学规程》中学科体系特点加以把握的同时，对当时仅有的4所国立大学学科编制进行了比较分析，重点探析国立北京大学和国立东南大学在新的历史条件下学科建制改革动态，结合国立北京大学国学门研究所和国立东南大学农科建设的个案，凸显了这一时期大学学科建制与大学科学研究、社会服务职能之间的联系。第五章，民国中期国立大学建制与学科的调整，围绕大学设置标准的演变历程，对国立大学学科从单科、多科并设到多科恢复调整情况加以系统阐述。结合1929年《大学规程》，分析了国立大学"院—系"建制的特点以及国立中山大学学院制萌芽与国立中央大学学院制改革。第六章，国立大学学科的发展，结合1931年后开展的大学院系整顿的历史事件，探讨了国立大学院系整顿与人才质量的提升、大学研究院的设立与研究职能的加强以及大学知识推广活动与社会服务职能的确立等问题。第七章，以教育学科门类为例，全面考察了中国近代国立大学中教育学科建制演化，分析了国立大学教育学科建制演化的影响因素。第八章，选择民国时期代表性国立大学与私立大学，比较分析其学科建制与发展的异同，进而探索办学主体对大学学科建制与发展产生的影响。第九章，中国近代国立大学学科发展演变的理论探讨，总结中国近代国立大学学科建制演变的特点，揭示中国近代国立大学学科发展的规律，以史为鉴对当今中国大学学科建设提出几点启示。

研究的重点是对中国近代国立大学的学科建制、改制、调整与发展历程的实证分析。研究的难点是探寻中国近代国立大学学科建制演变的特点与中国近代国立大学学科发展的规律。本研究运用高等教育基本理论和学科理论，以阐释文化和探索规律相结合的研究思想为指导，遵循史论结合、实事求是的基本原则，进行实证研究。力图以现实文献为依据，避免纯粹的概念思辨为基础分析问题的倾向，期望研究结果有助于实际问题的改善。避免不着边际的联想与猜测，保证研究范围内得出结论的相对精确性。避免浮夸事实的结论和超出自身学识能力范围和超越客观史料范围的认识结果。

本研究主要采用历史研究、比较研究、统计分析和个案研究相结合的方法：历史研究以文献分析为主，广泛搜集中国近代大学学科制度与国立大学学科建制方面的第一手资料，运用史料汇编，参照相关论著、论文，期望在前人研究基础上向前一步；比较研究方面，对比清末、民初、国民政府时期大学学科规定的变动情况，实践层面上辨别中国近代国立大学之间以及国立大学与其他高等教育机构之间学科建制与发展的异同，观念层面上比较代表性人物的大学学科思想，时间跨度上比较国立大学不同历史时期学科建制演变历程；统计分析方面，对大学堂章程、大学规程中学科体系的规定、国立大学的数量变化、国立大学院系变化情况、国立大学中教育学科建制等做了翔实的统计分析；个案研究涉及京师大学堂分科大学、国立北京大学国学门研究所、国立东南大学农科、国立中山大学学院制、国立东南大学（中央大学）与私立厦门大学学科建制以及国立大学中教育学科建制研究。

第二章

中国近代国立大学学科建制的思想基础

学科是知识分类的结果，是随着知识分化而出现的产物。在中国近代社会特殊历史背景下，学科从经、史、子、集“四部之学”转型为相对独立系统化的科学知识体系，按照西方的分科立学原则，大学学科体系在清末大学堂章程中得以制度化。本章通过分析晚清西学东渐中经、史、子、集“四部之学”的近代转型动因、清末大学学术分科思想的产生以及大学堂学科体系的创立，为进一步探讨中国近代国立大学学科建制，提供必要的思想认识基础。

第一节　中国传统学科近代转型的动因

了解清末大学学术分科思想的产生与中国近代大学学科体系的创建，还要以中国传统学科的转型为切入点。汉代以来，学校教育中儒家经学处于正统地位，从而以经、史、子、集“四部之学”为代表的中国传统学科在学校知识体系中占据重要地位。中国传统学科的近代转型，实质上是以“四部之学”为代表的儒学知识体系向西方科学知识体系转变的历程。如果没有外在强制性与内在瓦解性，很难想象这一转型过程会如此迅猛与突兀。西学东渐是晚清社会不可逆转的社会现实背景，也是传统学科转型的外因，而经世致用实学教育思潮的兴起与科举革废是传统学科转型的内因。

一　中国传统学科脉络

“凡研究一个时代思潮，必须把前头的时代略为认清，才能知道那来龙去脉。"[①] 学科作为学问的科目门类，中国自古就有"六艺""五经""四部"之分。《论语》中记载"志于道，据于德，依于仁，游于艺"[②]。也就是说立志于学道，以德为根据，以仁为依据，而游憩于礼、乐、射、御、书、数"六艺"中。"六艺"中的礼起源于祭祀，主要指伦理政治、风俗习惯，学校所教礼有吉、凶、宾、军、嘉五礼；乐即综合艺术，最初表现为口头韵语；射是射箭技术的训练；御是驾驭战车的技术训练；书即文字；数即算法。"六艺"是夏、商、周时期学校教育的主要学科。"在小学阶段，教学的重点是在书、数；大学阶段，教学的重点在礼、乐、射、御。"[③] 西周时期所设大学与小学，并没有学制上的衔接性，也没有培养目标上的不同，有的仅仅是教学重点和年龄的差别。据记载，小学入学年龄有13、15岁等说法，而大学入学年龄有15、18、20岁等说法。大体而言15岁之前接受小学教育，15岁之后接受大学教育。据学者考证，"六艺"中传承下来的有礼、乐、书，"可惜后世对于射、御、数三者只存其名，在实际教育方面则完全失传，这在我国文化史上自然是一项重大损失"[④]。

春秋战国时期，官学衰落，私学兴起。孔子被誉为私学的创立者，"'六经'从孔子始已成为儒家教育的主要经典"[⑤]。"六经"即《诗经》《尚书》《仪礼》《乐经》《周易》《春秋》。"孔门教人读书，首重《诗》《书》。《诗》属文，《书》属史。不通文史而高论仁道，亦非孔学正轨也。"[⑥] 稷下学宫150年的历史见证了"百家争鸣"的学术繁荣景象。而秦朝"焚书坑儒"，严重阻碍学术文化的发展。据说《乐经》正是在秦朝失传，从而"六经"变成"五经"，传承下来的儒家经学也主要是"五经"。

汉武帝推行"独尊儒术，罢黜百家"的文教政策后，儒家学说成为中国传统学科的主流，经学得以蓬勃发展。经学主要是研究经书的学问，汉代后经学特指研究先秦儒家经典书籍的学问，主要形式是分章断句，解

---

① 梁启超：《中国近三百年学术史》，人民出版社2008年版，第2页。

② 《四书五经》，西苑出版社2003年版，第16页。

③ 张惠芬、金忠明：《中国教育简史》，华东师范大学出版社2001年版，第40页。

④ 郑公玄：《中国主流思潮的冲激及其混融》，钱穆等《中国学术史论集》（三），台北：中华文化出版事业社1956年版，第14页。

⑤ 黄济：《教育哲学通论》，山西教育出版社1998年版，第123页。

⑥ 钱穆：《学仑》，九州出版社2010年版，第1页。

释意义。由于儒家经书字体和对其解释的不同，先后形成了今文经学和古文经学两个学派。今文经学发端于汉文景时期，官学地位一直保持到东汉末年，是汉代儒生以口述方式默诵秦朝遭焚毁的儒家经典或拿出隐藏的经书以重新传世。经书采用汉代隶书体，以微言大义阐发孔子思想，其主流是《春秋公羊传》。先秦篆书写成的儒家经书被发掘后，出现新旧不同观点之争，西汉中期开始民间流传古文经学。古文经学是篆书写成的经书，注重对经文本义的理解和典章制度的阐明，其主流是《春秋谷梁传》。

学派的发展从一个侧面反映出经学的兴盛，经学也因此成为中国传统学科的象征。到了东汉年间，郑玄通习今文经学和古文经学，尤其以古文经学为主，注解儒家经书，对前人的经书研究作了归纳总结，并得到儒生们的认可与赞誉，改变今文经学和古文经学两学派的对峙局面，使经学研究达到一个高度。从现代学科分类角度而言，今文经学的重心是历史哲学和政治哲学，古文经学的重心是史料学和文字学。由此判断，经学包括了历史学、政治学、哲学、文字学在内的人文学科成分，但“经学以古代圣贤为道德学问的顶峰，后世的任务只在于注经和实践。在经学自身的封闭体系之内缺乏更新、分化的动力”①。

唐代设有律学、书学、算学、武学、医学等专门学校，事实上它们的社会政治地位远不如国子学、太学和四门学。学科在唐宋时期，虽发展为经学、法律、算学、医学和武学等，但还是以经学为核心。“中国学问的主流是反对将学术分而治之……在这样一种世风学风之下，读书人对各种学问多兼而治之，但以经学（及其在各时代的变体）为主，离此而专治他‘学’的，历来少见，惟宋代或稍例外，曾出现治史学者与治理学者争胜的情形。”②

北宋年间和明末清初，有过短暂的科学技术知识的兴起。北宋功利教育思潮影响下，学校教育主张培养适用社会的人才，学子们不仅学习经学，还要广识博通，文武兼备。至此罢黜在学术分类之外的百家学说重新进入人们的视野，学科不再是单一的经史学，还有兵法、农商、天文、舆地等方面的知识。较具代表性的事件是北宋胡瑗在湖州执教时，尝试采用

① 樊洪业：《从科举到科学：中国本世纪初的教育革命》，《自然辩证法通讯》1998 年第 1 期，第 46 页。

② 罗志田：《西学冲击下近代中国学术分科的演变》，《社会科学研究》2003 年第 1 期，第 108 页。

分斋教学，设置经义斋和治事斋，学生分别入两斋，既能领会经学，又能担当起行政、军事、水利、算历等工作，实现有用之才的培养任务。治事斋具体分为治民、讲武、堰水、算历等科，学生在其中任选一科为主科，加选一科为副科。“他将民、兵、农、算等应用学科正式纳入正规学校中，与经义斋处于同等地位，从而改变了以儒经为主要教育内容的单一教学制度”①，但由于儒家经学重人文、轻技术传统的深远影响，科学技术知识未能动摇经学在中国传统学科体系中的核心地位。

相较于北宋年间本土自然科学技术知识的传播，明末清初西学东渐带来的却是异国自然科学技术知识的传入。此次西学东渐源自欧洲宗教改革，随着以教育与传教为主要任务的耶稣会的成立，开展了向中国和美洲的传教事业，“于是利玛窦、庞迪我、熊三拔、龙华民、邓玉函、阳玛诺、罗雅谷、艾儒略、汤若望等，自万历末年至天启、崇祯间先后入中国”②。随着耶稣会传教士在中国开展传教事业，西方学科也得以传播。明末西方学科的传入“以天文学为主，数学次之，物理学又次之，而其余则附庸焉。其在我国建设最大者为天文学，与清代学术团体关系最深者，天文学与数学惟均”③。据不完全统计，明清之际译介西书400多部，其中与高等教育相关的有《西学凡》和《职方外纪》。随着《西学凡》的译介，耶稣会高等学校文、理、医、法、教、道科等“西学六科”传入中国，见表2—1。

表2—1　　“西学六科”的具体内容④

拉丁文原文	中文音译	意译	学科内容
Rhetorica	勒铎里加	文科	语文（含语法、修辞、阅读、写作等）、历史、算术、音乐等
Philosophia	斐录所费亚	理科	逻辑学、自然哲学（含物理、天文学等）、形而上学（亚里士多德哲学）、数学、伦理学等

① 张惠芬、金忠明：《中国教育简史》，华东师范大学出版社2001年版，第281页。

② 梁启超：《中国近三百年学术史》，人民出版社2008年版，第9页。

③ 包遵彭、李定一、吴相湘：《中国近代史论丛·第一辑第二册：中西文化交流》，台北：正中书局1956年版，第1页。

④ 肖朗：《明清之际西方大学学科体系的传入及其影响》，《浙江大学学报》（人文社会科学版）2009年第1期，第181页。

续表

拉丁文原文	中文音译	意译	学科内容
Medicina	默第济那	医科	医学
Leges	勒义斯	法科	法学
Canones	加诺弱斯	教科	天主教教规学
Theologia	陡禄日亚	道科	天主教神学原理

在科举一统天下的时代，“西学六科”为主要代表的西方大学学科体系，绝不可能影响到国子监、书院的教学体系。“学而优则仕”为教育目的的中国古代，高等学校的主要任务还是培养可供选拔的各级行政官吏。科举考试作为文官选拔制度，必然影响学校教育的主要方向，学问的范围不可能超越科举考试科目的范围。而此时的科举考试没有把科学技术知识列为学业科目之一，经学的地位仍旧神圣不可侵犯，从而使西方学科的影响仅限于少数文人志士的范围中。由于罗马教廷干涉中国内政，1757 年乾隆帝宣布闭关，中断了西学的进一步渗透。

“中国封建社会强大的政治权力发展了严密的知识生产控制机制，致使知识的发展只能在国学—儒学的框架内以复制的方式演化出经、史、子、集的基本结构，而不能产生知识的学科分化。”① 以典籍文献体裁为分类标准的经、史、子、集“四部之学”在学科发展史上影响深远。

经、史、子、集“四部之学”的源头可以追溯到西晋，“西晋荀勖编撰的《中经新簿》开创了后世‘四分法’的先河”②。荀勖的四分法把古代典籍文献分为甲、乙、丙、丁四部：甲部，六艺及小学等书；乙部，诸子百家，近世子家、兵书、兵家、术数；丙部，史记、旧事、皇览簿、杂事；丁部，诗赋、图赞、汲冢书。宋元时期，四分法正式采用经、史、子、集的称谓，“马端临，宋元之际的史学家，他在《文献通考·经籍考》中，将中国历代文献分为经、史、子、集四类”③。清朝乾隆年间编的《四库全书总目提要》就是按照经、史、子、集四部排列，下设 44 类目，具体分类见表 2—2。

① 茹宁：《大学的政治逻辑——大学与国家关系的哲学分析》，黑龙江人民出版社 2008 年版，第 165 页。

② 丁雅娴主编：《学科分类研究与应用》，中国标准出版社 1994 年版，第 22 页。

③ 黄济：《教育哲学通论》，山西教育出版社 1998 年版，第 124 页。

表 2—2　《四库全书总目提要》分类表

部次	类目	子目
经部	易类	
	书类	
	诗类	
	礼类	周礼　仪礼　礼记　三礼总义　通礼　杂礼书
	春秋类	
	孝经类	
	五经总义类	
	四书类	
	乐类	
	小学类	训诂　字书　韵书
史部	正史类	
	编年类	
	纪事本末类	
	别史类	
	杂史类	
	诏令奏议类	诏令　奏议
	传记类	圣贤　名人　总录　杂录　别录
	史抄类	
	载记类	
	时令类	
	地理类	总志　都会郡县　河渠　边防　山川　古迹　杂记　游记　外纪
	职官类	官制　官箴
	政书类	通制　典礼　邦记　军政　法令　考工
	目录类	经籍　金石
	史评类	

续表

部次	类目	子目
子部	儒家类	
	兵家类	
	法家类	
	农家类	
	医家类	
	天文算法类	推步　算书
	术数类	数学　占候　相宅相墓　占卜　命书相书　阴阳五行　杂技术
	艺术类	书画　琴谱　篆刻　杂技
	谱录类	器用　食谱　草木鸟兽虫鱼　杂物
	杂家类	杂学　杂考　杂说　杂品　杂纂　杂编
	类书类	
	小说家类	杂事　异闻　琐语
	释家类	
	道家类	
集部	楚辞类	
	别集类	
	总集类	
	诗文评类	
	词曲类	词集　词选　词话　词谱词韵　南北曲

资料来源：左玉河：《从四部之学到七科之学：学术分科与近代中国知识系统之创建》，上海书店出版社2004年版，第67页。

如表2—2所示，经部包括以四书五经为主的儒家经典；史部包括历史、地理、政治、法律、天文和气象学；子部包括百家学说；集部包括诗歌文学。具体而言，“经部含有哲学、文学、史学、语言文字学、艺术诸书；史部除了史学外，涉及地理学、天文学、气象学等；子部大致相当于哲学及科技两大门类；集部除了包括文学外，还兼含经、史、子等方面内容”①。

从西方学科分类视角分析，黄济教授对比培根的知识分类法，认为

① 左玉河：《从四部之学到七科之学：学术分科与近代中国知识系统之创建》，上海书店出版社2004年版，第310—311页。

“经部相当于神学，史部相当于历史学，子部相当于哲学，集部相当于诗学”[①]。英国哲学家弗朗西斯·培根依据人类的认知能力把学科分为三大类：历史、诗歌和哲学。历史对应人的记忆能力，诗歌对应人的想象能力，哲学对应人的判断能力。对比培根的学科分类，经、史、子、集中必然多出一部分，即经部的学科对应问题。把经学等同于神学的观点不是没有根据的，蔡元培先生就秉持这样的观点，“民国元年，始并经科与文科，与德之新大学不设神学科相类”[②]。以此类推，因我们参照的西方学科分类法不同，自然可以分析出经、史、子、集的多种学科对应表。但不论怎样分析，经、史、子、集“四部之学”更多偏重文学、史学和哲学等人文学科，而较少涉猎社会科学与自然科学。

不同于西方近代科学探索自然界客观事物的发展规律，中国传统学科探讨的是伦理、道德和政治问题。相较于人与自然的关系，更多关注人与社会的关系。中国社会历来强调政教一体，中国传统学科也必然围绕国家政治运动形成和发展，从而导致对人与自然的关系和自然界客观事物发展规律的探寻极其有限，对物质运动的研究远不及对人自身的研究。“这种重人事轻技巧、重道轻器的传统造成中国古代高等教育中人文学科高度发达，自然科学倍受冷落……数学、天文学、医学在讲求‘天人合一’的中国古代还是由于与‘人事’有一定的关系，才受到统治者某种程度的扶植，而与‘人事’没有多大关系的物理、化学、生物、地质等学科，则更为社会所忽视了。”[③] 正因如此，中国传统文化的人文主义倾向，导致学科脉络主要集中于人文学科领域，人们对个人道德修养的重视程度远远高于对客观世界的探索需求，社会科学和自然科学学科即使有萌芽也不能演进为中国近代科学。

即便到了维新运动时期，洋务派主张“中体西用”思想，学习西文、西艺、西政的时期，学校教育中仍一再坚持“四部之学”的正统地位，“今日学者，必先通经以明我中国先圣先师立教之旨，考史以识我中国历代之治乱、九州之风土，涉猎子、集以通我中国之学术文章，然后择西学

---

① 黄济：《教育哲学通论》，山西教育出版社 1998 年版，第 124 页。

② 《北京大学二十周年纪念会之蔡校长元培之演说词》，吴相湘、刘绍唐《国立北京大学纪念刊第一册》（民国六年廿周年纪念册上），台北：传记文学出版社 1971 年影印本，第 30 页。

③ 刘海峰：《传统文化与中国古代高等教育特点》，《机械工业高教研究》1994 年第 4 期，第 10 页。

之可以补吾阙者用之、西政之可以起吾疾者取之，斯有其益而无其害”①。这一点足以证明，以经、史、子、集“四部之学”为代表的传统学科在学校教育中的正统地位。

二　中国传统学科转型的内外因分析

明末清初，外来西方学科的传播，并没有改变科举考试指挥棒下以儒家经学为核心的中国传统学科的正统地位，学校学科还是按照经、史、子、集“四部之学”的基本结构和框架继续运行。事实证明，如此强大的惯性仅靠少数人的影响或单一外来因素是不可改变的，只有在内外因的共同作用下，才会出现传统学科的转型。在中国近代社会特殊历史背景下，教育变革朝着两个方向演变，即新教育的兴起与旧教育的衰败。新教育的兴起为西方科学在学校教育中的传播提供了条件，而旧教育的衰败带动的科举革废，为西方科学占领学科领地提供了良好时机。

（一）外因：西学东渐与西书译介

通常把近代西方学术思想向中国传播的历史过程简称西学东渐。作为历史学名词，西学东渐具体指明末清初和清末民初，以欧美为代表的西方国家学术思想的传入过程。第一次西学东渐以自由方式开始，强制方式结束，而第二次西学东渐却伴随着西方的坚船利炮，以强制方式拉开序幕。自成一体的儒家文化不可回避地纳入全球近代文化潮流中，中西文化之间产生了激烈碰撞。文化冲突中人们反思儒家经学的弊端，开始接触和吸收西方科学。

1543 年以哥白尼《天体运行论》的发表为标志，近代科学产生。作为科学分化的产物，近代学科以天文学为标志，诸多科学领域逐渐形成为一门门具有独立地位的学科。近代科学在中国的传播，首先要通过语言关。《中国近代教育大事记》中记载，1843 年英国伦敦会麦都思传教士在上海成立的墨海书馆是外国人在华最早用铅印设备的翻译出版机构。该书馆在 1853 年出版伟烈亚力的《数学启蒙》二卷，介绍西洋算术、代数知识。1855 年刊行合信的《博物新编》，介绍西洋气象学、物理学、化学、天文学、动物学知识。“1845 年美国长老会在宁波创办印刷所美华书馆。传教士早期编译的教科书如《代数备旨》《形学备旨》《八线备旨》《代

---

① 张之洞：《劝学篇》，李凤仙评注，华夏出版社 2002 年版，第 59—60 页。

形合参》等，均由美华书馆出版。”①

最早翻译和传入中国的西方学科是天文学，到洋务学堂建立前传入中国的近代学科主要集中在人体解剖学、数学、化学、植物学、物理学等自然科学领域，见表2—3。

表2—3　　清末译介西方学科的著作一览

学科	代表作	出版人	时间（年）	备注
天文学	《天文略论》	［英］合信	1849	介绍了19世纪40年代以前西方的天文学成就
人体解剖学	《全体新论》	［英］合信	1851	中国近代第一部系统介绍西方人体解剖学的著作
数学	《算法全书》	［英］蒙克利	1852	第一部在中国境内出版的用西方数学体系编成的数学教科书
化学	《博物新编》	［英］合信	1855	最早对近代西方化学进行介绍
植物学	《植物学基础》	韦廉臣、艾约翰与李善兰合作翻译	1859	近代第一部介绍西方近代植物学的著作

资料来源：据左玉河《从四部之学到七科之学：学术分科与近代中国知识系统之创建》（上海书店出版社2004年版，第205—230页）整理。

洋务学堂的建立，尤其是同文馆、方言馆等“以译书为要务”的新式学堂的建立加快了西书译介的速度。“南海冯焌光，于同治之季，官上海道时，创设方言馆，译西书数十种，是为中国知西学之始。”② 京师同文馆在总教习丁韪良带领下，各学教习和学生共同自译的西书多达20多部，涵括了法律、历史、天文学、数学、物理学、化学、医学等诸多学科领域：

万国公法（总教习丁韪良译）
格物入门（总教习丁韪良译）
化学指南（化学教习毕利干译）

① 陈学恂：《中国近代教育大事记》，上海教育出版社1981年版，第4页。
② 张之洞：《劝学篇》，李凤仙评注，华夏出版社2002年版，第101页。

法国律例（化学教习毕利干译）

星轺指南（副教习联芳、庆常译，总教习丁韪良鉴定）

公法便览（副教习汪凤藻、凤仪等译，总教习丁韪良鉴定）

英文举偶（副教习汪凤藻译，总教习丁韪良鉴定）

富国策（副教习汪凤藻译，总教习丁韪良鉴定）

各国史略（学生秀长、杨枢译，未完）

化学阐原（化学教习毕利干译，副教习承霖、王钟祥助译）

格物测算（总教习丁韪良口授，副教习席淦、贵荣、胡玉麟等笔述）

全体通考（医学教习德贞译）

（戊寅）中西合历（天文教习海灵敦算辑，学生熙璋等译）

（己卯、庚辰）中西合历（天文教习海灵敦、费理饬算辑，学生熙璋等译）

（辛巳、壬午、癸未、甲申、乙酉、丙戌、丁亥、戊子、己丑、庚寅、辛卯、壬辰、癸巳、甲午、乙未、丙申、丁酉、戊戌）中西合历（天文教习骆三畏算辑，副教习熙璋译）

公法会通（总教习丁韪良译，副教习联芳、庆常等助译）

算学课艺（副教习席淦、贵荣编辑，算学教习李善兰鉴定）

中国古世公法论略（总教习丁韪良著，副教习汪凤藻译）

星学发轫（副教习熙璋、左庚等译，天文教习骆三畏鉴定）

新加坡刑律（副教习汪凤藻译，待刊，总教习丁韪良鉴定）

同文津梁（总教习丁韪良鉴定）

汉法字汇（化学教习毕利干著）

电理测微（总教习欧礼斐著，待刊）

坤象究原（副教习文祐译，总教习欧礼斐鉴定，待刊）

药材通考（医学教习德贞著）

弧三角阐微（总教习欧礼斐著）

分化津梁（化学教习施德明口译，纂修官化学副教习王钟祥笔述）[1]

---

① 《同文馆题名录》，光绪二十四年（1898），朱有瓛《中国近代学制史料·第一辑》上，华东师范大学出版社 1983 年版，第 153—154 页。

江南制造局在西书译著方面的成就也不凡，“傅兰雅在上海江南制造局当过28年（1868—1896）翻译。他一生翻译了129篇译文，其中有57篇自然科学，48篇应用科学，14篇陆、海军科学，10篇历史和社会科学。”①

在西书译介方面，西方传教士、洋务学堂师生和清末游学人员起到至关重要的作用。如果说早期西方科学的传入离不开传教士的作用，后期在西书译介方面洋务学堂师生的作用则尤为突出，而西方社会科学的传入与游学人员的作用密不可分。因为随着翻译日本学者的著作，社会科学分类也逐渐传入中国。“到20世纪初，西方近代社会科学各学术门类，如政治学、法学、经济学、哲学、逻辑学、美学、伦理学、社会学、人类学、教育学、地理学等，通过翻译日书已经引入中国，并很快为中国学界所接受。”②

一开始西学的输入是缓慢的，其发展进程也不是匀速的，以至于此时的西方学科对晚清学人的影响是表面的，不会触及儒学知识系统。“这个世纪中叶以后，当西学在日本迅速成为全民族注意的中心之际，它在中国却于数十年中被限制在通商口岸范围之内和数量有限的办理所谓‘洋务’的官员之中。”③ 广州作为通商口岸，对西学的学习和接受比内陆地区占优势，然而据《剑桥中国晚清史（1800—1911）》记载，19世纪80年代后期，梁启超在广州的两所书院学习，不论在哪所书院，他都未发现西方学科影响的痕迹，书院课程中儒家学说占统治地位。如果当时的广州都如此，那么整个中国的情况可想而知。这也证明洋务运动时期除了新式学堂之外，西方学科的影响并不明显。即便在新式学堂中，西方学科主要还是集中于西方语言文字和科学技术层面。因此，西书译介没有从根本上改变士阶层的知识价值观，西方学科未能触及他们的精神世界，他们还是热衷于儒家经典学说，忠诚于清朝统治，坚信于君主专制，“而近代学术分科的观念、方法和原则，便在西书翻译的过程中逐渐传入中国并为中国学人

① ［美］费正清等：《剑桥中国晚清史（1800—1911）》上卷，中国社会科学院历史研究所编译室译，中国社会科学出版社1985年版，第563页。

② 左玉河：《从四部之学到七科之学：学术分科与近代中国知识系统之创建》，上海书店出版社2004年版，第278页。

③ ［美］费正清等：《剑桥中国晚清史（1800—1911）》下卷，中国社会科学院历史研究所编译室译，中国社会科学出版社1985年版，第272页。

所认识、所接受”[①]。

（二）内因：经世思潮与科举革废

晚清社会危机中经世致用实学教育思潮再度兴起。随着统治集团的腐败、国家财政的困难、人民负担的加重，社会矛盾越发激化，终将兴起教育改革思潮。“经世思潮可以说是道光以后清代学术发展的政治与社会背景，是学术由旧趋新的重要动力。”[②] 经世致用即治理世事，尽其所用，其立场是“救时”为尚。该思潮在教育上的表现是批判明清科举制流弊，反对学术研究的空洞与无用，主张研究社会当前现实问题，要求学问必须有益于国事，要求学校教育要培养出真才实学的有用之才。其重要特征之一是扩大研究范围，使学科门类超出经学范围，可以涉及社会的政治、经济、法律、风俗、教育以及自然科学等广泛的领域。“清末自强维新以至革命学说的产生与发展，实为我国经世之学空前的大革命。”[③] 可以说经世致用教育改革思潮，为西方学科的传播打开通道，为中国传统学科的转型提供了可能性。

“从科举教育走向科学教育的新陈代谢，是一场从传统走向现代的教育革命”[④]，也是传统学科转型的分水岭。科举革废体现的是中学与西学之间的平衡与考量。早在 1841 年“两广总督建议‘变通考选之制，如文试第三场策问五道，请定为五门发题，曰博通史鉴、曰精熟韬钤、曰洞知阴阳占候、曰熟谙舆图情形’等，提议以制器通算等实用知识列入科试”[⑤]。韬钤即古代兵书《六韬》《玉钤篇》的并称，泛指兵书；阴阳占候相当于天文历算；舆图情形相当于地理学知识。从其变通方法看，主要改革科举考试内容，除了传统考试科目外，建议考核相关历史、兵法、天文、地理以及科学技术方面的内容。两广总督的科举变革建议中已看到近代科学的影响，说明西方学科开始进入科举视野中。

---

① 肖朗：《中国近代大学学科体系的形成——从“四部之学”到“七科之学”的转型》，《高等教育研究》2001 年第 11 期，第 100 页。

② 张国刚、乔治忠：《中国学术史》，东方出版中心 2006 年版，第 548 页。

③ 柳克述：《国父的科学思想与中国经世之学的大变革》，钱穆等《中国学术史论集》（三），中华文化出版事业社 1956 年版，本篇第 2 页。

④ 樊洪业：《从科举到科学：中国本世纪初的教育革命》，《自然辩证法通讯》1998 年第 1 期，第 40 页。

⑤ 陈学恂：《中国近代教育大事记》，上海教育出版社 1981 年版，第 1 页。

1875 年礼部奏请科举考试特开算学一科，之后请开艺学科、经济专科等，西学的影响渗透到延续千年的科举制度中。1897 年，贵州学政严复奏请设立经济特科，意在变通科举，打破八股取士的常规，选拔洞达中外时务、能通经济变、擅长算学、律学、格致、制造的实用人才。维新变法时期，康有为、梁启超等人倡导改科举，废八股。“今学校未成，科举之法，未能骤废，则莫先于废弃八股矣……从此内讲中国文学，以研经义国闻掌故名物，则为有用之才；外求各国科学，以研工艺物理政教法律，则为通方之学。”[①] 并提议多难之时，不必拘泥于无用之学，兴办学校，教授科学，科举考试改试策论，以期“明中通外”。梁启超同样坚持“停止八股贴试，推行经济六科”。1898 年准备设立的经济六科，包括内政、外交、理财、经武、格物和考工。“废止八股文，采用与社会实际有关的问题为考试题目，这是清末科举制度方面的重大变动。”[②] 1901 年 8 月 27 日，清廷正式出台《著自明年为始科举考试废除八股程式谕旨》。“为了应对科举，答好时务策论，考生虽仍须读传统经史之学，但更需要掌握大量的西方历史、地理、政治、法律乃至算学等自然科学知识。”[③] 科举考试内容的异化，已开始动摇传统经学教育地位，学堂之外的学子为了应对科举考试也不得不掌握一些西方的科学知识。

科举变革、学堂兴办，直接影响到传统学科在学校教育中的统领地位。清末兴学堂的意愿逐步折射出科举的命运，虽然二者不是矛盾体，但其利益相关性导致了一兴一废的局面。正如张之洞在《劝学篇》中提到的“夫学堂虽立，无进身之阶，人不乐为也，其来者必白屋钝士，资禀凡下，不能为时文者也。其世族俊才皆仍志于科举而已”[④]。这从一个侧面反映出科举与学堂之间在生源上的竞争性，科举制某种程度上阻碍了近代新式学堂的兴起。从而要想兴办学堂，科举制不得不变革。此时科举非昔日之科举，民间对其热衷程度并不能阻挡官方对其变革的意愿。1905 年 9 月废止科举考试制度，“废科举后，新式高等教育课程的设置

① 康有为：《请废八股试贴楷法试士改用策论折》，光绪二十四年（1898）四月，璩鑫奎、童富勇《中国近代教育史资料汇编·教育思想》，上海教育出版社 2007 年版，第 144 页。

② 刘海峰：《科举学导论》，华中师范大学出版社 2005 年版，第 108 页。

③ 张亚群：《废科举与学术转型——论清末科学教育的发展》，《东南学术》2005 年第 4 期，第 50 页。

④ 张之洞：《劝学篇》，李凤仙评注，华夏出版社 2002 年版，第 114 页。

和学术转型，较系统广泛地传授了自然科学知识、社会科学知识和研究方法，使科学教育走向正规化”①。学校教育中科学教育的正规化，意味着学子与儒家经学教育为核心的价值观开始决裂，传统学科注定要翻开新的一页。

学校教育以废科举为契机，科学教育得以兴盛，儒家经学为核心的传统学科无法捍卫自身的统治地位。传统学科的近代转型离不开科举革废，若从西学影响的根源上看，还与全世界范围内科学主义的兴盛有关。在西学的影响下，尤其是欧洲各国兴起的科学主义教育思潮的直接影响下，“四部之学”被科学替代，投射到教育思想领域，反映了科学主义对人文主义的挑战与胜利。因为，“四部之学”作为中国传统学科的代表，它不能摆脱中国传统文化的人文性特征。随着科学成为探索真理、控制自然界的有效途径，科学一跃成为社会发展的决定力量和社会进步的标志。全世界范围内从 19 世纪下半期一直到 20 世纪上半期，科学主义在各个领域占据主要地位，到了 20 世纪初期科学主义教育盛行起来，教育中人文主义受到冷落。

传统学科的近代转型从洋务运动兴办新式学堂为开端，经过维新运动的思想转变，最后通过废科举，真正意义上开始了“四部之学”向近代学科的转型。从西书译介到新式学堂的开办，从洋务派与顽固派之争以及维新派与洋务派之争，西文、西艺与西政逐渐被国人接受。这从一个侧面反映出人们对传统学科的重新定位问题，科学教育在培养社会所需人才方面发挥着越来越重要的作用，从而渗透于中国传统知识体系中。近代中国社会骤变导致文化教育领域从中学倒向西学的局面，容不得人们静下心来认真思考二者的利弊，以经、史、子、集“四部之学”为核心的传统学科快速溶解在西方学科体系中。

第二节 清末大学的学术分科思想

受到晚清西学东渐与科举革废的影响，经、史、子、集“四部之学”开始被西方科学知识体系取代。从盛宣怀、孙家鼐的“专门学”划分到

① 张亚群：《科举革废与近代中国高等教育的转型》，华中师范大学出版社 2005 年版，第 150 页。

梁启超的“普通学”“专门学”之分，大学学术分科思想开始产生。随着《钦定京师大学堂章程》的七科设想与《奏定大学堂章程》的“八科分学”，中国近代大学学科体系按照西方的分科立学原则在大学堂章程中得以制度化，究其思想来源与清末学人对西方学科价值的认可与对中国传统学科加以保护的意识密切关联。大学的“八科分学”思想为清末大学堂学科建制提供了基本政策指导。

一 “专门学”一词的出现

晚清学者对西方大学学科有初步的认识。曾任同文馆天文算学总教习的李善兰在《泰西学校论略序》中记录，泰西学校“文则有仕学院，武则有武学院，农则有农政院，工则有技艺院，商则有通商院，四民之业，无不有学也。其他欲为师，则有师范院，欲传教，则有宣道院。又如实学院，格物院，船政院，丹青院，律乐院，凡有一事，必有一专学以教之，虽欲不精，不可得矣”①。他以中国传统社会士、农、工、商阶层划分，分析国外大学在培养社会各阶层人才方面的具体做法，在其有限的认识中，国外大学学科设置早已超出中国社会阶层划分的界限，而不论设置什么样的高等教育机构，有一个共同的特征是“必有一专学以教之”。

大学堂章程中最早使用“专门学”一词，出现在1895年盛宣怀拟定的《拟设天津中西学堂章程禀》中，这也是中国近代国立大学学科设置的开端。“专门学是清末对专业学科的统称。”② 盛宣怀将“专门学”列为头等学堂（相当于大学本科）的教育内容，成为中国近代大学分科思想的萌芽，具有开拓创新之意。“头等学堂第一年功课告竣后，或欲将四年所定功课全行学习，或欲专习一门。专门学分为五门：一、工程学（专教演习工程机器，测量地学，重学，汽水学，材料性质学，桥梁房顶学，开洞挖地学，水力机器学）；二、电学（深究电理学，讲究用电机理，传电力学，电报并德律风学，电房演试）；三、矿务学（深奥金石学，化学，矿务房演试，测量矿苗，矿务略兼机器工程学）；四、机器学

① 李善兰：《泰西学校论略序》，同治十二年（1873），朱有瓛《中国近代学制史料·第二辑》上册，华东师范大学出版社1987年版，第2页。

② 《教育大辞典·第10卷：中国近现代教育史》，上海教育出版社1991年版，第325—326页。

（深奥重学，材料势力学，机器，汽水机器，绘机器图，机器房演试）；五、律例学（大清律例，各国通商条约，万国公法等）。”①

从工程学、电学、矿务学、机器学和律例学等专门学看，大学学问已经具有特定研究对象的区分，几乎看不到任何师门派别的痕迹。从学科门类角度而言，工程学、电学、矿务学、机器学属于典型的工科门类，律例学属于法律学科门类。由此可见，天津中西学堂头等学堂学科门类以工科为主，法科为辅，且自然科学学科已经名正言顺地进入分科大学中，在专门学中占据重要地位。

天津中西学堂头等学堂是中国分科大学的雏形，头等学堂第一年功课不涉及专门学，只开设几何学、三角勾股学、格物学、笔绘学、各国史鉴、作英文论、翻译英文。这些科目是其28种普通学中的一部分。所谓“普通学：清末对基础学科的统称”②，准确来说，这里的基础学科是针对专业学科而言的普通教育阶段的基本教学科目，严格意义上还不属于大学的专业教育。头等学堂第一年功课结束后才可进入专门学学习阶段，学生可以四年功课全行学习或专习一门专门学。

中国近代分科大学开创之时，明确提出专门学。在学科层次上，普通学是根基，专门学是提升。在学科类型上，此时的专门学均属于应用学科范畴，其目的是为社会政治需要服务。律例学、工程学、电学、矿务学和机器学的设置与当时清廷急需的发展工业的工科人才与处理外交事务的法律人才的需求密切相关。

二　孙家鼐与梁启超的大学分科思想

孙家鼐坚持“学问宜分科也。京外同文方言馆，西师所教亦有算学格致诸端，徒以志趣太卑，浅尝辄止，历年虽久，成效甚稀，不立专门，终无心得”③。时任工部尚书的孙家鼐于1896年受命筹建清廷出版机构，其中包括一个图书馆、一个印刷厂和一所学堂，从而对学问分科问题有切

① 盛宣怀：《拟设天津中西学堂章程禀（附章程、功课）》，舒新城《中国近代教育史资料》上，人民教育出版社1981年版，第137—139页。

② 《教育大辞典·第10卷：中国近现代教育史》，上海教育出版社1991年版，第326页。

③ 《工部尚书孙家鼐奏陈遵筹京师建立学堂情形折》，光绪二十二年八月二十一日（1896年9月27日），北京大学、中国第一历史档案馆编《京师大学堂档案选编》，北京大学出版社2001年版，第10页。

身体会。他充分肯定了大学堂设置“专门学”的价值，并建议基于分科立学原则设立专门学。

孙家鼐围绕京师大学堂学科设置问题，拟设的专门学包括道德科、天文科、地理科、政事科、文学科、武备科、农事科、工艺科、商务科和医术科十大学科门类。具体而论，道德科附有各教源流，天文科附有算学，地理科附有矿学，政事科附有西方政治及律例，文学科附有各国语言文字，武备科附有水师，农事科附有种植水利，工艺科附有制造格致各学，商务科附有轮舟铁路电报，医术科附有地产植物各化学。上述学科门类在重要性上有所侧重，“尤以道德为先，实贯彻于九科之中而不可一日离，九科中专精一事而又道德深纯者是为才德兼全可资大用，否则才胜于德只可小知。又中学惟道德一途最为纯备，文学尚称博雅，此外各科皆以西学之专精补中学之疏漏，凡算学、化学及一切格致、律例、兵法、文字诸学均分附于十科之中”①。可见，孙家鼐的专门学设想中，道德科和文学科中保留了中国传统学科成分，其余八科均以西方学科为主，试图以西方学科的优势弥补中国传统学科的缺漏。

相对而言，孙家鼐的十科设想，试图实现大学堂学科体系的完整化，不仅文武兼备，还有基础学科与专业学科的配套。不仅涵括了人文学科、社会科学和自然科学以及军事学在内的诸多学科门类，而且在学科门类的排列中充分体现了“中学为主，西学为辅，中学为体，西学为用”的基本宗旨。这里所说的“中学”是指中国传统学问，经史之学，其核心是孔孟之道和儒家伦理道德学说，“西学”是指西方的文化科学技术知识，包括西文（语言文学）、西艺（科技知识：算、绘、化、声、光、电、医、矿）和西政（学校、度支、赋税、武备、律例、通商等制度）。“中学为主，西学为辅，中学为体，西学为用”宗旨的实质是用西学巩固传统封建主义政治文化的核心地位，归根结底是维护清朝统治。

1898年7月2日，梁启超参考日本和西方国家学制起草的《大学堂章程》，将“专门学”与“普通学”从概念属性上加以明确划分，在前人基础上进一步明晰了“专门学”的含义。“西国学堂所读之书皆分两类：

① 《工部尚书孙家鼐奏陈遵筹京师建立学堂情形折》，光绪二十二年八月二十一日（1896年9月27日），北京大学、中国第一历史档案馆编《京师大学堂档案选编》，北京大学出版社2001年版，第10页。

一曰普通学，二曰专门学。普通学者，凡学生皆当通习者也。专门学者，每人各占一门者也。”① 梁启超提出的普通学，具体包括经学、理学、中外掌故学、诸子学、初级算学、初级格致学、初级政治学、初级地理学、文学、体操学等十门。在英国语言文字学、法国语言文字学、俄国语言文字学、德国语言文字学、日本语言文字学中学生可以选习一门充当普通学。学习完普通学后，学生可以在高等算学、高等格致学、高等政治学（法律学归此门）、高等地理学（测绘学归此门）、农学、矿学、工程学、商学、兵学、卫生学（医学归此门）十种专门学中选习一门或两门。随着“专门学”与“普通学”的界定，大学堂学科设置不仅有明显的分科立学特征，且选科思想的明确，为大学学科朝着专门化方向发展奠定了基础。

对比孙家鼐与梁启超有关“专门学”的设想，二者在把中国传统知识体系划分为专门与否上有明显的分歧。相较于孙家鼐把道德科和文学科列入专门学不同，梁启超把经学、理学、诸子学、文学列入普通学，未列入专门学范畴。从中了解到二者重视“中学”的程度以及对待中、西学的基本态度。

孙家鼐坚持将西方知识系统融合到中国传统知识系统的设想与决心：“今京师创立大学堂，自应以中学为主，西学为辅；中学为体，西学为用；中学为经，西学为纬；中学有未备者，以西学补之，中学有失传者，以西学还之。以中学包罗西学，不能以西学凌驾中学，此立学宗旨也。日后分科设教，及推广各省，一切均应抱定此意，千变万化，语不离宗。”②

相较于孙家鼐“中学包罗西学”的看法，梁启超明显地表露出平均主义的“中西并重”思想：“考东西各国，无论何等学校，断未有尽舍本国之学而徒讲他国之学者，亦未有绝不通本国之学而能通他国之学者。中国学人之大弊，治中学者则绝口不言西学，治西学者亦绝口不言中学；此二学所以终不能合，徒互相诟病，若水火不相入也。夫中学体也，西学用也，二者相需，缺一不可，体用不备，安能成才。且既不讲义理，绝无根

---

① 《大学堂章程》，光绪二十二年五月十四日（1896 年 7 月 2 日），北京大学、中国第一历史档案馆编《京师大学堂档案选编》，北京大学出版社 2001 年版，第 29 页。

② 《工部尚书孙家鼐奏陈遵筹京师建立学堂情形折》，光绪二十二年八月二十一日（1896 年 9 月 27 日），北京大学、中国第一历史档案馆编《京师大学堂档案选编》，北京大学出版社 2001 年版，第 10 页。（标点符号后加）

底，则浮慕西学，必无心得，只增习气……今力矫流弊，标举两义：一曰中西并重，观其会通，无得偏废；二曰以西文为学堂之一门，不以西文为学堂之全体，以西文为西学发凡，不以西文为西学究竟。”① 虽然梁启超也明确了“中学为体，西学为用”的思想，但从其有关大学堂授课时间和教员的任用规定看，一贯地提倡中西并重，甚至表现出一种中西平均主义思想。如“今拟凡肄业者，每日必以六小时在讲堂，其在讲堂督课之六小时，读中文书西文书时刻各半……设普通学分教习十人，皆华人。专门学十种分教习各一人，皆用欧美洲人”②。

维新运动时期梁启超的思想还是比较激进的，不仅否定理学的正统性，也正面挑战了三纲五常这一儒家核心价值观与信仰，甚至把儒家政治学说说成是道德沦丧，其“中西并重”思想中突显了他对西学的认可程度超出孙家鼐对西学的认可程度。梁启超的思想代表了一部分面对晚清社会巨大变革持现实主义态度的有识之士思想意识状态，“在他们心目中，在一定社会意义上，传统文化的价值在逐渐降低，西方文化的价值逐步上升”③。他们不仅反省中国传统文化，甚至对传统学科产生怀疑和批判，从而在思想认识上对西方学科加以认可，从原来的鄙视转为肯定与接受。

显然，孙家鼐更加重视经史为主的中国传统学科，把它当成大学堂的专门学，试图用西方学科的专与精，弥补中国传统学科的不足；梁启超却坚持用中国传统学科打基础，不以它为专门学，以西方学科作为大学堂的专业学科。不仅如此，二者对于中国传统知识分类也有不同看法，面对梁启超将经学、理学、掌故学、诸子学分科立学的做法，孙家鼐坚持“请删并理学归入经学，删去诸子文学归入各门”④。

二者的分歧还体现在兵学可否划入专门学的问题上。有关专门学中设

---

① 《总理衙门筹议京师大学堂章程》，光绪二十四年五月十五日（1898 年 7 月 3 日），汤志钧、陈祖恩、汤仁泽《中国近代教育史资料汇编·戊戌时期教育》，上海教育出版社 2007 年版，第 230—231 页。

② 《大学堂章程》，光绪二十二年五月十四日（1896 年 7 月 2 日），北京大学、中国第一历史档案馆编《京师大学堂档案选编》，北京大学出版社 2001 年版，第 31、35 页。

③ 龚书铎：《社会变革与文化趋同：中国近代文化研究》，北京师范大学出版社 2005 年版，第 111 页。

④ 《协办大学士孙家鼐奏遵旨议复庞鸿书条陈折》，光绪二十四年七月二十四日（1898 年 9 月 9 日），北京大学、中国第一历史档案馆编《京师大学堂档案选编》，北京大学出版社 2001 年版，第 61 页。

置兵学的问题，梁启超早在《公车上书请变通科举折》中就主张“夫欲富国，必自智其农工商始，欲强其兵，必自智其兵始”。因此，他坚持独立设置兵学，与农、工、商等应用学科并列起来。孙家鼐却反驳：“专门学内有兵学一门，查西国兵学，别为一事，大率专隶于武备学堂；又阅日本使臣问答，亦云兵学与文学不同，须另立学堂，不应入大学堂内，拟将此门裁去，将来或另设武备学堂，应由总理衙门酌核请旨办理。”① 孙家鼐在1898年9月9日《奏遵旨议复庞鸿书条陈折》中进一步解释道，把兵学归入武备学堂的主要原因是陆军、枪炮、水师、驾驶、测量等在学堂中不便教习的问题。

分歧的存在并不否定他们对大学堂专门学设置问题上的默契。面对庞鸿书对《大学堂章程》学科设置问题提出的质疑，孙家鼐坚决维护梁启超的观点，认为“经学所以正人心明义理，中西学问皆以此为根底，不另立一门何以为造端之地……矿学农学医学皆与化学表里，算学中之天文学凡方舆绘图海道驾驶皆以天文之纬度为凭需用尤钜更不得为无关政治，凡此数端均大学堂必应设之专门，无可议减”②。同时，在有关大学堂专门学的提法上，二者均提倡设立算学、地理学、政治学等基础学科以及农、工、商、医学等应用学科。尤其是对农、工、商、医等应用学科的提倡充分反映出当时社会对大学堂的殷切需求，同时暴露出科举考试选拔出的人才已经不能适应时代条件与社会发展需求的现实命题，应对晚清社会的内忧外患局面，改变人才培养模式已成趋势。

三　大学堂七科设想

张百熙在《钦定京师大学堂章程》中围绕“造就通才”的人才培养目标，提出大学学科的七科分类设想，“大学分科，俟预备科学生卒业之后再议课程，今略仿日本例，定为大纲，分列如下：政治科、文学科、格

① 《总理衙门筹议京师大学堂章程》，光绪二十四年五月十五日（1898年7月3日），汤志钧、陈祖恩、汤仁泽《中国近代教育史资料汇编·戊戌时期教育》，上海教育出版社2007年版，第240页。

② 《协办大学士孙家鼐奏遵旨议复庞鸿书条陈折》，光绪二十四年七月二十四日（1898年9月9日），北京大学、中国第一历史档案馆编《京师大学堂档案选编》，北京大学出版社2001年版，第61页。

致科、农业科、工艺科、商务科和医术科"[①]。七科所属具体学科划分如下：政治科包括政治学和法律学两目，文学科包括经学、史学、理学、诸子学、掌故学、词章学和外国语言文字学七目，格致科包括天文学、地质学、高等算学、化学、物理学和动植物学六目，农业科包括农艺学、农业化学、林学和兽医学四目，工艺科包括土木工学、机器工学、造船学、造兵器学、电气工学、建筑学、应用化学和采矿冶金学八目，商务科包括簿记学、产业制造学、商业语言学、商法学、商业史学和商业地理学六目，医术科包括医学和药学两目。

不可否认，七科设想以日本大学分科制度为蓝本，但二者之间还是有细微差异。按照当时出访日本的清朝官员记载"日本仿照西法设立大学，共分六科：一曰法科大学，其目有二。一曰医科大学，其目有二。一曰工科大学，其目有九。一曰文科大学，其目有九。一曰理科大学，其目有七。一曰农科大学，其目有四"[②]。以明治十九年（1886）公布的《帝国大学令》为例，"帝国大学是由大学院及分科大学所构成的综合大学。分科大学包括法科大学、医科大学、文科大学、理科大学及工科大学。至1890年又加上农科大学"[③]。可见，当时日本大学的学科门类基本是由文、理、法、农、工、医科组成。暂不考虑其具体类目的差异，仅从大学学科门类数量与表述看，《钦定京师大学堂章程》中的七科设想比日本大学学科门类多一个商科，且没有直接采纳"理科""法科"的称谓，采用"格致科""政治科"一词。

在大学堂学科体系中独立设置商科的问题，孙家鼐和梁启超早已提出。孙家鼐的专门学设想中就有商务科，梁启超同样在专门学中设置商科。张百熙也不例外，在大学堂学科体系中独立设置了商务科。从三位学人强调独立设置商务科的做法中不难发现，晚清社会对工商业人才的需求与渴望，以及社会事业中贸易、商业的发展势头。

《钦定京师大学堂章程》中延续了"格致科"的称呼，并没有直接采

---

① 《钦定京师大学堂章程》，光绪二十八年七月十二日（1902年8月15日），璩鑫奎、唐良炎《中国近代教育史资料汇编·学制演变》，上海教育出版社2007年版，第245页。

② 《出使日本大臣裕庚奏请京师学校采用西国规模片》，光绪二十四年七月初三日（1898年8月19日），北京大学、中国第一历史档案馆编《京师大学堂档案选编》，北京大学出版社2001年版，第55页。

③ 王家通：《日本教育制度——现况趋势与特征》，高雄：高雄复文图书出版社2003年版，第14页。

用日本的“理科”一词。相较于梁启超在《教育政策私议》（1902）一文中设计的“七科大学”——文科大学、法科大学、医科大学、理科大学、工科大学、农科大学和商科大学——的设想，张百熙的七科设想保留了几分本土色彩。“格致”一词见于《大学》，“‘格物致知’，原指穷究事物的原理而获得知识，是作为一种道德修养方法而纳入经学范畴。”[①]“《四书集注》里的‘格致’与‘科学’无关，却在中国近代史上，最终演变为‘科学’。”[②]《清会典》记载的同文馆诸科中就有“格致之学”，它不再属于经学范畴，具体包括“力学、声学、气学、火学、光学、电学和动植之学”[③]。此时的“格致科”泛指数学、天文学、地质学、化学、物理学和动植物学等西方的自然科学分支。

《钦定京师大学堂章程》中同样没有采纳日本的“法科”的提法，坚持使用了“政治科”。日本大学学科划分采用法科，毕竟日本在明治维新后走上立宪的道路，国家建设中法律不可或缺，而张百熙作为代表朝廷利益的官员，不采用日本的称谓，也不借鉴梁启超的法科提法，与清朝对君主立宪制还不能完全接受有一定的关系。

四　大学堂“八科分学”制度

1902年的《钦定京师大学堂章程》未能颁布实施，但七科设想奠定了随后颁布的《奏定大学堂章程》中“八科分学”的基调。《奏定大学堂章程》是中国近代正式颁布和实施的大学教育制度。

（一）“科—门”的规定

《奏定大学堂章程》明确规定，大学堂分为八科，即经学科、政法科、文学科、医科、格致科、农科、工科和商科，下设46门，若干科目。按照现有的理解“‘科’相当于我们现在的学科门类，科下设‘门’相当于我们现在所称的一、二级学科和专业”[④]。具体“科—门—科目”的划分详见表2—4。

---

① 张亚群：《科举革废与近代中国高等教育的转型》，华中师范大学出版社2005年版，第44页。

② 张建伟：《近代化细节》，湖南人民出版社2008年版，第137页。

③ 朱有瓛《中国近代学制史料·第一辑》上，华东师范大学出版社1983年版，第77—78页。

④ 纪宝成：《中国大学学科专业设置研究》，中国人民大学出版社2006年版，第5页。

表 2—4　　　　《奏定大学堂章程》的学科分类

分科大学	科	门	科目
经学科大学	经学	周易学	主课：周易学研究法； 补助课：尔雅学、说文学、钦定四库全书提要经部易类、御批历代通鉴辑览、中国古代历代法制考、中外教育史、外国科学史、中外地理学、世界史、外国语文（英、法、俄、德、日选习其一）
		尚书学	主课：尚书学研究法；补助课：同上
		毛诗学	主课：毛诗学研究法；补助课：同上
		春秋左传学	主课：春秋左传学研究法；补助课：同上
		春秋三传学	主课：春秋左氏、公羊、谷梁学研究法；补助课：同上
		周礼学	主课：周礼学研究法；补助课：同上
		仪礼学	主课：仪礼学研究法；补助课：同上
		礼记学	主课：礼记学研究法；补助课：同上
		论语学	主课：论语学研究法；补助课：同上
		孟子学	主课：孟子学研究法；补助课：同上
		理学	主课：理学研究法，程、朱学派，陆、王学派，汉唐至北宋周子以前理学诸儒学派，周秦诸子学派；补助课：同上
政法科大学	政法	政治	主课：政治总义、大清会典要义、中国古今历代法制考、东西各国法制比较、全国人民财用学、国家财政学、各国理财史、各国理财学术史、全国土地民物统计学、各国行政机关学、警察监狱学、教育学、交涉学、各国近世外交史、各国海陆军政史； 补助课：各国政治史，法律原理学，各国宪法、民法、商法、刑法，各国刑法总论
		法律	主课：法律原理学、大清律例要义、中国历代刑律考、中国古今历代法制考、东西各国法制比较、各国宪法、各国民法及民事诉讼法、各国刑法及刑事诉讼法、各国商法、交涉法、泰西各国法； 补助课：各国行政机关学、全国人民财用学、国家财政学

续表

分科大学	科	门	科目
文学科大学	文学	中国史学	主课：史学研究法、御批历代通鉴辑览、各种纪事本末、中国历代地理沿革略、国朝事实、中国古今外交史、中国古今历代法律考； 补助课：四库史部提要，世界史，中、外今地理，西国科学史、外国语文（英、法、俄、德、日选习其一）
		万国史学	主课：史学研究法、泰西各国史、亚洲各国史、西国外交史、年代学； 补助课：御批历代通鉴辑览、中国古今历代法制史、万国地理、外国语文（英、法、俄、德、日选习其一）
		中外地理学	主课：地理学研究法、中国今地理、外国今地理、政治地理、商业地理、交涉地理、历史地理、海陆交通学、殖民学及殖民史、人种及人类学； 补助课：地质学、地文学、地图学、气象学、博物学、海洋学、外国语（英、法、俄、德、日选习其一）、中国方言（满、蒙、藏、回选习其一）
		中国文学	主课：文学研究法、说文学、音韵学、历代文章流别、古人论文要言、周秦至今文章名家、周秦传记杂史周秦诸子； 补助课：四库集部提要，汉书艺文志补注、隋书经籍志考证，御批历代通鉴辑览，各种纪事本末，世界史，西国文学史，中国古今历代法制考，外国科学史，外国语文（英、法、俄、德、日选习其一）
		英国文学	主课：英语英文； 补助课：英国近世文学史、英国史、拉丁语、声音学、教育学、中国文学
		法国文学	主课：法语法文；补助课：同上
		俄国文学	主课：俄语俄文；补助课：同上
		德国文学	主课：德语德文；补助课：同上
		日本文学	主课：日语日文；补助课：同上

续表

分科大学	科	门	科目
医科大学	医	医学	主课：中国医学、生理学、病理总论、胎生学、外科总论、外科各论、内科总论、内科各论、妇科学、产科学、产科模型演习、眼科学、捆扎学实习、卫生学、检验医学（日本名法医学）、外科手术实习、检眼镜实习、皮肤病及霉毒学、精神病学、霉毒学； 补助课：药物学、药物学实习、医化学实习、处方学、诊断学、外科临床讲义、内科临床讲义、妇科临床讲义、幼科临床讲义
		药学	主课：中国药材、制药化学、药用植物学、分析术实习、制药化学实习、植物学实习及显微镜用法、生药学、检验化学（日本名裁判化学）、卫生化学、植物分析法实习、生药学实习、有机体考究法、调剂学、检验化学实习、卫生化学实习、调剂学实习、药方使用法实习
格致科大学	格致	数学	主课：微分积分、几何学、代数学、算学演习、力学、函数论、部分微分方程式论、代数学及整数论； 补助课：理论物理学初步、理论物理学演习、物理学实验
		星学	主课：微分积分、几何学、算学演习、星学及最小二乘法、球面星学、实地星学、星学实验、力学、部分微分方程式论、函数论、光学、天体力学； 补助课：理论物理学初步、理论物理学演习、天体物理学、物理学实验
		物理学	主课：物理学、力学、天文学、物理学实验、数理结晶学、物理化学、应用力学、物理实验法、最小二乘法、化学实验、气体论、毛管作用论、音论、电磁光学论、理论物理学演习、应用电气学、星学实验、物理星学； 补助课：微分积分、几何学、微分方程式论及椭圆函数论、球函数、函数论
		化学	主课：无机化学、有机化学、分析化学、化学实验、应用化学、理论及物理化学、化学平衡论； 补助课：微分积分、算学演习、物理学、物理学实验

续表

分科大学	科	门	科目
格致科大学	格致	动植物学	主课：普通动物学、骨骼学、动物学实验、普通植物学、植物识别及解剖实验、植物分类学、植物学实验、有脊动物比较解剖、植物解剖及生理实验、组织学及发生学实验、人类学、寄生动物学、霉菌学实验； 补助课：地质学、生理化学及实验、矿物及岩石实验、生理学、古生物学、实地研究
		地质学	主课：地质学、矿物学、岩石学、岩石学实验、化学实验、矿物学实验、古生物学、古生物学实验、晶象学、晶象学实验、地质学实验、矿床学、地质学及矿物学研究； 补助课：普通动物学、骨骼学、动物学实验、植物学、植物学实验
农科大学	农	农学	主课：地质学、土壤学、气象学、植物生理学、植物病理学、动物生理学、昆虫学、肥料学、农艺物理学、植物学实验、动物学实验、农艺化学实验、农学实验及农场实习、作物、土地改良论、园艺学、畜产学、家畜饲养论、酪农论、养蚕论、农产制造学； 补助课：理财学（日本名经济学）、法学通论、农业理财学（日本名农业经济学）、兽医学大意、农政学、国家财政学
		农艺学	主课：有机化学、分析化学、地质学、土壤学、肥料学、农艺化学实验、作物、土地改良论、生理化学、发酵化学、化学原理； 补助课：气象学、植物生理学、动物生理学、农艺物理学、家畜饲养论、酪农论、农业理财学、农产制造论、事物及嗜好品
		林学	主课：森林算学、地质学及土壤学、气象学、森林物理学、最小二乘法及力学、森林植物学、植物生理学、森林动物学、林学通论、森林测量、造林学、植物学实验、动物学实验、造林学实验、森林测量实习、实事演习、树病学、森林化学、森林利用学、森林道路、森林保护学、森林经理学、森林管理学、森林理水及砂防工、森林化学实验、森林道路实习； 补助课：理财学、法学通论、森林法律学、林政学、国家财政学

续表

分科大学	科	门	科目
农科大学	农	兽医学	主课：兽体解剖学、兽体组织学、病理通论、外科手术实习、蹄铁法、兽体解剖学实习、兽体组织学实习、蹄铁法实习、家畜饲养论、酪农学、外科学、内科学、病兽解剖学及实习、病兽组织学及实习、蹄病论、家畜病院实习及内外科诊断法、畜产学、皮肤病学、寄生动物学、马学、动物疫论、产科学、眼科学、胎生学； 补助课：生理学、卫生学、霉菌学、检验医学、兽医警察学法、乳肉检查法、药物学、调剂法实习
工科大学	工	土木工程学	主课：算学、应用力学、热机关、机器制造法、建筑材料、冶金制器学（日本名制造冶金学）、地质学、石工学、桥梁、道路、测量、计画制图及实习、河海工学、铁路、卫生工学、水力学、水力机、实事演习、市街铁路、地震学、房屋构造、测地学； 补助课：工艺理财学（日本名工艺经济学）、土木行政法、电气工学大意
		机器工学	主课：算学，力学，应用力学，热机关，机器学，水力学，水力机，机器制造学，应用力学、制图及演习，计画、制图及实验，蒸汽及热力学，机器几何学及机器力学，船用机关，纺织，机关车，实事演习，特别讲义； 补助课：电气工学大意、电气工学实验、冶金制器学、火器及火药、房屋构造、工艺理财学
		造船学	主课：算学，力学，应用力学，热机关，机器学，机器制造学，冶金制器学，水力学，水力机，造船学，应用力学、制图及演习，计画及制图，船用机关计画及制图，蒸汽，实事演习，船用机关； 补助课：电气工学大意、火器及火药、工艺理财学
		造兵器学	主课：算学，力学，应用力学，热机关，机器学，水力学，水力机，冶金学，机器制造法，应用力学、制图及演习，机器制图，炮外弹路学，小枪及大炮，弹丸，炮架及车辆，水雷，蒸汽，铸铁学（日本名铁冶金学），化学实验，计画及制图，实事演习，冶金制器学，特别讲义； 补助课：火药学、电气工学大意、造船学大意、射击表编设

续表

分科大学	科	门	科目
工科大学	工	电气工学	主课：算学、力学、应用力学、热机关、机器学、水力学、水力机、机器学、电气及磁气、电气及磁气测定法、机器制图、化学实验、电气及磁气实验、电信及电话、电灯及电力、发电机及电动机、电气化学、蒸汽、冶金制器学、电气工学实验、计画及制图、实事演习、特别讲义； 补助课：工艺理财学
		建筑学	主课：算学，热机关，测量，地质学，应用规矩，建筑材料，房屋构造，建筑意匠，应用力学、制图及演习，测量实习，制图及配景法，计画及制图，卫生工学，水力学，施工法，实地演习，冶金制器法； 补助课：建筑历史、配景法及装饰法、自在画、美学、装饰画、地震学
		应用化学	主课：无机化学、有机化学、化学史、制造化学、冶金学、冶金制器学、矿物学及矿物识别、化学分析实验、计画及制图、电气化学、工业分析实验、制造化学实验、试金术及试金实习、实事演习； 补助课：热机关、机器学、水力学、应用化学、房屋构造、电气工学大意、火药学大意
		火药学	主课：算学、力学、应用力学、火药学、小枪及大炮、无机化学、有机化学、制造化学、化学分析实验、炮外弹路学、弹丸、炮架及车辆、水雷、工业分析实验、制造化学实验、计画及制图、实事演习、特别讲义； 补助课：机器学、热机关、水力学、电气工学大意、冶金制器学、房屋构造、机器制图
		采矿及冶金学	主课：矿物学、地质学、冶金学、采矿学、测量及矿山测量、矿物及岩石识别、化学分析实验、矿山测量实习、计画及制图、铸铁学、选矿学、试金术、试金实习、吹管分析、实事演习、矿床学、冶金实验、工学实验、采矿计划、冶金计划、铸铁计划； 补助课：房屋构造、热机关、机器学、应用力学、水力学、机器制造法、电气工学大意、冶金制器学、外国矿山法律

续表

分科大学	科	门	科目
商科大学	商	银行及保险学	主课：商业地理、商业历史、各国商法及比较、各国度量衡制度考、商业学、商业理财学、商业政策、银行业要义、保险业要义、银行论、货币论、欧洲货币考、外国语（英国必习，兼习俄、法、德、日之一）、商业实事演习； 补助课：国家财政学、全国土地民物统计学、各国产业史
		贸易及贩运学	主课：商业地理、商业历史、各国商法及比较、各国度量衡制度考、商品学、商业学、商业理财学、商业政策、关税论、贸易业要义、铁路贩运业要义、船舶贩运业要义、铁路章程、船舶章程、邮政电信章程、外国语（英国必习，兼习俄、法、德、日之一）、商业实事演习； 补助课：国家财政学、全国土地民物统计学、各国产业史
		关税学	主课：大清律例要义、各国商法、全国人民财用学、中外各国通商条约、各国度量衡制度考、各国金银价比较、中国各项税章、关税论、外国语（英国必习，兼习俄、法、德、日之一）； 补助课：商业地理、商业历史、商业政策、商业学、商品学、商业理财学

资料来源：据《奏定大学堂章程（附通儒院章程）》［光绪二十九年十一月二十六日（1904年1月13日），璩鑫奎、唐良炎《中国近代教育史资料汇编·学制演变》，上海教育出版社2007年版］第349—389页整理。

通常“学科体系结构，大体包括学科门类、一级学科、二级学科和学科方向”①。照此划分，清末大学堂学科体系由学科门类、一级学科构成，具体包括8个学科门类、46个一级学科，一级学科均由若干门主课和补助课组成。

（二）“八科分学”的特点

其一，“八科分学”的最大特点是把《钦定京师大学堂章程》中归属于文学科中的经学独立出来设置为经学科，并排在诸学科之首，充分体现了“中学为体，西学为用”的思想。“中体西用”思想是一种调和中西学

① 李化树：《论大学学科建设》，《教育研究》2006年第4期，第86页。

的教育观，中西学关系上，体是不可改变的，西学只能用来巩固中学，但在一定程度上肯定了西方的文化科学技术知识，为中国近代教育变革注入了新的力量。

张之洞非常重视经学，在其《劝学篇》的内篇中开门见山地提出："不先以中学固其根柢，端其识趣，则强者为乱首，弱者为人奴，其祸更烈于不同西学者矣……今日学者，必先通经以明我中国先圣先师立教之旨，考史以识我中国历代之治乱、九州之风气，涉猎子集以通我中国之学术文章，然后择西学之可以补吾缺者用之、西政之可以起吾疾者取之，斯有其益而无其害。"① 1901 年，张之洞与刘坤一共同奏《筹议变通政治人才为先折》，拟参考东西方大学学制，将大学堂学科分为 7 个专门学科，7 科中经学就排在首位，并且把文学涵括在内。当然在《奏定大学堂章程》中文科并没有隶属于经学科，保留了独立学科门类地位。

同时他还采纳了孙家鼐针对梁启超将经学、理学分开设置提出的"至理学可并入经学为一门"的建议，将原来与经学并列的理学归并于经学科中。把原来文学科下的史学门分化为中国史学和万国史学，外国语言文字学具体分成英、法、德、日、俄等各国语言文学，与中国文学并列起来。把中西文化划分得泾渭分明，忠于执行其"中体西用"思想。

其二，中国传统学科得以较好地保存下来。经学科为群学之首，表示对经部为首的"四部之学"的重视。从经学科下设 11 个学门看，基本延续了经、史、子、集"四部之学"中的经部所包含的主要类目，除了孝经类、乐类和小学类之外，易类、书类、诗类、礼类、春秋类、五经总义类和四书类都在经学科范围之内。可以说，经学科的独立设置以及中国史学门和中国文学门的独立设置，对于保存和发展中国传统学科起到一定的积极作用。

文学科下设中国史学门和中国文学门的具体科目中包括"四部之学"中史、子、集部类目。中国史学门拟开设主课中的御批历代通鉴辑览、各种纪事本末、中国历代地理沿革略、国朝事实、中国古今外交史和中国古今历代法律考，可以对应"四部之学"中史部的正史类、编年类、纪事本末类、时令类、地理类、传记类、别史类、政书类等诸多类目。中国文学门拟开设主课中的说文学、音韵学、历代文章流别、古人论文要言、周

① 张之洞：《劝学篇》，李凤仙评注，华夏出版社 2002 年版，第 59—60 页。

秦至今文章名家也与“四部之学”中集部的楚辞类、别集类、总集类、词曲类相对应。中国文学门下设主课之一《周秦传记杂史周秦诸子》，或多或少涉及“四部之学”中的子部，虽然分量不是很重，也不至于完全否定诸子之学。

中国近代著名教育家蒋维乔在其《清末学制之草创》中对比《钦定学堂章程》与《奏定学堂章程》时就提到“其科目，又以旧学之经史子集等，皆勉强纳入其中，与各科学并列”① 的看法。问题的关键并不在于中国传统学科在《奏定大学堂章程》中是地位显赫还是勉强纳入，而在于传统学科确实在该章程中得到有效保护与保留。正如肖朗教授总结的，“‘八科分学’方案初步奠定了中国近代大学学科体系的基础，大致划定了大学学术研究和教学的范围，使中国传统学术中的经学、史学、词章学等在‘经学科’和‘文学科’中得以保存”②。其实不仅经学科、文学科在保存中国传统学科方面做出贡献，政法科也不是纯粹的西方政治学与法律，也有我们自己传统学科因素。如政法科下设政治学门中拟开设的《大清会典要义》和《中国古今历代法制考》以及法律学门下设《中国历代刑律考》，也与“四部之学”中的史部相关联。

其三，“八科分学”的大学学科体系呈现出功利主义倾向。46 门学科中，文学科、格致科和政法科中的政治门属于基础学科，共计 16 门。医、工、农、商科和政法科中的法律学属于与社会职业分工密切联系的应用学科，共计 19 门。大学堂学科体系中规定的经学科主课均以各学研究法开头，从其研究法略解看：“通经所以致用，故经学贵乎有用，贵乎通，不可墨守一家之说，尤不可专务考务考古。研究经学者，务宜将经义推之于实用，此乃群经总义。”③ 于此推断，经学科也属于应用学科。因此，数量比例上，基础学科 16 门，占学门总数的 35%；应用学科共计 30 门，占学门总数的 65%，在整个学科体系中占主导地位。

商科的独立设置及其学门的大改动也从一个侧面反映出大学堂学科设

---

① 蒋维乔：《清末学制之草创》，陈学恂《中国近代教育史教学参考资料》，人民教育出版社 1986 年版，第 559 页。

② 肖朗：《中国近代大学学科体系的形成——从“四部之学”到“七科之学”的转型》，《高等教育研究》2001 年第 11 期，第 103 页。

③ 《奏定大学堂章程（附通儒院章程）》，光绪二十九年十一月二十六日（1904 年 1 月 13 日），璩鑫奎、唐良炎《中国近代教育史资料汇编·学制演变》，上海教育出版社 2007 年版，第 350 页。

置的功利主义倾向。当时日本大学学科中没有商科，只有商学从属于法科中。自从孙家鼐提出商科以来，清末大学堂章程中一以贯之地坚持了商科的独立地位。对比《钦定京师大学堂章程》，此次商科学科门类的设置，把原来的商业语言学、商法学、商业历史和商业地理等学门改为学门下设主要科目，簿记学和产业制造学被取缔，商科下设置了银行及保险学、贸易及贩运学和关税学等三门。这与清末对民族工商业发展的迫切需求相关联。

除此之外，医科课程设置中也能体现出大学堂学科设置的功利主义倾向。1905 年《医科大学章程商榷》一文中提出："最宜商榷者，即不列解剖学及组织学也……解剖学及组织学，谓之基础医学，学医学而无基础学，则所学皆妄。"① 从应用学科缺失相应的基础科学根基的事实推断，当时的学科设置不免有些急功近利。虽然医科在京师大学堂分科大学中未开设，但其医科大学章程的商榷从一个侧面提醒人们要关注基础理论学科与应用学科的关系，加深了对西方学科移植问题的理性思考。

当然，在"八科分学"的大学学科体系中我们看不到经济学、教育学、哲学等学科门类。也就是说此时经济学、教育学、哲学还不具有独立学科地位，但在"八科分学"中经济学和教育学属于学门下设科目之一。中国近代大学语境中没有采用日本翻译的"经济学"一词，但该学科以"财用学"或"理财学"的名称出现在不同学门下。如政法科政治学门下设主课中，就有"全国人民财用学""各国理财史"和"各国理财学术史"，农科下农学门和林学门下设补助课中，也有"理财学"。同样教育学也是作为科目之一，出现在政治学门中。

综合所述，清末"八科分学"的大学学科体系还是具有自己的创新性。其一，该学科体系学科门类的排列顺序中不难看出其从中学到西学的学科分类原则。当然，该排列顺序并不是孔德学科门类显示出的科学发展的顺序，即人类探索从物质运动形式的科学逐渐发展到社会运动形式的科学。而是从特定历史时期不得不学习西方科学知识的前提条件下，保存中学的重心地位而设计出的学科排列顺序，中学在先，西学在后。其目的不再是纯粹的科学研究、知识创新与发展，而在于尽快培养出学以致用的实

① 《医科大学章程商榷》，光绪三十一年七月（1905 年 8 月），潘懋元、刘海峰《中国近代教育史资料汇编·高等教育》，上海教育出版社 2007 年版，第 6 页。

用人才，不仅学到西方的科学技术知识，还不失为中国传统知识的传播与传承。其二，从学科分类标准看，“八科分学”虽说主要参照了日本的大学学科体系，但不是全盘照办，“这种大学分科取法日本而又糅合中国传统学术分科，具有学术转型的特征”[①]。从这一点上不能将其简单归为“舶来品”，要充分认识到它的特色。张之洞曾分析德、英、法、日等国高等学堂的“专门之学”，英国和法国略同，均分经、教、法、医、化、工科，另外设专门农、商、矿学。“日本高等学校亦分六门：一法科，二文科，三工科，四理科，五农科，六医科，每科所习学业，各有子目，其余专门各有高等学校。”[②] 对比英、法、德、日六科之学，八科分学是中国独有的，尤其在经学科的独立设置与商学科学科地位的提升上完全区别于日本的大学学科体系。哲学的缺失也好，“科一门”设置缺陷也罢，都不会影响“八科分学”在中国近代大学学科发展史上的开创性作用。

（三）“八科分学”与七科设想的联系

通常人们把《奏定学堂章程》的起草归功于张之洞一个人，“荣庆以蒙人资格，兼入枢府，权位远出张氏之上，有意更改从前的办法，恰逢张之洞因事入京，清廷乃下令之洞与二管学大臣重拟学堂章程，此《奏定学堂章程》之由来。此项新章，名虽三人共拟，其实由之洞一手包办”[③]。实则，“八科分学”的提法很大程度上延续了张百熙的七科设想。因为张之洞与刘坤一共同奏请《筹议变通政治人才为先折》（1901）时，就提出经学、史学、格致学、政治学、兵学、农学和工学等七科想法。八科分学中虽保留了经学科，但文学不再附属于经学科，而独立设置，史学却失去独立学科地位，从属于文学科中。尤其在大学学科中是否独立设置兵学与医学的看法上，张百熙与张之洞有很大分歧。张百熙提倡大学中设置医学，不提倡设置兵学，他认为“环球各国合上下之精神财力，尤注重练兵。兵之所以精则以通国皆兵又无一不出于学。中国陆军海军应广立专门学堂，不在各学分科之内”[④]。与此相反，张之洞提倡在大学中设置兵学，

① 张亚群：《废科举与学术转型——论清末科学教育的发展》，《东南学术》2005年第4期。

② 张之洞、刘坤一：《筹议变通政治人才为先折》，光绪二十七年（1901）五月，舒新城《中国近代教育史资料》上册，人民教育出版社1981年版，第49页。

③ 陈青之：《中国教育史》下册，福建教育出版社2009年版，第618页。

④ 《京师大学堂章程》，光绪二十八年七月十二日（1902年8月15日），北京大学、中国第一历史档案馆编《京师大学堂档案选编》，北京大学出版社2001年版，第149页。

不提倡设置医学，他认为“至医学一门，以卫生为义，本为养民强国之一大端。然西医不习风土，中医又鲜真传，止可从缓。惟军医必不可缓，故附于兵学之内”①。结果，八科分学中未设置兵学，却增设了医科，如此看来，“八科分学”很大程度上尊重和延续了张百熙的七科设想。

总之，“八科分学”的大学学科思想融合了张之洞与张百熙的学科设想，不该将其归功于张之洞个人的功劳。他们面对现实发展需求，肯定西方学科的价值，体现了一种变革的决心，而在采纳西方学科时，试图保存中国传统学科的考虑，让人看到一种难能可贵的忧患意识。

五 大学堂学科分类思想来源分析

一个制度的确立，除了受到外在环境与社会需要的影响之外，归根结底受制度制定者的知识和价值观的影响。“知识价值观是人们对不同知识体系的功能与地位的一种价值判断，它与教育变革紧密相连。”② 清末学人对西学价值的认可与对中国传统学科加以保护的意识是大学堂学科分类思想形成的根本来源。

经历了顽固派与洋务派的“义礼”与“技艺”之争和洋务派与早期启蒙思想家的“本末”“体用”之争，近代中国高等教育的发展方向基本导向西方学习，不仅学习“西文”“西艺”，还要学习“西政”。张之洞认为，“近人若邵阳魏源于道光之季译外国各书、各新闻报，为《海国图志》，是为中国知西政之始”③。从而西方的学校、地理、度支、赋税、武备、律例、劝工、通商皆成为学习的要点，天文历算、声、光、化、电和工程技术等也成为学习西方学问不可或缺的内容。

清末学人十分重视对西学的理解与吸收，开始考虑如何将西方学科融入中国传统知识体系的问题。较为典型的事件是，对西方科学知识的称谓采用“格致”一词，“晚清称‘格致之学’或‘格致’，这虽然在实质上已改变了对格致的传统理解，但又毕竟是试图把西学知识纳入到中国传统

① 张之洞、刘坤一：《筹议变通政治人才为先折》，光绪二十七年（1901）五月，舒新城《中国近代教育史资料》上册，人民教育出版社 1981 年版，第 51 页。

② 张亚群：《科举革废与近代中国高等教育的转型》，华中师范大学出版社 2005 年版，第 44 页。

③ 张之洞：《劝学篇·外篇广译第五》，李凤仙评注，华夏出版社 2002 年版，第 100 页。

学问的框架之中”[①]。既要学习西方学科，又要保存自己的传统学科，既要充分吸收西学，又要避免西学凌驾于中学之上。对待两种不同的知识系统。如何摆正各自的位置成为一大难题。

相较于孙家鼐“中学包罗西学”和梁启超“中西并重”思想，张百熙与张之洞的“中体西用”思想，较集中地表现了清末学人对待西学的矛盾心理。《劝学篇》中张之洞明确提出“旧学为体，新学为用，不使偏废”的观点，旧学即四书、五经、中国史事、政书和地图，它所起的作用是务本，正人心；新学即西政、西艺和西史，其作用是务通，开风气。虽然用词上没有直接采纳“中学”与“西学”，但从旧学与新学所指内容看，旧学即中学，新学即西学。“旧学为体，新学为用”即“中体西用”思想。“体、用”概念如同中国古代思想体系中“道器”概念，道是体，指封建社会伦理纲常，器是用，指具体事务，在于实用。体与用，道与器的关系上中国社会一直以来重体轻用，重道轻器。如此看来，张之洞主张的“中体西用”思想中中学的地位不可动摇，西学的作用是用来弥补中学的不足，为我所用。事实上的矛盾性，汉学家的分析批判具有一定的说服力，“张之洞及其支持者在理论上误用了理学的二元论，因为‘体’和‘用’作为一个统一体在互相关联的两个方面，是不可分割的。不过这种说法具有心理意义，因为它便于中国实行现代化，而不致丧失其文化特性。尽管其效力令人怀疑，但它象征着中国对西方的矛盾态度”[②]。

不论从学科名词的使用尽量避免日本的翻译，还是“八科分学”中首设经学科来看，张百熙和张之洞都在极力地保存和发展西方学科冲击下的中国传统学科。“对‘自然科学’这个学科的称谓，并没有借用日本的学术用语——‘理科’或‘科学’来表示，而是采用了儒家学说的一个古典术语——‘格致’。这个问题也反映了当时围绕着学科用语而展开的一场争论——究竟是应该用中国传统术语来表示那些新的现代学科呢？还是借用日本的外来词汇呢？”[③] 在《奏定大学堂章程》中诸如此类的学科用语还很多。如“辨学”，日本名论理学，中国古名为辨学；“公益学”，

---

① 樊洪业：《科举·科学·科学家》，《民主与科学》1990年第2期，第46页。

② ［美］费正清等：《剑桥中国晚清史（1800—1911）》下卷，中国社会科学院历史研究所编译室译，中国社会科学出版社1985年版，第197页。

③ ［加拿大］许美德：《中国大学1895—1995：一个文化冲突的世纪》，许洁英译，教育科学出版社1999年版，第58页。

日本名社会学，近人译作群学；“政治总义”，日本名为政治学；“各国政治史”，日本名为政治史；“全国人民财用学”，日本名理财学及经济学；“国家财政学”，日本名为财政学；“各国理财史”，日本名为经济史；“各国理财学术史”，日本名为经济学史；“全国土地民物统计学”，日本名为统计学；“各国行政机关学”，日本名为行政法学；“检验医学”，日本名法医学；“检验化学”，日本名裁判化学；“理财学”，日本名经济学；“农业理财学”，日本名农业经济学；“冶金制器学”，日本名制造冶金学；“工艺理财学”，日本名工艺经济学；“铸铁学”，日本名铁冶金学；等等。

若对具体科、门分类的表述作深入分析，则能看到另一种景象。从宗旨上看似乎是本着“中体西用”思想，把西方学科纳入到中国传统知识系统中，事实上却走向“西学包罗中学”的另一端。虽然独立设置经学科并设在众学科之首，看似它的地位和价值无与伦比。但经学科中普遍使用“某某学”的称呼，明显烙上西方文化标签。“加一个‘学’字说明了一种文化进步，形成了人与知识之间的有机联系，成为新文化的标志。也才能够将古代随机散乱的常识，系统化为人文科学轨道中的一部分知识，它也是西方文化自身探索与进步的标志。”① 不论是“经部”改称“经学”，还是经学科下所有门的称呼中，无处不挂“学”，如周易学、尚书学、毛诗学到论语学、孟子学。这般对西方学科称呼形式上的模仿，与其说把西方学科融入中国传统知识系统中，不如说使中国传统学科更接近于西方学科。其实在《学务纲要》中张百熙、张之洞对西方分科教学是加以充分肯定的，“科学相间讲授，乃各国成法，具有深意，每日此门数刻，他门又数刻，一日内讲习至五六种，看似繁难，其实具有深意。为其功课难易相配，不致过劳生厌，而各种科学同时并讲，亦有互相补助之益”②。正可谓“张之洞的‘中体西用’说而言，它虽然无意与传统决裂，思想仍在原有的价值体系中运作，但它却是近百年学术现代转型的源头之水”③。正是这般对西学既防范又模仿的矛盾心理，促成了经学科为首，涵括诸多西方学科的大学堂“八科分学”体系。

此外，有关大学堂章程未设置哲学的问题，王国维在《奏定大学堂

① 钟少华：《试论民俗学科词语概念的近代阐述》，《民俗研究》2002年第4期，第6页。

② 张百熙、荣庆、张之洞：《学务纲要》，光绪二十九年（1903）十一月，舒新城《中国近代教育史资料》上，人民教育出版社1981年版，第209页。

③ 麻天祥：《中国近代学术史》，武汉大学出版社2007年版，第14页。

章程》颁布后就提出质疑："虽然尚书之志善矣，然所以图国家学术之发达者，则固有所未尽焉……其根本之误何在？曰在缺哲学一科而已。"① 不曾设立哲学科的根源与西方学者秉持的知识分类观有很大关联。因为"晚清时期传入中国之西方知识系统是比较庞杂的，但主要是孔德和斯宾塞所概括之近代知识分类体系"②，而孔德和斯宾塞的科学体系中不包括哲学，他们都把哲学当成科学的科学，即统合一切科学知识的整体。以孔德的实证科学—哲学体系为例，详见图2—1：

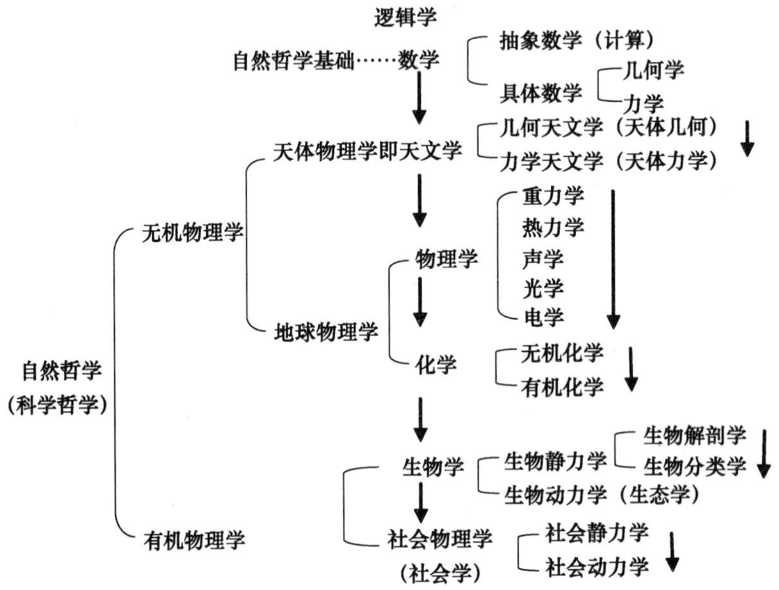

图2—1　孔德的实证科学—哲学体系的框架结构③

如图所示，孔德划分的学科门类有数学、天文学、物理学、化学、生物学和社会物理学（社会学）六大类，哲学此时充当的是上述科学的基础，即科学的科学，而非科学的分支。孔德的最大贡献就在于学科门类中

---

① 王国维：《奏定经学科大学文学科大学章程书后》，光绪三十二年（1906年），潘懋元、刘海峰《中国近代教育史资料汇编·高等教育》，上海教育出版社2007年版，第7页。

② 左玉河：《从四部之学到七科之学：学术分科与近代中国知识系统之创建》，上海书店出版社2004年版，第311页。

③ 欧力同：《孔德及其实证主义》，上海社会科学院出版社1987年版，第87页。

留给社会学一席之地，使之成为独立学科，并与诸多自然科学一同构成19世纪学科体系的整体。“孔德的社会学包括了社会政治、道德、文化艺术、宗教等一系列具体领域的理论”[①]，确实是包罗了一切有关社会的知识体系。孔德学科门类显示出科学发展的顺序，人类探索从物质运动形式的科学逐渐发展到社会运动形式的科学。这一顺序至今都对学科分类有影响。如联合国教科文组织大学学科分类法的学科主要领域的划分顺序是从自然科学、工程学、医学科学、农业到社会科学、人文科学和美术；美国科研系统常用分类法也是从生命科学、心理学、物质科学、环境科学、数学和计算机科学、工程科学到社会科学排序。

① 欧力同：《孔德及其实证主义》，上海社会科学院出版社1987年版，第137页。

第三章

清末大学堂的学科建制雏形

清末高等教育机构主要包括大学堂、高等学堂和专门学堂。其中高等学堂相当于大学预科教育，专门学堂相当于专科教育，大学堂属于大学本科教育。清末“全国只有3所国立大学，包括京师大学堂、重建后的天津中西学堂（改名北洋大学堂）以及由庚子‘地方赔款’兴建的山西大学堂”[①]，它们共同开了中国近代国立大学学科教育的先河。以“新政”[②]为界限，大学堂经历了草创与复办两个阶段。“新政”之前，天津中西学堂和京师大学堂的学科草创各具特色。“新政”时期，大学堂增加至3所，京师大学堂在复办后变通方法只设普通学，1910年正式开办本科层次的分科大学，建立了“科—门”建制。天津中西学堂（北洋大学堂）与山西大学堂在美、英大学模式影响下建设了工科、法科等应用学科。

第一节 “新政”之前大学堂学科草创

“新政”之前，属于大学教育水平的只有天津中西学堂和京师大学堂，没有统一学制指导下，二者在学科草创方面各有特色。天津中西学堂头等学堂开创了工、法科应用学科建制，设置了矿学、工程学、机器学和法律学。京师大学堂不仅设置了中西学科，还设置了格致、化学、政治、史学、舆地（地理）等专业学科，较集中在自然科学和社会科学的基础学科领域，突破了只设置应用学科的局限性。

---

① 张亚群：《科举革废与近代中国高等教育的转型》，华中师范大学出版社2005年版，第105页。

② 义和团运动导致八国联军入侵，在改革势力的呼吁下，1901年1月29日，慈禧太后以光绪皇帝的名义在西安颁布“变法”上谕，由此开始了晚清最后10年的“新政”时期。

一　天津中西学堂工科法科的创始

1895 年 10 月 2 日，天津海关道盛宣怀在天津奏准设立天津中西学堂，是中国近代新式大学的开端。天津中西学堂经费主要来源于国家收入中的财政税收和电政税收，“从体制上看属于国立官办的第一所大学”①。天津中西学堂分头等学堂和二等学堂，头等学堂相当于大学本科教育，二等学堂相当于大学预科教育。天津中西学堂头等学堂的学科设置标志着中国近代国立大学的学科萌芽。

按照盛宣怀《拟设天津中西学堂章程禀》，头等学堂第一年课程不分科别，第二年后，各就性质所近，学习工程学、电学、矿务学、机器学和律例学等专业学科。当时“头等分习法律学、矿学、工程学、机器学，为专门科”②，没有开设电学。1899 年头等学堂培养出中国近代第一批大学毕业生，“中国第一张大学文凭（钦字第一号）的获得者，即是毕业于该校法科法律学专业的近代著名法学家、曾任中华民国第一任外交总长的王宠惠”③。由于天津中西学堂创办之始，就参照美国大学模式办学，头等学堂毕业生不经考试，就可以直接进入美国著名大学的研究院就读。遗憾的是 1900 年八国联军入侵京津，学堂先后被美、德军占领，天津中西学堂被迫停办。

可以肯定的是中国近代国立大学专业学科的尝试始于天津中西学堂的头等学堂，其学科门类包括工科和法科，下设一级学科包括矿学、工程学（土木工程）、机器学（机械工程）和法律学。因此，在中国近代国立大学学科建制方面最早设置的是工科和法科。从学科门类看，工科和法科均属于应用学科。“在国际上，人文学科、社会科学、自然科学被视为基础学科，而法学、医学、商学、工学、教育学、新闻与传播等被认为是应用学科。”④ 基础学科注重学理，发现原理，增进知识本身，应用学科注重知识的实用价值。天津中西学堂头等学堂设置法科工科与当时清廷急需内

---

① 王杰：《北洋大学堂与中国近代高等教育的缘起》，《高教探索》2008 年第 6 期，第 75 页。

② 《正月代理北洋大学堂监督丁条呈改良北洋大学堂事宜禀并批》，光绪三十二年（1906），朱有瓛《中国近代学制史料・第二辑》上册，华东师大出版社 1987 年版，第 970 页。

③ 金以林：《近代中国大学研究：1895—1949》，中央文献出版社 2000 年版，第 12 页。

④ 纪宝成：《中国大学学科专业设置研究》，中国人民大学出版社 2006 年版，第 169 页。

政外交上熟悉国际公法的法律人才与发展工业的工科人才密切相关，充分反映了当时的大学学科建制是根据社会需要而设置。学科内容凸显了实质教育论的主张，掌握切实有用的知识的要求成为大学教育的使命，在教育目的价值取向上坚持了社会本位论，根据社会需要确定学科，人的发展必须服从社会需要，社会价值高于个人价值。所以，功利性凸显的时代，人文性必定处于劣势，学科设置的意图主要满足特定社会的需求，而不是充分考虑个体需要。这是大学堂学科草创之时的时代特征。

二　京师大学堂中西学科的尝试

清廷创办京师大学堂的主要原因就是把甲午战败归结为“学问不如日本”，因此力图效仿外国兴办学校，研究学问。从而传承中学和传授西学成为其学科设置的基调。

自从 1898 年 2 月 15 日，御史王鹏运奏请开办京师大学堂以来，经历种种变故，终于在 1898 年 12 月 31 日（光绪二十四年十一月十九日）京师大学堂正式开学，第一任管学大臣是光绪皇帝的老师孙家鼐。据《申报》记载，京师大学堂拟招 200 名学生，由于校舍容量不足，“先传到一百六十名，其余考取者作为外班俟将来额缺添传……计仕学院学生三十名，中学生六十名，小学生七十名”①。其中仕学院主要招收进士、举人出身的七品以上京官学习西学，160 名学员中属于高等教育层次的仕学院学生仅有 30 名，其余 130 名为中、小学生。这一点完全符合当时教育的实际情况，因为清末学制颁布之前并没有建立中学、小学教育体制，新设立的大学堂没有合格生源而不能不统辖管理中小学。如此看来，中国近代第一所综合性大学开办之时的身份比较尴尬，也说明它的创办并非完全移植西方大学模式。

京师大学堂的学科设置，没有按照梁启超的《大学堂章程》规定，全面开设专门学。甚至开学初期，“科学课程竟一门未开，6 个月后，御史吴鸿甲对大学堂未开任何一门科学课程事上折参奏，朝廷随即谕令：科学教学应立即进行”②。

由于自身身份特殊，孙家鼐在管理京师大学堂的一年多时间里受到朝

① 《学堂纪事》，《申报》1899 年 1 月 17 日（第九千二百五十五号）。

② ［法］巴斯蒂：《京师大学堂的科学教育》，《历史研究》1998 年第 5 期，第 49—50 页。

廷顽固势力的猜忌与指责，1899 年 12 月辞去管学大臣的职位。早在同年 7 月，“孙家鼐著再赏假一个月，吏部尚书著徐用仪署理所管大学堂事务著许景澄暂行管理大学”[①]。这样在孙家鼐辞去管学大臣职位之前，由出使日本国大臣、游历过欧洲多国的许景澄管理大学堂事务。据 1900 年 2 月 18 日许景澄奏报的京师大学堂办学情形折，当时京师大学堂设置经史讲堂、专门讲堂、算学讲堂、格致、化学讲堂和外文学堂，具体分化如下：

讲堂[②]
- 经史讲堂
  - 求志 1 处
  - 敦行 1 处
  - 立本 1 处
  - 守约 1 处
- 专门讲堂
  - 史学 1 处
  - 政治 1 处
  - 舆地 1 处
- 算学讲堂 3 处
- 格致、化学讲堂各 2 处
- 英文学堂 3 处
- 法文、德文、俄文、日文学堂各 1 处

从其表述看，经史讲堂和专门讲堂主要学习中学，其余讲堂主要学习西学。在学习顺序上，先通过经史讲堂学习，达到经史讲解明细者再进入专门讲堂，学习史学、政治和舆地；学习西学同样先通过算学讲堂和诸外文讲堂的学习，达到算学门径谙晓者再进入格致、化学讲堂。由此可见，专门讲堂和格致、化学讲堂在学习层次上略高于其他讲堂。学习时间上

① 《著许景澄暂行管理大学堂事务谕旨》，光绪二十五年六月初十日（1899 年 7 月 17 日），北京大学、中国第一历史档案馆编《京师大学堂档案选编》，北京大学出版社 2001 年版，第 81 页。

② 《吏部左侍郎许景澄奏复大学堂功效折》，光绪二十六年正月十九日（1900 年 2 月 18 日），北京大学、中国第一历史档案馆编《京师大学堂档案选编》，北京大学出版社 2001 年版，第 87 页。

“上午学经史，下午学科学”①。

创办之初的京师大学堂，西学以西文为基础，再学习格致、化学等自然科学知识；中学以经史为基础，再学习政治、史学、舆地等社会科学知识。经史、算学和西文是学生通习的基础科目，属于普通学，而史学、政治、舆地、格致和化学是学生分习的专业学科，属于专门学。据《许景澄详奏大学堂情形谕旨》，1899 年 9 月（光绪二十五年八月）以后由经史常课学生内，陆续拨入专门政治、舆地等讲堂者有 42 人，由算学拨入格致、化学等讲堂者有 49 人，分习各国文字的学生 43 人，其中学习专业学科的学生共计 91 人。

专业学科的设置与 1898 年 7 月 2 日（光绪二十四年五月十四日）《大学堂章程》规定的高等算学、高等格致学、高等政治学、高等地理学、农学、矿学、工程学、商学、兵学、卫生学十种专门学相差很多。格致学、政治学、地理学勉强符合规定之外，缺少了高等算学、农学、矿学、工程学、商学、兵学和卫生学，应该说此时的专业学科基本集中在基础学科领域，而工、农、商、医等在内的应用学科并未设置。总体上看京师大学堂专业学科的设置初步呈现出文理并设，中西结合的学科特色。

京师大学堂创办之时，不是单一的高等教育机构。《大学堂章程》规定：“设管学大臣一员以大学士尚书侍郎为之，略如管国子监事务大臣之职。”② 创办初期的京师大学堂，在性质上如同国子监，不仅是一所官办大学，同时也是掌管全国教育事务的最高教育行政机关。在教学层次上，京师大学堂不仅包括高等教育层次，也包括中小学在内的基础教育阶段。这与大学堂创办之初，没有普通教育基础，即没有可招的中学堂毕业生有关。1899 年 5 月陕西道监察御史吴鸿甲上奏，提出大学堂本不该设小学堂的问题，并奏请删并大学堂。他的理由是“章法未妥善，用人太多，事权不一”，列举当时户部每月拨给京师大学堂经费银 17200 余两，合计年拨银 20 万两，其中学堂总办一人岁支薪水 1200 金，比当时京官俸银多 6—7 倍，比八旗官俸银多 8—9 倍，觉得浪费了极其有限的经费开支。吴鸿甲建议裁撤教员，“提调十二人当留一人为提调，二人为监院，其余尽

① 萧超然、沙健孙、周承恩、梁柱：《北京大学校史》，上海教育出版社 1981 年版，第 10 页。

② 《大学堂章程》，光绪二十二年五月十四日（1896 年 7 月 2 日），北京大学、中国第一历史档案馆编《京师大学堂档案选编》，北京大学出版社 2001 年版，第 36 页。

改为分教……收掌以下诸人可裁十分之九，即听差亦可裁四分之三删繁就简。即以腾出房屋添加学生，腾出经费添买书籍仪器，并加优等膏奖”①。1899年5月10日，管学大臣孙家鼐奏《大学堂整顿情形折》，通报了大学堂具体报名人数为218人，不足预定人数500人，主要原因就是校舍有限，不能敷住而至。针对教习数量的责难，孙家鼐加以说明，“查原定章程汉教习十四人，西教习二十六人。现派汉教习九人，已减五人。西教习二十三人，已减三人。其西教习不能多减者，因洋人指授，必藉副教习转述言语方能明畅……洋教习既经延定立有合同无可议减，监院为原定章程所无，不必徒易名目”②。面对浪费教育经费的责难，决定从1899年5月（光绪二十五年四月）起大学堂所有在事的总办、提调、教习等人薪水各减半发放。

此时的京师大学堂，兼普通教育、高等教育与教育行政机构为一体，所谓的“大学堂”徒有大学之名，而未有大学之实。加上时局动荡，京师大学堂办学经费来源——华俄道胜银行被毁，1900年7月9日许景澄奏请“创设大学堂之意，原为讲求实学，中西并重。西学现非所急而经史诸门本有书院、官学”③，建议暂行裁撤大学堂，慈禧太后随即下令暂撤京师大学堂。1900年8月15日八国联军侵入北京，京师大学堂成为俄、德兵营驻地，被迫中断办学，中西学科的尝试也告一段落。

相较于天津中西学堂头等学堂的工、法科设置，京师大学堂创办初期尝试设置了格致、化学、政治、史学、舆地（地理）等学科，较集中在自然科学和社会科学的基础学科领域。虽然只是一次短暂的尝试，但也在一定程度上突破了学科的纯实用价值。

---

① 《陕西道监察御史吴鸿甲奏请删并大学堂折》，光绪二十五年三月二十七日（1899年5月6日），北京大学、中国第一历史档案馆编《京师大学堂档案选编》，北京大学出版社2001年版，第74页。

② 《协办大学士孙家鼐奏陈大学堂整顿情形折》，光绪二十五年四月初一日（1899年5月10日），北京大学、中国第一历史档案馆编《京师大学堂档案选编》，北京大学出版社2001年版，第78页。

③ 《吏部左侍郎许景澄奏请暂行裁撤大学堂折》，光绪二十六年六月十三日（1900年7月9日），北京大学、中国第一历史档案馆编《京师大学堂档案选编》，北京大学出版社2001年版，第89页。

第二节　复办后大学堂的学科设置

京师大学堂与天津中西学堂分别于1902年1月和9月恢复办学，1902年6月新设山西大学堂，至此，清末大学堂增加到3所。京师大学堂复办后变通方法只设普通学，暂不设专门学，1910年才正式开办本科层次的分科大学，走上多学科综合发展的道路，而天津中西学堂（北洋大学堂）与山西大学堂在美、英大学模式影响下通过预备科教育阶段，陆续开办大学本科教育，重点建设了工科、法科等应用学科。

一　京师大学堂加强基础学科

1902年1月10日（光绪二十七年十二月初一日），清政府派张百熙为京师大学堂管学大臣。复办后的京师大学堂本想招收各省中学堂毕业生，开设专门学，而当时省学堂未成形，没有合格生源导致其复办后只能变通方法，办速成科与预备科。在预备科基础上于1910年开办分科大学，开始了大学本科教育。

（一）速成科的学科设置

普通学是指清末对基础学科的统称。1902年10月14日（光绪二十八年九月十三日），京师大学堂举行招生考试，首先招考速成科学生。速成科分仕学馆和师范馆，“仕学师范两馆之创办，乃取古语‘作之君作之师’的意思，创办的人当然有他一种伟大的抱负”[①]。仕学馆招考入仕途的五品以下八品以上京官以及因事留京的道员以下教职以上京城外官员，师范馆招考举贡生监入学。第一次招生，“仕学馆录取学生36名，师范馆录取学生56名。11月25日，大学堂再次招生，仕学馆、师范馆共录取学生90名”[②]，共计招生182名学员。1902年12月17日（光绪二十八年十一月十八日）京师大学堂举行入学典礼，恢复办学。

仕学馆学制3年，学习内容侧重政法，兼习普通学，具体包括算学、博物、物理、外国文、舆地、史学、掌故、理财学、交涉学、法律学、政

---

① 邹树文：《北京大学最早期的回忆》，朱有瓛《中国近代学制史料·第二辑》上册，华东师范大学出版社1987年版，第959页。

② 萧超然：《京师大学堂创办述略》，《北京大学学报》（哲学社会科学版）1985年第1期，第124—125页。

治学十一门。1904 年 3 月仕学馆并入新开办的进士馆，之后仕学馆学生或毕业或被派遣游学，于 1906 年（光绪三十二年）停办。

师范馆学制 4 年，分设国文外国语部、历史地理部、数学物理部、博物农学部四部。具体学科见表 3—1。

表 3—1　　速成科师范馆学科

第一类	国文外国语部	国文	经学	伦理	教育	心理	体操	教育法令	英文	德文	法制	人伦道德	学校卫生	生理	生物	周秦诸子								
第二类	历史地理部	国文	经学	伦理	教育	心理	体操	教育法令	法制	人伦道德	生物	外国地理	中国地理	世界史	亚洲史	中国史	地理							
第三类	数学物理部	国文	经学	伦理	教育	心理	体操	教育法令	人伦道德	学校卫生	手工	物理	物理实验	代数	几何	三角	化学实验	化学	图画	解析几何	微积分			
第四类	博物农学部	国文	经学	伦理	教育	心理	体操	教育法令	人伦道德	学校卫生	生理	农学	动物	动物实验	植物	植物实验	动物通论	动物进化论	化学	图画	植物生理	动物发生	矿物	地学

资料来源：《沿革一览：学制及学科》，吴相湘、刘绍唐《国立北京大学纪念刊第一册》（民国六年廿周年纪念册上），台北：传记文学出版社 1971 年影印本，第 77 页。

表 3—1 所列"学科"，其实是普通学范畴的基础教学科目，还达不到严格意义上学术分科的专门学。学科设置上有学生通习科目和专习科目之分。学生通习科目有国文、经学、伦理、教育、心理、体操、教育法令和人伦道德，是四类师范生必修科目。专习科目分四大类：第一类政法和外文，第二类中外历史地理，第三类数理化等自然科学类，第四类动植物学和农学。

具体科目中，现代科学教育占据绝对优势。正如师范馆第一届学员邹树文先生在《北京大学最早期的回忆》中所言，我们所读的书，现代科学是占最大成分的。以表 3—1 所列学科为例，伦理学、代数、三角、几何、地理学、植物学、动物学、物理、化学等诸学科是 17、18 世纪分化出的西方新兴学科，见表3—2。

表3—2　文艺复兴时期的学科与14世纪以及17、18世纪学科的比较

14世纪以前七艺	文艺复兴时期（14—16世纪）学科	17—18世纪学科
文法	文法（希腊文、拉丁文、近代文）	文法（希腊文、拉丁文、近代文）
	文学（古代文学、近代文学）	文学
	历史（古代史、近代史、世界史）	历史（古代史、近代史、世界史）
修辞学	修辞学	修辞学
辩证法	辩证法	逻辑
		伦理学
算术	算术	算术
		代数
几何	几何学（平面、立体）	三角学
		几何学——解析几何、微积分
	地理学	地理学
		植物学
		动物学
天文	天文学	天文学
	机械学	机械学
		物理学
		化学
音乐	音乐	音乐
	体育	体育
	体貌及道德训练（宗教虽然没有从学校中绝迹，但宗教的独占地位已被否定）	体貌及道德训练

资料来源：吴刚：《知识演化与社会控制——中国教育知识史的比较社会学分析》，教育科学出版社2002年版，第239—240页。

如表3—2所示，西方古典“七艺”经过文艺复兴时期的分化，逐渐演变成文史哲、数理化俱全的人文学科和自然科学的大轮廓，再到工业革命后的进一步学科分化，文法分化出文学、文法、历史，辩证法分化出逻辑学、伦理学，算术分化为算术和代数，几何分化出三角学、几何学、地理学、植物学和动物学，天文分化出天文学、机械学、物理学和化学。上述学科，除了社会科学之外，基本涵盖了人文学科与自然科学中基础学科的整体。由此推断，京师大学堂师范馆开设的普通学中绝大多数为西方的科学分支，说明此时大学堂科学教育得到较充分的发展。

“三十二年十二月师范馆旧班一二三四类学生举行毕业考试。三十三年二月举行毕业礼式。师范旧班原定满四年毕业，嗣因定章分为四类，添配教习，组织学科，一时未克完备，致稍迟延。学生所习公共科多一学期，而分类科少一学期。”[①] 据吴相湘、刘绍唐《国立北京大学纪念刊（民国六年廿周年纪念册下）》毕业同学录，1907年3月（光绪三十三年二月）优级师范科毕业生共计108名，其中最优等18名、优等61名、中等21名、下等4名，未及格者4名。京师大学堂师范馆在当时“师不苛求”的条件下，为各类学堂提供了合格的师资储备，为教育的持续发展奠定了基础。1908年6月14（光绪三十四年五月十六日）师范馆改设为京师优级师范学堂，“臣部行走候选知县陈问咸，堪以派充京师优级师范学堂监督”[②]。

（二）预备科的学科设置

相较于速成科，预备科的招生并不是很顺利。张亨嘉所言，“上年（1903年）臣在浙江学政任内准大学堂咨调预备科学生并示考选章程。臣即通饬各属招考竟无一人合格者。浙江素称人文渊薮尚且如此边方朴僿概可知矣”[③]。如此这般，人文渊薮的江浙一带都很难招上

① 《沿革一览：学生》，吴相湘、刘绍唐《国立北京大学纪念刊第一册》（民国六年廿周年纪念册上），台北：传记文学出版社1971年影印本，第87—88页。

② 王学珍等：《北京大学纪事：1898—1997》，北京大学出版社1998年版，第19页。

③ 《大学堂总监督张亨嘉奏请变通预备科考选程度片》，光绪三十年（1904），北京大学、中国第一历史档案馆编《京师大学堂档案选编》，北京大学出版社2001年版，第260页。

符合进入京师大学堂预备科的学生，合格生源问题确实成为京师大学堂发展的瓶颈，当时兴办大学堂的难度可想而知。

按照1904年1月14日谕旨，京师大学堂“管学大臣”改为“学务大臣”，派大学士孙家鼐充学务大臣，致力于全国教育事务，1904年2月6日谕旨令大理寺少卿张亨嘉著充京师大学堂总监督，专司大学堂事务。随着京师大学堂管理职权的分化，大学堂总监督不再负责全国教育事务，可以专心管理大学堂，除了专司仕学、师范两馆外，开始筹办预备科，为建立大学堂分科大学做好准备。

1905年2月，开始办大学堂预备科，招考合格的学生中挑选年龄偏小，稍学外国语的学生为预备科主要生源。

> 各直省督抚学政考选年龄合格品行端正之学生，咨送来京由臣出示，另场招考择其学识较优者取录三百六十余人，合计旧有之师范生已五百人矣。至十一月中旬新班学生始行入堂并添聘英德日本教习，遵照定章于本年正月二十日开学分班讲授……臣参考中外情形约分两种办法，学生中年龄较长，汉文较优者，俾充优级师范，其西文夙有门径或年少易于练习者选入预科。①

据1904年《奏定大学堂章程》规定，预备科分为三类六级：一类法文，二类英文，三类德文，各分甲乙两级，共六级。第一类预备科学生毕业后升入大学堂经科、法政、文学和商科；第二类预备科学生毕业后可以升入大学堂格致、农科和工科；第三类预备科学生毕业后升入医科。其学科特点还是以普通学为主，有关预备科学科设置规定，见表3—3。

① 《大学堂总监督张亨嘉奏报预备科并招师范生折》，光绪三十一年正月三十日（1905年3月5日），北京大学、中国第一历史档案馆编《京师大学堂档案选编》，北京大学出版社2001年版，第261页。

表 3—3　　大学堂预备科与中学堂课程设置比较

			学科设置											
			1	2	5	3	4	6	7	8	9	10	11	12
癸卯学制	预科	一类	人伦道德	经学大意	中国文学	外语	体操	历史	地理	辩学	法学	理财学		
		二类	人伦道德	经学大意	中国文学	外语	体操	算学	物理	化学	地质	矿物	图画	
		三类	人伦道德	经学大意	中国文学	外语	体操	拉丁文	算学	物理	化学	动物	植物	
	中学堂		修身	读经讲经	中国文学	外语	体操	历史	算学	地理	博物	理化	图画	法制及财经

资料来源：舒新城：《中国近代教育史资料》中册，人民教育出版社 1981 年版，第 657—658 页。

如表 3—3 所示，预备科学科涵括所有中学堂课程，只是多开设两门：拉丁文和辩学。"辩学：今译逻辑学"①，通常属于专业基础学科，拉丁文是升入医科的预科生所学科目，也属于专业基础学科。

虽然《奏定大学堂章程》中有关预备科的规定较完备，但京师大学堂预备科的学科设置在具体实施过程中有过几次变通。其一，招生人数不够理想，未开设三类预备科，初办第二类预备科，即英文类预备科。"大学预科本年补习外国文字及普通学，按照章程明年应分三类。惟学生较少，如照章程分类则需用教员书器较多。拟酌量变通概令入第二类，研习理化实质之学以为格致工科大学之预备。盖格致工科者乃浚利源开生业之要术也。"② 当务之急选择升入格致科、农科和工科的第二类预备科，足以看出清廷对西方自然科学知识的重视程度以及培养理工科人才的迫切需求。其二，外语学习从两门要求降低到一门。1907 年 4 月 6 日（光绪三十三年二月二十四日）《大学堂总监督为预备科学生应兼习两门外语事告示》中声明，开办预备科主要目的是奠定大学堂专门学基础，为此要求

① 谭嗣同：《仁学》，吴海兰评注，华夏出版社 2002 年版，第 57 页。

② 《大学堂为师范生应用实验仪器请准购买事致学务处咨呈》，光绪三十一年六月七日（1905 年 7 月 19 日），北京大学、中国第一历史档案馆编《京师大学堂档案选编》，北京大学出版社 2001 年版，第 276 页。

预备科学生必须兼通两国语言文字，才能勉强研究西方的精深学问。事实与设想之间的差距是预科生并非全由中学堂毕业生中考选出来，很多学生连一门外国语都没学过。为此不得不变通原有的规定，决定不要求学生必须学习两种外国语言文字，能掌握一门外国语，为掌握西方的精深学问奠定扎实的语言基础即可。

据《国立北京大学纪念刊第二册》（民国六年廿周年纪念册下）毕业同学录，宣统元年四月毕业的预科生125名，其中最优等6名、优等20名、中等98名、下等1名。1909年4月25日（宣统元年三月初六日），预备科改设高等学堂，"查有现充大学预备科提调翰林院编修商衍瀛……堪以派充京师高等学堂监督，仍暂统于大学堂，由总监督管理一切，以期衔接一气"[①]。

没有合格生源的京师大学堂1902年复办后变通方法，只设普通学，不设专门学，先办速成科和预备科。在此基础上1910年开始办起了本科教育层次的分科大学，建立7大学科门类，13个一级学科，开始了大学的多学科建设。

二　山西大学堂与天津中西学堂（北洋大学堂）的应用学科建设

山西大学堂与天津中西学堂在1902年6月和9月分别开办后，均通过预科教育阶段，陆续开办大学本科教育。山西大学堂首开设格致学门，在天津中西学堂法科和工科之后又一个新设立的西方学科为基础的学科组织。

1902年成立的山西大学堂是由书院基础上改造的大学堂和传教士创办的中西学堂合并而成。1902年3月，山西巡抚岑春煊以令德堂和晋阳书院为基础改办山西大学堂，5月8日正式开学。"载入高等教育史册的英国人只有浸礼派传教士李提摩太，他在19世纪末20世纪初在中国知识阶层频繁活动，利用英国分享的'庚子赔款'，于1901年创建了山西大学。"[②] 准确地说，此"山西大学"是李提摩太从庚子晋省"教案赔款"中划出白银50万两就地兴办的中西大学堂。1902年6月30日，中西学堂

① 王学珍等：《北京大学纪事：1898—1997》，北京大学出版社1998年版，第21页。

② ［加拿大］许美德：《中国大学1895—1995：一个文化冲突的世纪》，许洁英译，教育科学出版社1999年版，第36页。

并入山西大学堂，成为其西学专斋，原来的山西大学堂成为中学专斋。按照合同规定10年之内，中学专斋由中国人主持，西学专斋由西方人主持，采用了独具风格的办学模式。

在该办学模式影响下，中西斋学科设置各不相同。中学专斋当时只设高等科，相当于大学预科教育层次，未开设大学专门学，主要开设了经、史、政、艺四门课程。西学专斋以教授西学为主，分预科和专科两个阶段。据《山西大学堂创办西斋合同二十三条》规定，西学专斋专科设置文学、法律、格致、工程和医学科，文学内分同文史记、地理、师范等学，法律学内分政治、财政、交涉、公法等学，格致学内分算学、物理、化学、电学等学，工程学内分机器、工艺、矿路、地质等学，医学内分全体内外大小男女居宅卫生药物等学。①

山西大学堂开办之初，西学专斋也仅设预科，学习英语、数学为主的基础学科，相当于普通学的范畴。经过3年的学习后进入专科阶段，相当于本科教育层次，主要开设法律、物理、化学、采矿、土木工程等学科。1906年10月，西学专斋筹设专科，开设律法、格致、工程和矿学四科。然而开办专门学之时，西学专斋的预科毕业生多去谋职，报考人数过少而变通方法，先开办法科法律学门和工科采矿冶金学门。1907年9月增设理科格致学门。1908年8月，开设工科土木工程学门。至此山西大学堂共设置法、工、理3大学科门类，法律、采矿冶金、格致、土木工程4个学门。尤其是山西大学堂首设格致学门，在中国近代国立大学学科建制方面，继北洋大学堂法科、工科学科建制后新增设的理科学科门类，比京师大学堂格致科的建立还要早3年。值得一提的是山西大学堂在清末时期就已培养出法、工、理科本科毕业生。"据教育部行政纪要，（宣统）三年有法科毕业生十六名，工科毕业生十九名，理科毕业生九名，预科毕业生二十四名"②，民国成立之前山西大学堂本科毕业生共计44人。

"1902年9月15日，直隶总督袁世凯恢复天津中西学堂，并就旧址改建大学，任命蔡绍基为总办。1903年4月20日，天津中西学堂校址落

① 王李金：《从山西大学堂到山西大学（1902—1937）：探寻中国近代大学教育创立和发展的轨迹》，山西大学历史文化学院2006年版，第54页。

② 陈翊林：《最近三十年中国教育史》，上海太平洋书店1930年版，第121页。

成，4 月 27 日正式开学，改名为北洋大学堂。”① 一场浩劫过后的大学堂重建急需大量的办学经费。以清廷实力，京师大学堂的办学经费都需要各省认解，此时的北洋大学堂的经费也只能本省筹措。

“1903 年北洋大学堂开学复课。当时除机器学门停办外，分设法律、土木工程、采矿冶金三个学门……工科由四年改为三年，法科仍为四年。”② 复办后的北洋大学堂先办两年的预备班，预科生毕业后，接着办本科教育。1905 年第一届预备班学生毕业，升入正科第三班，与 1900 年前第一、第二班衔接。1906 年第二届预备班学生毕业，升入正科第四班。此后停办预科，从 1907 年开始北洋大学堂进入大学正科（本科）教育阶段。据光绪三十三年（1907）学堂教科表，其学科设置主要包括法律学、矿学和土木工学。1908 年学部对该学堂进行调查，认为“专门各班学科属于普通者太多，属于专门者较少”。“光绪三十四年（1908）臣部以该大学学科程度与奏章未能悉合，复令延长年限，增加课程，添聘教习，切实整顿。”③ 1908 年重新厘定学科时，北洋大学堂将专业学科分为法律、土木工程和采矿冶金三科，学科门类上仍继续原来的法科和工科等应用学科。据统计，“宣统二三年间，有法科毕业生九名，工科毕业生三十五名”④，民国成立之前，北洋大学堂本科毕业生共计 44 人。

山西大学堂与北洋大学堂在清末就已培养出大学本科毕业生，且主要是法科、工科和理科人才，不仅适当地满足了清廷对在内政外交上熟悉国际公法的法律人才与工业人才的需求，也不同程度地满足了当时各学堂所需师资力量，最大限度地发挥了大学堂的作用。

三　大学堂学科建制的无序状态

从清末大学堂学科设置情况看，“科”一词用法极为混乱。王李金教授在分析山西大学堂学科设置时专门强调指出，“需要说明的是，科既是

---

① 张亚群：《科举革废与近代中国高等教育的转型》，华中师范大学出版社 2005 年版，第 106 页。

② 北洋大学—天津大学校史编辑室：《北洋大学—天津大学校史》（第一卷），天津大学出版社 1990 年版，第 51 页。

③ 《请简大臣会考北洋大学堂毕业生折》，宣统二年八月十八日（1910 年 10 月 1 日），朱有瓛《中国近代学制史料·第二辑》上册，华东师范大学出版社 1987 年版，第 975 页。

④ 陈翊林：《最近三十年中国教育史》，上海太平洋书店 1930 年版，第 121 页。

标志学业层次高低之科，又是标志学科分类之科，交叉重叠，比较混乱”[①]。如预科是指学业层次的高低，文学科指学科分类。“科”一词的混乱使用在京师大学堂创办过程中也出现过，1902 年到 1910 年间，京师大学堂设置了速成科与预备科，这里使用的“科”是指一种学业层次的高低之分，而非学科分类。到了 1910 年开办分科大学“科—门”建制后，使用的“科”才是真正意义上学科门类的指称。因此，清末文本中出现的“科”一词的不同含义，某种意义上代表了大学堂学科建制方面的混乱状态。

1904 年《奏定大学堂章程》颁布后，尽管大学堂学科建制有据可依，但清末三所国立大学学科建制也未曾统一。京师大学堂开办分科大学后设置 7 科 13 门，天津中西学堂率先创设工科和法科，恢复办学后设 3 学门，而山西大学堂却分斋教学，中斋不分科，西斋分设多科，设法、工、理 3 科 4 门。不论其大学本科教育层次上采用“科—门”建制，还是只设“学门”，都真实地反映了清末大学堂学科建制的混乱与无序局面，这与它们采纳和吸收不同国家大学模式有关联。天津中西学堂“以美国大学为模式，以‘西学体用’为办学方针，全面系统地学习西学。学校的一切设置，皆以美国著名学府哈佛、耶鲁大学为蓝图。被时人誉为‘东方的康奈尔’”[②]。其总教习丁家立在 11 年的任期当中，始终坚持“西学体用”思想，管理教务，学堂的学科门类、学门方向等都以美国著名大学为蓝本。按照《奏定大学堂章程》“科—门”规定设置的京师大学堂学科建制很大程度上采纳了日本大学模式，同时兼顾中国传统学科地位的合理性而设置了经学科。山西大学堂西学专斋的学科设置基本采用英国大学模式，随着 1904 年后山西提学使宝熙对山西大学堂的改造，促进中西两斋的融合，“以西斋为代表的英式教育成为山西大学堂的主流取向”[③]。这说明清末大学堂学科建制的混乱无序状态也与大学堂渊源各异有联系。

---

① 王李金：《从山西大学堂到山西大学（1902—1937）：探寻中国近代大学教育创立和发展的轨迹》，山西大学历史文化学院 2006 年版，第 122 页。

② 金以林：《近代中国大学研究：1895—1949》，中央文献出版社 2000 年版，第 10 页。

③ 王李金：《中国近代大学创立和发展的路径——从山西大学堂到山西大学（1902—1937）的考察》，人民出版社 2007 年版，第 105 页。

第三节　京师大学堂的“科一门”建制

随着1905年12月6日成立学部，京师大学堂真正摆脱教学机构兼教育行政机构的国子监性质，具有了相对独立的大学性质，开始筹建分科大学。受到生源、师资、经费等因素影响，经历近5年的筹备，1910年3月31日，京师大学堂分科大学正式开学，建立了中西结合的“科—门”建制。以学科门类为基础组成经科、法政科、文科、格致科、农科、工科和商科大学，致力于经世致用人才的培养，在学科功能的表现上，其重心在于知识的传播，还未扩展到知识的创新与应用层面。

一　开办分科大学的影响因素

1902—1910年，京师大学堂未开办大学本科教育，究其根源与其生源、师资、经费与管理等办学条件有必然的联系。

（一）生源储备不足

从生源储备看，省学堂未成形，京师大学堂没有学习专门学的合格生源。1902年2月13日（光绪二十八年正月初六日），管学大臣张百熙奏《筹办大学堂情形折》，已经说明了暂不设专门学的想法：“从前所办大学堂原系草创，本未详备，且其时各省学堂未立大学堂，虽设不过略存体制仍多未尽事宜……通融办法惟有暂且不设专门，先立一高等学校，功课略仿日本之意，以此项学校造就学生为大学之预备科……三年之后预备科所造人才与各省学堂卒业学生一并由大学堂考取升入专门。”通常而言，预科教育是针对高等教育与普通教育的衔接问题采取的一种弥补性措施，随着大学与中学的有效衔接，预科教育将失去存在的价值。京师大学堂复办后不设专门学，先办预备科与当时还未建立完整的基础教育体系有必然的联系。

在大学堂预备科紧缺合格生源的情形下，京师大学堂不得已在预备科之前先设速成科，为的是应付眼前急需的经世致用人才与师资储备。仕学馆主要招收官员，使其接受新教育，师范馆主要招收参加科举考试的举贡生监，毕业后不但可以补充师资短缺问题，还能授他们以相关职位，为朝廷效力。随着科举考试科目递减与科举废止，清末社会出现了一批“科举浪人”，浪人原本形容到处流浪居无定所的日本穷困武士，而用在清末科举废止后出现的因常年备考而失业的学子身上也不为过。“因科举刚废、学堂乍兴，符合入学条件者少而过时失学者众，因而只得暂定变通考选办法。如高等学堂可酌选品行端谨，中国经史文学确有根柢者，入读预科。”① 1905年后京师大学堂才办起预备科，真正意义上开始为大学堂专门学的兴办储备合格人才。

（二）合格师资短缺

大学堂复办一年后，管学大臣意识到“中国大学分科，照目前物力士风而论，求其规制完备程度高深，恐非三、四年所能猝办”②。引起管学大臣感慨的不仅有合格生源问题，还有符合条件的师资问题。师生乃是大学的主体，培养什么样的人与谁来培养的问题同等重要。

从师资条件看，京师大学堂恢复办学时期，中西兼通的合格教师短缺。从梁启超分析的中国学人之大弊中可见一斑，“治中学者则绝口不言西学，治西学者亦绝口不言中学，既不讲义理，绝无根底，则浮慕西学，必无心得，只增习气”。据吴相湘、刘绍唐《国立北京大学纪念刊第二册》（民国六年廿周年纪念册下）前任职员录（乙类）记载，1902—1906年速成科正、副教习均为日本人。教习是一种学官名，从明代沿用至清末。明代训课庶吉士称为教习，先后由学士或礼部、吏部侍郎充当过教习。清朝虽沿用教习称谓，到了清末兴办新式学堂后，教师也称为教习。但从教员的独立称谓看，此时的教习还是有一定的学官地位。当时正教习是岩谷孙藏与服部宇之吉，副教习是杉荣三郎与太田达人，汉文教习3人。岩谷孙藏和服部宇之吉是张百熙于1902年9月聘请的京都帝国大学法科大学教授和东京帝国大学文科大学助教授，杉荣三郎、太田达人是服部宇之吉招聘来的日本教师。③

京师大学堂教员构成中，中国文教员6人，外文教员53人。外文教员中英文教员16人，法文教员9人，德文教员10人，东文教员15人，俄文教员3人。经学、史学之外多个学科教员均由东文教员兼职，具体兼

① 张亚群：《科举革废与中国高等教育近代化的特征分析》，《集美大学教育学报》2000年第4期，第2页。

② 《管学大臣张百熙等奏请选派学生赴东西洋各国游学折》，光绪二十九年十一月初三日（1903年12月21日），北京大学、中国第一历史档案馆编《京师大学堂档案选编》，北京大学出版社2001年版，第206页。

③ ［法］巴斯蒂：《京师大学堂的科学教育》，《历史研究》1998年第5期，第51页。

职科目包括植物矿物农学、论理心理、算学、图画、世界史、伦理、外国地理、代数、几何、化学、动物生理学、物理数学、植物学、动物学、农学等。可见，数学、物理、化学、植物学、动物学在内的自然科学教育基本由日本教员担任。中西教员数量的悬殊比例和东文教员的兼职情况，从一个侧面证明当时京师大学堂合格师资短缺现状。

"中学为体，西学为用"为教育宗旨的年代，全部聘请外国师资不合体统，即使不顾教育宗旨，也没有那么多的经费可以聘请外国师资。因此，清廷致力于游学教育，主要目的是派遣中学根底扎实而天资聪慧的学员到东洋和西洋学习专门学，以备中西兼通合格师资的培养与储备。京师大学堂开始预订从速成科学生中选择31人赴日游学，16人赴西洋游学，学期7年，所需费用预计西洋10余万两、日本9万余两。1903年12月21日朝廷在《著择优选派学生出洋游学谕旨》中给出的答复是师范馆学生是游学中首要考虑的群体，令管学大臣详细考察"心术纯正、学问优长者"分班派出游学。"三十二年资遣师范第一类毕业生前赴西洋留学。计留学美国者四名，留学法国者一名，留学英国者一名。"① 按照7年学习期限，培养大学堂所需中西兼通的师资力量，正常也在民国时期才能培养出来。1907年5月7日"学部奏官费游学生回国后皆令充当专门教员五年折"②，折中明令，选派游学生毕业归国充当专门教员五年，以尽义务，五年期限未满之前，不得调用其他差使。京师大学堂派遣游学生主要目的还是补缺师资不足状况。师资储备原本属于预期行为，用到时才去培养，未免显得太过滞后。这也说明，按照西方大学模式创办京师大学堂实属应急举措，是时代变革的历史产物，也难怪人力条件如此欠缺。

（三）经费严重不足

从办学经费看，严重不足的经费条件直接影响到京师大学堂专业学科建设所需的校舍、书籍、仪器设备等。1902年复办京师大学堂时，其常用经费是户部存放华俄道胜银行库平银500万两年生息款项，计京平银20万630两。经费来源的单一性与有限性直接影响到大学堂图书、仪器、

① 《沿革一览：学生》，吴相湘、刘绍唐《国立北京大学纪念刊第一册》（民国六年廿周年纪念册上），台北：传记文学出版社1971年影印本，第89页。

② 王学珍等：《北京大学纪事：1898—1997》，北京大学出版社1998年版，第17页。

设备等硬件的改善与提高师资力量所需的财经条件的提升。为了改善办学经费严重不足状况，时任管学大臣张百熙提出“各省理宜合筹经费拨济京师。应请饬下各省督抚大省每年筹款二万金，中省一万金，小省五千金，常年拨解京师大学堂”①。其理由是当时有条件的直省也在派遣游学生，投入的经费也不少，既然可以送出学习，也可以送入京师大学堂。何况京师大学堂专门正科本来是各省高等学校毕业生咨送肄业之地。据此各省根据情况认解京师大学堂经费也不是没有道理的。清廷办学经费拮据状况，从同文馆归并于京师大学堂这一事件中也能投射出来。1902 年 1 月 11 日，清政府谕旨令将京师同文馆归并于京师大学堂，在京师大学堂预备科和速成科中专设英、法、德、美、日五国语言文字专科，也是出于同文馆办学经费未着落采取的一种变通法，可见，当时筹措办学经费是一件棘手的问题。

（四）管理事务繁重

起初的京师大学堂，如同中国古代国子监，不仅是一所国立大学，同时也是掌管全国教育事务的最高教育行政机关，兼教学机构与教育行政机构为一体。管学大臣既管理大学堂事务，又管理外省各学堂事务，事繁责重，很难专心建设大学堂专业学科。在张百熙奏请下，1904 年 1 月 14 日京师大学堂管理职能开始细化，分化出学务大臣和总监督，派大学士孙家鼐充学务大臣，大理寺少卿张亨嘉著充京师大学堂总监督，前者致力于全国教育事务，后者专司大学堂事务，进而京师大学堂的管理进入专门化阶段。“三十年正月（1904 年 2 月）改刊管学大臣印，为京师大学堂总监督印章。至是大学始成独立机关云。”② 1905 年 12 月 6 日，清朝中央教育行政机构——学部正式成立，意味着京师大学堂不再兼管全国教育事务，致力于大学的建设与管理，摆脱了教育行政机构的性质，真正意义上变成单一的高等教育机构，专业学科的建设才有可能成为工作的重心。

---

① 《管学大臣张百熙奏陈筹办大学堂情形折》，光绪二十八年正月初六日（1902 年 2 月 13 日），北京大学、中国第一历史档案馆编《京师大学堂档案选编》，北京大学出版社 2001 年版，第 109 页。

② 《沿革一览：大学成立记》，吴相湘、刘绍唐《国立北京大学纪念刊第一册》（民国六年廿周年纪念册上），台北：传记文学出版社 1971 年影印本，第 74 页。

二　分科大学的筹办过程

“分科大学与单科大学不同，单科大学仅设一科，分科大学则分设数科”[①]，京师大学堂分科大学的建立是京师大学堂本科教育的真正开端。京师大学堂分科大学从筹办到正式建立历经了5年时间。对于一个具有百年历史的古老大学而言，5年时间不过是培养一届学生的光阴而已，而对于创建时期的新式大学而言，5年又是何等的漫长与艰辛。1905年8月15日，时任大学堂总监督的张亨嘉在《奏陈分科大学宜择地建置折》中提出分科大学的筹建问题。他认为既然已经设置预备科，也按照高等学堂的程度进行教学与管理，已经为开设专门学提供了根基，同时各省高等学堂也开始运行，再过一二年，预备科与高等学堂毕业生中优等生完全可以进入分科大学。

1905年年底学务处批示，将德胜门外操场地方赏给大学堂，先办政法科、文学科、格致科、工科，以备大学预科及各省高等学堂毕业生考取入学。1908年8月13日，正式出台德胜门外建分科大学通告，称“德胜门外黄寺地方……奏准作建筑分科大学之地……本部现择于本月二十日前往动工”[②]。1908年学部准京师大学堂在阜成门外望海楼地方作农科大学农事试验场。然而1909年京师大学堂分科校舍还未落成，而预科生已经毕业，为应急暂设了经科和文科两班。1909年4月15日学部奏分科大学监督折，“以柯劭忞充经科大学监督，林棨充法科大学监督，孙雄充文科大学监督，屈永秋充医科大学监督，汪凤藻充格致科大学监督，罗振玉充农科大学监督，何燏时充工科大学监督，权量充商科大学监督”[③]。

1910年1月10日，学部奏《筹办京师分科大学情形折》，经、法政、文、格致、农、工、商七科暂就内城马神庙大学堂校舍先行开办。医科监督屈永秋“尚在北洋管理医院未能完成各项准备而推迟开学”[④]。当时规定的分科大学学生入学资格为：

---

① 唐钺、朱经农、高觉敷：《教育大辞书》，商务印书馆1930年版，第134页。

② 王学珍等：《北京大学纪事：1898—1997》，北京大学出版社1998年版，第19页。

③ 《北京大学沿革》，1918年，潘懋元、刘海峰《中国近代教育史资料汇编·高等教育》，上海教育出版社2007年版，第378页。

④ ［法］巴斯蒂：《京师大学堂的科学教育》，《历史研究》1998年第5期，第53页。

经科：除大学堂预备科毕业生志愿请入外，另以各省保送之举人优拔贡考选升入；

法政科：以师范第一类学生及译学馆毕业学生、预科法文班学生升入；

文科：以师范第二、三类学生升入；

格致科：以预科德文班学生升入；

农科：以师范第四类学生升入；

工科：以预科英文班学生升入；

商科：以译学馆学生及师范第一类学生升入。①

如上所述，七科学生均从预科和师范馆学生中录取，“格致科在预科德文班毕业学生中招收新生，其理由据说是德国的科学最先进”②。原本经科为中国传统学科，随着科举废止，人们学习经史之学的热情下降，大学堂经科招收合格生源成为问题，为此要求各省从以往科举考试选拔出的举人、拔贡、优贡中选送经学基础扎实者，以备经科大学考试选拔。由此经科不仅从预科毕业生中招生，还可招收各省举人优拔贡。

1910 年 3 月 31 日（宣统二年二月二十一日），京师大学堂分科大学正式开学，“现在七科学生陆续入堂，至四月十九日止，共三百八十七人，惟直隶省人占最多数，新疆省尚无一人”③。据《北京农业专门学校沿革志略》，农科大学到了宣统二年（1910）8 月才开设，比其他各科稍晚些。

三 中西结合的“科—门”建制

京师大学堂分科大学是中国近代大学以学科门类为基础建立的最早的学科组织，其“科—门”建制是中国近代国立大学学科建制的开端。“科是指近代中国高等学校按学科分设的教学行政组织，门是指近代中国分科大学堂及大学供学生学习的专门领域。”④ 通俗地解释为“分科相当于后

① 《沿革一览：学生》，吴相湘、刘绍唐《国立北京大学纪念刊第一册》（民国六年廿周年纪念册上），台北：传记文学出版社 1971 年影印本，第 88—89 页。

② ［法］巴斯蒂：《京师大学堂的科学教育》，《历史研究》1998 年第 5 期，第 53 页。

③ 《教育杂志》记宣统二年分科大学情形，朱有瓛《中国近代学制史料·第二辑》上册，华东师范大学出版社 1987 年版，第 859 页。

④ 《教育大辞典·第 3 卷：高等教育》，上海教育出版社 1991 年版，第 97 页。

来的学院，科下又分门目，相当于后来的系”[1]。由此可见，“科—门”建制相当于学院下设学系的学科组织结构。

（一）贯彻“中体西用”思想

《奏定大学堂章程》中一再强调，学科设置要体现“中学为体，西学为用”的基本思想。京师大学堂在创设分科大学之前，速成科和预备科教育中已贯穿该思想，“中国教育宗旨智能必取资欧美而道德必专宗孔孟凡经籍所传之义理，秦汉唐宋明以来儒家之论说必抉其精密切要者以德育之本”[2]。分科大学学科结构中同样看到“中体西用”特征。

京师大学堂分科大学具体分为经科、法政科、文科、格致科、农科、工科和商科七科，“科”下设“门”具体包括，经科的毛诗学、周礼学、春秋左传学，法政科的法律和政治，文科的中国文学和外国文学，格致科的化学和地质学，农科的农学，工科的土木工学和采矿及冶金学，商科的银行保险学等13门。分科大学“科—门”建制，构成了学科门类和一级学科在内的大学学科结构。对比《奏定大学堂章程》规定的“科—门”设置，见图3—1。

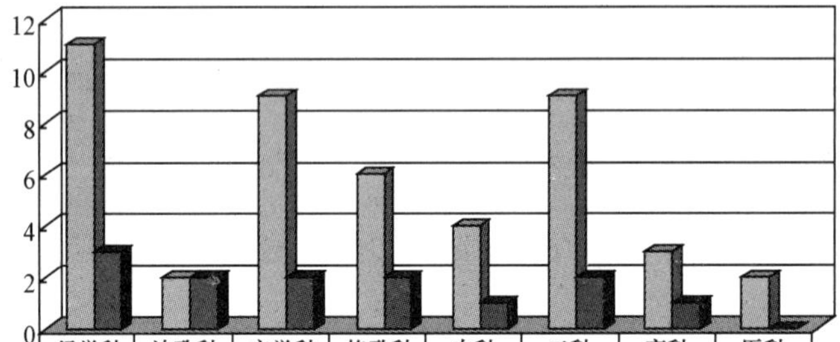

	经学科	法政科	文学科	格致科	农科	工科	商科	医科
■大学章程规定的一级学科数量	11	2	9	6	4	9	3	2
■京师大学堂实设一级学科	3	2	2	2	1	2	1	0

图3—1　《奏定大学堂章程》规定与京师大学堂设置的一级学科比较

如图3—1所示，《奏定大学堂章程》规定的分科大学学科编制为8科

① 萧超然：《京师大学堂创办述略》，《北京大学学报》（哲学社会科学版）1985年第1期，第123页。

② 《大学堂总监督张亨嘉奏报预备科并招师范生折》，光绪三十一年正月三十日（1905年3月5日），北京大学、中国第一历史档案馆编《京师大学堂档案选编》，北京大学出版社2001年版，第262页。

46门，而京师大学堂分科大学实际学科建制为7科13门，比章程规定少1科33门。未设学科门类是医科，未设一级学科有33门，排除医科下设2门，实际缺少31门。“门”的设置与章程规定反差幅度较大的分别是经科、文科和工科。经科下设一级学科仅有3门，比章程规定减少8门，占未设一级学科总数的1/4。这源自1905年9月2日（光绪三十一年八月初四日）废止科举制度，导致清末学子学习经学的积极性直接受挫，进而影响到经科的建设。文科与工科分别各少设7门，依次为格致科少设4门，农科少设3门，商科少设2门。只有法政科按照大学堂章程规定完整地设置了法律和政治两门，但学科门类称呼将原来《奏定大学堂章程》中的“政法科”改称“法政科”，使政治和法律的位置调换为法律和政治，似乎预示着法律在国家建设中的作用越发重要。

各分科大学具体学科构成比例中，经科的毛诗学、周礼学、春秋左传学和文科的中国文学这4门属于中国传统学科成分。法政科的法律和政治中有一小部分，如大清会典要义、中国古今历代法制考、大清律例要义、中国历代刑律考、中国古今历代法制考等涉及中国传统学科成分之外，其他科目基本属于西学范畴。如此看来加上法政科的法律和政治、文科的外国文学、格致科的化学和地质学、农科的农学、工科的土木工学和采矿及冶金学、商科的银行保险学9门均属于西方学科范畴，是为获得西方科学、技术以及可能带来的经济和社会利益而设置。数量上西学占据优势，但“以上各科各门，均兼学‘四书’及《大学衍义》、《衍义补》节本，以正趋向而厚根柢”①。归根结底，学习西学必先以中学巩固其学术基础，以四书来端正人心。

从学科结构总体构成看，“科—门”建制的“中体西用”特征较突出。以学科门类排列顺序为其重要性的体现来看，经科排在首位，是如何“治国平天下”的基础，显示了对中国传统学科的重视。从学科门类组合方式看，分科大学的学科门类基本遵循了从中学到西学的排列顺序。所以分科大学“科—门”建制在整体学科组织结构上，“中体西用”思想贯穿始终。

（二）重应用、轻学理的倾向

“在大学的学科体系中，众多的学科从性质上可以区分为基础学科和

① 《学部：奏筹办京师分科大学并现办大概情形折》，1910年1月10日，潘懋元、刘海峰《中国近代教育史资料汇编·高等教育》，上海教育出版社2007年版，第41页。

应用学科两大类。前者如数、理、化、天、地、生、文、史、哲等，后者如工、农、医、经济、管理、教育、法律等"①，前者注重学理探究，后者注重知识的实用价值。若不去考虑中西学科范畴问题，从客观知识角度，对京师大学堂分科大学学科门类价值做分析，法政、农、工、商科是典型的注重知识实用价值的学科门类，即应用学科。文科和格致科注重学理，发现原理为主，属于基础学科。

经学科到底该归哪类是一个问题。《奏定大学堂章程》规定："研究经学者，务宜将经义推之于实用。"② 所以，毛诗、周礼、春秋左传在内的经学应该属于应用学科的范畴。按照这一标准看，京师大学堂分科大学设置的13门一级学科中政治、中国文学、外国文学、化学和地质学为基础学科，占总数的28.5%；毛诗学、周礼学、春秋左传学、法律、农学、土木工学、采矿及冶金学和银行保险学为应用学科，占总数的61.5%。应用学科的比例大大超出基础学科比例。因此从整体学科分布情况看，当时的学科设置具有重实用、轻学理的倾向，体现了一种功利主义色彩。因为"从科学学的角度看，应用学科是基础学科在社会生产和生活中的运用，它以直接的功利为指向，容易带来经济效益和社会效益"③。

从民初毕业生统计中可以看到京师大学堂后期分科大学学科建制与起初的"科—门"规定稍有变化。1910—1912年分科大学学科建制图如图3—2。

如图3—2所示，1912年时分科大学设7科17门，与1910年年初学科建制相比，在学门数量上多出4门。对比的结果是，1912年学科建制中少了外国文学和银行保险学2门，多了中国史学、经济学、财政学、商学、交通学和农艺化学6门。与1913年5月的毕业生统计相核对，中国史学门和农艺化学门是在1910年时陆续增设的学门。从学科的学理与应用角度而论，新增6个学门中除了中国史学之外的5门均属于应用学科范

① 冯向东：《张力下的动态平衡：大学中的学科发展机制》，《现代大学教育》2002年第2期，第70页。

② 《奏定大学堂章程（附通儒院章程）》，光绪二十九年十一月二十六日（1904年1月13日），璩鑫圭、唐良炎《中国近代教育史资料汇编·学制演变》，上海教育出版社2007年版，第350页。

③ 庞青山：《大学学科结构与学科制度研究》，华东师范大学2004年版，第56页。

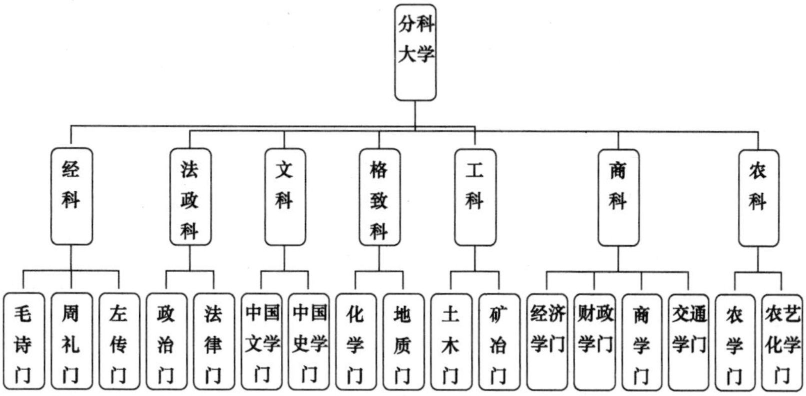

图 3—2　1910—1912 年京师大学堂分科大学机构①

畴，从而在应用学科的比例上分科大学末期更突显。值得一提的是经济学、商学、交通学等应用学科，从《奏定大学堂章程》中科一门下设的科目之一，变成分科大学下设独立的一级学科，从学科地位的提升而论是一次突破。

四　分科大学的学科组织特性

分科大学作为按学科门类分设的教学行政组织，开创了培养人才为基本职能的中国近代国立大学学科组织的先河。根据一般组织原理，大学学科组织是为了实现特定目标建立的由机构、人员、制度等要素组成的大学基层学术系统。

不同于古代“学而优则仕”的教育目的，大学堂规定其培养目标是“端正趋向，造就通才”。这里的“通才”在清末特指通达中外治学，推行新政的人才。前者侧重于官本位角度强调教育的培养目标是做官。后者侧重于社会本位角度强调教育的社会功能，培养的是懂得学理，并会实用，应以治事、救世之才。从其根源而论，“新教育的根本动机只在救国自强，所以受过这种教育的人自然要注意国家情形，加深国家观念，而不

① 《国立北京大学》，吴惠龄《北京高等教育史料·第一集（近现代部分）》，北京师范大学出版社 1992 年版，第 10 页。

只是老在八股时文或四书五经中讨生活”①。因此，分科大学的培养目标就是造就经世致用之才，所学学问有益于治事救世，关注社会现实问题，结合所学知识能解决社会矛盾与现实问题的治理世事之才。京师大学堂人才培养目标所体现的社会本位倾向，突破了长期以来形成的教育的官本位倾向，受教育不仅是为当官，更重要的是通过教育为社会政治、经济服务。

人才培养方面，1910 年开办的分科大学，“在辛亥革命以前只有预备科毕业生一百二十人，尚无本科毕业生”②。宣统三年十月，京师大学堂学务停顿，同年冬天，学款移作军费，大学遂无形停办。据《国立北京大学纪念刊（民国六年廿周年纪念册下）》毕业同学录记载，最早的一批分科大学生于 1913 年 5 月毕业，共计 235 名：文科史学门甲等 29 名，选科生 1 名（菊川龟次郎），文学门甲等 28 名，乙等 5 名；经学毛诗门甲等 13 名，选科生 1 名（浅井周治），经学周礼门甲等 6 名，乙等 1 名，经学左传门甲等 14 名，乙等 1 名；理科地质门甲等 2 名；法科法律学门甲等 5 名，乙等 6 名，丙等 1 名，政治学门甲等 5 名，乙等 3 名，丙等 4 名；商科银行学门甲等 8 名，乙等 14 名，丙等 7 名；农科农学门甲等 8 名，乙等 15 名，丙等 4 名，农艺化学门甲等 6 名，乙等 6 名，丙等 5 名；工科土木门甲等 9 名，乙等 8 名，采矿冶金门甲等 3 名，乙等 8 名，丙等 9 名。按照 1913 年的毕业生统计，京师大学堂分科大学共培养出经科 36 人，文科 63 人，法政科 24 人，格致科 2 人，农科 44 人，工科 37 人，商科 29 人。

学科组织管理方面，京师大学堂分科大学采用总监督负责，部门分工的管理模式。每科设监督 1 人，受大学堂总监督管辖。监督下设教务提调、庶务提调和斋务提调，分别管理本学科门类的教学、总务和学生管理事务，类似于现在大学里的教务处长、总务处长和学生处长等行政职务。教务提调下设正副教员，庶务提调下设文案官、会计官和杂物官，斋务提调下设监学官、检查官和卫生官。为了保证学科组织及其成员有效地行使职权和履行职责，需要制定相关制度加以约束和规范。从人员构成和组织管理角度看，各分科大学相当于一个独立的教学行政组织，在京师大学堂总监督管辖下各司其职。然而初建时期分科大学各方面条件均有限，学科

① 陈翊林：《最近三十年中国教育史》，上海太平洋书店 1930 年版，第 166 页。

② 同上书，第 121 页。

人员配置出现两科共设一个教务提调或分科大学监督全权负责的情况。

> 查奏定章程，每科监督之下均设现在科目既未全设，学生也尚不多，教务提调一差，视事之繁简，或两科共设一员，或暂以监督兼摄。其庶务、斋务均设总提调一员，俟将来科目一律完备，学生人数增多，再照定章按科分设。①

据《国立北京大学纪念刊》第二册前任职员录甲类记载，经科和文科共设一名教务提调，在宣统元年五月至民国元年四月，由章梫任经文科教务提调，期间宣统二年六月至宣统三年十一月由谭绍裳任该职。法政科和商科共设一名教务提调，在宣统二年正月至民国元年四月，由李盛衔任法商科教务提调。其他各科教务提调有：宣统元年五月至民国元年四月，由王季点任格致科教务提调，范鸿泰任工科教务提调，而没有农科教务提调的记载，只有宣统元年五月至民国元年四月，由范兆经和梁赉奎担任过农科试验场场长的记载。

有关正副教员的任职资格，《奏定任用教员章程》规定大学堂分科正教员应该由通儒院毕业生充当或由国外大学院（相当于研究生院）毕业并获得毕业文凭的人员充当；副教员由将来大学堂分科毕业的优等生中选拔任用或由国外大学毕业并获得优等中等文凭的人员充当。“暂时除延访有各科学程度相当之华员充选外，余均择聘外国教师充选”②，正教员要教授学生，指导研究，副教员协助正教员，二者均听分科监督和教务提调考察。

在《学部：奏筹办京师分科大学并现办大概情形折》中拟设正副教员人数为“经科：毛诗教员2人、周礼教员2人、左传教员2人、‘四书’学教员2人。法政科：本国教员3人、英文和法文正教员各1人、副教员各1人。文科：中国教员3人、外国教员3人。格致科：化学正教员1人、副教员2人，地质学正教员1人、副教员1人。工科：土木工学正教员1人、副教员1人，采矿及冶金学正教员1人、副教员1人。商科：

① 《学部：奏筹办京师分科大学并现办大概情形折》，1910年1月10日，潘懋元、刘海峰《中国近代教育史资料汇编·高等教育》，上海教育出版社2007年版，第42页。

② 《奏定任用教员章程》，光绪二十九年（1903），舒新城《中国近代教育史资料》上，人民教育出版社1981年版，第341页。

本国教员1人、英文正教员1人、副教员1人。农科：农学教员3人”[①]。据《国立北京大学纪念刊》第二册前任职员录乙类中的记载，在宣统二年正月时担任经文科教员11人：宋发祥、桂邦杰、林纾、郭立山、饶檑龄、江瀚、陈衍、胡玉缙、马其昶、姚永朴、夏震武，理工科教员4人：顾澄、梭尔格、士瓦尔、艾克坦，法政科教员4人：王家驹、程树德、芬来森、李方，农科教员3人：藤田丰八、橘义一、小野孝太郎，商科教员2人：陆梦熊和杨德森。数量上与1910年1月拟设正副教员数量没有多大出入，工科有外籍教员，农科全部是日籍教员。中国近代著名农学家沈宗翰评价京师大学堂农科大学教育时说，“聘请日人教授，用日文讲义及日本图表标本讲解学理，对于中国农业问题殊少实地研究”[②]。中国偌大的农业国家，在高深学问方面竟然没有农科本土实地研究，由此可见，分科大学学科设置中经科、文科之外几乎是西方学科的移植。

如何评价大学学科组织呢，学者们强调“学科组织是以知识的创造、传播和应用为使命，以学者为主体，以知识信息和各类学术资源为支撑，依据知识的具体分类而开展科学研究、人才培养及社会服务的大学基层学术组织”[③]。也就是说一个有效的大学学科组织系统不仅是知识传播的阵地，更重要的是它要完成知识创造与知识应用的使命，完成大学所应承担的人才培养、科学研究与社会服务职能。虽然以成熟期标准衡量开拓期学科组织系统，未免会有本末倒置的嫌疑，但从其差距中感受到开拓之难与发展之不易还是有它一定的参考价值。

以学科门类为基础建立的分科大学，虽具有专门管理人员和正副教员，对学科功能的体现还是仅限于传递知识，尚未提到从事相关学术研究活动的层面上。救亡图存之时，知识的传授是当务之急，何况此时的大学还未定位为“研究高深学问之场所”，经世致用人才的培养是朝廷力挺京师大学堂的根本所在。由此推断，此时的分科大学主要精力在于传播知识，根本不可能也没有条件去创造和发现知识。因此，分科大学致力于人才培养，至于科学研究和社会服务则不在其考虑范围内。按照《奏定大

---

① 《学部：奏筹办京师分科大学并现办大概情形折》，1910年1月10日，潘懋元、刘海峰《中国近代教育史资料汇编·高等教育》，上海教育出版社2007年版，第42页。

② 沈宗翰：《中国近代农业学术发展概述》，钱穆等《中国学术史论集》（三），中华文化出版事业社1956年版，本篇第2页。

③ 宣勇、凌健：《“学科”考辨》，《高等教育研究》2006年第4期，第21页。

学堂章程》，通儒院属于最早设想的研究人员培养机构，“通儒院，可以算是一种研究学术的机关。但这是法国法兰西学院英国皇家学院的成例，专备少数宿学，极深研几，不是多数学者所能加入的”①。只可惜就连少数学者才能进入的研究机构还没来得及运行，清廷垮台，京师大学堂分科大学这一学科组织的学术性也就无从谈起。

国家力量促成的京师大学堂，使大学成为传播知识的主要阵地，并引导人们注重学科知识的经世致用价值，把学科当作为社会政治现实服务的工具，学科建制“并不是其内在观念建制自然发展的结果，而主要是为了服务外在社会需要而人为催生的‘早产儿’”②。就学科功能而论，此时重心在于知识的传播，还未扩展到知识的生产与创新层面，也因此谈不上分科大学学科建制对于大学科学研究和社会服务职能的影响。

① 蔡元培：《北京大学国学研究所一览序》，《北京大学日刊》1925 年 6 月 27 日第 2 版。

② 刘小强：《关于高等教育研究的“学科模式”的反思》，《高教探索》2011 年第 5 期，第 6 页。

第四章

民国初期国立大学的学科建制

民国的成立对中国近代大学的学科发展产生了深刻影响。正如陈平原所言："要说'西化'，最为彻底的，也最为成功的，当推大学教育。学科设置、课程讲授、论文写作、学位评定等，一环扣一环，已使天下英雄不知不觉中转换了门庭。"① 的确如此，传统学科的近代转型在清末大学堂中表现出端倪，民初大学中实现了"西化"。国立大学按照《大学令》"七科之学"的规定建立了学科体系的同时，结合人才培养的需要，改革"科—门"建制，国立北京大学率先采用学系建制，国立东南大学创建了"科—系"建制。国立大学不仅致力于人才培养，还以学科为基础建立研究所，发展了大学的科学研究职能。

第一节　经学科的废除与"七科之学"的确立

民国"临时政府三个月结束，而中华民国全部学制草案，实于此时大略完成"②。1912 年 10 月和 1913 年 1 月陆续颁布实施的《大学令》、《大学规程》对大学学科的规定，突破了《奏定大学堂章程》中西结合的"科—门"规定，经学科失去独立学科地位，"格致科"改称"理科"，建立文、理、法、商、医、农、工"七科之学"，学科规定沿着西方学科的套路在发展，大学学科的正当性基本以近代西方学科分类为标准。《大学令》还明确提出大学多学科文理综合标准，奠定了中国近代大学学科

---

① 陈平原：《中国现代学术之建立：以章太炎、胡适之为中心》，北京大学出版社 1998 年版，第 18 页。

② 璩鑫奎、唐良炎：《中国近代教育史资料汇编·学制演变》，上海教育出版社 2007 年版，第 638 页。

制度的基础。

一　从大学法规看学科体系的特点

1912 年 10 月 24 日颁布的《大学令》和 1913 年 1 月 12 日颁布的《大学规程》对大学学科编制的规定具有开创性，不但确立了文、理、法、商、医、农、工七科为基础的大学学科体系，还首次提出大学学科设置标准，规范了大学的称谓，奠定了中国近代大学学科基础。

（一）经学科独立学科地位的缺失

对比《奏定大学堂章程》中学科体系的规定，民初大学学科体系有诸多变化，最大的改变是学科门类中经学科被取缔。经学不再是一种学科门类，失去其独立学科地位，附属于文科，分解在哲学、文学和历史学下设二级学科中，或者成为二级学科下设科目之一，或者变成科目中具体内容之一，成为普通历史文献资料学。

《奏定大学堂章程》规定的经学科下设 11 门，分别是周易学、尚书学、毛诗学、春秋左传学、春秋三传学、周礼学、仪礼学、礼记学、论语学、孟子学和理学。民初《大学规程》中周易、毛诗、礼记、春秋公谷传、论语、孟子、周秦诸子、宋理学等包含在哲学一级学科下设中国哲学二级学科下面的中国哲学科目中；尚书、春秋左氏传包含在历史学一级学科下设中国史二级学科下的中国史科目中；周礼包含在历史学一级学科下设东洋史二级学科下面的法制史科目中；尔雅学成为文学一级学科下设国文学二级学科下面的具体科目之一。由此可见，尔雅学成为一门课程之外，其他经学科各门均变成中国哲学、中国史、法制史等课程的具体构成内容。

从经学科失去独立学科地位的现实来看，民国时期大学学科体系中，中国传统学科地位急剧下降，西方学科占据主导地位，“中体西用”思想再不能主宰教育领域。相对而言，《奏定大学堂章程》中经学科不仅排在八大学科门类之首，体现了“中学为体”的基本宗旨之外，“格致科”一词的采用也极力表现出中国传统文化色彩。而民初《大学规程》中已看不到它们的痕迹，取而代之的是文、理科，大学学科将开始按照国际通行的学科体系运行。学科编排原则也从《奏定大学堂章程》中“中学”到“西学”的顺序，改成基础学科到应用学科的顺序。从学科发展先后顺序看，基础学科在先，应用学科在后，应用科学是运用基础理论科学的研究成果为社会现实服务的，必须以基础学科为其前提，体现了科学发展的内在逻辑。之后中国近代有关大学制度中大学学科编排原则基本上没有超越该法则。

表 4—1　　1913 年 1 月 12 日部令第 1 号《大学规程》第二章规定之学科及科目

科	门	类	科目数量	科	门	类	科目数量
文	哲学	中国哲学	16	商	银行学	—	32
		西洋哲学	16		保险学	—	26
	文学	国文学	13		外国贸易学	—	32
		梵文学	11		领事学	—	27
		英文学	11		关税仓库学	—	28
		法文学	11		交通学	—	31
		德文学	11	医	医学	—	51
		俄文学	11		药学	—	52
		意大利文学	11	农	农学	—	36
		言语学	12		农艺化学	—	30
	历史学	中国史及东洋史学	15		林学	—	41
		西洋史学	12	工	兽医学	—	40
	地理学	—	13		土木工学	—	28
理	数学	—	16		机械工学	—	22
	星学	—	20		船用机关学	—	21
	理论物理学	—	14		造船学	—	20
	实验物理学	—	14		造兵学	—	27
	化学	—	13		电气工学	—	25
	动物学	—	21		建筑学	—	27
	植物学	—	21		应用化学	—	23
	地质学	—	21		火药学	—	25
	矿物学	—	22		采矿学	—	32
法	法律学	—	19		冶金学	—	32
	政治学	—	27				
	经济学	—	26				

资料来源：《大学规程》，1913 年 1 月 12 日部令第 1 号，璩鑫奎、唐良炎《中国近代教育史资料汇编·学制演变》，上海教育出版社 2007 年版，第 709—721 页。

（二）形成七科为基础的大学本科学科体系

“本科”一词在中国近代制度文本中最早出现于 1912 年《大学令》中。《大学令》第九条规定，大学预科修业期满，试验及格，授以毕业证书，升入本科。通常而言“预科为大学和学院培养新生的机构之一。或单独设立，或为大学和学院的组成部分”①。它属于大学教学层次，专指中学与大学之间的一种特定的教育阶段，是培养合格大学新生的重要环节。显然大学“本科”相对于“预科”而言特指“正科”，是获得相应的毕业证书或学位证书的大学全日制教学阶段。

1912 年《大学令》明确规定大学以教授高深学术，养成硕学闳材，应国家需要为宗旨，大学分文、理、法、商、医、农、工 7 科。1913 年《大学规程》详细规定，大学学科体系由“科—门—类—科目”四级构成，相当于当今的学科门类、一级学科、二级学科和课程 4 部分。具体包括 7 大学科门类、39 个一级学科、12 个二级学科和若干课程（科目总数为 1105），见表 4—1。

如表所示，文、理、法、商、医、农、工 7 大学科门类下设一级学科数量分别是：文科 4 个、理科 9 个、法科 3 个、商科 6 个、医科 2 个、农科 4 个、工科 11 个。二级学科只出现在哲学、文学和历史学等一级学科下，共计 12 个，从一级学科分化趋势看，文科发展相较于其他学科门类要成熟很多。

（三）学科的分化趋势

对比《奏定大学堂章程》，此次大学学科体系还扩充一级学科，增设二级学科，设置选修科目。新增一级学科分别是文科增设哲学，法科增设经济学，理科增设矿物学，工科增设船用机关学，商科增设领事学。尤其是饱受争议的哲学终于在大学学科体系中获得自己独立学科地位，经济学也从原来的一级学科下设科目提升为法科门类下设一级学科。从其获得独立学科地位中可以看出人们对它的重视程度。

一级学科的调整还表现在学科分化上。如原来格致科下设物理学，分化为理论物理学和实验物理学；动植物学分化为动物学和植物学；工科下设采矿及冶金学，分化为采矿学和冶金学；商科下设银行及保险学，分化为银行学和保险学；贸易及贩运学分化为外国贸易学和交通学等一级学科。一级学科内部的分化现象充分证明上述学科的成熟与发展程度。除此

---

①《辞海·教育学·心理学分册》，上海辞书出版社 1987 年版，第 21 页。

之外，一级学科中原来的中国文学、英国文学、法国文学、俄国文学、德国文学、日本文学、中国史学、万国史学等，从一级学科划归到二级学科范畴，一级学科层面取消国家界限，合成文学、历史学和地理学等，淡化文化的印记，突出科学研究的无国界性。

《奏定大学堂章程》规定的学科体系中只有“科—门—科目”三级，即学科门类、一级学科和课程。民初《大学规程》规定的学科体系中增设“类”，即相当于二级学科的层次，变成“科—门—类—科目”四级。新增二级学科包括12门：中国哲学、西洋哲学、国文学、梵文学、英文学、法文学、德文学、俄文学、意大利文学、言语学、中国史及东洋史学和西洋史学。其中除中国哲学和西洋哲学为新设学科之外，其余二级学科均为《奏定大学堂章程》中文学科下设一级学科演变而来。

民初《大学规程》规定的科目不再细分主课与补助课。法科和农科各门中均有选择科目的规定，通常用“*”号表述。如法律学门中比较法制史、刑事政策、国法学、财政学为选择科目；政治学门中农业政策、工业政策、商业政策、社会政策、交通政策、殖民政策、国际公法（各论）、政党史、国际私法为选择科目；经济学门中政治学、行政法、刑法总论、国际公法、国际私法为选择科目；农学门中林学通论、兽医学通论、水产学通论为选择科目；农艺化学门中园艺学、养蚕学、农政学为选择科目；林学门中狩猎论、养鱼论为选择科目；兽医学门中法学通论、农学总论为选择科目。

总之，新增学科也好，学科分化也好，还是学科名称西化也好，都再次证明，民初大学学科编制与国外大学学科编制越发接近，显示出大学学科与国际接轨的发展势头。

（四）大学文理综合学科标准的设立

1912年《大学令》第三条规定：“大学以文、理二科为主；须合于下列各款之一，方得名为大学：一、文、理二科并设者；二、文科兼法、商二科者；三、理科兼医、农、工三科或二科或一科者。”① 相较于清末大学堂分科大学的多学科要求，此时大学学科设置开始出现文理学科的综合性特征。若要符合大学的称谓，或文理综合或基础学科与应用学科并行，

① 《大学令》，1912年10月24日部令第17号，潘懋元、刘海峰《中国近代教育史资料汇编·高等教育》，上海教育出版社2007年版，第367页。

可以文科与法科、商科综合，也可以理科与农科、工科、医科综合，文理两科是大学的重心，其他应用学科的设置，以文理学科为基础。

《大学令》限定大学学科设置标准，不仅使大学学科设置更为规范合理，还在高等教育机构中把大学与专门学校有效地区分出来。在民初高等教育机构中，与大学平行的还有专门学校，具体分为法政、医学、药学、农业、工业、商业、美术、音乐、商船、外国语十类。从学科门类设置上，专门学校不设置文、理科之外，其余的学科门类与大学相差无几。以《法政专门学校规程令》为例，“法政专门学校分为三科：法律科、政治科、经济科”。虽说三科，按照《大学规程》规定，相当于法科下设法律学、政治学和经济学门。可见，当时的专门学校类似于单科大学，在教学层次上同属于本科院校，学制也是3—4年。因此二者的区别也只能从学科设置标准上加以区分。

（五）以讲座制和大学院为基层学科组织单位

1912年《大学令》规定大学各科设讲座，由教授担任。讲座制是按学科分设，正教授负责的基层学科组织单位。教授在本学科领域有至高无上的权力，学科的发展往往取决于正教授个人的努力。以讲座制为基层学科组织单位，提高了教授在学科发展与教学管理中的作用和地位。具体的讲座种类和科目，由校长提出，评议会决定。《大学令》规定大学设立评议会，评议会不仅审议学科设置、废止和大学内部规则以及审查大学院生成绩即授予学位与否等事项外，还审议讲座的种类，“但是，讲座的性质是什么？讲座又如何运作？《大学令》以及后来的《大学规程》等均语焉不详”①。此次《大学令》还规定，大学为研究学术之蕴奥，设大学院。大学院为大学教授与学生极深研究之所，各以其所研究之专门学名之，如哲学院、史学院等。大学院即通儒院，性质上相当于研究生教育机构。大学院生经大学评议会及该科教授会认为合格者才能授以学位。

民初大学学科规定中，将讲座制和大学院作为大学基层学科组织提出来是事出有缘。“德国大学正式形成了以讲座和研究所为基层学科组织单位的高校学科组织系统。”② 深受德国大学教育影响的蔡元培先生是民初学制的总设计师，其主笔起草的《大学令》中不能没有德国大学的影子。

① 周川：《中国近代大学建制发展分析》，《北京大学教育评论》2004年第3期，第88页。

② 庞青山：《大学学科论》，广东教育出版社2006年版，第150页。

所以民初《大学令》中以学科为基础建立讲座制和大学院与德国大学的影响分不开。从时代背景看，19世纪直至第二次世界大战前，全球高等教育领域中德国大学一枝独秀，英、美、日等国均向德国的现代大学看齐，高等教育的国际交流呈现出从德国向其他国家单向传递的特点。所以德国大学的影响是深远的，即便我们当时的大学制度以日本学制为蓝本，从其源头上讲，日本大学学制还是模仿了德国大学制度。

二　民国初年大学学科制度的形成动因

1912年、1913年的《壬子癸丑学制》与1904年的《癸卯学制》之间具有延续性，它们都以日本学制为蓝本。这一点可以从1912年4月蔡元培先生《对于教育方针之意见》中考证。当时教育部招收英、美、德、法、俄、日等国留学生，原本想翻译出各国学制，综合优劣，研制适合于中国的学制，但翻译后的结果，并不太理想，通过起草委员会的多次讨论，最终学制规定仍趋向采取日本学制。因此，清末民初大学学科制度具有一定的延续性，毕竟其蓝本是同一个国家的大学制度。

民初大学学科制度与《奏定大学堂章程》学科规定最大的不同，在于人们对传统学科的态度转型。若说《奏定大学堂章程》秉持“中体西用”思想，对于经、史、子、集“四部之学”为代表的传统学科加以保留与发展的话，民初《大学规程》却以西学改造中学，学科规定沿着西方学科的套路在发展，大学学科的正当性基本以近代西方学科分类为标准。从经学科的隐退到哲学的独立设置，格致科称谓被理科代替到学科编排法则更多考虑科学发展的内在逻辑，种种迹象都在否定“中体西用”思想指导，用西学改造中学已成为基本格局。以西学改造中学方面，自然离不开时任教育总长——蔡元培先生的影响，但也不可忽略王国维对《奏定大学堂章程》的反思与批评。

1912年《大学令》取消经学科独立学科地位与蔡元培先生不论“忠君、尊孔”的主张不无关系。1912年7月临时教育会议日记中有段蔡元培先生的演说记录：民国教育方针，应从受教育者本体上着想，有如何能力，方能尽如何责任，受如何教育，始能具如何能力。相较于清末教育宗旨的社会本位特色，此时的教育思想中出现个人本位倾向，教育不再是单纯的国家行为或只为满足社会需要服务的人类社会实践活动，教育还必须要关注个体发展需要。对于1906年3月25日学部公布的“忠君、尊孔、尚公、尚武、尚实”的教育宗旨，蔡元培先生认为“忠君与共和政体不合，尊孔与信教自由相违，可以不论。尚武即军国民主义也。尚实，即实利主义也。尚公与吾所谓公民道德”①。因此，1912 年 9 月 2 日教育部第二号令公布的教育宗旨是“注重道德教育，以实利教育、军国民教育辅之，更以美感教育完成其道德”。该宗旨否定了清末教育宗旨中“忠君、尊孔”的成分，保留了“尚公、尚武、尚实”的提法，充分展现了“应从教育者本体上着想”的观点，第一次从个体发展的德、智、体、美诸方面框定了教育目的。既然否定了“忠君、尊孔”，结合新的教育宗旨制定的大学学科门类中取消经学科也是符合逻辑的。

有关经科学科地位与哲学的独立设置问题，清末时期王国维就曾奏书表态，这对民初大学学科制度的规定多少有些影响。《奏定大学堂章程》颁布后，1906 年王国维就曾主张经学科合于文学科，提出“经学科大学与文学科大学之不可分为而二也……可合经学科大学于文学科大学中，而定文学科大学之各科为五：一、经学科，二、理学科，三、史学科，四、国文学科，五、外国文学科”②。在具体科目设置上，经学下设哲学概论、中国哲学史、西洋哲学史、心理学、伦理学、名学、美学、社会学、教育学、外国文等 10 科目；理学下设哲学概论、中国哲学史、印度哲学史、西洋哲学史、心理学、伦理学、名学、美学、社会学、教育学、外国文等 11 科目；史学下设中国史、东洋史、西洋史、哲学概论、历史哲学、年代学、比较言语学、比较神话学、社会学、人类学、教育学、外国文等 12 科目；国文学下设哲学概论、中国哲学史、西洋哲学史、中国文学史、西洋文学史、心理学、名学、美学、中国史、教育学、外国文等 11 科目；外国文学下设哲学概论、中国哲学史、西洋哲学史、中国文学史、西洋文学史、中国史、心理学、名学、美学、教育学、外国文等 11 科目。

文学科大学所有科目中《哲学概论》贯穿始终，史学之外的其他学科都开设中国哲学史和西洋哲学史，充分体现了王国维对哲学的重视。据其门人谢国柏所说，“先生之学，博通中外，首倡尼采学说，实为介绍西哲之

① 《蔡元培关于教育方针之意见》，1912 年 4 月，中国第二历史档案馆编《中华民国史档案资料汇编 · 第三辑教育》，江苏古籍出版社 1991 年版，第 22 页。

② 王国维：《奏定经学科大学文学科大学章程书后》，光绪三十二年（1906 年），潘懋元、刘海峰《中国近代教育史资料汇编 · 高等教育》，上海教育出版社 2007 年版，第 12 页。

学入中国第一人”[1]。王国维在《奏定经学科大学文学科大学章程书后》中明确提出，大学堂章程根本之误在缺哲学一科。他辩解道，如果从学问的功用角度考察其价值，哲学与经学、文学相当，如果大学的讲授内容必须以物质的应用科学为标准把哲学排斥在学问之外的话，经学和文学也很难认为是有用的学问。王国维的主张在1913年《大学规程》的学科设定中得到了肯定与认可，哲学不仅获得独立学科地位，与文学、历史学、地理学共同组成文科门类下设一级学科，中国文学也采用“国文学”的称谓。

哲学独立学科地位的起源还需从德国大学说起。欧洲大学学科体系中哲学从神学中独立出来，要归功于近代大学先驱之一德国的哈勒大学。柏林大学为主的德国近代大学则把哲学地位提升到与神学、法学、医学同等重要地位。游学于德国，并在莱比锡大学深造哲学、心理学和美学的蔡元培先生，自然是看重哲学的独立学科地位。蔡元培先生曾把学问分为理学和哲学两大类：

学问全体之学科表[2]

- 学
  - 理学
    - 理论学
      - 物理学
      - 化学等
      - 天文学
    - 应用学
      - 器械学
      - 制造学等
      - 航海学
  - 哲学
    - 有象哲学
      - 理论学
        - 心理学
        - 社会学等
      - 应用学
        - 论理学
        - 伦理学
        - 算学
        - 教育学
    - 无象哲学
      - 理论学（纯正哲学）
      - 应用学（宗教学）

① 《清华教授王国维自尽记》，《申报》1927年6月12日。

② 孙常炜：《蔡元培先生全集》，台北：台湾商务印书1977年版，第315页。

可见，民初《大学规程》中哲学获得独立学科地位，不仅与王国维的建议不谋而合，也与蔡元培先生的游学经历密不可分。

《大学令》中大学设置标准的规定，同样显示出蔡元培先生重学理的学科思想。他在《读周春岳君〈大学改制之商榷〉》一文中解释了大学学科设置标准规定的本意：

> 学与术虽关系至为密切，而习之者旨趣不同。文理学也，虽亦有间接之应用，而治此者以研求真理为的，终身以之。所兼营者，不过教授著述之业，不出学理范围。法、商、医、农、工术也，直接应用，治此者虽亦可有永久研究之兴趣而及一种程度，不可不服务于社会，转以服务时之所经验，促其术之进步，与治学者之极深研几，不相侔也。鄙人初意，以学为基本，术为枝干，不可不求其相应。故民国元年，修改学制时，主张设法、商等科者，不可不兼设文科，设医、农各科者，不可不兼设理科。①

因此，蔡元培先生主张大学或文理并设，研究高深学术，或文科兼法、商科，理科兼农、工、医科。因为法、商科的学理，必源于文科，同样道理农、工、医科的学理必源于理科。总之，作为研究高深学术之场所的大学要重视基础学科。

第二节　民初十年大学学科建制之比较

民国初期高等教育机构主要包括大学、专门学校和高等师范学校。其中大学和专门学校属于本科教育层次，分公立和私立两种性质。公立大学包含国立大学和省立大学两部分。民初十年国立大学只有4所，分别是国立北京大学、北洋大学、山西大学和国立东南大学。通过国立大学之间以及国立大学与其他高等教育机构之间学科设置比较，深入了解民初国立大学的学科建制特点。

---

① 蔡元培：《读周春岳君〈大学改制之商榷〉》，璩鑫奎、唐良炎《中国近代教育史资料汇编·学制演变》，上海教育出版社2007年版，第835页。

一　国立大学学科建制特色

据《第一次中国教育年鉴》记载，民初十年间国立大学数量从1所增加到4所，不仅数量有限，且增长速度缓慢。“民初，政府曾有全国设四大学之议，其预定地点为北京、南京、武昌及广州，终因人才及财力关系，事未果行。”① 1912年5月，京师大学堂更名为国立北京大学，1918年之前是中国唯一一所国立大学。范源濂在北大二十周年纪念会上的演说中曾提出：“山西大学系特就晋省而设。北洋大学，则初归北方各省公立，近乃几与北京大学连为一体……则北京大学者，吾中国惟一之国立大学也。”② 一份教育部公布的全国大学概况（1918）的档案文献也记载：“北洋、山西两大学原系省立，自民国七年度起，经费由国库支给，乃改为国立。”③ 1918年北洋大学与山西大学改为国立，1921年创办国立东南大学。

（一）国立北京大学应用学科递减

1912年2月京师大学堂筹办开学，严复受命暂为总监督，5月京师大学堂更名为国立北京大学，总监督改称大学校长，严复也因此成为京师大学堂最后一任总监督，国立北京大学第一任校长。国立北京大学学科门类在民初十年经历了应用学科递减，基础学科逐渐占据主导地位的发展历程。

1912年5月后，分科大学监督改称大学学长。严复校长兼文科学长，王世澂任法政科学长，1912年10月由张祥龄继任，叶可梁任农科学长，吴乃琛任商科学长，1912年8月由金绍城继任，1913年7月胡仁源任工科学长。从大学学长任命情况看，国立北京大学1912年设置的学科门类有文、法政、农、商四科，1913年增加工科。其中商科于1912年7月增设，同年12月归并于法科，余棨昌任法商科学长。有关商科的归并原因，1917年《北京大学启事》中曾记载：“商科依部令宜设银行、保险等专

① 辛树织：《第一次中国教育年鉴·第二册丙编教育概况上》（民国二十三年），台北：传记文学出版社1971年影印本，第338页。

② 《北京大学二十周年纪念会之范前总长源濂之演说词》，吴相湘、刘绍唐《国立北京大学纪念刊》，台北：传记文学出版社1971年影印本，第30页。

③ 中国第二历史档案馆编：《中华民国史档案资料汇编·第三辑教育》，江苏古籍出版社1991年版，第176页。

门，而北京大学现有之商科，则不设专门，而授普通商业，实不足以副商科之名，而又无扩张之经费。现值各科改组之期，拟仿美、日等国大学法科兼设商业学门之例，即以现有商科改为商业学，而隶于法科。"① 因此，国立北京大学开办初期只设置文、法商、农、工 4 个学科门类。与清末相比较，京师大学堂分科大学时期初创经学科、文学科、法政科、格致科、农科、工科和商科 7 科局面，此时国立北京大学学科门类减少了经科、格致科（民初改为理科）两大门类，变成文、法商、工、农 4 个门类。经科按照《大学令》，归并于文科中，暂设经学 1 门。理科（清末称格致科）由于返校学生只有 4 人，"因人数太少，开课费钱甚多，于是在这年年底，选拔其中二人出国留学，另二人退学"②，1913 年暑假后重新恢复招生。

1914 年 3 月，农科独立为农业专门学校，至此国立北京大学学科门类设置变成文、理、法、工四科。1913 年暑假后，新招分科学生中"文科招中国文学一班。理科招数学、理论物理、化学各一班。法科招法律、政治、经济各一班。工科招土木、采矿冶金各一班"③。加上 1912 年 12 月归并于法科的商业学门，当时国立北京大学学科建制是：文科下设中国文学门，理科下设数学、理论物理、化学门，法科下设法律、政治、经济、商业学门，工科下设土木、采矿冶金门，共计 4 科 10 门。"至民国三年始有中国哲学门一年级生"④，1914 年 9 月后文科添招中国哲学、英文学 2 门，学科建制变成 4 科 12 门。

1916 年 12 月 26 日蔡元培先生长校后，任陈独秀为文科学长，夏元瑮为理科学长，王建祖为法科学长，温宗禹为工科学长。1917 年 8 月《北京大学启事》称"经费所限，暑假后仅能每科增设一门"，从而 1917 年 11 月文科增设史学门，理科增设地质学门，国立北京大学学科建制变成 4 科 14 门：文本科下设哲学门、中国文学门、英国文学门和中国史学门；理科下设数学门、物理门、化学门、地质门；法科下设法律门、政治

① 《北京大学启事》，1917 年，璩鑫奎、唐良炎《中国近代教育史资料汇编·学制演变》，上海教育出版社 2007 年版，第 832 页。

② 萧超然、沙健孙、周承恩、梁柱：《北京大学校史》，上海教育出版社 1981 年版，第 34 页。

③ 同上书，第 35 页。

④ 哲学系同学会：《北京大学哲学系之过去与将来》，吴相湘、刘绍唐《国立北京大学纪念刊第三册》（民国十八年卅一周年、民国卅七年五十周年纪念刊），台北：传记文学出版社 1971 年影印本，第 82 页。

门、经济门、商业门；工科下设土木工学门、采矿冶金学门。①

结合1895年以来中国近代国立大学学科建制的情况②，此时国立北京大学的哲学、数学、物理门是当时国内国立大学中最先设置的学科。这是相对于清末大学堂学科建制中法、工、理、经、文、农、商科7科，19种学门而论。天津中西学堂最先设置了法律、土木工程、机械工程和采矿门。山西大学堂最先设置了格致学门。京师大学堂最先设置了毛诗学、周礼学、春秋左传学、政治、中国文学、化学、地质学、农学、中国史学、经济学、财政学、商学、交通学和农艺化学等14门。

1918年国立北京大学的文、理、法、工科下设学门增加到16门，新增法文门和数学物理门两个学科。详见表4—2。

表4—2　　　　1918年教育部公布的国立北京大学概况

科	门	班数	现有生数	毕业生数
文科	哲学门	3	57	228
	国文门	3	78	
	英文门	3	40	
	法文门	1	15	
	史学门	2	42	
理科	数学门	2	13	39
	物理学门	2	14	
	化学门	3	72	
	地质门	3	16	
	数学物理门	1	19	

① 吴相湘、刘绍唐：《国立北京大学纪念刊第一册》（民国六年廿周年纪念册上），台北：传记文学出版社1971年影印本，第169—174页。

② 结合清末大学堂“科—门”建制的史料记载，排除其预科教育与速成科教育，在大学本科层面建立的学科建制详情如下：天津中西学堂，起初设置法律、土木工程、机械工程和采矿4门，复办的北洋大学堂1907年后设置法律、土木工程和采矿冶金3门，没有超越其原来学科建制范围；山西大学堂1906年后设置法律、采矿冶金、格致学、土木工程4门；京师大学堂1910年7科下设毛诗学、周礼学、春秋左传学、法律、政治、中国文学、外国文学、化学、地质学、农学、土木工学、采矿及冶金学、银行保险学13门，据1910—1912年学科建制图，减少了外国文学和银行保险学2门，在11学门基础上增设了中国史学、经济学、财政学、商学、交通学和农艺化学，共计17门。

续表

科	门	班数	现有生数	毕业生数
法科	法律门	4	182	209
	政治门	4	60	
	经济门	4	94	
	商业门	1	67	
工科	土木工学门	1	29	120
	采矿冶金学门	1	31	

资料来源：中国第二历史档案馆编：《中华民国史档案资料汇编·第三辑教育》，江苏古籍出版社 1991 年版，第 177—178 页。

如表 4—2 所示，16 门一级学科中法律、商业、土木工学和采矿冶金学 4 门属于应用学科，占学科总数的 25%。近 3/4 的学科属于基础学科，与京师大学堂时期重应用、轻学理的倾向形成了鲜明的对比。

随着 1919 年 9 月工科并入北洋大学，国立北京大学学科门类定格为文、理、法 3 科。关于学科门类调整问题，早在 1913 年 11 月 17 日教育部专门教育司司长汤中会同其参事详细规划过北京大学和北洋大学事宜：

> （甲）北京大学可规设文、法、理、医四分科。试言其理由：文科为一国思想之中心，各种学术之枢纽，允宜创置于首都，为国人文艺之先导。法科则无论为法律、为政治经济，所习皆经世之术，即将来皆从政之材。北京为政法之渊海，不仅教材易得，即观摩之益亦十倍他方，自有设立法科之必要。理科所授大抵实验之科学。理化、地质各科，固有待于校内设备之完善。医科为输入新学之先驱，强健国民之要业，各国咸重视之。设医科学于北京，以正四方之视听。且医科与文科诸科颇有密切之关系，如精神病学之于文科，法医学之于法科，化学生理学等之于理科，皆有联络研究之益，此亦并设之一由也。（乙）北洋大学可规定工科，以渐加扩充……查北京大学原设有文、法、理、工、农五分科。工科既为北洋大学应设之科，则北京大学所设之工科应照规定停办，而移并于北洋大学，或停止续招新生，以办至本年新班学生毕业为止……至北洋大学原设法、工两分科，应

将法科停办，移并于北京大学。①

如上所述，1913年时教育部拟将国立北京大学工科归并于北洋大学，其实主要意图将国立北京大学和北洋大学合并办学。但在同年12月16日“国民政府批准教育部取消北京大学、北洋大学合并令”②，工科合并问题也被搁浅。

1919年9月，国立北京大学工科正式并入北洋大学。蔡元培先生在《我在北京大学的经历》中回忆说，他没有本校与他校的界限，只是出于通盘考虑，北洋大学有工、法两科，北京还有工业专门学校，均由国库供给，在国家办学经费有限的情况下，从学科发展合理化角度考虑，避免重复设置学科，通过两校协商，经教育部核准，最终将北大工科土木、工矿和冶金学并入北洋大学工科，并将办工科省下的经费，用在理科建设上。虽然出现原北大工科学生返校浪潮，但最终因经费有限，国立北京大学没有恢复工科，返校学生并入理科告终。蔡元培先生的原意是北大只设文理2科，将法科也划出去，归并于北京法律专门学校，终因没有成功，从而国立北京大学保留了文、理、法3科。

国立北京大学经过7年的学科门类调整，商、农、工应用学科门类逐渐递减，确立了文、理、法3科、14门的学科建制。具体学科中，除了法律和商业两门应用学科之外，哲学、国文、英文、法文、史学、数学、物理学、化学、地质、数学物理、政治和经济全是基础学科，涵括了人文、自然科学和社会科学三大学科领域，凸显出文理综合与重学理、兼应用的学科特色，基础学科建设得到加强与有效保障。

当然，蔡元培先生并非反对大学的多学科综合性。他认为“完全的大学，当然各科并设，有互相联系的便利。若无此能力，则不妨有一大学专办文理两科，各为本科，而其他应用各科，可办专科的高级学校，因为北大的校舍和经费，决没有兼办各种应用科学的可能”③。可见，国立北

① 北洋政府教育部档案：《教育部关于并北京大学北洋大学为国立大学训令》（1914年2月3日），中国第二历史档案馆编《中华民国史档案资料汇编·第三辑教育》，江苏古籍出版社1991年版，第206—207页。

② 王学珍等：《北京大学纪事：1898—1997》，北京大学出版社1998年版，第33页。

③ 蔡元培：《我在北京大学的经历》，潘懋元、刘海峰《中国近代教育史资料汇编·高等教育》，上海教育出版社2007年版，第403页。

京大学学科门类的减少归根结底还是教育经费所限，在不能保证大学多学科发展的前提下，只能集中精力，把有限的教育资源整合起来，加强基础学科建设。

（二）国立前后北洋大学和山西大学的学科设置

民国成立后教育部曾一度未把北洋大学和山西大学归入国立大学范围之中，直到1918年后北洋大学和山西大学才改为国立。1919年教育部公布的《全国教育计划书》中再次强调了北洋大学和山西大学的国立性质：“国立大学皆偏在北方，不便学子就学，且以三大学收容全国学子，亦断不敷，亟宜增设。”[①] 这里的三大学即国立北京大学、北洋大学和山西大学。因此不论从哪个论据看，1918年开始北洋大学和山西大学正式归入国立大学范畴。

北洋大学与山西大学学科设置在国立前后几乎没有变化。改国立之前北洋大学设工科和法科，山西大学设法科、工科和文科。据1915年北洋大学校周年情况报告，当时其学科设置是法科法律学门、工科土木工学门和采矿学门。1915年《教育部视察山西省立大学校报告》中提到本科学生两班，分别是法律本科和工本科，1916年7月，开办文科，聘郭象升为文科学长，8月开办文科国文学班。

改国立后1918年教育部公布的国立大学概况中北洋大学和山西大学学科设置均无变化，见表4—3。

表4—3　　1918年教育部公布的全国国立大学概说

校名	科目		班数	现有生数	毕业生数	经费
北洋大学	法科	法律学门	1	23	86	226041圆
	工科	土木工学门	3	72	212	
		探矿冶金学门	3	84		
	预科	第一部	1	15	193	
		第二部	3	124		

① 教育部公布《全国教育计划书》（1919年3月），中国第二历史档案馆编《中华民国史档案资料汇编·第三辑教育》，江苏古籍出版社1991年版，第54页。

续表

校名	科目	班数	现有生数	毕业生数	经费
山西大学	文科　文学门	2	60		100000 圆
	法科　法律学门	3	93	39	
	工科　土木工学门	2	30	216	
	采矿冶金学门	3	27		
	预科　第一部	5	283	409	
	第二部	6	128		
	理科			1	

资料来源：中国第二历史档案馆编：《中华民国史档案资料汇编·第三辑教育》，江苏古籍出版社 1991 年版，第 177—178 页。

如表 4—3 所示，北洋大学本科设法科、工科两个学科门类，下设法律学门、土木工学门和采矿冶金学 3 门，共计 7 个班。山西大学本科设文科、法科和工科三个学科门类，下设文学门、法律学门、土木工学门和采矿冶金学 4 门，共计 10 个班。对比国立前后北洋大学和山西大学学科编制，二者在学科门类和具体学科设置上均没有变化。稍有变化是 1919 年后北洋大学采矿冶金学门分为采矿学门和冶金学门①，同年 9 月后国立北京大学工科归并于北洋大学，令北洋大学法科在规定期限内停办，其法科归并到国立北京大学。相较于省立大学时期，国立大学应该有一定的经费保障，学科的发展理应会更充实，但是民初是中国社会大波动时期，相继发生了袁世凯（1916 年春）、张勋（1917 年 7 月）复辟运动，导致政府忙于养兵，有限的经费很难满足当时教育需求。所以，国立大学办学经费也没有多少保障，与其说大学改为国立后经费有所保障，不如说政府通过大学国立化，体现其“国家”的象征意义。

（三）国立东南大学的多学科设置

1920 年 4 月南京高等师范学校召开校务会议，郭秉文校长提出筹备国立大学议案。1920 年 12 月 15 日成立国立东南大学筹备处，郭秉文任主任，设在南京高等师范学校，筹备时间定为 1920 年 12 月 15 日至 1921 年 3 月 15 日。面对政府只知养兵，置教育于脑后，“吾东南人士，乃得一

① 王杰、韩云芳：《百年教育思想与人物》，天津大学出版社 2010 年版，第 73 页。

兼顾之法，曰按照部议，立一大学以东南，而以南京高等师范学校之专修科并入，名曰国立东南大学”①。名为国立，经费预算经中央政府核准，经费来源主要是江苏财政收入中的国税部分，“数年以来江苏一省提付该校每年预算三分之二，其余三分之一由浙赣皖三省分派，但以该三省历年经费困难，多未实行”②。由于经费不是国库供给，力求社会各界的赞助，1921 年 1 月 5 日大学筹备处提议成立董事会，6 月 6 日召开董事会成立会，7 月国立东南大学组织大纲获教育部批准，8 月 23—25 日与南京高等师范学校同时招考学生，1921 年 9 月 9 日《申报》声明董事会提议教育部批准由郭秉文兼任国立东南大学校长。

国立东南大学设置了文理、教育、农、工、商五科。“南京原有农、工、商、教育、体育专修科其规模已近于各国之大学，以之并入东南大学，第须添招文理科，则学科已属完备。”③ 由此可见，国立东南大学学科设置以南京高等师范学校专修科为基础，构成自己独特的学科体系，文理科为新增加学科门类外，其余学科都是原来南京高等师范专修科基础上建立的，商科设单科大学于上海。国立东南大学学科门类数量充分证明其多学科性，而其综合性不仅表现在文理科综合设置上，还体现在基础学科与应用学科的综合设置上。不同于国立北京大学注重文、理学科建设，国立东南大学学科门类中文理科之外广泛设置了教育、农、工、商科等应用学科门类，学理与应用并重成为其学科综合的一大亮点。

1921 年《国立东南大学大纲草案》第四条规定：“本大学以学系为主干，暂设下列各系：一国文系、二英文系、三哲学系、四历史系、五地学系、六政法经济系、七数学系（天文附）、八物理系、九化学系、十生物系（生理动物植物解剖附）、十一心理系、十二教育系、十三体育系、十四农艺系（作物土壤农具附）、十五园艺系、十六畜牧系、十七病虫害系、十八农业化学系（农产制造附）、十九机械工程系、二十会计系、二十一银行系、二十二工商管理系。”④ 22 个学系，组成文理、教育、农、工、商 5 科。

① 《国立东南大学缘起》，《申报》1920 年 12 月 25 日第 2 版。
② 唐钺、朱经农、高觉敷：《教育大辞书》，商务印书馆 1930 年版，第 965 页。
③ 《国立东南大学缘起》，《申报》1920 年 12 月 25 日第 2 版。
④ 《国立东南大学大纲草案》，《申报》1921 年 3 月 25 日第 3 版。

相较于国立北京大学在近代中国首创的学科①，国立东南大学生物系、心理学、教育系、体育系、农艺系、园艺系、畜牧系、病虫害系、会计系、银行系、工商管理系属于中国近代国立大学中最先设置的学科。虽说银行保险门在京师大学堂1910年学科建制中出现过，遗憾的是在1912年学科建制图中已被删除，所以，国立东南大学银行系的设置可以说是中国近代国立大学中银行学的建制开端。从上述首创学科种类而论，国立东南大学在教育、农业、商业方面的学科优势极为凸显。

二　国立大学学科建制之异同

上述4所国立大学中，“1920年6月，北洋大学进入专办工科的时期”②。北洋大学走上单科性大学的发展道路之外，其余3所国立大学保持了多学科综合性特色。国立北京大学设置文、理、法3科，山西大学设置文、法、工3科，国立东南大学学科最全，共设文理、教育、工、农、商5科。3所国立大学学科门类设置方面或文理并设，或文科兼法、工科，或文理科兼教育、工、农、商科，不仅学科设置呈现多学科性，也符合《大学令》规定的大学学科设置标准，呈现出文理学科综合取向。

共性基础上的个性表现，主要体现在南北两所国立大学的学科设置与学科发展的不同侧面上。国立北京大学以文史哲著称，并坚持重学理的建设思路，加大文、理科学科门类建设，逐渐削弱应用学科力度；国立东南大学以理科著称，同时开创教育、农、商学科门类建制，学理与应用兼备的多学科综合模式堪称中国近代国立大学中的典范。文理科设置方面，国立北京大学分设文、理两科，国立东南大学合设文理科。国立东南大学教育科的独立设置超出了当时《大学规程》与《修正大学令》中学科设置范围。《大学规程》中教育学仅仅是哲学门下设科目之一，国立东南大学独立设置教育科，与文理、农、工、商科相并列，提升了教育学的学科地位，引起人们对教育学科发展的关注。当然这与东南大学的校史相关联。民国初年北洋政府虽然设想在南京、武昌、广州建立大学，因经费主要用于养兵，无法顾及教育，最终没有实现。国立东南大学的建立可以说借用

---

①　国立北京大学前身京师大学堂在中国近代国立大学中最先设置了毛诗学、周礼学、春秋左传学、政治、中国文学、化学、地质学、农学、中国史学、经济学、财政学、商学、交通学和农艺化学14门。改国立北京大学后在中国近代国立大学中最先设置了哲学、数学、物理门。

②　王杰、韩云芳：《百年教育思想与人物》，天津大学出版社2010年版，第87页。

了南京高等师范学校的“国立”帽子，因为“民国元年，本部定高等师范学校为国立”①，同时也以南京高等师范相对成熟的专修科为学科基础，才能得以短期内建立多学科综合性大学。南京高等师范学校以教育学科著称，国立东南大学必然要体现其师范特色，专设教育科。若是从教育学学科地位的提升角度看，国立东南大学发挥了重要作用。某种意义上，对1929年《大学组织法》中大学学科体系增设教育科也有所启示。

同为国立大学，经费来源的差异导致国立北京大学与国立东南大学在工科发展道路上走出各自的特色。国立北京大学和北洋大学经费由国库供给，加上地理位置上的优势，在有限的经费支持条件下，选择了相关学科合并办学的道路。从而国立北京大学工科归并于北洋大学。相反国立东南大学名为国立，实际经费由地方财政赞助，其工科发展采取了国际合作办学模式。为了满足国家工业发展的需要，国立东南大学建校后，借助美国哈佛大学和麻省理工学院在中国筹办工科的设想，在工科发展路径上选择了美国大学的合作模式。它们共同制订了“中美合办工科大学之计划”，经费由双方分担，分工明确，“中国之所担任者有二：（一）常年费每年七万五千元、（二）基地与校舍；美国之所担任者有三：（一）常年费每年至少捐助七万五千元美金、并拟筹集百万美金、作扩充工科之用、（二）学校之设备、（三）聘请有经验之管理者为教员”②。从双方达成协议看，经费方面美国出资比中国多，不仅提供常年费，还要筹资捐资，更重要的是需承担工科发展所需设备建设和教员聘任任务。当然这一国际合作也要归功于国立东南大学校长郭秉文卓越的国际交流能力。郭秉文毕业于美国哥伦比亚大学，不仅有美国大学的交流经验，他在20世纪20年代，连续3次作为中国首席代表出席世界教育会议，并连续3次被推举为世界教育会副会长。他的个人影响力也是促成国立东南大学工科发展的国际合作模式的主要方面。

三　国立大学与私立大学学科建制的比较

1913年1月16日教育部第3号令《私立大学规程》明确规定，私人

① 《全国高等师范学校概况》，1918年，中国第二历史档案馆编《中华民国史档案资料汇编·第三辑教育》，江苏古籍出版社1991年版，第191页。

② 《东南大学发展消息》（二），《申报》1921年10月29日第3版。

或私法人设立大学，遵照《大学令》第三条规定，大学设置标准符合文、理二科并设或文科兼法、商二科或理科兼医、农、工三科或二科或一科的要求。实际上此时私立大学学科设置基本达不到规定标准。

民初私立大学的变化错综复杂，不仅更名快，其停办、复办频率也较快，这本身就不太符合学科稳定持续发展的条件。民初私立大学数量变化统计如表4—4。

表4—4　　1912—1920年大学校数统计

年份	大学数		
	公立	私立	合计
民国元年（1912）	2	2	4
民国二年（1913）	3	2	5
民国三年（1914）	3	4	7
民国四年（1915）	3	7	10
民国五年（1916）	3	7	10
民国六年（1917）	3	7	10
民国七年（1918）	3	6	9
民国八年（1919）	3	7	10
民国九年（1920）	3	7	10

资料来源：教育部教育年鉴编纂委员会：《第五次中华民国教育年鉴》，台北：正中书局1985年版，第876—877页。

1912年的两所私立大学分别是中国大学和复旦大学。中国大学1906年4月13日宣告成立，1913年4月更名为国民大学，同年12月与上海中国公学合并，改名为中国公学大学部，1914年5月得到北京政府教育部认可，1917年3月改称北京私立中国大学。复旦大学的前身是1905年成立的复旦公学。1905年震旦大学的130名师生集体退学，校长马相伯为了能使他们继续学业，请两江总督周玉山资助，拨银2万两为办学经费，成立复旦公学，1905年9月4日正式开学。

1913年12月教育部要求私立大学必须经过教育部人员视察后方可被认可。1914年5月19日《教育部：准予北京各私立大学正式立案公告（第六号）》准予认可的私立大学有私立民国大学校、私立中华大学校、私立明德大学校、私立中国公学大学部。其中私立民国大学校1913年开办，1916年更名为北京私立朝阳大学。1915—1916年全国大学统计表中出现的7所私立大学是北京私立朝阳大学、江苏私立大同学院、江苏私立复旦公学、中国公学大学部、私立中华大学、四川私立共和大学、武昌私立中华大学（1912年9月开办，1915年3月被认可）。“私立大学经政府认可者，民国六年原为七校，此后吴淞中国公学停办，至民七只余六校。民八明德大学复在汉口重新开办（改名汉口明德大学）。”①

私立大学学科设置方面，1915年8月至1916年7月《全国大学统计表》统计的7所私立大学中只有中国公学大学部和私立中华大学设置了本科教育层次的商科和专门部法科，勉强设置了两个学科门类。北京私立朝阳大学只有专门部法科，其余私立大学只有预科教育。1916年12月教育部对上述3所私立大学视察的结果是：中国公学大学部学科设置包括法科、商科两大学科门类，具体有政治科、经济科、商科和专门部法律本科、政治经济本科；北京私立朝阳大学和私立中华大学只有一科设置，前者设法律科，后者设商科。从学科门类上看，私立大学主要设置了法、商两科。

据1918年教育部公布的《全国大学概况》，统计在案的私立大学有5所：北京私立朝阳大学、私立中华大学、私立明德大学、北京私立中国大学和武昌私立中华大学。其中私立明德大学和私立中华大学分别于1916年5月和1917年8月因经费困难停办。北京私立朝阳大学和北京私立中国大学的学科设置均为法科、商科和预科，武昌私立中华大学在法科、商科之外设置了文科哲学门。

从上述不同年度统计情况看，民初私立大学多为预科教育水平，少数达到本科教育层次的私立大学学科设置也只有法科和商科两大学科门类。即使武昌私立中华大学设置文、法、商3科，勉强达到大学设置标准中文科兼法、商科的标准，其文科也只设哲学门、法科只设法律门，与《大学规程》中“科一门”规定相差甚远。私立大学本科学科设置不仅都是应用学科，而且偏重法、商两科，几乎没有达到《大学令》规定的文理综合以及文科兼法、商二科或理科兼农、工、医各科的标准。当然，经费

① 辛树织：《第一次中国教育年鉴·第二册丙编教育概况上》（民国二十三年），台北：传记文学出版社1971年影印本，第339页。

是一个束缚私立大学学科发展的重要因素，按照教育部公布的《私立大学规程令》，私立大学学科建设除了教室、图书室外，还要提供相应的实习、实验和实地研究条件。如理科附设气象台、植物园、动物园、实验所；医科设附属医院；农科设试验场、演习林、家畜病院；工科设各种实习工场等。相较于上述学科，文科设历史博物室、人类模型室、美术室；商科设商品陈列室、商业实践室；法科没有要求。显然文、法、商科所需成本不高，这也是私立大学学科设置多为法、商科的原因之一。

除此之外，私立大学法、商两科的设置与民初社会急需法政人才有密切关联，毕竟没有国家经费支持的学科建设会更多着眼于见效快的学科门类，这样才能吸引生源，保证私立大学的持续运营。尤其是法科是当时人们当官的首选学科，正如冯友兰在《北大怀旧记》中所说，“在那时候，一般人以学校为变象的科举。上大学为的是得个入仕途的‘出身’，‘出身’以法科为宜，很少有人愿意入文科”①。按照当今的理解，法科就是热门学科，学子们热衷于当官，必首选法科，不论是国立大学还是私立大学。同样道理在民初工商业发展急需商业人才的时代条件下，人们对商科的热衷程度也不亚于法科。

相较于民初私立大学学科门类单一、偏文重应用、缺乏延续性的特点，国立大学学科设置不仅符合大学学科设置标准，也初步呈现文理综合，重基础学科兼应用学科的特点，尤其在工、农科发展方面开创新局面，学科门类和学科数量也表现出稳步上升趋势。

需要补充说明的是，民初国立大学与私立大学学科编制上的上述差距，主要是基于1919年之前的基本情况而论，也可以说代表了这一时期的普遍现象。但不可否认之后成立的南开大学和厦门大学，开创了私立大学新局面。南开大学（1919年11月20日成立）和厦门大学（1921年4月6日成立）不仅成为私立大学的典范，其学科设置也出现新气象。

四　国立大学与国立专门学校的学科建制比较

专门学校是民初高等教育中与大学同属于本科教育层次的机构，分公立和私立两种。据1915—1916年全国国立专门学校统计，法政、医学、

① 冯友兰：《北大怀旧记》，吴相湘、刘绍唐《国立北京大学纪念刊第三册》（民国十八年卅一周年、民国卅七年五十周年纪念刊），台北：传记文学出版社1971年影印本，第251页。

农业专门学校各1所，工业专门学校3所，共计6所国立专门学校。代表性国立专门学校中北京工业专门学校成立最早（1912年8月成立），初设机械、电机机械、应用化学3科，1913年9月加设机织科。学科设置比《工业专门学校规程》规定少了9科。北京农业专门学校是1914年2月归属教育部直辖，同年7月设置了林学科，一直保持了农学、林学两学科局面，学科设置比《农业专门学校规程》规定的5科少了兽医学、蚕业学和水产学。1915年8月30日，教育部《北京国立法政专门学校四年度校务计划书》显示，北京国立法政专门学校学科设置是法律本科、政治本科、经济本科和政治经济本科，学科设置完全符合《法政专门学校规程》规定。国立法政专门学校学科设置能达到相关章程规定之外，工科、农科、医科专门学校很少能达到相关章程的学科规定标准，说明当时法科建设较为成熟。

据1918年全国教育概况统计，国立专门学校5所，见表4—5。

表4—5　　1918年国立专门学校概况

校名	科目	现有生数	毕业生数	开办年月	经费数
北京法政专门学校	法律、政治经济、经济	658	本科192 别科1012	民国元年	101500
北京农业专门学校	农学、林学	174	107	民国三年二月	91200
北京工业专门学校	机械、应化、电机、机织	268	177	民国元年	126360
北京医学专门学校	医学	243	64	民国二年	103000
武昌商业专门学校	商学	224		民国五年二月	42168

资料来源：中国第二历史档案馆编：《中华民国史档案资料汇编·第三辑教育》，江苏古籍出版社1991年版，第181页。

上述国立专门学校学科门类均属于单科设置，具体包括法、农、工、医、商等科。

从当时全国专门学校的学科比例而论，法科最多，其次是工科。1912—1916年全国专门学校统计数据显示，法政专门学校总数分别是64、56、44、42、32所，工业专门学校总数分别是10、10、13、13、13、11所，其他专门学校数量没有超过10所的。从学科属性看，应用学科的专门学校在当时全国专门学校数量中占绝对优势，这一点还是符合其造就各行业专门人才的培养目标。

同属于本科教育层次，由于培养目标的不同而国立大学与国立专门学校的学科编制各不相同。民初《大学令》规定，大学以教授高深学术，养成硕学闳材，应国家需要为宗旨。民初《专门学校令》规定，专门学校以教授高等学术，养成专门人才为宗旨。“大学校与专门学校在宗旨上的分别：大学重在学术的深究，专门学校重在实际的应用。”[①] 国立大学着力于培养硕学闳材，注重多学科综合性和基础学科兼应用学科。专门学校却致力于专门人才的培养，设置单学科，注重学科的实用价值。可见，二者在学科设置上呈现出多科与单科，重基础学科与重应用学科的明显区分。

通过国立大学之间以及国立大学与其他高等机构之间学科编制的比较分析可知，民初国立大学学科编制确实能体现出多科综合性特征以及重基础学科兼应用学科的学科特色。相较于民初私立大学学科门类单一、偏文重应用、缺乏延续性的特点，国立大学学科设置呈现出文理综合，重基础学科兼应用学科以及学科发展的延续性特点，而在私立大学规范发展后，二者在学科设置方面的差别并不明显，这也说明事物的发展总有一个过程，在制度支持和经费保障到位的情况下，私立大学也能做到多学科综合。相较于专门学校单学科、重应用的特点，国立大学多学科、重学理的学科特点越发凸显。

第三节　国立北京大学的学系与研究所建制

为了满足文理兼通人才的培养需要，国立北京大学率先改革“科—门”建制，打破学科界限，广泛设立学系建制。学校取消原来各科教务处，设置全校教务处，统一领导全校教学事务，学系成为基层学科组织，教学具有相对独立性，有利于学科的分化与纵深发展。形成学校—学系二级教学管理模式，大学真正意义上实现统管教学工作，人才培养进入统一规划阶段。国立北京大学以学科为基础开办研究所，开创了中国近代大学研究生教育的先河，尤其是国学门研究所开展的中国传统学科的全面整理与研究工作，拓展了中国近代大学的科学研究职能。

---

① 陈翊林：《最近三十年中国教育史》，上海太平洋书店1930年版，第268页。

一　“科—门”建制改设学系建制

1912—1919年国立北京大学通过学科门类调整，递减商、农、工科等应用学科，定格为文、理、法三大学科门类。学科建制延续了京师大学堂分科大学时期“科—门”建制。京师大学堂分科大学是清末以学科门类为基础建立的最早的大学学科组织，开创了培养人才为基本职能的大学学科组织的先河。其“科—门”建制是中国近代大学学科建制雏形，“科—门”建制为特征，大学形成了由学科门类和一级学科组成的学科体系。

每一“科”就是一个教学行政单位，学长负责本学科门类各学科的教学管理工作。“文科学长严复因兼任校长，事情太多，另设文科教务长，由姚勇概担任。”[①] 以1917年国立北京大学教职员一览表为证，文科教务处事务员吴继哲、理科教务处事务员刘绍文、法科教务处事务员萧清海和左贯文、工科教务处事务员赵履祺。大学不设统一的教务处，每科独立设置教务处事务员，显示出各学科门类教学管理的相对独立性，同样大学也只是各科松散结合的共同体。因此，国立北京大学当时实行的是“科”一级教学管理模式。“科”下所设“门”，有学者曾类比于当今大学的系建制，但从当时“门”的设置情况看，它不是独立的教学行政组织，也就不具有教学管理权。也因此，“门”改为“学系”，不是简单的名称更换，而是教学管理职能的一次大改革。

1919年4月16日蔡元培校长呈报教育部，“本校文理两科拟自本学期起实行归并，不设学长，于各门教授会主任中，按年选举一人为教务长。本月8日开会选举，经济教授会主任马寅初当选为教务长，请钧部鉴核备案”[②]。从此中国近代大学学科建制史上一次重大改革拉开了序幕，蔡元培先生大胆改革“科—门”建制，废学长，打通文理分科，突破学科门类限制，“门”改设学系，设系主任综合管理学科事务，建立了以一级学科为基础的大学学科组织形式——学系。

“学系，即系，高等学校按学科、专业性质设置的教学行政单位。”[③] 早在中世纪大学时期就有学系这一学科建制，“从13世纪开始，系一词

① 萧超然、沙健孙、周承恩、梁柱：《北京大学校史》，上海教育出版社1981年版，第34页。

② 王学珍等：《北京大学纪事：1898—1997》，北京大学出版社1998年版，第58页。

③ 《辞海·教育学·心理学分册》，上海辞书出版社1987年版，第20页。

的外延扩大，指的是某一学科或某一学科领域的专家、大师聚集在一起，实施教学的机构"[①]。作为大学内部组织机构之一，学系主要是以学科为基础建立的教师团体，是一个教学单位。现代大学产生后，1825 年美国哈佛学院开始采用学系建制，"建立学系的初衷，主要是为了克服德国大学讲座制带来的种种缺点……以系代替讲座，有利于拓宽学科的口径，加强学科专业间的联系；有利于将教授组织起来，发挥教授群体的作用，减少教授个人对学科事务的专制"[②]。到 19 世纪末期，美国大学普遍设立学系，随着高等教育领域文化交流的推进，世界多个国家的大学开始采纳了以一级学科为基础设立的学系建制。

国立北京大学取消原来各科教务处，"改用分系制，置全校教务处，由各教授会主任选举教务长一人掌之"[③]，统一领导全校教学事务，组织协调各系教学工作。学系成为基层学科组织，各系成立教授会，规划本系教学工作，教学也具有相对独立性，从而有利于学科的分化与纵深发展。"科—门"建制改设学系后，国立北京大学形成学校—学系二级教学管理模式，大学真正意义上实现统管教学工作，人才培养进入统一规划阶段。

蔡元培先生秉持哲学与科学相通，文科与理科相通的理念，"把北大的三科界限撤去而列为十四系"[④]。学系改制前设置的 14 门有哲学、国文、英文、法文、史学、数学、物理学、化学、地质、数学物理、法律、政治、经济和商业门。学系改制后并没有完全按照原来的 14 门调整为 14 系，其中数学物理门没有变成数学物理系，商业门也没能成为商业系，却多出一个德文学系。因此，国立北京大学起初设置了 13 系，即英国文学系、法国文学系、德国文学系、中国文学系、哲学系、史学系、数学系、物理学系、化学系、地质学系、法律学系、政治学系和经济学系。1917 年《修正大学令》规定，大学本科学制为 4 年，以 1919 年为学系建制起点，1923 年国立北京大学毕业生统计里却只有 13 个系，既没有数学物理系，也没有商业系。《国立北京大学纪念刊》本科毕业生统计表中只有

① 黄福涛：《外国高等教育史》，上海教育出版社 2008 年版，第 46 页。

② 周川：《高等学校建制的组织学诠释》，《教育研究》2002 年第 6 期，第 70 页。

③ 何基鸿：《国立北京大学沿革述略》，吴相湘、刘绍唐《国立北京大学纪念刊第三册》（民国十八年卅一周年、民国卅七年五十周年纪念刊），台北：传记文学出版社 1971 年影印本，第 24 页。

④ 蔡元培：《我在北京大学的经历》，潘懋元、刘海峰《中国近代教育史资料汇编·高等教育》，上海教育出版社 2007 年版，第 403 页。

1919 年有 62 名法本科商业学门毕业生，1920—1929 年毕业生统计中未曾出现“商业系”这一说法。种种迹象表明，国立北京大学废“科—门”制，改学系时，初建 13 个学系。有关北大校史资料中，还有一种提法是当时设置的 14 系中除了上述 13 系之外还有俄文学系。有记载称 1920 年 9 月国立北京大学才增设俄文学系。这一点从 1924 年才出现 3 名俄文学系毕业生统计数据中得以肯定。由此推算，俄文学系在成立时间上要比英、法、德国文学系稍晚些，它不是 1919 年学系改制时就成立的学系。

之后所增设各系情况如下：“一九二四年新成立了教育学系和东方文学系（包括日文、梵文两组），一九二五年成立生物学系，一九二六年哲学系心理门的基础上扩大成立了心理学系。原定设立的天文学系没有办成。”① 有关生物系的正式成立时间，据中国科学院科技政策与管理研究所樊洪业研究员的考证，不是 1925 年，而是 1926 年。② 总之，国立北京大学组成京师大学校之前共设置了 18 个学系，分别是英国文学系、法国文学系、德国文学系、中国文学系、哲学系、史学系、数学系、物理学系、化学系、地质学系、法律学系、政治学系、经济学系、俄文学系、教育学系、东方文学系、生物学系和心理学系。

设置学系的目的在于打破文理科界限，实现文理学科门类之间的有效沟通与整合。蔡元培先生历来主张文理不分科，他曾在《北京大学月刊》发刊词中批判哲学与科学决然分开的做法，指出研究文学若蔑视科学，说明他们不了解近代文学是以科学为基础；研究自然科学，不肯涉猎哲学，说明他们不了解哲学是科学的归宿；同样研究哲学，只读古书对实验不屑一顾，说明他们不了解哲学的基础是科学的道理。《我在北京大学的经历》中他同样坚持上述观点，从哲学和自然科学的关系到心理学、教育学、美学的归属问题，甚至从地理学的归类问题入手，深入浅出地道来文理不能分科思想：他始终坚信哲学植根于自然科学，自然科学的鉴定也必定牵涉哲学；心理学从前附属于哲学，在实验法的推动下跨入理科范畴，而教育学和美学也有同样趋势；地理学则是跨入文理两界的典型代表，其人文地理属于文科，地质学却属于理科；等等。由此可见，蔡元培先生不

① 萧超然、沙健孙、周承恩、梁柱：《北京大学校史》，上海教育出版社 1981 年版，第 137 页。

② 樊洪业：《北京大学生物系正式成立于 1926 年》，《中国科技史料》1999 年第 2 期，第 158 页。

仅把握了文理两科之间内在的渊源关系，也在自己的大学管理实践中实现着文理学科门类之间的融合。

通过学系改制，培养文理兼通人才，与其教学制度中有效采取选科制有很大关联。“选科制：允许学生自己选择学习学科、专业和课程的一种教学制度。”① 选科思想萌芽于清末，《学务纲要》开明布公地表述：“至高等学堂以上各科学，门类似乎繁多，然其中有名随意科者，则以余力为之。愿习与否，听学生自审才力，可不相强，亦系外国通例。”② 随意科目的设置表现出对学生学习自由的一种设想与考虑，体现了选科思想的初衷。国立北京大学选科制改革在 1917 年 10 月 15 日学校会议中就已议决，“议决着手学制改革，仿照美国大学学制，采用选科制度”③。规定了 7 项具体办法，其中提出选科单位以每周一时，全年为 1 单位的标准；预科生要求达到 40 单位可毕业，选科比例为总单位的 1/4；本科生要求达到 80 单位，一半为选科单位。当时北大课程安排有通科和专科之分，通科为各系学生必修的课程，通常在第一、二学年安排，专科通常安排在第三、四学年讲授，学生有所选修的课程，以听讲时间在 30 单位以上为准。除了课程有选择之外，哲学、文学和史学系都设立特别讲演，临时延聘名师讲演，各系学生自由听讲。如此看来，允许学生在必修课程之外在文理各系中自由选习科目，真正实现文理通科的目的，有利于培养文理兼通人才。

1919 年至 1927 年采用的学系是国立北京大学基本学科建制，充分展示其文理学科沟通的设想，成为人才培养的基本单位。“系建制的建立，在中国近代高等教育发展史上同样具有重要的意义。它标志着中国古代‘门馆之学’‘门闱之学’在高等教育领域的终结，标志着中国近代大学从基础建制上对西方现代大学模式的高度认同，也标志着中国高等教育开始步入近代化阶段。”④

二　重组研究所

相较于培养经世致用人才为单一职能的京师大学堂分科大学时期，民

---

① 《教育大辞典·第 3 卷：高等教育》，上海教育出版社 1991 年版，第 18 页。

② 张百熙、荣庆、张之洞：《学务纲要》，光绪二十九年十一月，舒新城《中国近代教育史资料》上，人民教育出版社 1981 年版，第 208 页。

③ 陈学恂：《中国近代教育大事记》，上海教育出版社 1981 年版，第 297 页。

④ 周川：《中国近代大学建制发展分析》，《北京大学教育评论》2004 年第 3 期，第 90 页。

初国立北京大学通过“科—门”改制，不仅设立学系，培养文理兼通人才，也以学科为基础设置研究所，发展了大学的研究职能。

1913 年《大学规程》第四章规定：大学院为大学教授与学生极深研究之所，各以其所研究之专门学名之，如哲学院、史学院等。蔡元培先生秉持大学是研究高深学问之场所的信念，注重真理的探索，担任国立北京大学校长后开创了科学研究的先河。据《北京大学纪事》1917 年 11 月 9 日记载，“理科研究所召开第一次会议，筹商理科研究所办法，推定研究主任秦汾等 3 人”①。随后国立北京大学在 11 月 16 日公布《研究所通则》，本学期拟设 9 个研究所，详见表 4—6。

表 4—6　　国立北京大学各科研究所

科别	文科研究所			理科研究所			法科研究所		
门类别	哲学门	国文门	英文门	数学门	物理门	化学门	法律门	政治门	经济门
主任姓名	胡适	沈尹默	黄振声	秦汾	张大椿	俞同奎	黄右昌	陈启修	马寅初
学员数	21	44	10	4	4	10	47	7	15

资料来源：吴相湘、刘绍唐：《国立北京大学纪念刊第二册》（民国六年廿周年纪念册下），台北：传记文学出版社 1971 年影印本，第 218、379—399 页。

注：法科中有 6 人没有注明学门。

《北京大学日刊》在 1917 年 11 月后陆续刊登过各科研究所相关规则、细则与通报：1917 年 11 月 25 日刊登过《理科研究所杂志室规则》6 条；11 月 29 日刊登过哲学门研究所的研究科目、任科导师及研究院名单；11 月 30 日刊登过《文科研究所办法》和《文科研究所办事细则》；12 月 1 日刊登过《理科研究所事务员规则》；12 月 6 日刊登过文科英文门研究所研究科目、教员、研究员名单；12 月 14 日刊登过《文科研究所通信研究细则》5 条；12 月 15 日刊登过《理科研究所通信研究细则》5 条；12 月 21 日刊登过《法科四年级及研究所之研究手续》《文法科通信研究手续》《法科研究所现拟办理之事项》；12 月 22 日刊登过《法科研究所办事细则》和《法科研究所事务员任务规则》等。还有详细记录的研究会记录，如“1917 年 12 月 7 日，北京大学文科研究所召开第一次研

① 王学珍等：《北京大学纪事：1898—1997》，北京大学出版社 1998 年版，第 39 页。

究会，学生志愿研究者约40—50人。蔡鹤卿校长、陈仲甫学长及张行严、胡适之诸教授均莅会……12月12日，法科研究所召开职员会，谈论各种规则及一切事务”①，等等。

似乎研究所的筹建有条不紊地展开着，但由于受到经费条件的限制，研究所最终未能正常运行，“国立北京大学于七年间拟设研究所，因建设费无从筹出，不能成立”②。1921年重组研究所，“至于以前虽有各科研究所之设，但只是空名，毫无实效。自经此次新研究所成立以后，业已完全取消，而关于就研究所之章程，亦一律宣告作废”③。重组后的研究所，由校长兼任，下设4门：自然科学、社会科学、国学和外国文学。作为大学院的预备机构，“其所以不能急切设立大学院者，纯为人才与经济两方面关系”④。当时初步决定自然科学门主任谭熙鸿、社会科学门主任陶履恭、国学门主任沈兼士、外国文学门主任胡适。蔡元培先生提议发行杂志，规定每学门出杂志1种，每年每学门可分得3期，1、5、9月为国学门，2、6、10月为外国文学门，3、7、11月为自然科学门，4、8、12月为社会科学门。国学门主任编辑胡适，其他学门未成立前，暂由相关学系分组担任。所以1921年建立的研究所正式意义上开创了中国近代大学研究生教育的先河。

三　个案：从国学门研究所看大学的研究职能

国立北京大学研究所中最早组织成立的是国学门，“因国学门较为重要，特先设立”⑤。国学门研究所1921年11月成立，沈兼士任主任，具体分文字学、文学、哲学、史学、考古学五个研究室。在沈兼士的带领下国学门研究所开展了中国传统学科的全面整理与研究工作，同时还制定各项研究规则以及多种表册。

第一，开展国学的多学科研究。“‘国学’是一个含义不明确，十分笼统的概念，国学门的研究对象，几乎包括了中国的文学、史学、哲学、

① 王学珍等：《北京大学纪事：1898—1997》，北京大学出版社1998年版，第40、41页。

② 蔡元培：《十五年来我国大学教育之进步》，《申报》1926年10月10日第38版。

③ 《北大设立大学院之先声》，《申报》1921年12月23日第2版。

④ 同上。

⑤ 蔡元培：《北京大学国学研究所一览序》，《北京大学日刊》1925年6月27日第2版。

语言学、考古学等方面。"[①] 当时国学所包含的学科内涵较为丰富，与西方的分科原则并不完全吻合，代表了中国传统学科体系。正如罗志田教授所言"面对新进入的西学，出现一种长期的努力，即以一个包容广阔的名目来囊括传统的中学，类似的名称包括中国文学、国文，以及后来的国学、国故学等"[②]。

可以说国学门研究所开创了中国传统学科的系统整理与多学科研究。《北大国学研究所之发展》的报道中提道："吾国学术界向来缺乏分科观念，在未经整理以前，不易进行分科而治，故本学门设立宗旨，即在整理旧学，为将来分科之预备，非专事守残，以为可与他种科学分驰也。"[③] 这段表述中足以看到，当时大部分学者都承认了西方的学术分科观念，并通过对国学的多学科研究，使其与西方学科衔接起来。从当时国学门研究所委员会成员看，马裕藻是中国文学系主任，研究文字、音韵学；朱希祖史学系主任，研究历史；钱玄同研究文字音韵学，担任注音字母与罗马字比较表的研制工作；胡适研究哲学、文学和历史；周作人研究文学理论。他们当中不仅有擅长文字研究的、也有文学、史学和哲学研究者。尤其是胡适先生整理国故，"他对于提倡用科学的方法和精神，并且开始实地的用近代科学方法来治国学，其结果的重大，远超过大家所说的考据学的范围"[④]。由此推断，当时国学研究不局限于文字学范围、广泛开展文学、史学和哲学等多学科的研究，甚至鼓励自然科学在内的诸多学科的参与。这一点可以从 1922 年 2 月 22 日《北京大学纪事》中有关研究所国学门启事中可以得到证实：

> 本学门组织时虽以中国文学、哲学、史学三系为基本，但也极欢迎自然科学、社会科学者提出题目，分别研究，俾古代学术制度之未经科学家搜求考证者或经科学家搜求考证而其量犹不充分者。[⑤]

---

① 萧超然、沙健孙、周承恩、梁柱：《北京大学校史》，上海教育出版社 1981 年版，第 150 页。

② 罗志田：《西学冲击下近代中国学术分科的演变》，《社会科学研究》2003 年第 1 期，第 112 页。

③ 《北大国学研究所之发展》，《申报》1922 年 2 月 25 日第 3 版。

④ 《学府纪闻·国立北京大学》，台北：南京出版有限公司 1981 年版，第 24 页。

⑤ 王学珍等：《北京大学纪事：1898—1997》，北京大学出版社 1998 年版，第 94 页。

国学的整理与研究从本质上看是从西方学术分科角度对中国传统学科进行分解与归纳，其结果是文史哲不分家的传统学科将被融解到西方学科体系中。

第二，始创大学的研究生教育。首批研究生审查非常严格，数十名报名者中只有段颐、罗庸和楼巍3人合格，并登校刊公示。段颐为江西人，北京大学英文系毕业，研究题目是《黄河变迁史》；罗庸为京兆大兴人，北京大学国文学系毕业，研究题目是《清代小学家书目提要及治理方法》；楼巍为浙江人，北大国文学系毕业，研究题目是《唐诗源流》。1922年获得国学门委员会承认有研究能力者8人，1923年4月获得国学门委员会审查合格研究生5人，到1926年10月，研究生共计32人，其中已有12人完成其研究著作。“商承祚的《殷墟甲骨文字汇编》、容庚的《金文编》等，当时都先后出版。张煦的《公孙龙子注》、罗庸的《尹文子校释》等著作，都是研究的成果，曾获得奖学金。”①

第三，规范研究制度。国学门研究所成立后制定了委员会规则，便于规划各项研究事务。蔡元培为委员长，成员由研究所长（校长兼任）、教务长、本门主任、图书主任，还有马裕藻、朱希祖、胡适、钱玄同和周作人等人组成，后期增加蒋梦麟为委员会委员。其重要任务有“①审查研究生入学资格；②审查研究生研究所得之论文或委托相关各学系之教员，代之审查；③核定奖金的给予”②。在研究所国学门委员会第一次会议上，沈兼士报告了特别阅览室设立经过和歌谣研究会与考古学研究室的具体情况，并议决了《研究所国学门研究规则》7条。

研究所国学门整顿原来独立设置的歌谣研究会，归并在国学门中，当时到所的师生有20人，专门开会讨论和议定有关征集、整理和发表事宜：

> 关于征集者（一）由会员担任在一地方征集、（二）由会员托人担任征集、（三）登报征求、（四）函请各县高等小学代为征集、此外复议定编著音标比较表及各项说明书、随时发出、并定寄稿酬报标准；

---

① 萧超然、沙健孙、周承恩、梁柱：《北京大学校史》，上海教育出版社1981年版，第150页。

② 《北大国学研究所之发展》，《申报》1922年2月25日第3版。

关于整理者（一）音标、定注音字母与罗马字比较表、（二）方言、在会中另设方言一部、专研究歌谣中之方言、（三）定行款、（四）分类、古的分时代、新的分地方、新旧歌谣之别、以流行与否为断、（五）整理人不限籍贯、而以言语明晓为合格；

关于发表者（一）发行月刊、以供给研究原料、引起投稿者与讨论者兴味为宗旨、凡会员均为编辑、令举数人为总编辑、内容分古歌谣、现代歌谣、讨论三种、（二）发行丛书。①

沈兼士在1922年3月提议修正研究规则，坚持“研究高深学术、并不能仅限于一校以内”，本校教员自由入所研究外，还加入“校外学者”和“通信研究”两项。明确提出北大毕业生和在校生有研究意向和能力的或是校外学者有研究成果的，随时到国学门登记报名，填写研究项目，有著作的呈送著作，一并由国学门委员会审查，通过的人拿上研究证到研究所。不能亲自到校的毕业生或校外学者，可通过“通信研究”参与报名审查，并明确规定，一旦成为研究生就要及时报告研究经过和成果，以便在国学门研究所创办的杂志和丛书中发表。研究生必要时可以要求相关专家的指导和帮助等等诸多条款。据记载，著名的近代文化守成主义的代表王国维就曾担任过国立北京大学国学门研究所“通讯导师”一职。“1917年9月，1918年6月，1920年12月，王国维三辞北大文学科邀约为教授之请，直至1922年初，才勉强应允就任北大国学门通讯导师一职。”② 中国近代考古学奠基人，著名古文字学家罗振玉也是当时国学门聘请到的“通讯导师”之一。

第四，充实研究资料、设备与条件。图书资料是研究的原材料，便于开展研究，在1922年1月17日刊登的《研究所国学门启事》中专有一条“中国文学系、史学系之参考室内、已归图书馆办理，两系学生阅览书籍，可向图书馆阅览”③。原本属于各学系图书资源，方便国学研究起见，归属到图书馆，为的是面向全校师生开放，广开研究之路。便于研究工作的深入开展，沈兼士还要求图书馆在第一院四楼设立一间专为研究生安排

① 《续纪北大之国学研究所》，《申报》1922年3月9日第3版。

② 赵万峰：《二十世纪初（1898—1937）文化守成主义的教育思想及实践》，西北大学2005年版，第30页。

③ 王学珍等：《北京大学纪事：1898—1997》，北京大学出版社1998年版，第93页。

的特别阅览室。图书资料的充实之外，研究所还成立专门陈列室，列出古器物、古刊本、金石甲骨拓本等，由马叔平专门负责，为考古学研究室的建立做准备。1922 年 3 月开设了考古学研究室，置入所有旧藏和新置的甲骨和古代画砖，蔡元培先生亲自函请罗叔蕴为通信导师，组织考古学研究会，邀请校内美学家、地质学家和人类学家加入。

研究所的运行虽然存在诸多困难，如图书资料不足较为凸显，校内收藏古刊本有限，校外搜集也受限于经济条件等，但经过五年的运营，国学门研究所也取得不少成绩，蔡元培先生在 1926 年总结民国成立十五年来大学教育的进步时提到北大研究所五年以来，编辑室、考古研究室、明清史料整理会、风俗调查会、歌谣研究室、方言调查会等，已著有不少的成绩。如编辑室纂辑了学术研究参考工具书："已印行的有《慧琳一切经音义引用书目录》，已成稿的有《艺文类聚引用书籍目录》《太平御览引用书籍增订目录》《太平御览引用书细目》《太平广记引用书籍增订目录》《希麟续一切经音义引用书细目》等"①。考古研究室先后对河南新郑孟津两县、北京宫山明代古迹、河南洛阳北邙山、甘肃敦煌古迹等进行过考古调查。明清史料整理会负责整理了原堆积在午门城楼无人管理的明末清初内阁档案，出版了《要目陈列室目录》等。风俗调查会成立于 1923 年 5 月 24 日，负责调查各地风俗习惯，曾征集过各地关于旧历新年的风俗物品，并曾计划筹办风俗陈列馆。歌谣研究室从 1918 年的歌谣征集处，发展到 1920 年成立歌谣研究会，1922 年归并于研究所国学门，公开出版过《歌谣周刊》，后来扩大改办成《研究所国学门周刊》。据不完全统计，到 1926 年该研究室收集了 1.3 万多首歌谣，发扬民间文学起到积极推动作用。方言调查会成立于 1924 年 1 月 26 日，在林语堂和刘复的带领下，调查方音，开设语音实验室开展科学研究。遗憾的是"1927 年 9 月 21 日北京军政府教育部令将国立京师大学校国学门研究所改为国学研究馆"②，研究所国学门陷入瘫痪状态。

综上所述，国立北京大学学系改制与研究所创办，充分体现了大学的人才培养与科学研究的两大职能。若从学科使命角度看，学系和研究所各

① 萧超然、沙健孙、周承恩、梁柱：《北京大学校史》，上海教育出版社 1981 年版，第 151 页。

② 《北京近代高等教育大事记（1862—1949）》，吴惠龄《北京高等教育史料·第一集（近现代部分）》，北京师范大学出版社 1992 年版，第 406 页。

有侧重，采行分工合作模式。这也说明，当时大学学科建制还并不太成熟，没有具备教学、研究与服务为一体的职能，但学系为基本教学单位培养文理兼通的硕学闳材的设想与通过研究所发展科学，尤其在文化传承方面做出的努力是功不可没的。从学系培养人才的职能与研究所发展科学研究职能的合力看，学科为基础建立的学系、研究所等学科建制还是从一定意义上体现了大学不仅要培养人才，还要致力于科学研究与发展科学，实现知识的创新与创造。

第四节　国立东南大学的“科—系”建制

不同于国立北京大学废“科—门”建制改设学系的做法，国立东南大学一开始采用了“科—系”建制。学系为主体，科的设立相当于相关学系的联合体，科一级负责教育行政事务，各学系负责具体教学管理事务。国立东南大学按照美国大学传统，“科—系”建制整合了大学的人才培养、科学研究与社会服务职能为一体，在中国近代大学学科建设中开创了一代新风。

一　“科—系”建制的调整

国立东南大学的前身是创建于1902年的三江师范学堂，1905年改称两江师范学堂，1911年停办。1915年8月在两江师范学堂的基础上成立南京高等师范学校，设有国文、理化两部，分国文、体育、工艺、农业、英文、教育、商业7科。1920年12月，将其教育、农业、工艺、商业4科划出，筹建国立东南大学。1923年南京高等师范学校归并于国立东南大学。

1921年2月国立东南大学校董会、大学筹备会经过几轮讨论，议定《国立东南大学校组织大纲》，对“科—系”建制作了如下说明，“其特点在以各学系为主体，而以有关系之学系分别性质，先行组成文理教育农工商五科。此种组织之优点，在使教授上有完全之独立，得以充分发展，而同时又有各科以总持行政上之事务也”①。具体而言，科的设立相当于相关学系的联合体，科一级负责教育行政事务，各学系负责具体教学管理任

① 《东南大学组织大纲之议定》，《申报》1921年2月12日第3版。

务，学系的设立使得教学具有相对独立性，“科—系”共同合成为以学科为基础建立的学术组织系统。

各科设主任1人，总负责行政事务，各系设主任1人，具体负责教学工作，二者均由校长延聘。各系设教授若干人，必要的时候可以设讲师助教或助理，同样由校长延聘。各科设立科教授会，各系设立系教授会，由各科或各系教授组成。全校设立教授会和评议会，有权议决有关科与系的增设、废止或变更事宜。国立东南大学全校设置专门的教务部，设主任1人，管理全校教学工作，各科总负责本学科门类的教育行政，学系再具体负责本学科的教学管理，采用了“学校—科—系”三级管理模式。

1921年3月25日公布的《国立东南大学大纲草案》明确规定：文理科下设国文系、英文系、哲学系、历史系、地学系、政法经济系、数学系(天文附)、物理系、化学系、生物系（生理动物植物解剖附）10系；教育科下设心理系、教育系、体育系3系；农科下设农艺系（作物土壤农具附)、园艺系、畜牧系、病虫害系、农业化学系（农产制造附）5系；工科下设机械工程系；商科下设会计系、银行系、工商管理系3科，22个学系，组成文理、教育、农、工、商5科。

草案拟设5科22个学系，实则当时国立东南大学具体设置5科27个学系。据1923年1月1日《申报》刊载的国立东南大学“本校现状及十二年度计划”，其具体学科建制如下：文理科：国文系、英文系、西洋文学系、哲学系、历史系、地学系、政治系、经济系、数学系、化学系、物理系、心理系、生物系13系。教育科：教育系、心理系、体育系3系。农科：生物系、农艺系、园艺系、畜牧系、病虫害系、蚕桑系、农业化学系7系。工科：机械工程系。商科：银行理财系、会计系、工商管理系3系。

对比《国立东南大学大纲草案》“科—系”规定，学系数量多出5个，实际上学系种类只增加2个：西洋文学系和蚕桑系。与大纲草案规定有所不同的是，政法经济系分设为政治系和经济系两系，而心理系和生物系同时分设在两科中，心理学既设在教育科下，也设在文理科中，生物系既设在文理科下，也设在农科中。说明心理学和生物学既属于基础理论学科，也属于应用学科，从而显示出它们学术性与应用性双重属性。这样一来，国立东南大学生物系、心理学、教育系、体育系、农艺系、园艺系、畜牧系、病虫害系、会计系、银行系、工商管理系、蚕桑系等在中国近代国立大学中最先具有学科建制。

1925年3月10日胡敦复接管国立东南大学而引起易长风潮，近半年时间学潮不断，1925年9月16日政府决定停办东南大学。1926年蒋维乔代理校长后，对原有“科—系”建制作了适当调整。按照1926年8月1日《国立东南大学组织大纲修正稿》第三条，国立东南大学设预科、本科，分为文科、理科、教育科、农科、商科。第四条，国立东南大学各科设下列各系：

文科：一、国文系　二、外国语文系　三、哲学［国］系　四、历史系　五、政治系　六、经济系

理科：一、数学系　二、物理系　三、化学系　四、地学系　五、心理系　六、植物系　七、动物系

教育科：一、教育系　二、心理系　三、乡村教育系　四、体育系

农科：一、植物系　二、动物系　三、农艺系　四、园艺系　五、畜牧系　六、蚕桑系　七、病虫害系

商科：一、普通商业系　二、会计系　三、工商管理系　四、银行理财系　五、国际贸易系　六、保险系　七、交通运输系。①

与1921年的《国立东南大学大纲草案》比较，此次“科—系”调整，在学科门类上取缔工科，工科停办问题早在1924年4月27日《校董会关于工科之议决案》中就提出“工科虽有良好之教授，因公家经济困难之故，尚未臻于工科大学应有之标准，欲期完善，自非大家扩充不可，然而公家财力如此难商，断难办到。江苏境内已办有工科大学及工专等校几所，且有较为完备者，现在工科学生，数尚不多，而设备方面，又不能有适应需要之扩张，如仍照常进行，不特发展难期，仰恐贻误学子。万不得已，惟有暂行收束停办，所有学生，由校设法转学他校，或并酌予补助，以完成其学业”②。工科变动之外，文理科分化出文科和理科，此决

① 中央大学档案：《国立东南大学组织大纲修正稿》，1926年8月1日，中国第二历史档案馆编《中华民国史档案资料汇编·第三辑教育》，江苏古籍出版社1991年版，第251—252页。

② 南京大学校庆校史资料编辑组、学报编辑部编辑：《南京大学校史资料选辑》，南京大学印刷厂1982年版（内部发行），第134页。

定于1926年3月22日由校长办公处出台。不过此次调整一定程度上参照了1923年后国立东南大学“科—系”建制，如心理学并列设在理科和教育科中，植物系和动物系（原来的生物系）并列设在理科和农科中，政法经济系分化为政治系和经济系。学系种类比原来增加5个，分别是乡村教育系、普通商业系、国际贸易系、保险系、交通运输系。取消原来的机械工程系，英文系、西洋文学系合并为外国语文系。总而言之，制度层面上商科得到加强，“科—系”代表的学科门类和一级学科均出现分化趋势。

二　教学、研究与服务为一体的“科—系”建制

国立东南大学“科—系”建制，整合了大学的人才培养、科学研究与社会服务职能为一体。《国立东南大学大纲草案》第二条明确规定，本大学以研究高深学问，培养专门人才为目的。出于专才培养目标，国立东南大学设置了文理、教育、工、农、商五科，以培养社会最需要的“有科学思想有真人格有真办事能力之学生、以应用于现实之社会、而为建造国家之中坚人物”①。据1922年10月相关数据统计，国立东南大学在校生284人，高师生380人，新生140人，商科生200余人，学生总数达到1000余人。

师资队伍可谓中外名人汇集。郭秉文校长为首，聘请到的绝大多数教员具有美国著名大学学历背景。郭校长是美国哥伦比亚大学哲学博士，汤用彤是美国哈佛大学哲学博士，孟宪承是美国教育硕士，朱彬魁是美国哥伦比亚大学教育学博士，黄叔巍是美国哈佛大学法政硕士，顾泰来是美国哈佛大学历史学博士等。还有中国著名词曲专家吴瞿安，外籍教师中有美国、德国等国心理学、物理学、生物学和哲学领域的诸多专家。“该校教师均为中外积学之士、一时人材济济、实为该校学子学业前途无量之幸福”②。如此卓越的师资队伍，不仅使学生掌握扎实的专业基础知识，还可以掌握学科发展的前沿动态，实属中国近代高等教育史上辉煌的一页，他们按照美国大学传统把大学的人才培养、科学研究与社会服务职能整合为一体，在本土大学学科建设中开创了一代新风。

① 《东南大学之新气象》，《申报》1922年10月1日第3版。

② 同上。

国立东南大学建校初期没有专门设置研究所，1926 年《创办大学研究院案》中曾提出："我国教部大学规程，本有大学得设研究院之条文。北京大学、北京师范大学、清华大学亦曾先后设立研究院。教会设立之大学，如燕京大学、东吴大学、金陵大学均已设立研究院有年。吾校学科大备，成绩素优，奈何于此独落人后乎！"[①] 虽然当时没有研究所建制，但各学系不同程度地开展了科学研究工作。据 1922 年 3 月 12 日《申报》刊载的"东南大学进行近讯"，当时东南大学教员、学生共同参与编写的出版物增多，有影响的杂志就包括《教育研究》《农业丛刊》《工业研究》《史地学报》《文哲学报》《中等教育研究》《心理》《学衡》等。文理、教育科教授刘伯明、陆志韦、王伯秋等发起组织"中国社会科学社"，刘伯明组织了"中国哲学会"，于 1923 年 7 月 1 日在南京举行了成立大会。教育科与当时国内各大学及教育机关合组建立"中华教育改进社"，该社研究成果弥补了当时国内教育统计方面的空缺。中国教育统计方面，"清末迄于民六，有政府统计可攷，民六以后之十年，前北京教育部，并无统计报告，仅有十四年中华教育改进社出版之全国中等以上学校统计"[②]。可见，该学社为后人研究民国中期中国教育问题提供了宝贵的史料和可资参考的统计数据。还有穆藕初建农具院，征集中外农具，从事试验。农科因试验蚕桑，用三千金购置太平门外和旧刑部牢一带 190 亩地，栽植桑林，建蚕室，以备试验。除此之外，当时国立东南大学助教授多数为本校毕业生，他们践行教学与科学研究相结合的原则，一边任教，一边研究学问，一部分人还出国深造，为学术发展打下坚实的基础。

大学的知识推广活动是其直接为社会服务的重要表现。1921 年 3 月《国立东南大学大纲草案》第七条明确规定："除上设各科外、另设推广部、其类别如左、一校内特别生、二通信教授、三暑期学校"[③]。1922 年《东南大学新气象》中就有一项有关推广事业方面的报道："英文系筹办函授学校、教育科筹办学校、农科筹办棉植专科、以培养专门人材、为社会上直接解决困难问题、化学系为省政府化验凤凰山之矿质、究竟含有若

① 南京大学校庆校史资料编辑组、学报编辑部编辑：《南京大学校史资料选辑》，南京大学印刷厂 1982 年版（内部发行），第 161 页。

② 辛树织：《第一次中国教育年鉴·第二册丙编教育概况上》（民国二十三年），台北：传记文学出版社 1971 年影印本，第 335 页。

③ 《国立东南大学大纲草案》，《申报》1921 年 3 月 25 日第 3 版。

干成分、教育科为教育部培养一种心理测验人材、由教育科与中华教育改进社共设。”① 英文系利用语言优势，通过函授学校让更多大学之外的人士也能学习外语，真正发挥外语的工具作用。教育科同样抓住自己的特色，筹办学校，不仅可以加强教育理论与实践的联系，还能通过建立学校扩大受教育群体，躬行新的教育理念与教学方法。1923 年“本校现状及十二年度计划”也记载了商科设立夜校的情况，加强应用知识的推广，以便于工商界人士也参与到研究学问的行列，共同解决中国工商业发展中的现实问题。

据不完全统计，1923 年 1 月国立东南大学除了教授、教员、讲师、助教 113 人，本校新旧正式生 761 人之外，还有特别生 263 人，商科夜校生 124 人。特别生和夜校生总数达到在校正式学生总数的一半。由此可见，国立东南大学的知识推广活动开创了中国近代国立大学直接为社会服务的先河。

三　个案：从国立东南大学农科看大学的社会服务职能

中国近代著名农学家、作物遗传育种学家沈宗翰在《中国近代农业学术发展概述》一文中分析中国农学发展历程时提道：“自民国七年至十六年，是一个农学发展的重要转折时期。有二个特色：一为大学农科的新作风，二为中国纱厂联合会资助学校改良棉花品种，及中国合众蚕业改良会改良蚕桑，为农工业合作与国际合作之创举。”② 这里提到的第一个特色必然与沈宗翰先生长期执教的金陵大学农学院有关，金陵大学农学院不仅努力造就研究中国农业的农业人才，还将农学院建设成为教学、研究、知识推广融为一体的学术组织。第二个特色则与国立东南大学农科形成的为中国社会现实需求服务的风气有关。

国立东南大学文、理、教育、农、商各科中，在“推广”事业方面成绩最卓著的是农科。1918 年成立的南京高等师范学校农业专修科，1921 年改建成国立东南大学农科，“南高继改为东南大学，农科范围更为

① 《东南大学之新气象》，《申报》1922 年 10 月 1 日第 3 版。

② 沈宗翰：《中国近代农业学术发展概述》，钱穆等《中国学术史论集》（三），台北：中华文化出版事业社 1956 年版，本篇第 2 页。

扩大，进展甚速，为当时全国农学发展之策源地”[①]。当时农科主任是毕业于美国康奈尔大学植物病理系的邹秉文，“邹秉文是归国留学生中‘为社会服务’理念的首倡者”[②]。邹秉文仿照美国康奈尔大学和金陵大学改造农科，将教学、研究与知识推广有机结合起来，“其事业分为三部，一曰农业研究，二曰农业教授，三曰农业推广”[③]。相较于私立金陵大学，国立东南大学经费有一定的保障，研究范围也较广，农科各学系开展教学工作之外，还开展广泛的社会服务活动。如国立东南大学农科开展过江苏省昆虫局、河南实业厅和河南福中公司委托代办的棉作育种场的工作，也曾多次开办展览会，蚕桑系更是义务发售蚕种等，积极推广与改良农业工作，甚至“江苏省长委托代拟改良江苏棉业计划及江苏食粮调查会章程”[④]，等等。可谓其社会服务领域涉及教学服务、科研服务与综合服务的方方面面。

教学服务方面，国立东南大学农科利用师资优势举办讲习班，培养实用人才。1922 年设立棉业专科。“吾国棉产改良推广，急不容缓，不得不培养适宜人才，前年举行暑期植棉讲习会，来学者甚众，兹为造就实践人才起见，将设植棉讲习科，招收甲种农校毕业生，施以相当之教育，修业期限 1 年，暑假不休学，报名合格者约五十人，已于寒假期内提前上课。”[⑤]

科研服务方面，农科教员积极参与全国及地方的棉作研究项目，进行广泛的技术推广服务与科学技术咨询。当时政府提倡棉作的改良，1919 年美国棉业专家古克氏来华考察，到国立东南大学视察后提出种植美国棉种、注重科学育种方法以及专家要为农民进行指导等多项建议。中国的棉作事业，以江苏、河南为最多。所以国立东南大学农科致力于本省需要，积极开展江苏省棉作事业的研究，甚至为全国棉作的改良做出重要贡献。具体表现在如下几个方面：

① 沈宗翰：《中国近代农业学术发展概述》，钱穆等《中国学术史论集》（三），台北：中华文化出版事业社 1956 年版，本篇第 5 页。

② 周谷平、赵师红：《农学留学生与近代中国高等农学学科的发展》，《浙江大学学报》（人文社会科学版）2009 年第 10 期，第 22 页。

③ 南京大学校庆校史资料编辑组、学报编辑部编辑：《南京大学校史资料选辑》，南京大学印刷厂 1982 年版（内部发行），第 152 页。

④ 《国立东南大学校董会志》，《申报》1922 年 12 月 11 日第 4 版。

⑤ 《东南大学进行近讯》，《申报》1922 年 3 月 12 日第 2 版。

首先，开展农业知识推广演讲与调查。农科积极筹办演讲团、视察团和教育团，开展知识推广活动。"自去夏得江苏省公署暨财政实业两厅资助后，即经组织苏省农事调查演讲团，由该科农业试验场兼小麦试验场主任原颂周君主持其事……演讲农业改造要旨。"① 农科蚕桑系贺亚宾教授是留学意大利和法国的蚕桑专家，1921 年受聘于国立东南大学农科蚕桑系，到校后就积极投入到工作中，每周给 3 名研究生和 30 名农科生授课。教学之余征集蚕种，采办蚕丝仪器图书。据报道，当时试育种蚕时，效果很好，有蚕户来校参观，并纷纷提前订购，入冬以后，各地来购者剧增。贺亚宾教授不仅积极开展教学与研究工作，还积极投入到社会服务活动中。他与葛敬中教授，亲自携带改良蚕种前往南京地区育蚕的重要村镇，召集蚕户，详细讲解改良蚕桑的重要性。"每演讲一次、即争购蚕种数百张、截止目下止、由蚕民直接订购蚕种之数、已达万五千张、然本校所出仅千余张、远不足分配之用。"② 可见，他们当时受欢迎程度与演讲团的实际效果。

蚕桑系还编辑了多种蚕桑栽培浅说，用浅显易懂的文字，给民众传播蚕桑养殖常识和技术。1922 年农科规划了对江苏省农业进行调查的计划，在原颂周带领下共 6 人先对镇属 5 县进行调查，"并讲演农事上之应兴应革事项、丹徒县张知事已预饬各区警察分所、於该校调查讲演员到境时、妥为招待保护"③。足以显示出当时国立东南大学农科演讲团的受重视程度以及广大民众对他们的爱戴与期盼。除此之外华商纱厂联合会于 1922 年委托国立东南大学农科派人分赴九省调查当年的棉产，还派人调查本省蝗虫发生区域，等等。

其次，地方鼓励和资助农科的应用研究。1921 年华商纱厂联合会，补助两万元，作棉作试验经费，并将其所有绵场归并农科办理，1922 年继续补助。同时河南豫丰纱厂增加经费，指充该省棉作改良与推广之用。"本科迭受各方面之重托，爰于科内组织棉作改良推广委员会，思于全国棉作改良及推广事业，有所贡献。"④ 具体研究工作的展开也很顺利，用三千金购置太平门外和旧刑部牢一带 190 亩地，栽植桑林，建蚕室，"一

① 《东南大学进行近讯》,《申报》1922 年 3 月 12 日第 2 版。

② 《东大农科蚕桑系进行近况》,《申报》1922 年 1 月 22 日第 2 版。

③ 《东大调查农事》,《申报》1922 年 3 月 6 日第 3 版。

④ 郭秉文:《东南大学农科改良全国棉作事业述要》,《申报》1922 年 1 月 22 日（增刊)。

方面派助理沈君往湖州桐乡长安等处、选办头等桑秧万树千株、业已运转、专备栽植桑林之用、关于蚕室方面、则蚕桑改良会已将价值万余两之蚕室一座、由无锡东北塘拆运来、连同办公室农夫室计共三座"①。

最后，在当地设立技术指导所，推广科学技术。南京汉西门外沙洲圩多数农民养蚕为业，农科鉴于当地农民墨守旧法，仅用佳种，还是难收大效，1926 年在该处设立蚕桑指导所，实地指导农民养蚕栽桑方法。该所采用科学方法，自己养蚕，以作示范，供民众参观仿效。该所职员还常到农民家里，指导除沙分箔给桑及调剂气候等方法，现场指导科学养殖方法。甚至代蚕户消毒工具，"蚕事之初，即往劝导农民送蚕具来所用福尔马林液消毒，以杜蚕病，蚕户将蚕具，陆续送来，先后共代消毒五六十件之多"②。

综合服务方面，国立东南大学农科通过举办农业成果展览会，向大众传播科学种植常识与技术。国立东南大学农科为推广棉产，改良棉质起见，1921 年、1923 年秋均开过棉作展览会。通过文献记载的第二次棉作展览会的记录，进一步认识到展览会的意义在于加强大学与社会之间的联系，使教学与研究更好地服务于社会。此次展览会于 1923 年 10 月 23 日下午 2 点在成贤街东大农场举行。到会者有省长、实业厅长、财政厅长、教育厅长和议会相关成员以及校方代表。参观合影之后开会介绍。首先农科主任邹秉文致辞，之后棉作改良委员会主任过探先报告相关工作情形，其中提到的两点值得关注："自吴伟士担任棉作虫害技师以来，虫害问题不久当可解决……组织青年植棉竞进团、以引起农家子弟发展植棉之趣味、且将用种种方法、与各省联络。"③ 其次棉作主任孙恩庆报告分区改良推广计划，"全国计分为十八区、各区尽改良推广、势必甚难、所以现在择区创办、江苏三区、湖北一、河南一、直隶一"④。关于改良棉种问题建议去劣选良，提出在栽培方法上要在宽畦地疏植，关于播种除草采用器具的设想。最后省长提出自己的所感所想和对未来的希望，以及鼓励大家到各地宣传工作。

经过 5 年的发展，1926 年时国立东南大学农科共有教授教员 26 人，

---

① 《东大农科蚕桑系进行近况》，《申报》1922 年 1 月 22 日第 2 版。

② 《东大农科推广养蚕之进行》，《申报》1926 年 5 月 20 日第 3 版。

③ 《东大农科棉作展览会纪》，《申报》1922 年 10 月 23 日第 3 版。

④ 同上。

助教助理及职员70人，农场计3904亩，分布在江苏、湖北和河南3省。以农艺系为例，此时起推广事业不仅有棉作改良、稻麦改良推广，还有农具改良和肥料研究。“棉作改良推广有棉作技师4人，推广主任1人，技术员16人，推广员3人；稻麦改良推广有技师1人，推广主任1人，技术员2人，助理员9人；农具改良曾改良种耕器及棉作播种器，现正推广此两种农具，同时研究改良水库及小麦播种器；肥料研究现有技师1人。”[①] 遗憾的是1927年国立东南大学重新改组，包括邹秉文在内的国内知名农学专家相继辞职，辉煌一时的农科发展进入低谷，农科的科学研究与知识推广事业受到极大限制。

国立东南大学“科—系”建制是独创的，它充分吸收美国大学传统，把大学的人才培养、科学研究与社会服务职能整合为一体，成为中国近代国立大学学科建设的风向标。尤其是在农科为首的教育、商科等学科门类中有效地开展社会服务活动，发展了中国近代大学直接为社会服务的职能。在国立东南大学“科—门”建制确立后不久，1924年2月23日颁布的《国立大学校条例令》第四条明确规定了“国立大学校各科分设各学系”[②]，从法令角度规定了国立大学的“科—系”建制，确立了学系在大学学科组织中的基础地位。

---

① 《东大农科概况之报告》，《申报》1926年5月20日第3版。

② 《国立大学校条例令》，1924年2月23日，中国第二历史档案馆编《中华民国史档案资料汇编·第三辑教育》，江苏古籍出版社1991年版，第174页。

第五章

民国中期国立大学建制与学科的调整

高等教育外部关系规律说明，高等教育作为社会子系统，必然受到社会生产力发展水平、政治经济制度以及文化传统等因素的制约。民国初年政局不稳定，地方秩序未安定，工商业刚起步，加上继续前清债务，导致整个国家经济拮据与发展迟缓。因此大学的多学科综合设置规定，超出了社会现实承受力，使大学的发展变得缓慢。1917 年《修正大学令》放宽大学学科设置标准，1922 年新学制明确规定了大学设数科或一科均可。随着大学学科设置标准的降低，出现了单科性大学自由发展的局面。国立大学数量的骤增并没有满足社会对高质量人才的需求，南京国民政府成立后重新厘定大学的多学科标准，并以多学科“院—系”建制为国立大学基本学科建制。此次国立大学学科调整有助于人们理性层面上准确把握大学的本质。

第一节　单科性国立大学的尝试

1917 年《修正大学令》到 1922 年新学制，单科大学的设立得到制度保障，不仅鼓励高等师范学校升格为师范大学，也为以单科为特色的专门学校转型为大学提供了条件。1922—1926 年间单科性国立大学从 1 所增加到 11 所，在国立大学中占据主导地位，国立大学出现单科、多科并存局面。然而单科性国立大学的增设并没有带来高等教育的良性发展，反而造成教育资源的浪费。

一　单科性国立大学产生的原因

由于大学学科设置标准的降低，国立大学数量骤增，单科性国立大学数量随之攀升。民初《大学令》规定，大学学科设置或文、理二科并设，或文科兼法、商二科，或理科兼医、农、工三科或二科或一科。1917 年 1 月 27 日召开的国立高等学校校务讨论会上蔡元培先生提出，现行大学学科规定模仿日本，大学和高等专门学校均设法、医、农、工、商诸科，重复设置导致资源浪费。他主张："大学设文、理二科。其法、医、农、工、商五科，别为独立之大学。其名为法科大学、医科大学等。其理由有二：文、理二科，专属学理；其他各科，偏重致用，一也。文、理二科，有研究所、实验室、图书馆、植物园、动物院等种种之设备，各为一区，已非容易。若遍设各科，而又加以医科之病院、工科之工场、农科之试验场等，则范围过大，不能各择适宜之地点：一也。"①

1917 年 2 月 23 日教育部会议讨论通过上述主张，1917 年 9 月 27 日颁布《修正大学令》，把大学学科设置标准降低到"设二科以上者得称为大学，其设一科者称某科大学"②。通过《修正大学令》，制度层面上把大学学科设置标准降低到数科或一科，允许设置单科大学。

1922 年 11 月 1 日教育部公布的《学校系统改革案》规定："大学校设数科或一科均可，其单设一科者，称某科大学校。依旧制设立之高等师范学校，应于相当时期内提高程度，收受高级中学毕业生，修业年限四年，称为师范大学校。因学科及地方特别情形，得设专门学校，高级中学毕业生入之，修业年限三年以上。年限与大学校同者，待遇亦同。"③ 1922 年新学制将大学学科设置标准确定为设数科或一科均可，大学学科设置不再强调多学科性或多学科综合性，但凡能设一科的也能充当大学。1924 年 2 月 23 日《国立大学校条例令》再次明确规定："国立大学校得设数科或单设一科。"④ 放宽了大学学科设置标准，导致了国立大学数量的骤增。

① 蔡元培：《大学改制之事实及理由》，璩鑫圭，唐良炎《中国近代教育史资料汇编·学制演变》，上海教育出版社 2007 年版，第 831 页。

② 《修正大学令》，1917 年 9 月 27 日部令第 64 号，潘懋元，刘海峰《中国近代教育史资料汇编·高等教育》，上海教育出版社 2007 年版，第 372 页。

③ 《学校系统改革案》，1922 年 11 月 1 日，中国第二历史档案馆编《中华民国史档案资料汇编·第三辑教育》，江苏古籍出版社 1991 年版，第 105 页。

④ 《国立大学校条例令》，1924 年 2 月 23 日，中国第二历史档案馆编《中华民国史档案资料汇编·第三辑教育》，江苏古籍出版社 1991 年版，第 174 页。

"民七至民十六十年间，大学教育各项统计，无从稽考"[①]，这对国立大学数量的逐年核对带来一定的困难。以 1924 年《申报》刊登的教育资料、1925 年中华教育改进社教育统计和 1926 年教育部高等教育统计为根据，可以推算出 1922—1926 年间国立大学数量。通过国立大学数量规模与发展速度的分析，了解此期间国立大学发展的真实面貌。

据 1924 年广州通信，当时统计在案的国立大学共 16 所："吾国国立大学共有北京大学、法政大学、工业大学、美术专门、农业大学、师范大学、女子高师、医科大学、沈阳高师、山西大学、东南大学、暨南商大、南京高师、武昌师大、成都高师、广东大学等 16 所。"[②]

上述 16 所国立大学中美术专门、南京高师和成都高师的国立大学身份值得质疑。美术专门全称北京美术专门学校，建校于 1918 年 4 月，1919 年调整为本科，1922 年停办中等部和师范部，但在 1924 年时还是专门学校，没有升格为大学，并于 1925 年 3 月，学潮的缘故教育部令其停办。南京高师早在 1923 年秋，归并于国立东南大学，"实行新学制后之东南大学，与南高关系，经众谈论，以新学制已定，高师得提高程度，成为师范大学，拟将高师各部科依其性质，归入东南大学"[③]。成都高师在 1924 年经历一段改办国立成都大学的风波，终因成都高师师生的强烈抵制与反抗，国立成都大学未能归并成都高师。1927 年"9 月 26 日，国民政府教育行政委员会由蔡元培领衔以 144 号批文通知，该会 9 月 16 日 111 次会议讨论通过，同意成都高师改大为'国立成都师范大学'"[④]。由于此次统计结果不是出自北京政府教育部，因此没有把北洋大学放入国立大学范畴。按照当时代表国家的唯一合法政府为依据，北洋大学应当归属于国立大学。因此，1924 年国立大学共有 14 所。

通过分析上述 14 所国立大学的成立时间，便可推测出 1922 年和 1923 年国立大学数量。国立北京大学、国立东南大学、北洋大学和山西大学是民初四所国立大学。其余 10 所国立大学中，北京法政大学和北京农业大学是 1923 年由原来的专门学校改组而成，北京工业大学和北京医科大学

① 辛树织：《第一次中国教育年鉴·第二册丙编教育概况上》（民国二十三年），台北：传记文学出版社 1971 年影印本，第 340 页。

② 《国立大学联合会之发起》，《申报》1924 年 7 月 1 日第 3 版。

③ 《国立东南大学校董会志（续）》，《申报》1922 年 12 月 22 日第 4 版。

④ 四川大学校史编写组：《四川大学史稿》，四川大学出版社 1985 年版，第 92 页。

是1924年由原来的专门学校改组而成。1912年成立的北京高等师范学校于1923年7月改为国立北京师范大学，1918年成立的沈阳高等师范学校于1923年4月26日，与奉天省公立文学专门学校合并改组为东北大学[①]，1913年成立的武昌高等师范学校于1923年9改为国立武昌师范大学，1919年成立的国立北京女子高等师范学校于1924年5月改组为国立北京女子师范大学。国立广东大学是1924年2月，由国立广东高等师范学校、广东公立法科大学、广东公立农业专门学校合并而成，国立暨南大学商科大学是1922年从原来的国立东南大学合办的上海商科大学中独立出来的。

1922年国立大学总数达到5所。1923年增设北京法政大学、北京农业大学、国立北京师范大学、东北大学和武昌师范大学5所，国立大学总数达到10所，在前一年基础上增长两倍。

1925年（民国十四年）中华教育改进社统计的国立大学共计23所，见表5—1。1926年7月教育部公布的国立专门以上学校统计，见表5—2。

表5—1　民国十四年（1925）全国大学情况统计（国立大学部分）

	校名	教职员数	学生数	岁出经费数（元）
国立	国立北京大学	366	1490	691168
	北洋大学	48	398	226040
	国立东南大学	234	1217	440000
	国立北京交通大学	104	383	147360
	交通部唐山大学	38	233	99661
	南洋大学	49	394	320000
	国立北京师范大学	219	839	447320
	国立北京政法大学	140	867	121780
	国立北京农业大学	38	260	10740
	国立东南大学分设上海商科大学	46	266	67000
	国立同济大学	26	159	375743
	国立北京女子师范大学	101	172	132840
	国立武昌师范大学	—	—	—

① 新成立的东北大学由王永江任校长，沈阳高等师范学校改办成大学理工科，奉天省公立文学专门学校改办成大学文法科。

续表

	校名	教职员数	学生数	岁出经费数（元）
国立	国立北京医科大学	46	241	106779
	国立北京工业大学	91	478	207700
	国立政治大学	—	—	—
	河海工程大学	27	194	50906
	国立西北大学	38	174	74202
	国立成都大学	75	403	246000
	国立广东大学	489	2289	2797012
	国立北京女子大学	—	—	—
	清华大学	76	391	607114
	国立武昌大学	—	—	—
	国立暨南学校	71	122	106000

资料来源：《第一次中国教育年鉴·第二册丙编教育概况上》（民国二十三年），台北：传记文学出版社 1971 年影印本，第 339 页。

表 5—2　　1926 年 7 月教育部公布国立专门以上学校一览

校名	校长	校址
北京大学（北京）	蔡元培 蒋梦麟代	后门内汉花园（第一院） 景山东街（第二院） 东安门北河沿（第三院）
北京师范大学（北京）	张贻惠	宣外琉璃厂
北京女子大学（北京）	胡敦复	教育部街
北京女子师范大学（北京）	—	宣内石驸马大街
北京法政大学（北京）	屠孝实代	宣内李阁老胡同
北京农业大学（北京）	许璇	阜成门外罗道庄
北京工业大学（北京）	马君武	西城祖家街
北京医科大学（北京）	孙柳溪	前门外后孙公园
山西大学（太原）	王禄勋	山西太原首义门街
东南大学（南京）	—	南京城内北极阁前
东南大学分设上海商科大学	—	上海法租界霞飞路
西北大学（西安）	李协	西安城东木头街

续表

校名	校长	校址
武昌大学（武昌）	张继煦	武昌城内造币厂间壁
武昌商科大学（武昌）	郭泰祺	武昌城内三道街
同济大学（上海）	阮尚介	上海吴淞镇
政治大学（上海）	张嘉森	上海吴淞商埠局旧址
北洋大学（天津）	刘振华	天津西沽村
北京艺术专门学校	林风眠	西城中京畿道
暨南学校	姜琦	上海西乡真茹（男子部）；南京薛家巷（女子部）
成都高等师范学校	张澜	成都旧皇城内

资料来源：中国第二历史档案馆编：《中华民国史档案资料汇编·第三辑教育》，江苏古籍出版社1991年版，第199—200页。

由研究团体和教育部统计的国立大学数量在两年之间有很大差距，以教育部统计数据为主要参考，1925年中国教育改进社统计的国立大学中，国立北京交通大学、交通部唐山大学、南洋大学、河海工科大学和清华大学（当时还称清华学校）分别由交通部、水利部和外交部直辖，被政府划入非国立公立学校范围之中。其中北京交通大学、交通部唐山大学、南洋大学原为交通大学分校，1920年12月15日北京电："交部议将北京邮电学校、铁路管理学校、上海唐山两工校，合并改为交通大学。"① 1922年秋，北京、唐山两校分立，唐山校区改称交通部唐山大学，北平校区改称北京交通大学，上海本校改为交通部南洋大学。河海工科大学是1924年由水利局河海工程专门学校改组而成。清华学校属外交部管辖，校长由外交部所派，"十七年八月国府会议决议改为国立清华大学"②。国立暨南学校和国立成都大学1925年时也不属于国立大学范畴。暨南学校于1918年春组织成立，1922年改组成暨南商大，1927年夏改组为国立暨南大学。1926年12月教育部才承认成都大学的国立身份，"教部四日致电四川军事长官，承认该校为国立，另函聘任张澜为校长，所有成都高师校长一

① 《北京电》，《申报》1920年12月16日第3版。

② 辛树织：《第一次中国教育年鉴·第四册丁编学校教育统计》（民国二十三年），台北：传记文学出版社1971年影印本，第1525页。

职，仍由部加委，以原校长充任云”[1]。并且此时的成都大学受到成都高等师范学校师生不改为“普通大学”的坚决抵制，并未能收并成都高等师范学校，二者是各自为政的独立体。1925年国立大学统计中还有一个疏漏就是将国立武昌师范大学与国立武昌大学并列起来，实际上，武昌师范大学于1924年秋改组为国立武昌大学。按照1926年教育部统计，山西大学仍归属于国立大学。

1925年全国国立大学总数17所，分别是国立北京大学、北洋大学、国立东南大学、国立东南大学分设上海商科大学、国立北京师范大学、国立北京法政大学、国立北京农业大学、国立北京医科大学、国立北京工业大学、国立北京女子师范大学、国立北京女子大学、国立广东大学、国立同济大学、国立政治大学、国立武昌大学、国立武昌商科大学、国立西北大学、山西大学。1924年国立大学统计中的暨南商大和东北大学未出现在1925年国立大学统计中，究其原因，暨南商大在1924年江浙战起，暂时停办后没有进入教育统计，东北大学在中华教育改进社的统计中归属在省立大学范围中。

1926年教育部国立专门以上学校统计中，除了北京艺术专门学校、暨南学校和成都高等师范学校暂不属于国立大学范围之外，1926年上半年国立大学总数16所。很明显，此次统计中未把广东大学计入国立大学行列中，也是对其“国家”的代表性提出了质疑，这从一个侧面反映出“国立广东大学”未得到教育部的认可。政治上的分裂对国立大学的统计带来一定的阻碍，充分体现出军阀割据时代的特色。若从统计口径的一致性角度考虑，1926年国立大学统计中广东大学该有一席之地。1926年国立大学总数仍17所，与上一年度相同。

国立大学数量虽比原始统计有所减少，但比1921年增长迅猛。1922—1926年国立大学总数从5所增加到17所，增长了3.4倍。这一时期公立大学、国立大学和私立大学的数量变化曲线图，见图5—1。

① 《教部承认成都大学为国立》，《申报》1926年12月29日第2版。

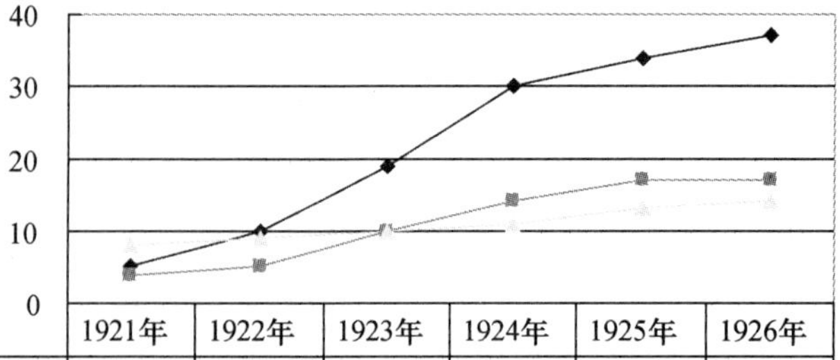

	1921年	1922年	1923年	1924年	1925年	1926年
公立大学数量	5	10	19	30	34	37
国立大学数量	4	5	10	14	17	17
私立大学数量	8	9	10	11	13	14

图 5—1　1922—1926 年公立、国立、私立大学数量比较

注：公立大学和私立大学数据来源于教育部教育年鉴编纂委员会《第五次中华民国教育年鉴》，台北：正中书局 1985 年版，第 876—877 页。

如图所示，国立大学数量在 1922—1924 年增长幅度较大，平均每年增加 4—5 所。相较于国立大学数量的增长幅度，私立大学数量每年基本保证增加 1 所。当然进入官方统计的私立大学均属于教育部认可备案的大学，这里没有计算未备案的其他私立大学。三组曲线图中，公立大学和国立大学的数量增幅较明显，国立大学作为公立大学重要组成部分，对公立大学数量的增长自然产生了较大影响。

同样以 1921—1926 年国立大学和私立大学数量为基础，计算其平均增长率（详见表 5—3），国立大学数量年平均增长 33.4%，私立大学数量年平均增长 11.9%，国立大学平均增长率超出私立大学近 3 倍。这也充分说明，大学学科设置标准降低后，国立大学数量增幅大。

表 5—3　　　　　国立大学、私立大学数量平均增长率

年度	国立大学数量	每年与前年的比率	每个比率的常用对数 logx	私立大学数量	每年与前年的比率	每个比率的常用对数 logx
1921	4	（基数）		8	（基数）	
1922	5	1.25	0.097	9	1.13	0.053

续表

年度	国立大学数量	每年与前年的比率	每个比率的常用对数 logx	私立大学数量	每年与前年的比率	每个比率的常用对数 logx
1923	10	2	0.301	10	1.11	0.045
1924	14	1.4	0.146	11	1.1	0.041
1925	17	1.21	0.083	13	1.18	0.072
1926	17	1	0	14	1.08	0.033
总和			0.627			0.244
除以 5			0.125			0.049
反对数值 Antilog			1.334			1.119
平均增长（%）			33.4			11.9

二　单科性国立大学数量的骤增

1921 年 4 所国立大学中除了北洋大学是单科性大学（工科大学）之外，其余 3 所属于多学科或多学科综合性大学，国立北京大学设文、理、法 3 科，国立东南大学设文理、教育、农、工、商五科，山西大学设文、法、工 3 科。按照百分比例，单科性国立大学占国立大学总数的 25%。1922 年增加的暨南商科大学是一所典型的单科性国立大学，单科性大学比例上升到 40%。

1923 年增加的五所国立大学中，东北大学是由专门学校与高等师范学校合并而成，1923 年 7 月东北大学“新招收文法科的英文、俄文、政治、法律四个系和理工科的数学、物理、机械、电工、土木五个系的预科生 300 余名”①。东北大学当时设置了理工、文法两科。北京法政大学和北京农业大学是从原来的专门学校升格为大学，北京师范大学、武昌师范大学是由原来的高等师范学校升格为大学。当时北京政府教育部并不鼓励专门学校升格为大学。以北京工业专门学校为例，“教部则因改大后增加经费，亦迁延不批”②。由于 1923 年秋北京工业学校已经招大学部新生，校长俞同奎因申请大学迟迟未批而提出辞职，迫于各方压力，教育部最终

① 王振乾、丘琴、姜克夫：《东北大学史稿》，东北师范大学出版社 1988 年版，第 5 页。

② 《北京工业学校改为大学》，《申报》1924 年 3 月 4 日第 2 版。

以不增加经费为条件，批准北京工业专门学校改称国立北京工业大学。据《最近之国立法大》记载："本校虽已改为大学，然预算仍照专门学校时代。"[①] 事实上专门学校改称大学，其经费、设备、师资、学科设置等各方面几乎没有改进和发展。因此可以推断专门学校升格而成的大学一般还是属于单科性大学。

不仅如此，按照陶行知先生的说法高等师范学校升格的师范大学也属于单科性大学，"高等师范入学之资格，毕业之程度，既与大学同似，宜以单科大学看待他。因为这种机关不止培养师资，简直就称他为教育科大学"[②]。如果把专门学校和高等师范学校升格而成的大学理解为单科性大学，1923 年国立大学中单科性国立大学比例可以上升到 60%。国立北京大学保持文、理、法科，国立东南大学保持文理、教育、工、农、商科，山西大学保持文、法、工科，东北大学设置理工、文法科之外，北洋大学、暨南商科大学、北京法政大学、北京农业大学、国立北京师范大学和武昌师范大学均属于单科性国立大学，学科门类涉及工、商、法、农、教育等科，均属于应用学科范畴。

同样 1924 年新增 4 所国立大学中北京工业大学、北京医科大学是由专门学校升格而成的工科、医科单科性大学，北京女子师范大学是由高等师范学校升格而成的教育科大学，只有 1924 年 2 月成立的国立广东大学属于新设多学科综合性大学，开办之初设置了文、理、法、农四科。从而 1924 年 14 所国立大学中单科性大学增加到 9 所，国立大学总数中单科性大学比例占到 64%。

1925 年、1926 年新增 5 所国立大学分别是国立同济大学、国立政治大学、武昌商科大学、西北大学和北京女子大学。其中国立同济大学和国立政治大学是专门学校升格而成：国立同济大学的前身是私立同济医工专门学校，1917 年由国家给费维持后，1923 年改组为同济大学，设置工、医两科；国立政治大学是 1925 年 10 月 1 日"国务会议，通过上海自治学院改称国立政治大学"[③]，拟任张嘉森为校长，经费按照原案由江苏国库项下支拨。武昌商科大学是一所典型的单科性大学。国立西北大学勉强算

---

① 《最近之国立法大》，《申报》1924 年 3 月 2 日第 3 版。

② 陶行知：《新学制与师范教育》，潘懋元、刘海峰《中国近代教育史资料汇编·高等教育》，上海教育出版社 2007 年版，第 197 页。

③ 《自治学院改称国立政治大学》，《申报》1925 年 10 月 4 日第 3 版。

作多学科大学，当时设农、矿、文三科，相当于学制规定的农、工、文三个学科门类。北京女子大学是1925年8月，“教育部下令解散女师大，用其校舍改办国立女子大学”①，但由于北京女子师范大学师生的强烈反抗，教育部被迫于1925年12月下令恢复北京女子师范大学，师生索回了被女子大学占领的校舍，从而北京女子大学迁往教育部东院继续办学。从其校史演变看，当时北京女子大学也属于教育科大学的范畴。1924年统计中的暨南商大因1924年江浙战起没有进入教育统计，1925年后东北大学划入省立大学范围。这样一来，1925年国立大学总数17所，其中原来的单科性大学和由专门学校或高等师范学校升格成的大学共有11所，单科性国立大学数量占国立大学总数的65%。多学科国立大学只有国立北京大学、国立东南大学、山西大学、国立广东大学、同济大学、国立西北大学六所。

综合上述分析结果，统计1921—1926年度单科性国立大学总体情况，见表5—4。

表5—4　　1921—1926年度单科性国立大学统计情况

年度	新增单科性国立大学	单科性国立大学数量	国立大学总数	国立大学中单科性大学所占比例（%）
1921	北洋大学	1	4	25
1922	暨南商科大学	2	5	40
1923	北京法政大学、北京农业大学、北京师范大学、武昌师范大学	6	10	60
1924	北京工业大学、北京医科大学、北京女子师范大学	9	14	64
1925	国立政治大学、武昌商科大学、北京女子大学	11	17	65
1926	—	11	17	65

注：因1924年江浙战起，1925年国立大学统计中未出现暨南商大，从而1925年11所单科性国立大学中不包括暨南商大。

① 《国立北京女子师范大学》，吴惠龄、李鍌编《北京高等教育史料·第一集（近现代部分）》，北京师范大学出版社1992年版，第308页。

随着大学学科设置标准的降低，1921—1926年国立大学中单科性国立大学比例从一开始的25%逐年增长到40%、60%、64%和65%，超出多学科国立大学总数近两倍。国立大学学科设置出现单学科、多学科并存局面，且单科性大学数量在国立大学中占据主导优势。

单科性国立大学数量的骤增现象并不能代表此时国家办大学的实力。增设国立大学有利于高级人才的培养，无疑是件好事，但以大学学科设置标准降低为前提，大量设置单科性国立大学，并不能代表高等教育的发展水准，只能说明当时大学发展出现的无政府状态。正如1932年7月25日时任教育部长朱家骅所言："民十以来，只见改大运动之高唱，而大学实质之进步则鲜有见及。"[①]"数量虽增，而内容则愈趋愈下，甚至借办学以敛钱，以开办大学为营业者有之。而全国大学生，自民五至民十四约增六倍。流品之杂，程度之底，自不待言。"[②]大学学科设置标准的降低带来的直接后果是导致国立大学良莠不齐现象，既有单科性国立大学，又有多学科国立大学，国立大学发展进入无计划、无组织、自由放任的恶性循环中。

20世纪20年代前半期高等教育发展极为复杂与混乱，与此时政局纷争与动荡甚为密切。从而造成在提及国立大学时，它不再是简单意义上国库供给，政府任命校长，教育部统辖，生源面向全国，人才致力于国家发展的高等教育机构那么简单，其往往夹杂更多的利益纷争与政治企图。国立大学的建立某种意义上起到国家的象征意义。"国立二字虽无实利，但也决非虚名，而具有某种程度上的象征保护作用……国立大学把'国家'视为一种象征性的保护力量，而对于'割据'的'军阀'来说，'国家'的说服力虽然脆弱，却也是一种可以用来增强象征权势的资源。"[③]同一个国家在军阀割据时代分裂成不同政府代表的国家，这是近代中国尤其是20世纪20年代中国不可回避的时代特征。表现在高等教育领域，使国立大学的研究变得越发复杂，夹杂浓厚的政治色彩，强大的利益冲突中学科已被忽略或意义不显著，因此对这一特殊历史时期国立大学学科及学科建

① 《朱家骅对政府整理大学办法之说明》，《申报》1932年7月25日第2版。

② 辛树织：《第一次中国教育年鉴·第二册丙编教育概况上》（民国二十三年），台北：传记文学出版社1971年影印本，第341页。

③ 王东杰：《"国家"的地方意义：20世纪20年代成都两所大学对"国立"名分与实利的竞争》，《社会科学研究》2004年第5期，第118页。

制问题不再做详尽分解。

第二节　国立大学多学科的复归

南京国民政府实施三民主义教育方针，高等教育发展进入规范化发展道路，宏观上学校布局、结构、法制建设趋于合理，微观上学科建设、课程与教学管理得到进一步完善。南京国民政府成立后国立大学曾先后由中华民国大学院及国民政府教育部统筹管理。大学院大学区制的试验虽然仅仅两年，却终结了单科性国立大学，促进国立大学多学科的复归。

一　国立大学的大合并

1927 年 6 月 7 日，国民政府第 102 次政治会议采纳蔡元培先生变更教育行政制度的提议，仿照法国采取大学区制，以大学区为教育行政单元，大学院替代教育部，大学区替代地方教育厅，管理全国教育事务。国民政府同日核议施行的《大学区组织条例》规定，全国按省份及特别区定若干大学区，设校长 1 人，负责本区一切教育与学术事宜。

1927 年 6 月 13 日国民政府第 105 次政治会议决议，组织中华民国大学院为全国最高学术教育行政机关，10 月 12 日蔡元培任院长。大学委员会是中华民国大学院的立法机关、主要负责制定教育方针政策，选定大学院长、聘任国立大学校长以及设立专门委员会等事宜。大学院下设秘书处、总务处、高等教育处、普通教育处、社会教育处和文化事业处。其中高等教育处职掌大学、专门学校、留学、学位考试和各种学术机关事项。此次改革的目的是改良教育行政制度的不良现象，实现教育学术化和学术研究化。“教育行政与教育学术合而为一，是谓‘教育学术化’。教育学术与教育研究合而为一，是谓‘学术研究化’。反词证之，苟无研究，便无学术，苟无学术，便无教育。”①

大学区制规定，在每个大学区设立大学 1 所，即同一所辖区域中只能设立 1 所大学，该规定无形中促成了原来在同一区域设立的大学的合并与整合。“国民政府成立以后，十六、十七年度国立大学及学院重新改组者

① 《大学院组织缘起》，1927 年 9 月，中国第二历史档案馆编《中华民国史档案资料汇编·第五辑·第一编·教育》（一），江苏古籍出版社 1994 年版，第 31 页。

有中央大学（原名第四中山大学，旋改江苏大学，后定今名）、北平大学（原名中华大学，后改今名）、武汉大学（原名第二中山大学）等三校；新设者有劳动大学、浙江大学（原名第三中山大学）、国立艺术院、国立音乐院等四校；改设者有暨南大学、同济大学、清华大学等三校；原校继续办理者有中山大学（即广东大学所改称）、交通大学、广东法科学院等三校。"[1] 其中国立大学 10 所：中央大学、北平大学、武汉大学、劳动大学、浙江大学、暨南大学、同济大学、清华大学、中山大学和交通大学。排除 1928 年新设的劳动大学和改组的武汉大学、清华大学、交通大学等 4 所，1927 年国立大学共计 6 所，相较于 1926 年底 1927 年初 17 所国立大学数量减少近 2/3。

1926 年 7 月教育部统计的 17 所国立大学在 1927 年初合并两所，新增一所，数量保持不变。1926 年 10 月国民革命军进抵武汉，国立武昌大学暂告停顿，12 月按照武汉政府令组建国立中山大学，"武大、法大、医大、文大、商大五校合并，改组中山大学，徐谦等为筹备委员"[2]。准确来说，这里的中山大学是国立第二中山大学，它是"将原有之国立武昌大学、武昌商科大学、医科大学及私立文科大学、法科大学概行合并，分设三院于武昌汉口两地，由徐谦先生任校长，十六年三月正式开学"[3]。17 所国立大学中国立武昌大学和国立武昌商科大学合并为第二中山大学，新增一所国立成都大学，1926 年 12 月 4 日北京政府教育部致电四川军事长官，承认成都大学为国立大学。

1927 年 7 月开始国民政府试行大学区制，对北京、南京等高等教育机构较集中地区的大学进行了一次大合并，导致国立大学数量骤降。1927 年 7 月江苏试行大学区制，江苏教育厅与东南大学、河海工科大学、上海商科大学、江苏法政大学、江苏医科大学、南京工业专门学校、苏州工业专门学校、上海商业专门学校、南京农业学校八校合并成立第四中山大学。原来的国立东南大学改组进入第四中山大学，1927 年 7 月 23 日张乃燕任校长。1927 年 7 月 21 日北京电："教部决定改国立九校为北京大学

① 辛树织：《第一次中国教育年鉴·第二册丙编教育概况上》（民国二十三年），台北：传记文学出版社 1971 年影印本，第 341 页。

② 《汉口专电》，《申报》1926 年 12 月 15 日第 2 版。

③ 《学府纪闻·国立武汉大学》，台北：南京出版有限公司 1981 年版，第 6 页。

院，刘哲自兼院长，下分九学科，分任各校校长为学长。（二十日下午九钟）”① 1927年8月6日，北京军政府大元帅令原来的国立北京大学、国立北京师范大学、国立北京法政大学、国立北京农业大学、国立北京工业大学、国立北京医科大学、国立北京女子大学、国立北京女子师范大学和国立北京艺术专门学校（1925年8月奉令改组而成）等北京国立9校改组合并为国立京师大学校。“1927年9月20日，京师大学校在教育部礼堂举行总开学典礼。”② 通过合并原来北京地区8所国立大学改组为1所国立大学。1927年冬大学院改组停办第二中山大学。第二中山大学，也称国立武昌中山大学，“初为国立高等师范；十二年六月改为国立师范大学；十三年秋改为国立武昌大学；十五年秋改为国立武昌中山大学；十六年冬停办”③。

剩下的7所国立大学中，国立同济大学和国立中山大学保持不变，而山西大学、北洋大学、成都大学、政治大学和西北大学在南京国民政府教育统计中未归入国立大学范围。其中西北大学由于1926年4月西安被围，百业停滞，1927年1月“因规模过大学生过少，经费人才两难困难……即以本校所有一切校产经费改办中山学院”④。对北京政府教育部承认的山西大学、北洋大学、成都大学和政治大学在内的一部分国立大学南京国民政府未予认可。山西大学、成都大学归属在原校继续开办的省立大学范围内，而国民政府高等教育机构统计中未出现北洋大学和政治大学。

综上所述，通过大学合并调整与国民政府的重新认定，1927年初17所国立大学到年末减少到4所。究其根源与国民政府试行的大学区制和南京政府与北京政府的对峙与矛盾不无关系。1927年年底国立大学共计6所，分别是国立第四中山大学、国立京师大学校、国立同济大学、国立中山大学、国立第三中山大学和国立暨南大学。其中国立第三中山大学和国立暨南大学属于新设和改设的国立大学。1928年增加的4所国立大学分别是国立劳动大学、国立武汉大学、国立清华大学和国立交通大学。其中

① 《北京电》，《申报》1927年7月21日。

② 《北京近代高等教育大事记（1862—1949）》，吴惠龄《北京高等教育史料·第一集（近现代部分）》，北京师范大学出版社1992年版，第406页。

③ 辛树织：《第一次中国教育年鉴·第四册丁编学校教育统计》（民国二十三年），台北：传记文学出版社1971年影印本，第1525页。

④ 西北大学校史编写组：《西北大学校史稿》，西北大学出版社1987年版，第22页。

国立劳动大学为新设国立大学之外，其余均改设而成的国立大学。

二　大学区制下的大学改组

大学区制开始在江苏和浙江两省试行，1929 年增设北平大学区，因此大学区大学主要包括国立第四中山大学、国立第三中山大学和国立北平大学，其学科设置凸显出多学科综合性特征。

国立第四中山大学“1928 年 3 月依照大学委员会决定，改名江苏大学，同年 5 月，又依照大学委员会决议，定名为国立中央大学”①。第四中山大学时期组织机构设有教育行政院、大学部和研究院。教育行政院内设秘书处、高等教育处、普通教育处和扩充教育处。大学本部设有九学院：“自然科学院、社会科学院、文学院、哲学院、教育学院、医学院、农学院、工学院、商学院。”② 其中自然科学院、社会科学院、文学院、哲学院、教育学院、农学院和商学院由国立东南大学文、理、农、商、教育五科以及省立法大改组而成，医学院由省立医专改组而成，工学院由河海工科大学、南京工业专门学校和苏州工业专门学校改组而成。1928 年 7 月 2 日，国立中央大学张乃燕校长呈大学院《修改大学本部各学院名称》文中说明：“自然科学院名义太觉广漠，译名殊欠惬当，兹拟易名理学院，庶名实相符，且足以表示崇尚科学之意。社会科学院名义亦觉稍广泛……兹拟易名法学院，以资醒目。哲学院现有学生十一人，学程只哲学一系单设一院，而将其学生归入文学院，定名为哲学系。”③ 至此，国立中央大学将自然科学院改称理学院，社会科学院改称法学院，哲学院裁并于文学院，形成文学院、理学院、法学院、教育学院、医学院、农学院、工学院和商学院等八大学科门类的学科组织。从学科设置角度看，超出《大学令》和《国立大学校条例》规定的文、理、法、农、工、商、医七科范围，多增设了教育科。学科门类既有文理综合性，也有基础学科与应用学科相结合的特点，构成大学学科多而全的特色。

国立北平大学在 1927 年时称国立京师大学校。1927 年 8 月 31 日部令

① 辛树织：《第一次中国教育年鉴·第二册丙编教育概况上》（民国二十三年），台北：传记文学出版社 1971 年影印本，第 357 页。

② 唐钺、朱经农、高觉敷：《教育大辞书》，商务印书馆 1930 年版，第 958 页。

③ 南京大学校庆校史资料编辑组、学报编辑部编辑：《南京大学校史资料选辑》，南京大学印刷厂（内部发行），1982 年，第 228 页。

第138号《国立京师大学校组织总纲》规定，国立京师大学校分设文科、理科、法科、医科、农科、工科、师范部、女子第一部、女子第二部、商业专门部、美术专门部等11个科、部。商业专门部和美术专门部修业年限为三年之外，其余各科、部修业年限为4年。各科、部设学长1人，负责各科、部教学与行政事务。其中文、理、法三科是原来国立北京大学和国立北京法科大学合组而成，文科学长胡仁源、江瀚，理科学长秦汾，法科学长林修竹，下设18个学系。文科有国文、哲学、教育、心理、史学、英文、法文、德文、俄文、东方文学等10系，理科有物理、化学、数学、地质、生物等5系，法科有政治、经济、法律3系。国立京师大学校还设立国学研究馆，研究馆下设总务部、编辑部和研究部，具体研究部包括哲学组、史学组、文学组、考古学组、语言文字学组和艺术组。1928年6月国立京师大学校改称国立中华大学，蔡元培为大学院院长兼校长，未到任由李煜瀛署理。1928年6月20日南京国民政府改北京为北平，9月以北平政治分会所辖区域为北平大学区，“9月25日中华民国国民政府指令一〇〇五号，国立中华大学改为北平大学”[①]，并将前外交部俄文法政专门学校、天津北洋大学、保定河北大学并入，李煜瀛任校长。大学本部分设11个学院：文学院、理学院、法学院、第一第二两工学院、第一第二两师范学院、农学院、医药院、女子学院、艺术学院，“文学院院长陈大齐，理学院院长王星拱，法学院院长谢瀛洲，农学院院长萧时进，医药院院长徐詠如，第一工学院院长俞同奎，第二工学院院长茅以升，第一师范学院院长张怡惠，第二师范学院院长徐炳旭，艺术学院院长徐悲鸿”[②]。不论在京师大学校时期还是北平大学时期，其学科均多而全面，文、理、法、工、农、商、医俱全，还有教育学科的师范部或师范学院。学科门类同样呈现出文理综合、基础学科与应用学科相结合的特点。

“十六年春中央决议设立浙江大学研究院，经费浩繁，改先筹办大学，遵大学区制，将定名为第三中山大学，该省工专农专教育厅均附属焉。”[③] 第三中山大学于1927年8月1日正式成立，8月3日，根据国民

① 王学珍等：《北京大学纪事：1898—1997》，北京大学出版社1998年版，第157页。

② 《北平大学组织之一斑》，《申报》1928年11月39日第3版。

③ 辛树织：《第一次中国教育年鉴·第四册丁编学校教育统计》（民国二十三年），台北：传记文学出版社1971年影印本，第1525页。

政府教育行政委员会命令，“第三中山大学冠名‘国立’二字”[①]。蒋梦麟任校长，大学分研究学院、劳农学院、劳工学院、大学本科和行政处等五部。其中劳农学院和劳工学院是原来的省农业专门学校和工业专门学校改组而成，新设立研究学院和大学本科。1928 年 2 月国立第三中山大学改称浙江大学，5 月起定名为国立浙江大学，“十八年六月大学区制停止，教育厅分立现校仍继续办理”[②]。国立浙江大学 1928 年秋，成立文、理学院，1929 年 1 月劳农学院改为农学院，大学区制时期主要设立文、理、农三学院。相较于国立中央大学和国立北平大学，国立浙江大学属于新设的大学，因此很难达到上述两所大学所具有的多而全的学科布局，但还是属于多学科文理综合性大学。

三　非大学区国立大学多学科改组

大学区大学就是国立大学，而没有试行大学区制地区的大学有国立大学、省市立大学、私立大学等多种划分。不同于大学区大学多学科文理综合性，没有采用大学区制地区的国立大学学科设置方面体现出各自的特色。

（一）原设国立大学的学科设置

原本设想在广东、浙江、江苏三省试行大学区制，“惟广东方面，中山大学由广大改办时筹备经年，成立未久，一旦改制，未免变更太速，且现距下学年开学不远，筹备亦恐不及，似应照原提案人建议，准其暂缓实行”[③]。这样广东暂缓实行大学区制，国立中山大学成为名副其实的大学区制时期保留原来学科特色的国立大学。

国立中山大学与大学区大学同样经历了易名过程。中央政治会议第 111 次会议通过“广州中大定名为国际第一中山大学”[④]。1927 年年底大学院大学委员会议通过“凡国立大学冠以总理之名，而别以次第者，皆将改以所在省之名名之，惟第一中山大学，则独称中山大学，以为总理永

① 王玉芝、罗卫东主编：《浙江大学校史简本》，浙江大学出版社 2010 年版，第 15 页。

② 辛树织：《第一次中国教育年鉴·第四册丁编学校教育统计》（民国二十三年），台北：传记文学出版社 1971 年影印本，第 1525 页。

③ 《教育行政委员会关于广东暂缓试行大学区制呈》，1927 年 6 月 24 日，中国第二历史档案馆编《中华民国史档案资料汇编·第五辑·第一编·教育》（一），江苏古籍出版社 1994 年版，第 30 页。

④ 《中央政会纪要》，《申报》1927 年 7 月 6 日。

久之纪念"[1]。1928 年 1 月 27 日南京国民政府《修正大学区组织条例》再次明确规定，除了在广州的中山大学保留其名外，其他大学区大学以地名命名。至此第二、第三、第四中山大学陆续改称国立武汉大学、国立浙江大学和国立江苏大学（即国立中央大学），而国际第一中山大学重新称为国立中山大学。

国立中山大学因未改制，其大学本科学科设置还是保留原来的文、理、法、农、医等五大学科门类。加上充分的教育经费保障，国立中山大学学科不亚于多所大学合组而成的大学区大学学科，同样表现出多学科文理综合性特点。1927 年 6 月戴传贤长校后扩充各学科设备，加强各学科研究所建设。1927 年 7 月文科语言历史研究所成立；1928 年 4 月理科化学工业研究所成立；1928 年 6 月法科编译所成立；1928 年 7 月农科农林植物研究所成立；1929 年春医科药物研究所成立；1929 年 3 月理科天文台落成。

国立同济大学前身是私立同济医工专门学校，虽然"同济医工专门学校，十六年三月改为国立同济大学"[2]，但是从 1917 年开始已由国家给费维持，1923 年改组为同济大学，且在 1925 年中华教育改进社国立大学统计和 1926 年教育部国立大学统计中已有自己的一席之地。因此，同济大学不属于 1927 年新增国立大学，从国家经费办理角度看，1923 年已经改设为国立大学。国立同济大学主要设医科和工科，因为同济医工专门学校源头可以追溯到 1907 年德国医生在上海创办的德文医学堂，五年后的 1912 年增设工学堂。即便其学科不是文理综合，也没有达到门类齐全的程度，却是特色鲜明，是当时中国社会急需的应用学科。

（二）改设国立大学的学科设置

改设国立大学包括国立暨南大学、国立武汉大学、国立清华大学和国立交通大学。暨南学校 1927 年夏改设为国立暨南大学，原来商科改为商学院，1928 年已有文哲、社会科学、自然科学、商学、艺术 5 学院。1928 年 9 月郑洪年校长经过悉心考虑，将各学院名称加以修订，"文哲学院易名为文学院，仍列哲学系，而将社会科学院之教育心理、历史社会二学系亦属之，以咨充实，社会科学院之名义太广泛，对于研习政治、经济

① 《中山大学将依省份改名》，《申报》1927 年 11 月 28 日第 2 版。

② 《全国国立省立大学之沿革》，《申报》1934 年 2 月 19 日第 4 版。

及法律之学生，将来服务法官律师等职，不易使人明了，特改为法学院，自然科学院译名欠精确，现易为理学院，以示崇尚科学，而符名实”[①]。学院称谓调整后国立暨南大学设文学院、理学院、法学院、商学学院和艺术学院，1929 年兴办农学院，学科门类达到文、理、法、商、农、艺术等六大门类。且艺术门类的设置超出《国立大学校条例》中规定的大学学科编制的范围。

国立武汉大学是在武昌中山大学基础上改组而成。国立武昌中山大学“十六年冬停办；十七年九月改为国立武汉大学；被并入者有商医两大学及私立各校”[②]。国立武汉大学筹备委员会 1928 年 7 月成立，同年 9 月成立国立武汉大学，暂以武昌中山大学院址为校舍，设置三学院五个学系：“（一）文学院设中国文学系、外国文学系；（二）社会科学院设政治经济学系；（三）理工学院设数学系、化学系。”[③] 1929 年 3 月增设工学院，暂设土木工程学系，将理工学院改为理学院，数学系、化学系之外增设生物学系，同年 5 月社会科学院改称法学院，增设法律学系，文学院增设哲学系。至此国立武汉大学设置四学院九学系，学科门类达到文、理、法、工科四大门类。

国立清华大学由清华学校改设而成。清华学校由外交部管辖，校长由外交部选派，“虽事实上遇重大问题，不能不征美使馆之同意，而理论上固完全为国立学校”[④]。1925 年清华学校设立大学部，招收四年制大学生。“1928 年 8 月，国民政府接管后，清华正式改名为‘国立清华大学’，罗家伦为校长。”[⑤] 1928 年 9 月 3 日大学院发布《国立清华大学条例》三十一条，条例规定大学设本科与研究院，大学本科分若干学系。“一九二九年五月十日，国民政府第二十八次国务会议通过将清华归教育部专辖。”[⑥] 1926 年 6 月《国立清华大学规程》规定，清华大学本科分文、理、法三院共 15 系：文学院内设中国文学系、外国文学系、哲学系、历史学系、

① 《暨大修正各学院名称》，《申报》1928 年 9 月 27 日第 3 版。

② 辛树帜：《第一次中国教育年鉴·第四册丁编学校教育统计》（民国二十三年），台北：传记文学出版社 1971 年影印本，第 1525 页。

③ 《学府纪闻·国立武汉大学》，台北：南京出版有限公司 1981 年版，第 6 页。

④ 《清华之现在与将来》，《申报》1924 年 3 月 27 日第 3 版。

⑤ 吴惠龄：《北京高等教育史料·第一集（近现代部分）》，北京师范大学出版社 1992 年版，第 35 页。

⑥ 清华大学校史编写组：《清华大学校史稿》，中华书局 1981 年版，第 99 页。

社会人类学系，理学院内设物理学系、化学系、算学系、地理学系、生物学系、心理学系、土木工程学系（附属），法学院内设法律学系、政治学系、经济学系，“但法律学系一直到一九三二年二月教育部才‘准予备案’设立，到一九三四年又把它取消了”①。因此，国立清华大学在当时设置了文、理、法三个学科门类，中国文学、外国文学、哲学、历史学、社会人类学、物理学、化学、算学、地理学、生物学、心理学、土木工程学、政治学系、经济学等14门一级学科。

1928年9月，上海、唐山、北平的第一、第二、第三交通大学合组改称国立交通大学，分设上海的国立交通大学设置电机工程学院、机械工程学院和交通管理学院，唐山设土木工程学院，北平设交通管理学院分院。同年交通部分交通、铁道两部，11月7日正式成立铁道部，“交通大学划归铁道部管辖，由孙科任校长”②。1929年7月2日，铁道部公布交通大学暂行组织大纲，改上海交通管理学院为铁道管理学院，“自铁道部部长孙科为该校校长后，即允许学生于下学期添办土木工程学院”③。因经费来源与学校隶属关系，交通大学开设的学科主要是与交通事业有关联的工科与商科，电机工程、机械工程和土木工程均属于工科，而铁道管理归属于商科。所以，国立交通大学学科设置从学科门类上主要是工科和商科，与国立同济大学类似，不设文理综合，保留自己的学科特色。

（三）新设国立大学的学科设置

新设国立大学只有国立劳动大学。劳动大学筹备委员会1927年5月29日召开联席会议，议决劳工学院从本年9月份开始招生，同时组成劳农学院筹备委员，并以原上海大学校址为院址，任命易培基为校长。“1928年，上海大学被国民党政府关闭，在原校址上创建了国立劳动大学。这所大学设立的目的是要试图用一种无政府主义的方法发展社会科学理论，以对抗原来上海大学的那种马克思主义思想体系。”④ 1930年教育部派谢树苹及数名工程师前去视察调研，“现该部将该大学重行改组，本

① 清华大学校史编写组：《清华大学校史稿》，中华书局1981年版，第112页。

② 《学府纪闻·国立交通大学》，台北：南京出版有限公司1981年版，第39页。

③ 《交大学生请求添办土木工程学院》，《申报》1929年6月18日第3版。

④ ［加拿大］许美德：《中国大学1895—1995：一个文化冲突的世纪》，许洁英译，教育科学出版社1999年版，第86页。

年暑假停止招生，已呈行政院备案”①。据教育部1931年12月《国省立大学分科统计》，国立劳动大学设工、农、社会科学三院。1932年6月教育部停办国立劳动大学通告中记载，土木系四年级学生38人毕业，电机系、农艺系、园艺系、农业化学系、经济系三年级学生100名。以此推断，国立劳动大学1928年设立了劳工学院土木系，1929年增设了劳工学院电机系，劳农学院农艺系、农业化学系和社会科学学院经济系，学科门类上主要是工、农、法3科，下设一级学科包括土木工程、电机工程、农艺、园艺、农业化学和经济学。

相较于大学区大学的多学科文理综合性特点，非大学区国立大学学科设置基本保证两科以上学科门类的基础上发展了特色学科。无论是大学区大学多学科文理综合的学科设置，还是非大学区国立大学保持自己特色的学科设置，学科设置上终结了单科性国立大学的时代，每所国立大学至少有两科或两科以上学科门类。其学科设置基本还是符合大学区制时期大学分科情况。“大学分科，大致设文理、法、医、工、农五学院。文理学院得设文学、哲学、史学、心理学、教育学、数学、物理、化学、生物、地理学等系，而文学、哲学、史学、数学、物理、化学为必设之系。法学院得设法律、政治、经济等学系。凡不设法学之大学，政治、经济两系为文理学院必设之系。医学院不分系，得附设药学科。工学院得设土木工程、机械工程、电机工程、化学工程、建筑学、采矿冶金等学系。农学院得设农学、林学、兽医学、畜牧、蚕桑等系。”②

大学区制试行不到1年，反对声此起彼伏。1928年6月中央大学区中等学校联合会常务委员上海中学校长郑通和、南京中学校长沈履、镇江中学校长薛德焴从江苏大学区制试行1年以来出现的忽略中等教育问题出发，建议变更大学区制。1929年6月17日，第三届中央执行委员会第二次全体会议讨论关于大学区制之存废问题一案，最终决议停止试行大学区制，并于7月1日国民政府出台停止大学区制令。取消大学区制后，原来的教育行政权归于地方教育厅，大学照常办理。

---

① 《劳动大学改组》，《申报》1930年6月6日第2版。

② 《大学分科设校之概要》，《申报》1928年9月13日第5版。

第三节　国立大学多学科"院—系"建制的确立

南京国民政府教育部 1929 年颁布《大学组织法》，大学的多学科标准得以复归，大学学科设置不仅达到三个学科门类的基本要求，学科布局要求达到文理综合或社会科学与自然科学相平衡的标准，还规范了大学的"院—系"建制。随着大学学科制度的完善，国立大学普遍采用"院—系"建制，学科建制进入规范有序的发展阶段。这一时期国立大学多学科"院—系"建制呈现出基础学科院系设置普遍而全面，应用学科院系设置不均衡的总体特征。

一　大学多学科标准与"院—系"建制的规定

1928 年 8 月国民党二届五中全会上，经亨颐等人提出设立教育部的提案，郭春涛、刘守中等人也提议撤销大学院改设教育部。"十七年十月国民政府行政院成立，改大学院为教育部，于十一月三十日公布教育部组织法，即于是时正式成立教育部"①，1928 年 10 月 14 日任命蒋梦麟为教育部部长，统筹管理全国教育事务。

国民政府教育部，为了限制 1922 年以来出现的大学的无序发展局面，于 1929 年 7 月 26 日颁布《大学组织法》，明确规定大学以研究高深学术，养成专门人才的培养目标，大学分设文、理、法、教育、农、工、商、医各学院，凡具备三学院以上才能称为大学，不到三学院的称为独立学院。此次规定突破了 1917 年《修正大学令》、1922 年《学校系统改革案》以及 1924 年《国立大学校条例》中大学设数科或 1 科均可的规定，提高了大学学科设置标准，再次强调了大学的多学科性。不同于民初《大学令》七科设置，1929 年大学学科制度中增设了教育科，并特别强调自然科学学科建设，"大学教育注重实用科学之原则，必须包含理学院或农、工、商、医各学院之一"②。不仅大学学科设置数量达到 3 个学科门类的基本要求，学科布局要求达到文理综合或社会科学与自然科学相平衡的标准。

① 《教育部成立二年来的工作概况》，1930 年，中国第二历史档案馆编《中华民国史档案资料汇编·第五辑·第一编·教育》（一），江苏古籍出版社 1994 年版，第 124 页。

② 《大学规程》，1929 年 8 月 14 日，中国第二历史档案馆编《中华民国史档案资料汇编·第五辑·第一编·教育》（一），江苏古籍出版社 1994 年版，第 174 页。

《大学组织法》的颁布实施不仅区分出大学与独立学院的界限，还规范了大学学科建制，学院正式成为大学的学科组织机构，下设各学系，构成“院—系”建制，简称学院制。“学院制就是在大学之下设立学院，学院之下再设系，学院在大学内享有较大的自主权。这是一个分权的组织结构形式，适用于规模较大的多科性大学。”① 从世界范围看，学院的产生历史较早，“在欧洲中世纪，所谓学院（如 College、Faculty），最初其实是按照学科对学生进行管理的基本单位，后来才充实成为以学科为单位从事教学科研的组织”②。在中国“早在 1923 年，蒋梦麟在代表杭州大学董事会拟就的《杭州大学章程》中，就曾设计了一个非常清晰的‘校、院、系’组织体系。该章程较多地借鉴了美国高等教育的模式，是近代中国较早对‘校—院—系’建制进行建构的尝试”③。

《大学组织法》规定各学院设院长 1 人，由校长聘任，各系设主任 1 人，由院长商情校长聘任。院长综合管理院务，系主任主要办理本系教务工作。各学院由院长、系主任、事务主任组成院务会议，计划本院学术事宜，并审议全院一切事宜。同样各系设系教务会议，由全系教员组成，系主任为主席，计划本系学术设备事宜。学院在学校组织中发挥承上启下的作用，院一级组织在当时没有多少实权，它只是介乎校长与系主任之间的一个转承与协商的机构。学系真正意义上成为大学基层学术组织，直接面对教学、科研等学术活动。这一点可以从 1931 年国立大学院系统计资料中得到证实，当时绝大多数国立大学院长，兼任该院某系主任一职来看，掌握教学实权的不是院长一级，而是系主任一级。院系的设立与废止事项由校务会议审议。1929 年 8 月 14 日颁布的《大学规程》第二章规定的大学学科编制如下：

大学文学院或独立学院文科，分中国文学、外国文学、哲学、史学、语言学、社会学、音乐学及其他各学系。

大学理学院或独立学院理科，分数学、物理学、化学、生物学、生理学、心理学、地理学、地质学及其他各学系，并得附设药科。

① 薛天祥：《高等教育管理学》，华东师范大学出版社 1997 年版，第 211—212 页。
② 周川：《高等学校建制的组织学诠释》，《教育研究》2002 年第 6 期，第 70 页。
③ 周川：《中国近代大学建制发展分析》，《北京大学教育评论》2004 年第 3 期，第 90 页。

大学法学院或独立学院法科，分法律、政治、经济三学系，但得专设法律学系。

大学或独立学院之有文学院或文科而不设法学院或法科，及设法学院或法科而专设法律学系者，得设政治、经济二学系于文学院或文科。

大学教育学院或独立学院教育科，分教育原理、教育心理、教育行政、教育方法及其他学系，大学或独立学院之有文学院或文科而不设教育学院或教育科者，得设教育学系于文学院或文科。

大学农学院或独立学院农科，分农学、林学、兽医、畜牧、蚕桑、园艺及其他各学系。

大学工学院或独立学院工科，分土木工程、机械工程、电热工程、化学工程、造船学、建筑学、采矿、冶金及其他各学系。

大学商学院或独立学院商科分银行、会计、统计、国际贸易、工商管理、交通管理及其他各学系。

大学医学院或独立学院医科不分系。①

二　国立大学“院—系”建制的特点

1929 年国立大学数量增加至 12 所，新增的 2 所大学分别是 1929 年 6 月和 8 月从国立北平大学独立出来的国立北平师范大学和国立北京大学。1930 年新增国立青岛大学。该校于 1930 年 9 月 19 日正式成立，“定二十日举行开学典礼，校长杨振声宣誓就职”②。1931 年 11 月 9 日，原有国立成都师范大学、国立成都大学和公立四川大学合并为国立四川大学③，从而国立大学总数达到 14 所。由于 1928 年成立的国立劳动大学 1932 年停办，1931 年度国立大学概况中也没有对它的详细介绍，因此以国立劳动

① 《大学规程》，1929 年 8 月 14 日，中国第二历史档案馆编《中华民国史档案资料汇编·第五辑·第一编·教育》（一），江苏古籍出版社 1994 年版，第 174—175 页。

② 《青岛大学近日开学》，《申报》1930 年 9 月 20 日第 3 版。

③ 国立成都师范大学与国立成都大学虽称“国立”大学，其身份极为特殊。其中国立成都师范大学于 1928 年 9 月 6 日经国民政府教育行政委员会讨论通过，同意成都高师改为“国立成都师范大学”，但办学经费明确规定仍用省款。成都大学于 1926 年 12 月被前教育部承认为国立大学，但在南京国民政府国立大学统计中未归入国立大学的范围。因此，到了 1931 年 11 月 9 日，合并国立成都师范大学、国立成都大学和公立四川大学为国立四川大学后才获得真正的国立大学资格。详见四川大学校史编写组《四川大学史稿》，四川大学出版社 1985 年版，第 139 页。

大学之外的13所国立大学1931年的“院—系”建制为依据，分析其主要特点。

（一）多学科性

本科教育层面上南京国民政府时期高等教育机构有大学和独立学院，国立大学学科建制与国立独立学院比较，最显著的特点是多学科性，见表5—5。

表5—5　　民国二十年（1931）全国国立大学概况

校名	校址	本科		专科	
		院	系	科	组
国立中央大学	南京	8	38	2	4
国立北平大学	北平	7	34	1	1
国立中山大学	广州	5	23	2	2
国立武汉大学	武昌	4	13	—	—
国立清华大学	北平	3	14	—	—
国立北平师范大学	北平	3	11	—	—
国立浙江大学	杭州	3	18	—	—
国立北京大学	北平	3	14	—	—
国立暨南大学	上海	5	18	2	2
国立同济大学	上海	2	2	—	—
国立交通大学	上海北平唐山	5	16	—	—
国立四川大学	成都	4	11	3	6
国立山东大学	青岛济南	3	8	—	—
合计	13	55	222	10	15

数据来源：辛树织：《第一次中国教育年鉴·第四册丁编学校教育统计》（民国二十三年），台北：传记文学出版社1971年影印本，第1516—1517页。

如表5—5所示，除了国立同济大学只设置两个学院之外，其余国立大学学院设置均符合《大学组织法》的规定，至少有3个学院，最多的达到8个学院。1931年国立独立学院包括国立北洋工学院、中法国立工学院[①]

① 中法国立工学院的前身是中法工业专门学校，1929年奉部令更名为中法国立工业专科学校，1930年呈部准改称中法国立工学院，设在上海。

和广东法科学院。国立北洋工学院设3系，土木工程系、采矿冶金系和机械工程系，属于工科学院。中法国立工学院大学部只有土木铁道学系和电气机械学系。广东法科学院设1系。学科门类上此时国立独立学院均属于典型的单科院校。

（二）基础学科院系设置普遍而全面

13所国立大学中有9所大学独立设置了文学院与理学院，2所大学设置了文理学院，只有国立交通大学未设文学院，国立同济大学未设文、理学院。国立浙江大学和国立北平大学设文理学院，国立浙江大学文理学院下设外国文学、历史与政治、经济、教育、数学、物理、化学、生物、心理学等9个系，国立北平大学女子文理学院下设数学、物理、化学、体育、国文、英文、哲学、经济、史学、音乐等10个系。

独立设置文学院的国立大学共计9所，其下设各学系如下：国立中山大学文学院下设中国语言文学、哲学、史学、英吉利语言文学、社会、教育学系；国立中央大学文学院下设中国文学、外国文学、哲学、史学、社会学系；国立北京大学文学院下设国文学、外国文学、哲学、史学、教育学系；国立清华大学文学院下设中国文学、外国语文、哲学、历史、社会学及人类学系；国立北平师范大学文学院下设国文、英文、史学、社会学系；国立暨南大学文学院下设中国语文、外国语文、历史、社会学系；国立武汉大学文学院下设中国文学、外国文学、史学、哲学教育学系；国立青岛大学文学院下设中国文学、外国文学系；国立四川大学文学院下设中国文学、英文学、史学系。

其中国立中山大学文学院学系设置最全面，国立青岛大学由于刚刚成立，文学院学系设置最少，只有中国文学和外国文学系。其余国立大学文学院下设学系基本符合《大学规程》规定的文学院分中国文学、外国文学、哲学、史学、语言学、社会学、音乐学等学系的规定。唯独国立清华大学设置了社会学及人类学系，人类学在1913年《大学规程》中属于哲学和历史学门类下设具体科目之一，全称“人种与人类学”，此时从一门课程提升为一级学科，虽然与社会学合在一起，也能看到其学科地位的提升与发展。

独立设置理学院的国立大学有10所，其下设各学系如下：国立中山大学理学院下设数学天文、物理、化学、生物、矿物地质、地理、化学工程、土木工系；国立中央大学理学院下设算学、物理学、化学、地理学、地质学、动物学、植物学、心理学系；国立北京大学理学院下设数学、物理、化学、生物、地质、心理学系；国立清华大学理学院下设算学、物理、化学、生物、地理、心理、土木工程系；国立北平师范大学理学院下设数学、物理、化学、生物、地理学系；国立四川大学理学院下设数学、物理、化学、生物学系；国立武汉大学理学院下设数学、物理、化学、生物学系；国立青岛大学理学院下设数学、物理、化学、生物学系；国立暨南大学理学院下设数学、理化、生物学系；国立交通大学科学学院下设数学、物理、化学系。

其中国立中山大学和国立中央大学理学院学系设置最全，达到《大学规程》规定的大学理学院分数学、物理学、化学、生物学、生理学、心理学、地理学、地质学及其他各学系的基本要求。国立中山大学在1931年秋增设土木工程和化学工程两系，理学院改称理工学院。国立中央大学延续了国立东南大学时期把生物学系分化为植物学和动物学两系的做法。国立清华大学理学院在算学、物理、化学、生物、地理、心理之外，增设工科的土木工程系。国立交通大学1930年“增设科学学院，下设数学、物理、化学三系”①。实际上各系设置时间上先设置了物理、化学两系，据1930年9月4日《申报》刊载：“今年先行成立物理化学两系，以后再陆续办数学系地质系，以完成理学院。惟该校以理学院名称太通俗，改称自然科学院。”② 自然科学院院长徐明材，物理系主任裘维裕，化学系主任柯成懋，并定于1930年9月7—10日在上海招10名新生，到1931年改称科学学院，裘维裕任院长。

（三）应用学科院系设置不均衡

法、教育、农、工、商、医等应用学科门类中设立法学院的国立大学最多，达到8所，只有国立同济大学、国立交通大学、国立青岛大学、国立浙江大学和国立北平师范大学未设置法学院。国立清华大学法学院却未设法律学系，与《大学规程》规定的大学法学院，分法律、政治、经济3学系，但得专设法律学系的要求不符。国立中山大学、国立武汉大学法学院在法律、政治和经济学系之外，多设置商学系。国立北平大学法学院多设置了俄文法政系。

---

① 《学府纪闻·国立交通大学》，台北：南京出版有限公司1981年版，第40页。

② 《交大自然科学院成立》，《申报》1930年9月4日（增刊）。

设置工学院的国立大学占国立大学总数的一半。国立中山大学1931年秋增设土木工程和化学工程两系，与理学院合设为理工学院。国立中央大学、国立同济大学、国立武汉大学、国立浙江大学和国立北平大学独立设置了工学院。国立交通大学更是以工科为特色，独立设立了土木工程学院、机械工程学院和电机工程学院。国立大学工学院下设学系中设置最多的是土木工程学系、依次为化学工程学系、电机工程学系、机械工程学系和建筑工程学系。对比1929年的《大学规程》规定，大学工学院，分土木工程、机械工程、电热工程、化学工程、造船学、建筑学、采矿、冶金及其他各学系的要求，没有一所国立大学工学院设置造船学和采矿冶金学系，说明国立大学工学院在该研究领域的发展还很不成熟。

大学学科体系中增加教育科是《大学组织法》与《国立大学校条例》在学科设置上的明显区别。也是国立大学院系设置上的一大亮点。独立设置教育学院的国立大学有5所，其院系设置如下：国立青岛大学教育学院下设教育行政、乡村教育系；国立中央大学教育学院下设教育学、教育心理学、教育行政、教育社会学4系，体育、艺术教育科，体育、艺术两专修科；国立四川大学教育学院下设教育学系，体育艺术专修科和预科；国立北平师范大学教育学院下设教育、体育学系；国立暨南大学教育学院下设教育、心理学系，师资专科。

1930年时国立青岛大学教育学系归属在文学院中，“二十年二月，校务会议决议，自下年期，将教育学系扩充为教育学院。五月，校务会议议决教育学院先成立教育行政系及乡村教育系”①。在国立大学学科建制中教育学院系的设置相对要比文、理、法、工、农、商等学科门类晚，从而导致国立大学教育学院下设系五花八门。《大学规程》规定，大学教育学院，分教育原理、教育心理、教育行政、教育方法及其他学系。国立大学教育学院中最常见的是教育学系、教育行政系和教育心理系，除此之外有乡村教育系、教育社会系和心理学系等。心理学系按照《大学规程》规定，属于自然科学领域，应归属在理学院中，如国立中央大学、国立北京大学和国立清华大学理学院均设有心理学系，国立暨南大学却把心理学系

① 辛树织：《第一次中国教育年鉴·第二册丙编教育概况上》（民国二十三年），台北：传记文学出版社1971年影印本，第349页中、下栏。

设置在教育学院中。除了独立设置教育学院之外，国立中山大学、国立北京大学、国立武汉大学和国立浙江大学也有教育学系，归属在文学院中。由此可见，教育学学科地位极不稳定，从国立大学中的学科建制看，教育学有时提升到学科门类的高度，有时处于一级学科的地位，甚至有时成为具体课程之一，某种意义上说明其学科发展的不成熟性。

国立大学的农、商、医学院设置较薄弱。设置农学院的国立大学只有国立中央大学、国立北平大学、国立中山大学和国立浙江大学 4 所。设置医学院的有国立中央大学、国立北平大学、国立同济大学和国立中山大学 4 所。其中国立中央大学和国立北平大学通过大学区制大学时期合并众多单科大学，形成了农、商、医学在内的多学科综合性特征。相较于农学院和医学院，设置商学院的国立大学是最少的。国立北平大学商学院原本是俄文法政学院，“北平大学之俄文法政学院，应自本年起逐年结束，不再招新生”[1]。1931 年虽改称商学院，其学系设置与大学规程并不符合，反而与法学院建制比较接近。国立交通大学设有管理学院，主要是铁道管理专业，学科门类上归属于商科。独立设置商学院的国立大学其实只有国立暨南大学、国立中央大学和国立交通大学 3 所。

三　个案：国立大学“院—系”建制的萌芽与改革

（一）国立广东大学始创“院—系”建制

1924 年成立的国立广东大学最先采用“院—系”建制，成为中国近代国立大学“院—系”建制的萌芽。1924 年 2 月 15 日《申报》香港电，法大、农专、高师将改并广大，邹鲁任校长。国立广东大学是由广东高等师范学校、广东公立法科大学、广东公立农业专门学校合并而成。如同国立东南大学借助南京高等师范学校的国立属性建立起国立大学一样，国立广东大学以广东高等师范学校为本部建立大学，同样借助其国立属性。

> 广大以高师为校本部，不仅是高师有办文理科的基础，也是因为在国立高师的基础上发展起来的大学可继承高师国立的名分。要办“国立的”大学，就涉及到设立这所国立大学的政府是中央的。对国

---

① 《教部令整顿平大师大》，《申报》1931 年 2 月 12 日第 4 版。

民党政府来说，国立大学的名分就变得非常重要了。事实上，独立于北洋政府的广东政府建立国立化大学，本是国家已成为“虚悬”的明证，但反过来又显示出国民党政府力求通过教育，在更高的基准上谋求自身合理性的倾向和姿态。①

可见，特殊历史条件下的国立大学往往担负着一定的政治使命或无形中成为政治家的工具。

据《广东大学筹备情形》报道，邹鲁担任筹备会主任，接管广东公立法科大学、广东公立农业专门学校后聘梁龙硕士为法科主任，邓植仪为农科主任。梁龙博学多识，曾留学日、英、德、法等国，学习过博物学、政治经济、文学，先后获得政治经济学士和文学硕士，也参加过巴黎和会、太平洋会议和万国会议。公立农业专门学校原来9个系，合并后只保留了农学主任邓植仪和林学主任黄枯桐，其余7位主任改为教员，原校长邓植仪硕士为农科主任。广东高等师范学校改办成广东大学的文、理科，文科学长杨寿昌，理科学长徐甘棠，另增设工科。

国立广东大学开办之初拟设文、理、法、农、工5科。“其中文理二科系就高师改办，法科就法大改办，农科就农专改办，惟工科从新组设。科之中，当以文科较为完备，农科次之，理法工三科又次之。”② 上述5科中“当时工科则尚无本科生，暂未成立”③，工科在广东大学时期因经费所限未办成。因此，国立广东大学创办之初只有文、理、法、农4科，“1925年7月以后增加了医科”④，医科是在接收公立医科大学基础上建立的，至此国立广东大学设立文、理、法、农、医5科学院。1925年9月19日开始上课，11月11日举行学校成立大典。

国立广东大学本想沿用广东高等师范学校旧制，分总务、教务和舍务三处。经筹备委员会议商议，保留舍务处，增设会计处，将总务处改为秘书处，“教务处则改为各学院学长室，内部组织略与前同，又特设预科学

① 李兴韵、袁征：《国立广东大学的成因与格局变动》，《华南师范大学学报》（社会科学版）2006年第3期，第134页。

② 《广东大学五科之内容》，《申报》1924年7月15日第3版。

③ 唐钺、朱经农、高觉敷：《教育大辞书》，商务印书馆1930年版，第71页。

④ 梁山、李坚、张克谟：《中山大学校史》，上海教育出版社1983年版，第6页。

长室一，专理预科事宜”[①]。各学院设教授会，由各科教授组成，是学院学术事务的决策机构。各系也设教授会，由各系教授组成，负责处理本系学术事宜。改变原来全校统一的教务管理，各学院为单位独立负责教务工作，教学管理权力下放到各学院中，从而形成教学的学院—学系二级管理模式，既不同于京师大学堂科一级管理，也不同于国立北京大学学校—学系二级管理，更不同于国立东南大学“学校—科—系”三级教学管理模式，形成独特的学科建制。

国立广东大学设立“各学院学长室”，下设各系主任，各科采用了学院—学系建制。从采用“文科学院”“理科学院”“法科学院”“农科学院”“医科学院”的称呼来看，同样证明各科采用了学院制。以《第一次中国教育年鉴》国立中山大学各学院沿革略表为根据，“国立广东大学文科学院”“国立广东大学理科学院”“国立广东大学农科学院”创设时间是民国十三年（1924）夏，民国十五年（1926）秋改名为“国立中山大学文科”“国立中山大学理科”和“国立中山大学农科”；“国立广东大学法科学院”，创设时间是民国十三年夏，民国十五年四月改名为“国立中山大学法科学院”，民国十五年秋改名为“国立中山大学法科”；“国立广东大学医科学院”创设时间是民国十五年春，民国十五年秋改名为“国立中山大学医科”。这一点可以证明国立广东大学时期实行过学院制，改称国立中山大学后恢复了“科—系”建制。

《国立广东大学组织系统表》显示，当时文科学院内设中国文学、英国文学、史学、哲学和教育学系；理科学院内设数学、物理、化学、生物学和地质学系；法科学院内设法律学、政治学、经济学和商学系；农科学院内设农艺学、农艺化学和林学系；医科学院内设解剖学、生理学、病理学、外科学、内科学五系。改办中山大学前国立广东大学本科设文、理、法、农、医五科学院。除了上述各学院之外，“陈公博代理校长时代，更于晚间设立专修学院，以便中等毕业而服务社会日间不能求高等教育机会者而设，自开办之后，学员约千余人，成绩也颇佳”[②]。这也是国立广东大学社会服务职能的一种表现。

1925 年 3 月 12 日孙中山先生在北京因病逝世，为了纪念孙中山先

① 《广东大学最新消息》，《申报》1924 年 9 月 29 日第 2 版。

② 《广大改办中山大学之进行》，《申报》1926 年 7 月 21 日第 3 版。

生，国立广东大学拟改办国立中山大学，“广大改中山大学，动议已在前年”①。由于广州当局频发政党更变，学校常卷入其中，每次政变，学校就发生一次学潮，至此学校学务维持困难，也没有精力顾及改办中山大学一事。在邹鲁、陈公博之后，褚民谊继任校长，规划改办中山大学计划，将意见拟为提案，请政治委员批示。最终批示允许国立广东大学在1926年7月停办，暑假后开办国立中山大学。据1926年8月19日《申报》专电，国民政府令将广东大学改为中山大学，任戴传贤为校长，未到前，由经亨颐代。易汉文在《国民政府是何时下令改国立广东大学为国立中山大学的》一文中呈现了广东省档案馆1928年8月21日国民政府秘书处给国立广东大学的公函原件，确认国立广东大学改为中山大学的确切时间是1926年8月17日：

> 中华民国国民政府秘书处公函第1405号
> 迳启者八月十七日奉
> 国民政府令开国立广东大学着改为国立中山大学此令等因奉此除公布外相应录令函达
> 查照此致
> 国立广东大学
> 中华民国十五年八月二十一日
> （中华民国国民政府秘书处印）
> 秘书长　陈树人（签字）
> 兼印　　曾希周
> 校对　　陈廷诗②

改办国立中山大学后没有沿用国立广东大学的“学院—学系”建制，采用了“科—系”建制。各科设主任一人，但“各系不再设系主任，只在系教授会议由教授互选一人为主席，主持教授会议。科仍是系的上一级

① 《广大改办中山大学》，《申报》1926年6月26日第3版。
② 易汉文：《国民政府是何时下令改国立广东大学为国立中山大学的》，《广东史志》1999年第2期，第41—42页。

单位”[①]。“广州中山大学自委员会成立以来，对于大学内容，大加充实，农医法文各科皆有进行，理科尤速。”[②] 自黎国昌任理科主任后，召集教授会议共商计划，谋求学科发展，将生物系分为动物系和植物系，动物系和植物系还共同组织了南方生物调查会。这一时期国立中山大学具体“科—系”建制是：

> 文史科：哲学系、中国语言文学系、法兰西语言文学系、英吉利语言文学系、德意志语言文学系、俄罗斯语言文学系、东方语言文学系、史学系；
>
> 自然科学科：算学天文学系、物理学系、化学系、矿物地质学系、动物学系、植物学系、地理学系；
>
> 社会科学科：政治学系、经济学系、法律学系；
>
> 医学科：不分系；
>
> 农林学科：农学系、林学系、农业化学系。[③]

其中需要说明的是：其一，社会科学科是原来的法科，据《第一次中国教育年鉴》中国立中山大学各学院沿革略表，从1926年秋到1927年秋采用“社会科学科”的称谓。其二，国立中山大学自然科学科设立地理学系是一次创举，堪称中国近代大学理科中设立的第一个地理学系，区别于文学院下设地理学系，由此培养出来的学生，具有深厚自然科学和技术科学功底，擅长野外工作，这在当时十分难得。中国地理学界许多著名学者，如林超、黄秉维、周立三、周廷儒、罗开富、徐俊鸣、曾昭璇、罗来兴等都是国立中山大学地理学系的毕业生。

1926年下半年计划开设工科，“特将现在，埗工业专门学校，合并于大学，改组为大学之工科，该校奉令，连日已筹备合并事宜，务于暑假后，成立大学工科”[④]。本是要接收广东工业专门学校为国立中山大学工业专门部，任肖冠英为部长，但“是年冬，该部罢废，而工科之筹设于

---

① 胡晶君：《国立中山大学学校管理探析（1924—1931）》，华南师范大学教育科学学院2004年版，第20页。

② 《粤中山大学研究科学之进行》，《申报》1926年12月24日第3版。

③ 唐钺、朱经农、高觉敷：《教育大辞书》，商务印书馆1930年版，第72页。

④ 《广大改办中山大学之进行》，《申报》1926年7月21日第3版。

焉中辍"①，1927 年国立中山大学组织系统图中还是明显地标注了工科"未设"的字样。文、理、法、医、农多学科的发展归功于当时国立中山大学充足的教育经费。按照朱家骅的说法，国立中山大学当时办学"经费在国内各高校中，总算最充足的。预算月十三万毫洋，实领九万"②。

（二）国立中央大学"院—系、科"建制的尝试

国立中央大学在国立第四中山大学时期，设有教育行政院、大学本部和研究院。大学本部开设有九学院，每院设院长一人，具体聘定人员有"自然学科学院长胡刚复，社会科学院长戴修骏，文学院长谢寿康，哲学院长汤用彤，教育学院长郑宗海，医学院院长颜福庆，农学院院长蔡无忌，工学院长周仁，商学院长杨端六"③。1928 年 8 月自然科学院改为理学院，社会科学院改为法学院，哲学院归并文学院，九院变成八院。

国立中央大学学科建制最大亮点就是学院下设系和科，划分出基础学科与应用学科的界限。"凡同性质之课目，在学术上能构成系统者为系；合适之课目，在应用上能构成课程者为科。"④ 按此规定，国立中央大学最先在学院中明确划分理论学科与应用学科，学科建制采用"院—系、科"建制，"全校各系各科，以学术独立平均发展，教授错综互相调剂为原则"⑤。

据 1928 年 11 月 15 日《中央大学本部组织大纲》规定，国立中央大学学科编制如下：

> 理学院设算学系、物理学系、化学系、地学系、生物学系、心理学系；
>
> 文学院设中国文学系、外国语文系、哲学系、史地学系、社会学系；
>
> 法学院设政治学系、法律学系、经济学系；
>
> 教育学院设教育学系、师资科、艺术专修科、体育专修科；

---

① 《国立中山大学现况》（民国二十四年），台北：传记文学出版社 1971 年影印本，第 243 页。

② 《朱家骅关于中山大学校务情况兼及广州"清党"事致蔡元培函》，1927 年 5 月 16 日，中国第二历史档案馆编《中华民国史档案资料汇编·第五辑·第一编·教育》（一），江苏古籍出版社 1994 年版，第 224 页。

③ 《第四中山大学各部院长聘定》，《申报》1927 年 7 月 6 日第 2 版。

④ 《最近中央大学概况》，《申报》1929 年 1 月 1 日第 6 版。

⑤ 同上。

医学院设基本系（内分解剖科、生理化学科、生理科、药理科、病理科、细菌及寄生虫学科、卫生科）、临床系（内分内科、外科、小儿科、妇科及产科）；

农学院设植物农艺科、动物农艺科、农产制造科；

工学院设机械工程科、电机工程科、土木工程科、化学工程科、建筑工程科、矿冶科、染织科；

商学院设银行科、会计科、工商管理科、国际贸易科。①

从上述系、科编制看，文、理、法学院只设系，不设科，属于学理层面的理论学科，农、工、商学院只设科，不设系，属于应用学科。而教育学院和医学院不仅设系，还设科，说明其课程不仅涉及学术性，也涉及应用性，因此，学科性质上教育学和医学处于理论学科与应用学科的交叉点上。

1929 年 7 月国民政府停止大学区制后，原来的教育行政权归于地方教育厅，大学继续办学。1930 年 11 月 25 日行政院国务会议第一次会议议决朱家骅为张乃燕后国立中央大学第二任校长，12 月 13 日朱家骅到校任职。国立中央大学取消总务长，改设教务长。由于国立中央大学文、理、法、工、教育五学院在南京四牌楼，农学院在三牌楼，商学院在上海，医学院在吴淞，农、商、医学院均独立设有教务处，各司其事。学科建制维持原来院—系、科制，在具体系、科划分上做了适当的调整，1931 年院系统计表详见表 5—6。

表 5—6　　　　国立中央大学院系设置（1931 年）

院别	院长	系别	系主任	教员数		学生数	
				各科系	全院	各科系	全校
文学院	汪东	中国文学系	汪东	12	49	132	
		外国文学系	楼光来	20		59	
		史学系	沈刚白	6		98	
		社会学系	孙本文	7		80	
		哲学系	宗白华	4		23	

① 南京大学校庆校史资料编辑组、学报编辑部编辑：《南京大学校史资料选辑》，南京大学印刷厂 1982 年版（内部发行），第 229—230 页。

续表

院别	院长	系别	系主任	教员数		学生数	
				各科系	全院	各科系	全校
理学院	李学清	算学系	张镇谦	9	45	31	
		物理学系	方光圻	5		76	
		化学系	倪则埙	7		59	
		地质学系	李学清	5		20	
		地理学系	胡焕庸	6		32	
		动物学系	蔡堡	4		16	
		生物学系	金树璋	4		16	
		心理学系	潘淑	5		12	
法学院	刘广华	法律学系	谢冠生	16	52	221	
		政治学系	杭立武	13		167	
		经济学系	郭心崧	23		192	
教育学院	程其保	教育学系		4	53	36	
		教育行政系	常道直	3		174	
		教育社会学系	许本震	3		42	
		教育心理学系	艾伟	6		23	
		体育科	张信孚	19		20	
		体育专修科	张信孚			66	
		艺术教育科	唐学咏	7		17	
		艺术专修科	唐学咏			65	
		卫生教育专修科		11		9	
农学院	刘运筹	农艺垦殖科	英定森	11	23	55	
		园艺科	陈国荣	4		20	
		畜牧兽医科	陈之长	5		9	
		蚕桑科	夏振铎	3		18	
		农艺化学科	曹自晏	4		32	
		森林科	张福延	6		26	

续表

院别	院长	系别	系主任	教员数		学生数	
				各科系	全院	各科系	全校
工学院		土木工程科	沈祖伟	10	37	163	
		电机工程科	薛　清	4		78	
		机械工程科	金东时	10		37	
		化学工程科	丁嗣贤	3		26	
		建筑工程科	刘福泰	10		29	
商学院	徐佩琨	会计科	嵇储英		27	24	
		银行科				9	
		工商管理科				1	
		国际贸易科				4	
		不分科				24	
医学院	颜福庆	本科			34	63	
		先修课				30	

资料来源：辛树织：《第一次中国教育年鉴·第二册丙编教育概况上》（民国二十三年），台北：传记文学出版社 1971 年影印本，第 359 页。

如表 5—6 所示，“院—系、科”学科建制保持不变，只是相较于 1928 年的国立中央大学组织大纲规定，1931 年的学科建制中具体系、科有所调整，学系分化成为趋势：生物学系的动物、植物两门，独立成系；地学系的地理门和地质门独立成系；教育学院教育学系分化为教育心理、教育行政和教育社会 3 系。农学院的农作物门、农艺工程组改并为农艺垦殖科，畜牧门、蚕桑门、园艺门、森林组分别改为畜牧兽医科、蚕桑科、园艺科、森林科，昆虫组与植物病理组合并为病虫害科，农产制造门与农艺化学组合并为农业化学科。[①] 8 院布局一直保持到 1932 年。随着 1932 年商、医两学院独立为国立上海商学院及国立上海医学院，8 学院变成 6 院，学科建制也多有变动，尤其是院下设科改为系，变成全国统一的“院—系”建制。

① 南京大学校庆校史资料编辑组、学报编辑部编辑：《南京大学校史资料选辑》，南京大学印刷厂 1982 年版（内部发行），第 239 页。

第六章

国立大学学科的发展

1930年3月，国民政府教育部教育方案编制委员会完成《改进全国教育方案》，“关于改进高等教育较为详细，主要用于充实国立大学”①。1930年5月开始教育部派员视察大学，1931年后开始了大规模院系整顿。此次大规模院系整顿，在宏观层面上表现为裁并文类院系，限制法政人才的过剩状况，增设实类院系，培养国家所需国防建设人才；在微观层面上，表现为编订院系课程与设备标准，规范学科发展方向，打通大学各科系，加强通识教育。与此同时，通过加强大学研究院、研究所、推广部的建设，促进学科知识的创新与应用，完善大学的科学研究与直接为社会服务的职能，推动了国立大学的学科发展。

第一节　大规模院系整顿之动因

1931年8月31日，国立中央大学校长朱家骅在中央党部总理纪念周上的讲演中提出：“有些大学专做一种有名无实的铺张，多开科系，多设课程，多聘请教职员，扩大各种开支，徒然博得规模宏大的虚荣……在可能的范围以内，尽先充实内容，不必多开科系，先要把科系的内容充实起来，不必多设课程，务使每一课程都是必要，能使学生获得良好的成绩，不必多请教职员，要使各教员各有专责。”② 同年12月29日，朱家骅出任国民政府教育部长，大规模院系整顿进入实质性阶段。此次大规模院系

① 《北京近代高等教育大事记（1862—1949）》，吴惠龄《北京高等教育史料·第一集（近现代部分）》，北京师范大学出版社1992年版，第418页。

② 朱家骅：《中国大学教育的现状及应行注意各点》，中国第二历史档案馆编《中华民国史档案资料汇编·第五辑·第一编·教育》（一），江苏古籍出版社1994年版，第281页。

整顿，缘起于教育救国的迫切需要以及当时大学内部学科建制、办学经费和人才培养不能满足实际需求的现实需要。

一　教育救国的迫切需要

大规模院系整顿，主观上离不开时任教育部长朱家骅的努力与建议，客观现实也不得不让人反思大学发展以及国家存亡问题。朱家骅本人是教育救国思想的主张者，是中国近代化的先驱。朱家骅，字骝先、湘麟，1893 年生于浙江湖州。就读过同济德文医学堂，后以中国同盟会会员、中国敢死团团长等身份积极助阵和参加辛亥革命。1912 年 3 月 5 日加入国民党，6 月成为同济医工学堂机电科第一届学生，1913 年毕业，是同济首届工科毕业生。1914 年 3 月自费赴德国留学，就读于柏林矿科大学采矿工程学系，1916 年 12 月因第一次世界大战，离开柏林，取道丹麦、瑞典、荷兰、俄罗斯回到上海。1917 年，年仅 24 岁，担任国立北京大学德语教授，成为当时北大最年轻的教授，1918 年 8 月成为中国第一批公费留美教授团七名成员之一，与其同行的有刘半农、陈大齐、周作人、刘复、邓萃英和杨荫榆。

1919 年朱家骅以学者身份参与五四运动，随后赴瑞士研究地质学，1920 年 3 月转学到柏林工科大学地质系，1922 年 10 月获得柏林大学哲学博士，1923 年再到瑞士苏黎世大学学习英文和经济学，期间游历过法国、比利时和英国。1924 年 1 月回到国立北京大学任地质系教授兼德语教授。

1925—1926 年朱家骅曾组织和参与反对帝国主义运动，被北洋政府通缉过。之后到国立广东大学担任矿物地质学系教授兼系主任，协助戴传贤全力建设中山大学，奠定了中山大学的文化学术地位，享誉海内外。戴传贤曾公开说“中国只有一个半人才”①，半个指易培基，一个指朱家骅。在朱家骅的邀请下中山大学当时聘请到鲁迅、顾颉刚等知名学者，为中山大学开展高水准的文化、历史、社会民俗研究奠定了坚实的基础。1927 年 6 月朱家骅任国立中山大学副校长，1930 年 9 月 12 日国务会议决议，朱家骅为国立中山大学第二任校长。同年 11 月 25 日行政院国务会议第一次会议议决朱家骅为张乃燕后国立中央大学第二任校长，12 月 13 日到校任职。曾因学校经费问题和学生运动，三次提出辞呈，最终于 1931 年 12

① 朱家骅：百度百科，2011 年 9 月 8 日，http：//baike. baidu. com/view/295396. htm。

月8日离开南京表示决心，并推荐与说服罗家伦来担任国立中央大学校长。1931年12月29日朱家骅被任命为国民政府教育部长。

从其以同盟会会员身份助阵辛亥革命，到以学者身份参与五四运动，甚至不怕北洋政府的通缉，组织参与反帝国主义运动均显示出朱家骅极大的爱国热忱。同时作为一名教育工作者积极投身教育事业，一心一意办好教育培养人才，充分见证了这位中国近代化的先驱人物朴素的教育救国信念。

"九一八"事件后，举国上下急切关注教育救国问题，"一·二八"事件后，人们更加觉悟国难当头教育对国家社会建设的重要性，坚定走教育救国的道路。在征求全国各大学、独立学院、专门学校校长以及教育专家的意见后，发起全国高等教育问题谈论会，于1932年7月15—17日在八仙桥青年会开会。此次会议主要意图是讨论如何改善大学和如何研究中国的生存问题。沪江大学刘湛恩致欢迎词时提出当前国内"许多大学是大而不学，还有是不大不学"①，说明民国成立后近20年间大学发展出现的盲目扩张和成绩不佳问题，证明20世纪30年代大规模院系整顿不但必要还是急需解决的教育问题之一。

二　同一区域大学院系重复设置

从大学内部条件而言，院系设置情况、经费配置以及人才培养等诸多方面的主观现实问题，促成此次大规模院系整顿。1932年7月25日朱家骅部长在《政府整理大学办法之说明》中指出："就国立及省立之大学与独立学院而言，毕业生成绩之不良，程度之低劣，设备之欠缺，研究学术风尚之不竞，几为普遍之现象。然最觉引以为遗憾者，即为办理之无方针、无计划，设大学，立院系，每忽略客观之环境及其具备之基础，相互仿效，启幕虚荣，从事铺张，专务粉饰。"② 以大学较集中的北平为例，"北平一市，公私立大学及独立学院共十二处，凡分学院三十余，学系一百三十余，计文学院法学院各十院，理学院七院，其他各有一二院。"③ 同一区域院系重复设置情况可见一斑。

---

① 《全国高等教育问题谈论会第一日》，《申报》1932年7月15日第3版。

② 《朱家骅对政府整理大学办法之说明》，《申报》1932年7月25日第2版。

③ 辛树织：《第一次中国教育年鉴·第二册丙编教育概况上》（民国二十三年），台北：传记文学出版社1971年影印本，第348页。

《九个月来教育部整理全国教育之说明》（1932 年 11 月）中对大学院系骈设问题做了如下解释，同一区域设置同类学院须视其是否超过需要，如为超过需要，即为骈设，应予限制。至于大学分设院系，亦应视设备是否充分，管理是否便利，施以限制。1932 年 12 月 21 日国民党第四届中央执行委员会第三次全体会议通过了《关于整顿学校教育造就适用人才案》。本案就国民教育、生产教育、师资教育和人才教育四个方面提出具体整顿原则，其中关于人才教育主张重质不重量，对现存大学和中学严加整顿，“现有之国立省立或私立大学，应由教育部严加整理，同一地方院系重复者，力求归并，成绩太差、学风嚣张者，应即停办”①。

三　大学教育经费配置不合理

通常而言，国立大学经费来源以国库款为主，省立大学经费以省库款为主，私立大学经费以捐助款为主，国民政府高等教育经费投入主要在国立大学及独立学院中，见表 6—1。

表 6—1　　民国二十年（1931）高等教育岁入之经费节选（单位：元）

学校类别		总计	国库款	省库款	财产收入	捐助款	学生缴费	杂项收入
国立	大学	13478760 (100%)	9451055 (70.14%)	1552850 (11.52%)	83485 (0.62%)	1954115 (14.48%)	320098 (2.37%)	117157 (0.87%)
	独立学院	251586 (100%)	231767 (92.13%)	—	1455 (0.58%)	57 (0.02%)	18307 (7.27%)	—
省立	大学	3438750 (100%)	—	3095379 (93.5%)	43732 (1.32%)	—	144126 (4.35%)	27533 (0.83%)
	独立学院	1148273 (100%)	—	1134389 (98.788%)	—	—	13867 (1.21%)	17 (0.002%)

① 国民党第四届中央执行委员会第三次全体会议通过的《关于整顿学校教育造就适用人才案》，1932 年 12 月 21 日，中国第二历史档案馆编《中华民国史档案资料汇编·第五辑·第一编·教育》（一），江苏古籍出版社 1994 年版，第 1052 页。

续表

学校类别		总计	国库款	省库款	财产收入	捐助款	学生缴费	杂项收入
私立	大学	7706535 （100%）	303000 （3.93%）	244792 （3.18%）	1033503 （13.4%）	3169693 （41.16%）	1718089 （22.28%）	1237458 （16.05%）
	独立学院	5873944 （100%）	126031 （2.13%）	167414 （2.85%）	573746 （9.75%）	3780285 （64.37%）	834804 （14.2%）	391664 （6.7%）

注明：括号内数据为百分比。

资料来源：辛树织：《第一次中国教育年鉴·第四册丁编学校教育统计》（民国二十三年），台北：传记文学出版社1971年影印本，第1533页。

如表6—1所示，国立大学经费总数的70%来源于国库款。私立大学经费中只有4%和3%来源于国库款和省库款，私立大学经费更多依赖捐助款和学生学费，这两项占总经费来源的41%和22%。省立大学没有国库款资助。从教育经费总额来看，1931年国立大学国库款总额945万元，私立大学国库款总额才30万，不到国立大学总额的1/30。1931年用在大学本科层次的大学及独立学院的国库款总投入为1011万元，其中国立大学所占比例93.5%，国立独立学院占2.3%，私立大学占3%，私立独立学院占1.2%，比例之悬殊，充分说明当时国民政府高等教育经费基本用在国立大学建设上。

当时国立大学教育经费分配不当，急需加强的图书资料、仪器设备等硬件建设不尽如人意。从1928—1931年度公、私立大学及独立学院图书册数和仪器价值比较表中可以了解到国立大学在内的公立大学及独立学院在此方面的建设不够理想，见表6—2。

表6—2　民国十七年至二十年（1928—1931）大学教育之进步

项别＼年度	民国十七年（1928）		民国十八年（1929）		民国十九年（1930）		民国二十年（1931）	
	公立大学及独立学院	私立大学及独立学院	公立大学及独立学院	私立大学及独立学院	公立大学及独立学院	私立大学及独立学院	公立大学及独立学院	私立大学及独立学院
图书册数	1357221	643214	1590912	928416	1780415	1013343	1681764	1643965
仪器价值	2064180	493206	3210764	1682347	3830851	1972508	5491361	4501361

资料来源：节选自辛树织：《第一次中国教育年鉴·第二册丙编教育概况上》（民国二十三年），台北：传记文学出版社1971年影印本，第344—345页。

如表6—2所示，与私立大学及独立学院图书总数平均每年以30万册的增加幅度形成鲜明对比的是，公立大学及独立学院图书册数每年增加近20万册，甚至到1931年出现下滑现象。二者在图书册数总量上的差距从1928年公立比私立多71万册到1931年差距降到4万册，差距缩小速度也是惊人的。关于仪器价值总值，公立大学及独立学院从1928年至1931年年增长比例分别是1.56、1.19、1.43倍，平均每年增加1.39倍，而私立大学及独立学院的仪器价值总值增长比例分别是3.41、1.17、2.28倍，平均每年增加2.46倍，除了1930年私立大学及独立学院的增加比例低于公立大学之外，其他年度均远远高于其平均值。

在图书设备充实方面，私立大学及独立学院走在公立大学及独立学院前面。从经费使用的合理性角度上看，私立大学及独立学院要优于公立大学及独立学院。言外之意，中央和地方政府投资为主的国立、省立大学及独立学院的经费使用比例中图书仪器设备充实方面的投入还不及以捐助款为主要经费来源的私立大学及独立学院。那么，占国库款90%以上比例的国立大学教育经费到底用在哪里呢？从教育经费的两大构成看，既然在图书仪器设备等教育基本建设方面的投资少，那么教育经费主要用在了教育事业费上，即人员经费和公用经费投入太多。如果教育经费主要用于发薪水，导致大学教育所需办学条件得不到有利改善与提高，其实质就是无形中浪费了国家有限的教育资源。

国家高等教育经费虽然不断增加，但在高等院校最应该注重的图书仪器设备方面的投入不充足，也是促使人们不得不反思大学院系建设的重要理由之一。如果国家教育经费主要用来发放教职员工的薪水，那么，这样的教育充其量是生存状态的教育，不能根本上解决国家所需人才的培养任务，更谈不上高质量人才的培养问题。大学既然要研究高深学术，培养专门人才，就要为师生提供基本的教学与研究条件、环境以及学习和研究的氛围，否则就无法实现高深学术研究，也无法完成社会所需人才培养的基本任务。

四　社会所需建设人才缺乏

民国成立以来全国专科以上学校毕业生数逐年增加，同时，政局纷争导致整个社会事业不太发达。二者间的矛盾冲突使高等教育毕业生就业形势成为当时社会关注的焦点之一。1912—1931 年全国专科以上学校毕业生数从 490 人增加到 7034 人，见图 6—1。对毕业生数作进一步分析，比较文类和实类毕业生比例便清楚地看到二者的差距与偏态发展状况，见图 6—2。

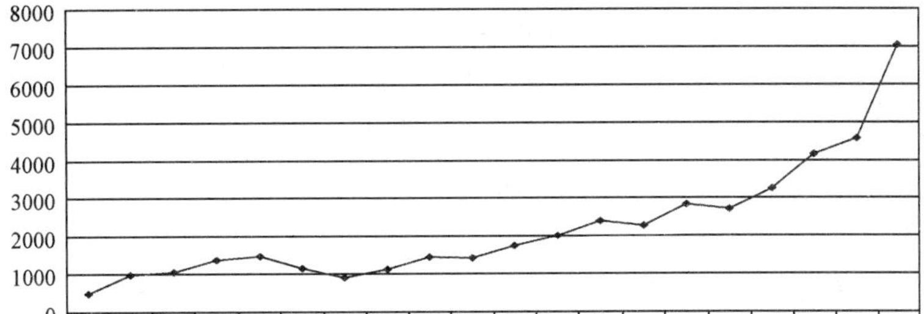

	1912年	1913年	1914年	1915年	1916年	1917年	1918年	1919年	1920年	1921年	1922年	1923年	1924年	1925年	1926年	1927年	1928年	1929年	1930年	1931年
总计	490	976	1048	1364	1470	1155	900	1137	1446	1428	1742	2005	2397	2272	2841	2714	3253	4164	4583	7034

图 6—1　1912—1931 年全国专科以上学校毕业生曲线

资料来源：中国第二历史档案馆编：《中华民国史档案资料汇编·第五辑·第一编·教育》（一），江苏古籍出版社 1994 年版，第 334—337 页。

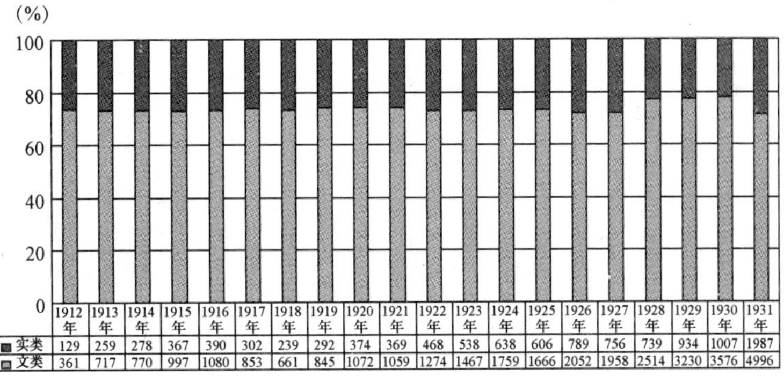

	1912年	1913年	1914年	1915年	1916年	1917年	1918年	1919年	1920年	1921年	1922年	1923年	1924年	1925年	1926年	1927年	1928年	1929年	1930年	1931年
实类	129	259	278	367	390	302	239	292	374	369	468	538	638	606	789	756	739	934	1007	1987
文类	361	717	770	997	1080	853	661	845	1072	1059	1274	1467	1759	1666	2052	1958	2514	3230	3576	4996

图 6—2　1912—1931 年专科以上学校毕业生中文、实类毕业生比例

资料来源：中国第二历史档案馆编：《中华民国史档案资料汇编·第五辑·第一编·教育》（一），江苏古籍出版社 1994 年版，第 334—337 页。

所谓“文类”和“实类”划分是按照当时教育部的分析框架采用的专用词，通常“文类”包括《大学组织法》规定的文、法、教育和商学院等学科门类，而“实类”包括理、工、农、医学院等学科门类。从其归属看，文类属于人文社会科学类学科，实类属于自然科学类学科。如图

6—2 所示，民国成立后近 20 年时间里大学及专门学校毕业生中文类毕业生数占绝对优势。相较于文类，实类人才均不到毕业生总数的 1/3。“因每年毕业人数之增加，而出路未能供求相应，则失业为事所恒有，据最近二十二三四三个年度之调查统计，全国专科以上学校毕业生，共二万六千九百五十九人，其中失业者约占全数百分之十三，而计百分之十三大致多为文法两科毕业生，教育商业者极少，理工农医者多有所就业。”① 这就导致“现实大学毕业生，非国家所真正需要的人才”②，进一步证明大学毕业生就业困难不是普遍现象，而是文类毕业生中文、法科毕业生过多导致的结构性失业，即高等教育培养出的文法类人才超出社会所需，出现供过于求，导致其就业困难。

不仅大学毕业生结构性失业证明文类与实类学科发展中的失衡状态，南京国民政府建立后全国大学在校生数也能说明文、法科畸形发展问题。《九个月来教育部整理全国教育之说明》中朱家骅部长提到院系之铺张骈置、设备之简陋与程度之降低之外，今日大学教育之憾事还包括文法科教育之畸形发展问题。据《第一次中国教育年鉴》1928—1931 年大学教育概况，全国大学各院学生数统计，见图 6—3、图 6—4。

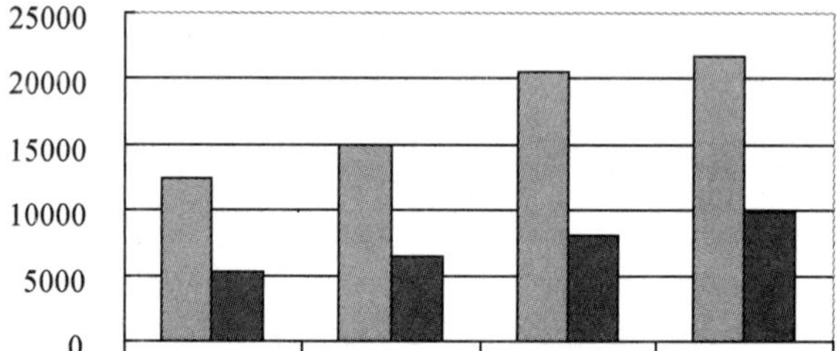

	1928年	1929年	1930年	1931年
文类在校生	12458	14918	20576	21697
实类在校生	5167	6402	8101	9902

图 6—3　1928—1931 年全国各大学文类实类在校生数比较

① 《全国高等教育趋势及历年毕业生人数》，《申报》1936 年 8 月 23 日第 4 版。

② 《中央与国府纪念周》，《申报》1931 年 9 月 1 日第 4 版。

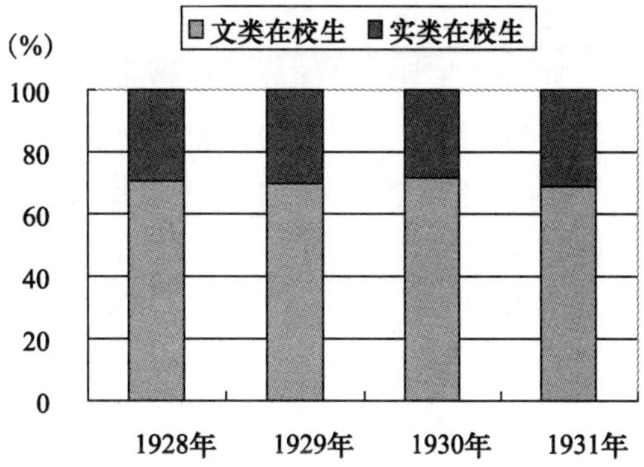

图 6—4　1928—1931 年度大学文类实类在校生比例

资料来源：辛树织：《第一次中国教育年鉴·第二册丙编教育概况上》（民国二十三年），台北：传记文学出版社 1971 年影印本，第 344 页上栏。

如图 6—4 所示，1928—1931 年全国大学在校生中，文类学生总数是实类学生总数的两倍之多，从每年度学生数比例看，实类生比例不及在校生总数的 1/3。由此判断，大规模院系整顿之前全国大学学科设置中文类学科发展充分，具体到文类各个学科门类中，尤其以法、文学科门类发展最突显，见图 6—5。

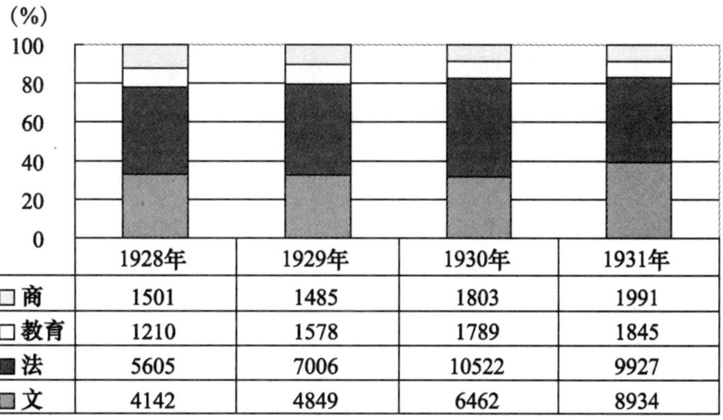

	1928年	1929年	1930年	1931年
□商	1501	1485	1803	1991
□教育	1210	1578	1789	1845
■法	5605	7006	10522	9927
▨文	4142	4849	6462	8934

图 6—5　1928—1931 年全国大学文、法、商、教育学科在校生比例

资料来源：辛树织：《第一次中国教育年鉴·第二册丙编教育概况上》（民国二十三年），台北：传记文学出版社 1971 年影印本，第 344 页上栏。

在文类大学生总数中法学门类学生最多，其次是文学门类学生，而教育学和商学门类学生仅占文类学生总数20%左右，所以很好地证明了当时大学学科设置中文类不仅占据绝对优势，且偏向发展了文、法两大学科门类，导致大学文、法类学科畸形发展的论断。中国华侨教育的创始人郑洪年1933年对当时国内高等教育出现的上述现象作了高度概括，“以国内现有高等教育过于侧重人文，忽视生产，形成人才过剩与缺乏之矛盾现象”①，道出了文法人才过剩与建设人才缺乏之矛盾。此时社会发展现状是“一九三二年以后，社会经济发展较快，对各类专业技术人才需求激增”②，相对而言，农、工、医类人才还是社会急需补充的建设人才。这一现象从一个侧面反映出，20世纪30年代中国社会对科技人才的需求以及大规模院系整顿的需要，如何调整社会科学和自然科学发展出现的失衡与矛盾现象成为当时国内高等教育不可回避的研究课题。

第二节　国立大学院系整顿与人才需求的平衡

1930年4月全国第二次教育会议通过《改进高等教育计划》，关于国立大学学科建设的建议是，在同一区域内各大学增设院系时避免重复设置，如有此种情况的要酌量裁并。此次国立大学院系整顿以理、工、农、医类学科建设为龙头，通过因地制宜裁并“文类”院系，适度限制法政人才的培养，增设“实类”院系，鼓励社会所需建设人才的培养。国立大学从规模扩张进入质量提升阶段，人才培养从数量的追求导向学科结构的平衡，大学的院系发展在国家宏观调控下逐步规范化。

一　国立大学数量的稳定

《改进高等教育计划》明确提出“本计划拟定在训政六年期内，用全力使现在的大学内容充实，程度提高，但作质量的改进，不再作数量上的扩充”③。高等教育改革从数量扩充进入质量提升阶段，国立大学数量也随之稳定下来。

---

① 郑洪年：《一年来之高等教育》，《一九三三年之上海教育》，上海新闻社1934年版，第C3页。

② 金以林：《近代中国大学研究：1895—1949》，中央文献出版社2000年版，第203页。

③ 辛树织：《第一次中国教育年鉴·第二册丙编教育概况上》（民国二十三年），台北：传记文学出版社1971年影印本，第328页下栏。

1928 年成立的国立劳动大学由于成绩平平，1930 年教育部派谢树苹等数名工程师前去视察调研，“现该部将该大学重行改组，本年暑假停止招生，已呈行政院备案”①，1930 年 12 月 9 日国民政府令王景岐为国立劳动大学校长。到 1932 年因办学效果不佳，农场、工厂设备太简单，同一区域的沪杭一代已有国立中央大学、国立浙江大学、国立同济大学、国立交通大学等知名大学，加之上海正处于战区、学校损失严重等由，1932 年 6 月 7 日，行政院第 39 次会议讨论通过朱家骅部长解散国立劳动大学的提案。拟在 1932 年国立劳动大学全部结束相关工作，除了土木系四年级学生 38 人毕业外，电机系、农艺系、园艺系、农业化学系、经济系三年级学生共 100 名，转入其他国立大学，继续学业。

随着国立劳动大学停办，1932 年国立大学数量减到 13 所。原来的国立青岛大学改称国立山东大学，据 1932 年 7 月 15 日济南电，“今青大整委会开会议决，改名国立山东大学”②。其余 12 所国立大学分别是国立中央大学（南京）、国立北平大学（北平）、国立北京大学（北平）、国立北平师范大学（北平）、国立清华大学（北平）、国立中山大学（广州）、国立浙江大学（杭州）、国立武汉大学（武昌）、国立暨南大学（上海）、国立同济大学（上海）、国立交通大学（上海、北平、唐山）和国立四川大学（成都）。直到抗战前夕，国立大学数量为 13 所，见表 6—3。

表 6—3　　1932—1936 年大学及独立学院统计

年度	大学				独立学院			
	国立	省市立	私立	合计	国立	省市立	私立	合计
民国二十一年（1932）	13	9	19	41	5	11	19	35
民国二十二年（1933）	13	7	20	40	5	12	22	39
民国二十三年（1934）	13	8	20	41	5	11	22	38
民国二十四年（1935）	13	9	20	42	5	9	24	38
民国二十五年（1936）	13	9	20	42	5	9	22	36

资料来源：教育部教育年鉴编纂委员会：《第五次中华民国教育年鉴》，台北：正中书局 1985 年版，第 877—878 页。

① 《劳动大学改组》，《申报》1930 年 6 月 6 日第 2 版。

② 《青大改为山东大学》，《申报》1932 年 7 月 27 日第 3 版。

如表6—3所示，1932—1936年教育部统计的全国各大学情况中，国立大学数量一直保持在13所，国立独立学院数量一直保持在5所，数量趋于稳定。显然这一时期，量的增加不是重点，关注的焦点真正转移到教育质量的提升上。教育部在整顿国立大学院系方面主要作了如下指示：一要避免同一区内国立大学重复设置学科；二要改观偏文倾向，加强自然科学学科建设。

二　文类院系的裁并

根据1929年《大学组织法》，“文类”院系包括文、法、教育和商学等学科门类为基础建立的学科组织，“实类”院系包括理、工、农、医学等学科门类为基础建立的学科组织。国立大学院系整顿，因地制宜裁并院系，集中表现为文、法院系的裁并与裁撤。

（一）同一区域国立大学的院系调整

院系骈设的标准如前文所述，以同一区域内设置同类学院为基本条件，还须视其是否超过需要为衡量标准，如为超过需要，才被视为院系骈设，应予以限制。排除1932年6月停办的国立劳动大学，北平是当时国立大学最集中的地方，有国立北平大学、国立北京大学、国立清华大学、国立北平师范大学，加上国立交通大学的一部分，共计5所国立大学。其次是上海集中3所国立大学：国立同济大学、国立暨南大学和国立交通大学的总部。其余6所国立大学分别设在南京、广州、杭州、成都、青岛、武昌等地，不存在国立大学内部院系骈设情况，虽有省立大学和私立大学与其共设院系情况，由于各自经费来源的不同，难以在同一水平上进行衡量。

北平的五所国立大学中，进入院系调整范围的是国立北平大学、国立北平师范大学和国立清华大学。其中院系调整幅度最大的是国立北平大学，“按国立北平九校合并，原为试验大学区制之囫囵方法，其实国立九校各有其特殊历史与性质，合并本无可能。证之年来事实，各学院仍各自为政，北平大学之招牌等于虚设”①。随着大学区制废止，北大学院、第

① 《北京大学学生会等要求恢复校名直隶中央并请蔡元培回任校长呈》，1929年9月，中国第二历史档案馆编《中华民国史档案资料汇编·第五辑·第一编·教育》（一），江苏古籍出版社1994年版，第232页。

二工学院、两个师范学院先后独立或他并，国立北平大学剩下 7 院 34 系，详情见表 6—4。

表 6—4　　民国二十年（1931）国立北平大学院系情况

院别	院长	科系	科、系主任	教员数		学生数	
				各科系	全院	各科系	全校
女子文理学院	顾澄	理科　数学系	顾澄		147		
		物理系	夏元瑮				
		化学系	杨垻				
		体育系	顾毅若				
		文科　国文系	严既澄	14			
		英文系	杨宗翰	19			
		哲学系	童德喜	12			
		经济系	董人骥	15			
		史学系	李季谷	12			
		音乐系	杨仲子	16			
法学院	白鹏飞	法律系	石志泉	30	75	259	704
		政治系	陈启修	17		253	
		经济系	李光忠	18		160	
		俄文法政系	李仲武	4		32	
农学院	刘运筹	农艺系	王善佺	16	59	46	182
		林学系	贾成章	11		21	
		农业化学系	赵学海	10		37	
		农业生物系	费鸿年	10		38	
		农业经济系	董时进	12		40	
工学院	孙国封	机械工程系	彭九生		72	112	318
		电机工程系	许坤			113	
		机织工程系	罗听余			43	
		化学工程系	蔡镇瀛			50	
俄文法政学院今改商学院	左宗纶	法律学系	王觐		61	77	226
		经济学系	左宗纶			71	
		政治学系				29	
		外交领事系				49	

续表

院别	院长	科系	科、系主任	教员数		学生数	
				各科系	全院	各科系	全校
艺术学院	严志开	中国画系	凌直支	11	55	81	252
		西洋画系	卫天霖	7		50	
		实用美术系	丁品青	10		51	
		建筑系	沈理源	8		19	
		音乐系	杨仲子	9		26	
		戏剧系	熊佛西	10		25	
医学院		不分系					

资料来源：辛树织：《第一次中国教育年鉴·第二册丙编教育概况上》（民国二十三年），台北：传记文学出版社1971年影印本，第365—367页。

1931年2月，教育部令“北平大学之俄文法政学院，应自本年起逐年结束，不再招新生。艺术学院应照本部前令，切实办理结束。女子学院自本学期起应改成女子文理学院，以符名实”①。相较于北平其他国立大学，国立北平大学的设备不完善，学潮又不断，政府令其1932年下半年女子文理学院和法学院暂停招生，以期加以整理和改善。除上述理由之外，很重要的原因是北平地区文科人才与法政人才供过于求，暂缓招生也是必需的。国立交通大学北平分院不设文、理、法学院之外，其余三所国立大学均有文、理学院或文、理、法三学院。国立北京大学文、理、法三学院的资历和优势自不必说，国立清华大学同样设置文、理、法三学院，国立北平师范大学也有文、理学院。所以在北平的5所国立大学中四所都设置文、理学院或文、理、法学院，这里还没有计算其他私立大学，可想而知，北平地区文科人才与法政人才很容易供过于求。

1933年7月6日教育部第二次出台整顿北平大学令，要求艺术学院按部令结束办理，所有在院学生，由院发给专修科二年或三年毕业证书。女子文理学院10系合并改组成5系2科，“女子文理学院原有之哲学系应改为哲学教育系，中国文学系、史地系及英国文学系合并为文史系，社会科学系改为经济学系，并应注重统计、会计、银行等应用学科，音乐系改

① 《教部令整顿平大师大》，《申报》1931年2月12日第4版。

为音乐专修科，数学系改为数理系，化学系仍旧，体育系改为体育专修科，该院各系既改为五学系，两专修科”①。到1933年秋，国立北平大学从原来的7院34系调整到6院22系，裁撤、裁并1院12系，艺术学院原本与《大学组织法》中学科编制不符，最终“独立为北平艺术专科学校，俄文法政学院改称商学院”②。

1934年教育部经派员视察，报告了国立北平大学院系整顿意见和建议，要求继续裁并院系：

> 该校商学院应与法学院合并，改称法商学院。改法商学院自二十三年度起应设置商学系，以俄文为必修科目，藉以培植边地商事人才。至原商学院现有学生，除法律、政治、经济各学系学生应由该校妥订办法，令其插入原法学院各系相当班级外，其国际贸易、工商管理、交通管理三系学生，得由该校斟酌情形或令插班、或继续开班，以完成其学业。该三系嗣后不得再招新生，以便结束。女子文理学院各系，去年曾令裁并，该院并未切实办理，殊属不合，下年度应依前令，力举裁并之实，不得仍以裁系分组为掩饰。③

随着法学院与商学院合并，1934年国立北平大学只剩5个学院。据1934年3月《国立北平大学组织大纲》，各学院分设学系及专修科为：女子文理学院内设文史系、哲学教育系、经济学系、数理系、化学系、音乐专修科和体育专修科；法商学院内设法律学系、政治学系、经济学系和商学系；农学院内设农艺系、林学系、农业化学系、农业生物系、农业经济系；工学院内设机械工程系、电机工程系、机织工程系、化学工程系；医学院不分系。

1935年8月教育部再次提出改进训令，要求“女子文理学院哲学教育系，既经决定停办，该系学生甚少，应将原有学生改入他系，或设法予以转学，以便早日结束完竣。农学院经费既感困惑，农业生物及农业经济

① 《教部第二次整顿平大令》，《申报》1933年7月6日第4版。

② 《国立北平大学》，吴惠龄《北京高等教育史料·第一集（近现代部分）》，北京师范大学出版社1992年版，第252页。

③ 《教育部改进国立北平大学训令》，1934年6月28日，中国第二历史档案馆编《中华民国史档案资料汇编·第五辑·第一编·教育》（一），江苏古籍出版社1994年版，第213页。

两系设备亦薄弱，应酌拟裁并办法，呈部核定"①。经过教育部整顿意见和建议的下达，国立北平大学进一步加强院系调整力度，经过一番悉心指导与整顿，到1936年国立北平大学院系数减到4院16系。女子文理学院下设文史、英文、经济、化学、数理5系；法商学院下设法律、经济、政治、商学4系；农学院下设农学、林学、农业化学3系；工学院下设机械、电机、纺织、应用化学4系。对比1931年学科建制，到抗日战争爆发之前国立北平大学已从7院34系裁撤到4院16系，在此次大规模大学院系整顿中实属院系整顿力度最大的一所国立大学。

教育部不仅对国立北平大学女子文理学院和法学院采取限制招生政策，1932年秋对同在北平的国立北平师范大学也采取暂停招生政策。原因不仅是国立北平师范大学设备不完善，学潮不断，还有一个重要因素是该校物理实验室1931年遭遇火灾，损失惨重，对学校的发展而言可谓雪上加霜。面对如此局面，政府也只能令其暂停招生，加以整理和改善。

据1936年1月教育部国立大学统计，国立北平师范大学仍设文、理、教育三学院，"北平师大社会系裁撤"②，系数从原来的11系减少到10系。具体学科建制为文学院下设国文、外国语文、历史3系；理学院下设数学、物理、化学、生物、地理5系；教育学院下设教育、体育2系。可以说国立北平师范大学除了暂停招生整顿改善之外，只裁撤了社会系，院系整顿力度并不明显。在13所国立大学中国立北平师范大学是唯一一所师范大学，以培养中学教师为目标，如果裁撤文理学院，剥夺学生学习文理基础学科的资格，仅靠教育学院支撑一所师范大学实在不合常理，也不能培养出合格的师资力量。即便在北平地区国立大学中其文、理学院属于重复设置院系的范围，由于文理学科门类的基础性，教育学院衬托的文理学院也有它必须存在的合理性。

面对北平地区法政人才供过于求的局面，国立清华大学法律系也被限制招生。《国立清华大学规程》中已有法律学系的编制，"但法律学系一

① 《教育部改进国立北平大学训令》，1935年8月11日，中国第二历史档案馆编《中华民国史档案资料汇编·第五辑·第一编·教育》（一），江苏古籍出版社1994年版，第216—217页。

② 《黄问岐撰民国二十三年中国教育回顾与今后展望》，1934年12月2日，中国第二历史档案馆编《中华民国史档案资料汇编·第五辑·第一编·教育》（一），江苏古籍出版社1994年版，第151页。

直到一九三二年二月教育部才‘准予备案’设立”[①]，遗憾的是备案不久，即1932年5月16日教育部训令清华大学“下学期起暂缓招收法律系学生”[②]，而在1934年教育部训令中“法学院法律系并应遵照叠次训令，即行结束”[③]。不论是国立北平师范大学裁撤社会系，还是国立清华大学裁撤法律系，都说明教育部此时对法政人才培养采取限制性措施，防止其过度发展导致法政人才的过剩。

上海的3所国立大学重复设置学院主要有工学院和商学院。国立同济大学和国立交通大学均有工学院，而国立交通大学和国立暨南大学均有商学院。但同一区域重复设置的学院若不超过需要，也不能视为院系骈设，没有理由限制。何况工科人才是国家建设所需人才，部令加强其建设，因此工科的重复设置可以忽略不计。而商科方面，国立暨南大学为华侨教育的先声，主要办学目的是把华侨子弟培养成为合格师资和商务人才，所以商科是其特色学科门类。相对而言，国立交通大学商科其实只有管理学院，主要是铁道管理专业，与交通大学特色也完全吻合。因此，上海的3所国立大学重复设置的学院，由于各需所设，也就不属于同一区域院系骈设的范围，没有归入教育部限制和裁撤院系范围。加上1932年上海成为战区，其院系调整采取了更加灵活的政策。

（二）战区国立大学的院系调整

1932年“一·二八”事件后，上海成为战区，教育设施不同程度地受到损害，正常教育教学活动也随之受到影响。国立暨南大学校址分南京薛家巷和上海真如两处。“一·二八”事件后，真如校舍被敌军占领，学生分别在上海、苏州和广州三处继续学业。1932年3月4日郑洪年召集特别校务会议，议决在上海设大学部，租新闸路1748—1758号及赫德路56号为校舍“以赫德路为第一院，设文、法、教、商四学院及秘书处，南洋美洲文化事业部新闸路为第二院，设理学院”[④]。3月12日开始学生报到注册，是淞沪战区最早开始上课的学校。

1932年春，国立暨南大学教育学院改为教育学系，隶属文学院，法

---

① 清华大学校史编写组：《清华大学校史稿》，中华书局1981年版，第111—112页。

② 《教部令清华停办法律系》，《申报》1932年5月17日第2版。

③ 《教育部改进国立清华大学训令》，1934年7月13日，中国第二历史档案馆编《中华民国史档案资料汇编·第五辑·第一编·教育》（一），江苏古籍出版社1994年版，第201页。

④ 《暨大战后一年来概况》，《申报》1933年6月11日第4版。

学院裁撤，原有学生转入中央大学法学院肄业，变成文、理、商3学院。此次院系裁并主因在于当时上海属于战区，在这一特殊历史时期，学校不得不采取紧缩与集中办学政策，节省办理法学院和教育学院的经费，充实文、理、商学院。同时，上海与南京之间距离不算远，南京又是国府所在地，法政人才多集中于南京，因此裁撤国立暨南大学法学院，使现有学生转入国立中央大学继续学业不成问题，也不影响学校的办学效率。教育学院改为教育学系并入文学院，并非是不重视教育学的问题，“大学生修习教育，以为师资之备，但是特设一院，专习教育科目，在一方面苟缺乏文理基本科目之研究，试问除教育科目外，将持何术以为人师，在又一方面，如许专习教育之学生，毕业后又那得加许教育行政机会，以展其所学”①。办理文、理、商学院以及附属中小学对于国立暨南大学而言，非常符合其教育华侨子弟，培养合格师资和商务人才的办学目的。当时采取紧缩政策，各学院仅开设两学系也是明智的选择。

中日战事协定签署后，1932年5月23日驻扎真如的日军全部撤退，国立暨南大学战后整理委员会负责接收和整理一切事宜。1932年暑假后，三处学生全部撤回真如原校，“撤回真如原校后，本校之编制分文、理、商三学院”②，下设12系、师资专科和实验学校。每院设院长1人，原来的院长仍保留，陈钟凡、于基泰和叶渊分别担任文学院、理学院和法学院院长。各系设主任1人，师资专科设主任1人。文学院设中国语文学系、外国语言学系、历史社会学系、政治经济学系、教育学系5系。其中政治经济学系分政治和经济两组，教育学系分心理和教育行政两组。理学院设物理学系、化学系、数学系3系。商学院设会计学系、银行学系、国外贸易学系、铁道管理学系4系。

（三）国立中央大学的院系调整

国立中央大学由于1932年6月29日学生殴打代理校长段锡朋（教育部政务次长）一事，1932年6月30日行政院令“国立中央大学在沪设立之商医两院外，着即暂行解散，听候派员彻底整理”③。经过一段时间的整顿，1932年7月27日《申报》报道由李四光继任国立中央大学校长，

① 《朱家骅对于目前政府整理大学办法之说明》，《申报》1932年7月25日第2版。

② 《暨大战后一年来概况》（三），《申报》1933年6月16日第4版。

③ 《院令解散中央大学》，《申报》1932年6月30日。

随即1932年9月5日开始罗家伦长校。

1932年起，国立中央大学院系有多变动：商、医两学院独立为国立上海商学院及国立上海医学院；理学院动物及植物学系合并为生物学系，心理系取消，实验心理学编入生物学系；教育学院教育原理、教育行政、教育社会学系改为教育学系，艺术教育科、艺术专修科改并为艺术科，体育专修科并入体育科，其他各科均改称系。

据1934年6月23日《申报》刊登的罗家伦对“两年来之中央大学”报道，通过两年的院系整理，国立中央大学从1931年的8院40系、科缩减到1934年的6院30系、科：文学院设中国文学、外国文学、哲学、史学和社会学5系；理学院设算学、物理学、化学、地质学、地理学、生物6系；法学院设法律学、政治学和经济学3系；教育学院设教育学和心理学两系，艺术、体育和卫生教育3科；工学院设土木工程、机械工程、电机工程、化学工程和建筑工程5系；农学院设农艺、森林、畜牧兽医、农业化学、园艺、蚕桑6系。“将繁复之教育社会系等，从事归并，而将较切于国家实际需要之学系，如工学院之化工系，农学院之园艺蚕桑等系，予以恢复。”① 理学院下设心理学系转移到教育学院。改变原来各院办公、授课和研究地点较散的局面，集中各院地点，规定中山院为文学院，科学馆为理学院本部，东南院为法学院，南高院为教育学院本部，新教室为工学院本部，三牌楼为农学院。1936年学科建制变成7院25系，增设医学院，“二十五年则奉部令将社会及蚕桑两系裁并，则一部分课程则并入他系开设”②。社会学系裁并于哲学系。

除了上述国立大学院系调整之外，国立四川大学在1933年3月迫于经济困境，裁撤教育学院，“所属教育系、艺术专修科、体育专修科并入文学院”③。“民国二十一年九月国立武汉大学法学院之商学系并入经济学系。”④ 从国立大学院系裁撤或裁并情况看，裁撤院系主要包括艺术学院、法学院、社会学系、法律学系等，裁并院系主要包括商学院裁并于法学院，教育学院裁并于文学院。总体趋势上国立大学文类院系进入被裁撤或裁并的范围，被调整学科门类中法学、教育学、商学较为突出。面对同一

---

① 《两年来之中央大学》，《申报》1934年6月23日第4版。

② 《中央大学之最近四年》，《申报》1936年9月7日第4版。

③ 四川大学校史编写组：《四川大学史稿》，四川大学出版社1985年版，第172页。

④ 《学府纪闻·国立武汉大学》，南京出版有限公司1981年版，第7页。

区域国立大学避免院系重复设置规定和法政人才供过于求的局面，国立北平大学被暂停过法学院招生，后期法学院与商学院合并。随后国立北平师范大学裁撤社会学系，国立清华大学裁撤法律系，均围绕限制培养法政人才而采取的一系列措施。战区国立大学在紧缩集中办学政策下，裁撤的也是法学院。位于国民政府首都的国立中央大学的学院裁撤中除了地理位置上的不便，而独立出去的商学院和医学院之外，南京本部的大学院系中也裁并了社会系。可见，在当时大规模院系整顿中法律学科成为裁并或调整的首要目标，说明此次大规模院系整顿不是盲目进行，而是针对社会需求与大学人才培养之间的矛盾，有计划、有组织、有针对性地开展的一次大学学科调整。

三　实类院系的增设

1912 年以来全国专科以上学校毕业生数统计和 1928—1931 年各大学不同学院在校生数统计均显示，文、法学科门类学生过剩与实类院系学生不足的事实。进一步分析 1931 年全国大学院系数，详见表 6—5。

表 6—5　　民国二十年（1931）全国大学之编制

		院数				系数			
		合计	国立	省立	私立	合计	国立	省立	私立
总计		146	55	26	65	554	222	76	256
文类	合计	83	28	14	41	311	111	36	164
	文	36	11	6	19	169	52	19	98
	法	21	9	5	7	65	31	12	22
	教育	12	5	2	5	29	12	2	15
	商	14	3	1	10	48	16	3	29
实类	合计	63	27	12	24	243	111	40	92
	理	32	10.5	5	16.5	148	58	19	71
	农	7	4	1	2	32	19	2	11
	工	16	8.5	5	2.5	47	26	17	4
	医	8	4	1	3	16	8	2	6

资料来源：辛树织：《第一次中国教育年鉴·第四册丁编学校教育统计》（民国二十三年），台北：传记文学出版社 1971 年影印本，第 1530 页。

如表6—5所示，文类院数83所，占大学学院总数的57%；实类院数63所，占43%；文类学系311所，占大学学系总数的56%；实类学系243所，占44%。百分比例上，文类与实类学院之间存在一定的差距，从比值看文类学院占优势。具体到不同学科门类，导致差距产生的侧重点有所不同。

从不同学科门类院数统计看，文类学院中文学院占43%，法学院占25%，教育学院和商学院数加起来才占32%，不到文类学院总数的三分之一。从学院下设学系数比较看，文学院下设169个系，法学院下设65个系，占到文类学院下设系总数的75%，教育学院和商学院下设系只占25%。所以，导致文类学院数量优势的主要还是文学院和法学院。为此中央出台政策，不扩张文法科，明令提倡农、工、医实科教育，充实农、工、医、理科，越是国家危难之时，越要坚持培植国家有用人才的主张。

1932年7月朱家骅部长在《国立专科以上学校校长会议决议案》中提出，注重农、工、医、理学院，先行充实农、工、医、理学院的决议。着眼于国防建设人才的培养，决议“请由教育部调查全国各大学现有学科之特点，就该科增设有关国防学科”①。1932年12月21日国民党第四届中央执行委员会第三次全体会议通过《关于整顿学校教育造就适用人才案》，明确规定“各省市及私立大学或学院，应以设立农工商医理各学院为限，不得添设文法学院”②。

应该说文类、实类院系不均衡发展方面国立大学并不凸显，见图6—6、图6—7。

① 辛树织：《第一次中国教育年鉴·第二册丙编教育概况上》（民国二十三年），台北：传记文学出版社1971年影印本，第330页上栏。

② 国民党第四届中央执行委员会第三次全体会议通过的《关于整顿学校教育造就适用人才案》，1932年12月21日，中国第二历史档案馆编《中华民国史档案资料汇编·第五辑·第一编·教育》（一），江苏古籍出版社1994年版，第1052页。

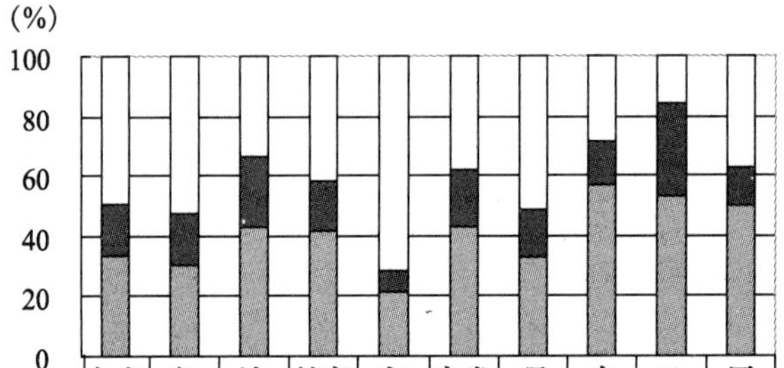

	文类合计	文	法	教育	商	实类合计	理	农实类	工	医
□私立大学	41	19	7	5	10	24	16.5	2	2.5	3
■省立大学	14	6	5	2	1	12	5	1	5	1
▩国立大学	28	11	9	5	3	27	10.5	4	8.5	4

图 6—6　1931 年大学院数比例

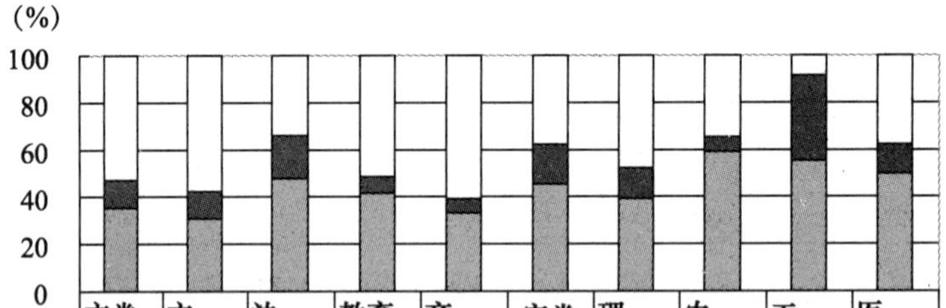

	文类合计	文	法	教育	商	实类合计	理	农	工	医
□私立大学	164	98	22	15	29	92	71	11	4	6
■省立大学	36	19	12	2	3	40	19	2	17	2
▩国立大学	111	52	31	12	16	111	58	19	26	8

图 6—7　1931 年大学系数比例

资料来源：辛树织：《第一次中国教育年鉴·第四册丁编学校教育统计》（民国二十三年），台北：传记文学出版社 1971 年影印本，第 1530 页。

从三种类型大学的院系数比例图中较清晰地看到文类和实类院数差距最大的是私立大学，文、实类院数比例 41∶24，近 5∶3，系数比例 164∶92，也接近 5∶3。具体到不同学科门类中文类商学院和实类工学院的比例悬殊最大，私立大学商学院数占大学商学院总数近 2/3，相反私立大学工学院数占大学工学院总数比例不到 1/5。相比较而言，国立大学实类学院数在大学整体中还是占据主导地位，理学院之外农、工、医学院数量比例在总体中达到或超出私立大学和省市立大学的总和。

从院系数的比例图看，大学学科设置中文类、实类学科平衡状况国立大学表现较好。详见图6—8、图6—9。

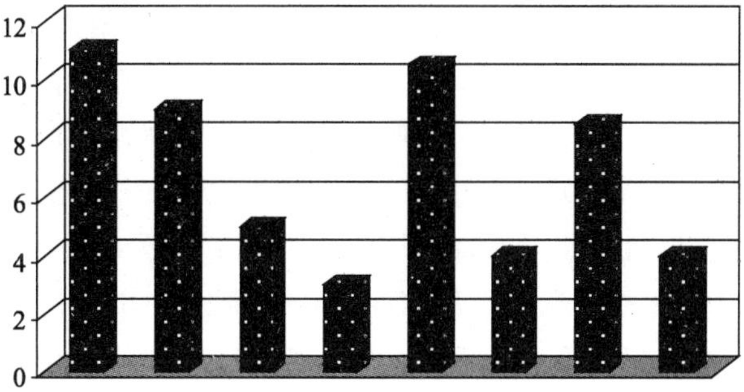

图6—8 1931年国立大学院数

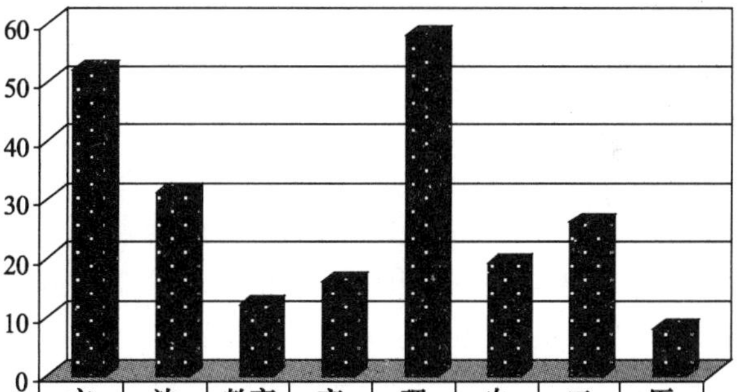

	文	法	教育	商	理	农	工	医
■系数	52	31	12	16	58	19	26	8

图6—9 1931年国立大学系数

如图6—8、图6—9所示，国立大学不论在院数还是在系数方面，均文、理院系数量最多，法学院系与工学院系数相当，其他各院数平均4个，也很接近。所以国立大学在文类和实类学科领域的偏差程度不明显。从院系数绝对值看基础理论学科占据主导地位，也符合大学高深学问研究的特性。从国立大学总体水平看，在学院发展上并没有出现所谓的文法科畸形发展局面，但在大规模院系整顿潮流中国立大学同样加强了实类学院的建设力度，尤其在工、农、医学院建设方面表现积极。

(一) 增设工、农、医学院，充实理学院

国立清华大学和国立山东大学陆续增设工学院和农学院，国立中山大学增设工学院，国立武汉大学和国立四川大学增设农学院，国立中央大学增设医学院，国立浙江大学、国立交通大学和国立暨南大学扩充理、工、农各学院。

1932年5月16日教育部训令国立清华大学"就财力所能及积极扩充工学院"[①]，根据当局决定，"民国廿一年（一九三二）呈准教育部添设机械工程学系、电机工程学系，合原有之土木工程学系，成立工学院"[②]。1932年秋正式成立了工学院。从当时国内工业院校实际情况看，工业院校数量有限之外，都面临经费困扰，"而清华却具有建立和发展工学院的可能。一则清华经费较为充裕，二则清华理学院的数学、物理、化学诸系有一定的基础"[③]。当然国立清华大学工学院的成立不仅是上级命令的结果，更是理学院土木工程系学生争取的结果。土木工程系成立于1926年，附属在理学院中，其招生情况非常好，每年有近30%—40%的新生都进土木工程系。"工程系的学生深感附属于理学院，在延聘教师及增添设备等各方面，都不能得到充分发展，便在1932年1月成立'改院促进会'，要求学校设立工学院。"[④] 随后校评议会通过下学期添设工学院，组织改组筹备委员会。梅贻琦校长在制定工学院学科建设政策时强调，"大学工学院的设置，我认为应当和工业组织人才的训练最有关系"，以培养"国家目前最迫切需要的工业建设的领袖"。[⑤] 为了充实工学院设备，呈准建立机械工程馆和电机工程馆，"为了配合国防需要，清华工学院机械系于1934年设航空组"[⑥]，并于1936年11月在南昌设立了航空研究所，以求推动航空事业的研究与发展。"一九三三年教育部还曾命令清华添办农学院。清华当局认为与本校发展理工的方针相悖，也不具备条件，而教育部要清华办农学院的目的，也无非是想利用清华的庚款。因此，清华当局只

---

① 《教部令清华停办法律系》，《申报》1932年5月17日第2版。

② 《学府纪闻·国立清华大学》，台北：南京出版有限公司1981年版，第76页。

③ 清华大学校史编写组：《清华大学校史稿》，中华书局1981年版，第226页。

④ 同上。

⑤ 刘剑虹：《梅贻琦的大学学科建设思想初论》，《高等师范教育研究》2001年第1期，第56页。

⑥ 苏云峰：《从清华学堂到清华大学1928—1937》，生活·读书·新知三联书店2001年版，第54页。

答应办了一个农业研究所，以敷衍教育部的要求。”[①] 农业研究所成立于1934年8月，主要进行农业改良研究，分设虫害和病害两组，设在生物学馆。1936年4月1日长沙电“清华大学在岳麓山建农学院，一日成立工程处。”[②]

国立山东大学从文、理、教育3院、8系建制到1932年改为文理、工学院2院建制。济南1932年7月15日电：“文理两院并为文理学院，设青岛。理学院数学物理两系，并为数理系，教育学院停办，在文学院内设教育讲座。”[③] 1932年秋，中国文学系和外国文学系暂停招生，增设工学院，下设土木工程、机械工程两系，招一年级新生，在青岛授课。1934年5月3日济南电，国立山东大学在济南设立农学院，“注重研究与推广，造就本省需要之农业人才”[④]，并与山东省教育厅合作，本省乡师三四年级学生可以入院研究。

国立中山大学曾于1931年重组过工科筹备委员会，但在同年秋解散该委员会，理学院内设土木工程系和化学工程系，变通办理理工学院。1932年邹鲁鉴于国家急需工业技术人才，8月成立工学院筹备委员会，聘肖冠英为筹备委员会主席，由刘均衡、曾广弼等24人组成委员。经过2年的筹备工作，“该委员会开会凡十一次，各委员分工合作，订学则，编课程，置设备，建院舍，积极进行。二十三年八月工学院卒以筹备完竣而组织成立，分设土木工程、化学工程、机械工程、电气工程四学系”[⑤]。肖冠英任工学院院长，教授有方棠棣、康辛元、李翼纯、罗雄才、李敦化、古文捷等[⑥]。

国立武汉大学1931年时工学院仅有土木工程学系，邵逸舟负责。1933年4月“校务会议议决自下半年度起工学院增设机械工程学系”[⑦]，工学院在原有土木工程系和机械工程系基础上，1935年8月决定“本年

---

① 清华大学校史编写组：《清华大学校史稿》，中华书局1981年版，第112页。

② 《清华大学积极在湘设校》，《申报》1936年4月2日第4版。

③ 《青大改为山东大学》，《申报》1932年7月27日第3版。

④ 《山东大学设农学院》，《申报》1934年5月4日第4版。

⑤ 《国立中山大学现况》（民国二十四年），台北：传记文学出版社1971年影印本，第244页。

⑥ 梁山、李坚、张克谟：《中山大学校史》，上海教育出版社1983年版，第66页。

⑦ 《国立武汉大学一览》（民国二十四年），台北：传记文学出版社1971年影印本，第18页。

度起增加电机工程学系”[1]。1935 年 10 月续聘各院系主任：邵逸周任工学院院长，陆凤书任土木工程系主任，郭霖任机械工程学系主任，赵师梅任电机工程学系主任。1933 年 9 月成立农学院筹备处。教育部 1934 年改进国立武汉大学训令中提道：“该校工学院基础已立，其新设学系尚应从速充实设备；农学院之筹备应切实进行。”[2] 教育部 1935 年改进国立武汉大学训令中进一步提道：“该校农学院规模已具，下年度应依师资设备等情形，酌招新生或短期训练班，并仍积极从事于高深设备之扩充……该校应设法增进理工等学院教授研究工作。工学院须增聘优良师资，以应该院发展之需要。”[3] 按照教育部训令，国立武汉大学农学院筹备处 1935 年特开办农业简易班，附设于本校徐家棚棉场，招收农村初中毕业生 20 余人，传授实用农林知识与技能。“二十五年农学院成立，设立农艺系”[4]，国立武汉大学正式增设农学院，在实类学院扩充方面成绩显著。

国立四川大学 1931 年由国立成都大学、国立成都师范大学和公立四川大学合并而成时，公立四川大学农科学院独立为四川省立农学院。“1935 年秋，经教育部批准，该院重新回归川大，同时将重庆大学农学系并入”[5]，下设农学系、园艺系、病虫害系和林学系。农学院的建设发展离不开仁鸿隽校长的努力与大力支持。仁鸿隽于 1935 年 8 月继王兆荣后担任校长，从当时四川的经济建设需要出发，深感农业科学研究水平低下，拨款 2 万余元扩充农学院硬件条件，1936 年寒假后，增设畜牧研究室、农业化学研究室和农业经济研究室等。

由于当时国家缺乏医学人才，国民政府首都南京不能没有高等医学教育机关，为此国民政府特令国立中央大学，“应即添办医学院，于下年度开始招生，以应国家急需……去年暑假招考新生，共录取二十八名，实际

① 《国立武汉大学一览》(民国二十四年)，台北：传记文学出版社 1971 年影印本，第 22 页。

② 《教育部改进国立武汉大学训令》，1934 年 7 月 20 日，中国第二历史档案馆编《中华民国史档案资料汇编·第五辑·第一编·教育》(一)，江苏古籍出版社 1994 年版，第 202 页。

③ 《教育部改进国立武汉大学训令》，1935 年 7 月 23 日，中国第二历史档案馆编《中华民国史档案资料汇编·第五辑·第一编·教育》(一)，江苏古籍出版社 1994 年版，第 203 页。

④ 《学府纪闻·国立武汉大学》，台北：南京出版有限公司 1981 年版，第 7 页。

⑤ 四川大学校史编写组：《四川大学史稿》，四川大学出版社 1985 年版，第 205 页。

到校者二十五名"①。国立中央大学1935年招收医学科学生正式成立医学院，聘请中央医学院内科主任戚寿南博士为院长。同年设立牙医专科学校，1936年下学期添设解剖学、生理学、生物化学、病理学、药物学和细菌学等六个实验室。

国立浙江大学从1932年起，工学院增设机械工程学系。1936年7月农学院变更组织，将原来的农业植物学、农业动物学、农业社会学3系扩充为农艺、园艺、蚕桑、病虫害、农业经济5系，"原有畜牧及森林两组裁撤，学生则转入中央大学农学院肄业"②。

国立交通大学沪校土木工程学院在铁道、市政和构造门之外，于1933年增设道路门，机械工程学院在工业、铁道门之外，于1934年增设汽车工程门，一年后该门改为自动车工程门，分汽车及飞机两组，在交通工程领域开辟新的领域。

国立暨南大学也在战后积极恢复教学，1932年新学期开始后"理学院扩充实验室，增添仪器标本及化学用品凡四万余元，注重实验，使学生手脑一致，培养切于实际需要之建设人才"③，在教育部积欠经费情况下，筹募基金改善教学研究。1932年12月17日下午在南京举行第二次董事会，议决"筹募基金百万元，应注重发展自然科学用途"④。即便在艰难时期同样坚持实类学科建设，发展自然科学用途，既服务于华侨教育，也满足国家所需建设人才的培养。

1933年5月7日北平电："教部训令北平各大学，暑假后不得添设文法学院，应以设立农、工、医、理各学院为限。"⑤ 在办学经费紧缺条件下，限制文法学院增设及文法科招生，也是一种变相的对理、工、农、医等实类学科支持的表现。

（二）实类院系建设方面国立大学贡献突出

有关改革的成效问题黄问岐在1934年中国教育回顾与今后展望中分析道"一面提倡实科，制定北京、中央、中山、清华、武汉等大学筹设

---

① 《教育部改进国立中央大学训令与该校办理情形呈》，1935年5月10日，中国第二历史档案馆编《中华民国史档案资料汇编·第五辑·第一编·教育》（一），江苏古籍出版社1994年版，第206、209页。

② 《浙大农学院改进》，《申报》1936年7月13日第4版。

③ 《暨南大学之新发展》，《申报》1932年10月17日第3版。

④ 《国立暨南大学董事会》，《申报》1932年12月20日第4版。

⑤ 《教部训令平各大学不得添设文法学院》，《申报》1933年5月8日第3版。

国防化学讲座。二十一年度统计，总计文类减 3.2%，实类增 3.2%，此为注重实科，限制文法科之收效表现”①。不同类型的大学，对实类学院增幅的贡献率有所不同，1934 年全国各类大学院数（见图 6—10）中私立大学工学院 3 所，还不到大学工学院总数（19.5 所）的 1/6，农学院和医学院总数没有变化。相反私立大学偏文倾向仍很明显，商学院 9 所，占全国大学商学院总数的 3/4，文学院和教育学院数占据大学文学院和教育学院总数一半以上的比例。

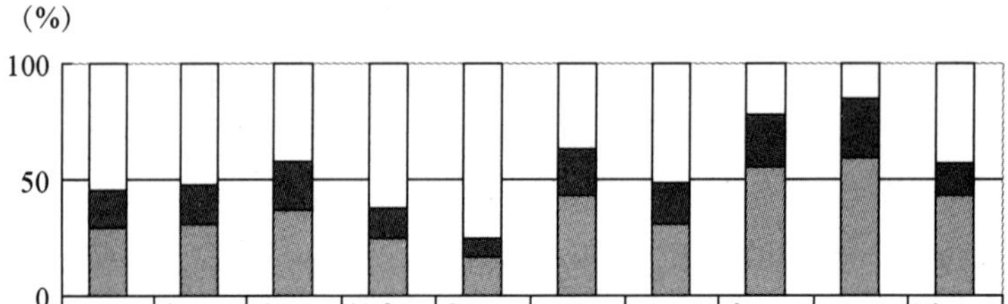

	文类合计	文	法	教育	商	实类合计	理	农	工	医
□私立	40.5	18.5	8	5	9	25.5	17.5	2	3	3
■省立	12	6	4	1	1	14	6	2	5	1
▩国立	22	11	7	2	2	30	10.5	5	11.5	3

图 6—10　1934 年全国各大学院数比较

资料来源：据辛树织《第一次中国教育年鉴·第二册丙编教育概况上》（民国二十三年）（台北：传记文学出版社 1971 年影印本）第 342—343 页原始数据整理而成。

若是对国立、省立、私立大学在 1931 年、1934 年的各学科门类院数作比较分析，会发现改革的成效主要归功于国立大学，见图 6—11、图 6—12、图 6—13。

如上述 3 组图所示，教育部提倡发展实类学院的指引下，国立大学文类学院减少 6 所，实类学院增加 3 所，分别是法学院、教育学院和商学院数量各减少 1—3 所，农学院和工学院增加 1—3 所。省立大学变化不显著，

① 《黄问岐撰民国二十三年中国教育回顾与今后展望》，1934 年 12 月 2 日，中国第二历史档案馆编《中华民国史档案资料汇编·第五辑·第一编·教育》（一），江苏古籍出版社 1994 年版，第 153 页。

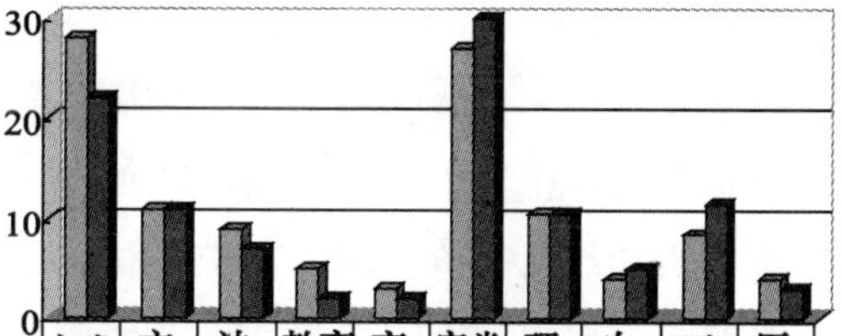

	文类合计	文	法	教育	商	实类合计	理	农	工	医
国立大学1931年	28	11	9	5	3	27	10.5	4	8.5	4
国立大学1934年	22	11	7	2	2	30	10.5	5	11.5	3

图 6—11　国立大学 1931 年与 1934 年各学科学院数变化情况

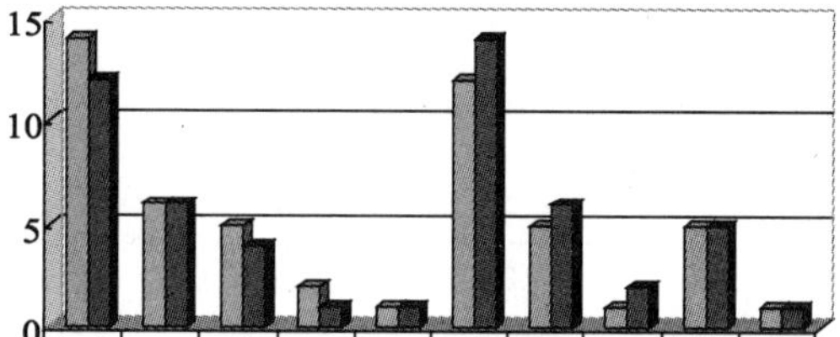

	文类合计	文	法	教育	商	实类合计	理	农	工	医
省立大学1931年	14	6	5	2	1	12	5	1	5	1
省立大学1934年	12	6	4	1	1	14	6	2	5	1

图 6—12　省立大学 1931 年与 1934 年各学科学院数变化情况

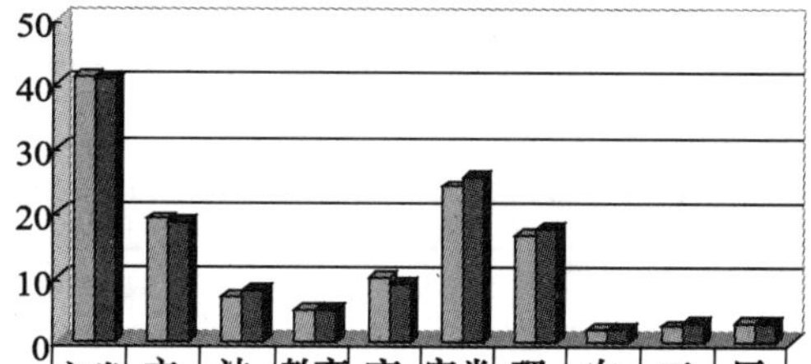

	文类合计	文	法	教育	商	实类合计	理	农	工	医
私立大学1931年	41	19	7	5	10	24	16.5	2	2.5	3
私立大学1934年	40.5	18.5	8	5	9	25.5	17.5	2	3	3

图 6—13　私立大学 1931 年与 1934 年各学科学院数变化情况

文类学院减少 2 所，实类学院增加 2 所，分别是法学院和教育学院各减少 1 所，理学院和农学院各增加 1 所。而私立大学基本没有什么变化。原本在文法科不均衡发展方面私立大学的影响最大，国立大学并不明显，但在教育部加强实类学科院系建设方面改动最大的却是国立大学而非私立大学。

这说明经费来源的不同直接影响国家导向的学科发展问题。私立大学相对而言，经费来源中国库款和省库款的比例很少，主要靠捐助款，因此在短期内不能大改动经费投资力度。实类学科发展比文类学科发展需要更多的投入，短期内加设农、工、医科学院并非容易。国立大学经费来源主要是国库款，国家为了发展自然科学学科，注重实类院系建设，必定对其加大投入，学科发展导向也随之改变。

（三）实类毕业生比例大幅增加

改革的成效不仅体现在实类学院的增加方面，还体现为实类毕业生比例的大幅增加，见图6—14、图6—15。

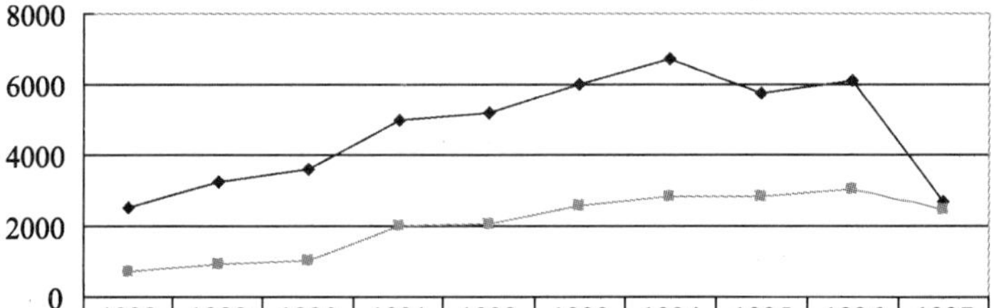

	1928年	1929年	1930年	1931年	1932年	1933年	1934年	1935年	1936年	1937年
文类	2514	3230	3576	4996	5173	5982	6729	5745	6118	2692
实类	739	934	1007	1987	2074	2584	2834	2837	3036	2445

图6—14　1927—1937年专科以上文类和实类毕业生数折线图

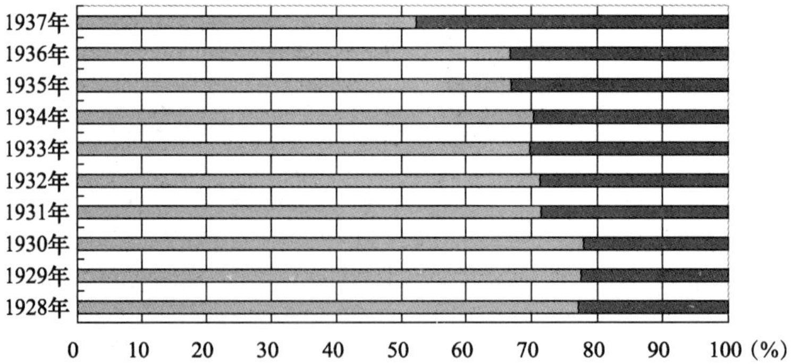

图6—15　1927—1937年专科以上文类和实类毕业生比例条形图

资料来源：中国第二历史档案馆编：《中华民国史档案资料汇编·第五辑·第一编·教育》（一），江苏古籍出版社1994年版，第334—337页。

如图6—14、图6—15所示，1928—1937年全国专科以上学校毕业生数中以文、法、教育、商科为主的文类毕业生数直到1934年始终占据绝对优势，1935年开始下滑，毕业生总数减少近1000人，1937年有明显下滑趋势，毕业生数比上一年骤减3000多人。相反以理、工、农、医学为主的实类毕业生直到1936年稳步上升，占总毕业生数比例从不到25%，逐步追赶到近30%。1937年实类毕业生数量虽然不及前年总数，但其比例有明显提升，接近总毕业生数的50%，也就是说1937年毕业生中文类和实类毕业生比例相当。

按照1929年《大学组织法》中各学院学制规定，医学院5年制外，其他各学院均4年制计算，1935年后文类毕业生数下降趋势说明，1931年起文类招生人数得到有效控制。而1935年、1936年、1937年实类毕业生比例提升同样证明1931年后实类招生比例有了明显的提升，也折射出当时对实类人才的需求与重视程度。1934年后实类招生人数更是大幅提升，见表6—6。

表6—6　　1933—1935年全国专科以上学校录取新生统计

		1933年	1934年	1935年
文类	合计	5142	6440	6118
	文	2246	2440	2280
	法	1791	2154	1804
	教育	655	893	1120
	商	450	953	914
实类	合计	3391	5480	6415
	理	1474	1294	2702
	农	441	683	694
	工	1027	1999	2332
	医	449	604	687
总计		8533	11920	12543

资料来源：《最近五年度全国高教录取新生之科别》，《申报》1936年7月14日第4版。

如表6—6所示，1934年工、农、医学院新生增幅达到95%、55%和35%，仅次于商学院，排在前四位，1935年新生数首次实现实类生超出文类生，招生人数方面，理学院排在第一位，工学院排其次，教育部实行的院系整顿工作呈现出效果。

在全国高等学校在校生比例中，同样能证明实类院系得到加强的事实，见表6—7。

表6—7　1931—1937年高等学校（含专科）各科在校生比例　（%）

年度 \ 科别	文	法	商	教	理	工	农	医	其他
1931	22.8	37.3	4.9	9.6	8.0	9.2	3.2	4.1	0.9
1932	21.0	34.0	6.7	7.9	9.7	10.4	3.6	4.3	1.5
1933	20.3	30.1	7.4	9.3	11.0	12.3	3.9	5.7	0
1934	19.0	26.4	7.3	9.7	12.7	14.1	4.4	6.3	0.1
1935	23.3	21.4	7.2	6.7	15.2	13.4	5.3	7.4	0.1
1936	20.0	19.7	7.7	7.9	13.1	16.7	6.2	8.1	0.7
1937	13.3	22.8	5.9	7.9	14.3	18.5	5.8	10.8	0.7

资料来源：节选自金以林《近代中国大学研究：1895—1949》，中央文献出版社2000年版，第202页。

纵向比较各学科门类1931—1937年在校生比例，法科有明显的下滑趋势，比例值从1931年的37.3%降到1937年的22.8%，减少近15%；文科在1931—1934年小幅减少，1935年反弹后再大幅减少；文类学科门类中商科、教育科在校生增幅不明显；实类学科门类在校生比例总体上保持增长势头，理、工、农、医科比例从1931年的8%、9.2%、3.2%、4.1%增长到1937年的14.3%、18.5%、5.8%、10.8%，平均增长两倍，从不到在校生总数的1/4的比例增长到近1/2的比例，实类在校生比例提升显著。横向对比每个年度中各学科门类在校生比重，1931年时法、文、教育排在前三甲到1932年时工科赶超教育排在第三位，1937年时法、工、理科排在前三甲，实类在校生比例逐步赶超文类在校生比例。

四　国立大学院系整顿的纵向比较

国立大学经过一轮大规模院系整顿，到1936年时一半以上国立大学院数发生变化，有增有减，即便院数没有变化的国立大学也有小幅度系数变化与调整。从图 6—16 较直观地看到这一时期 13 所国立大学院数变化总体情况。

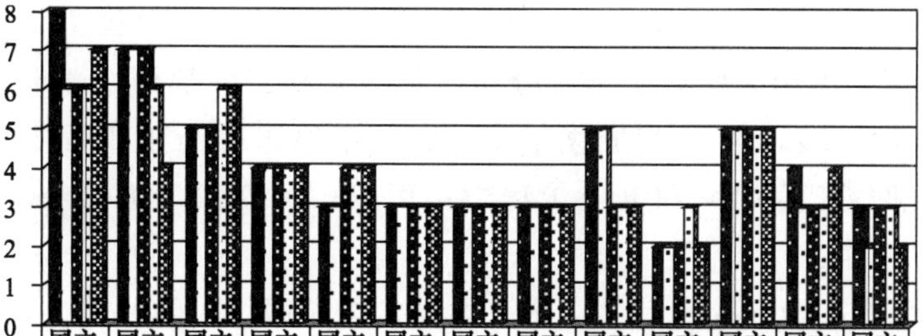

	国立中央大学	国立北平大学	国立中山大学	国立武汉大学	国立清华大学	国立北平师范	国立浙江大学	国立北京大学	国立暨南大学	国立同济大学	国立交通大学	国立四川大学	国立山东大学
■1931年	8	7	5	4	3	3	3	3	5	2	5	4	3
□1932年	6	7	5	4	3	3	3	3	5	2	5	3	2
■1934年	6	7	5	4	4	3	3	3	3	2	5	3	3
□1935年	6	6	6	4	4	3	3	3	3	3	5	3	3
⊠1936年	7	4	6	4	4	3	3	3	3	2	5	4	2

图 6—16　1931—1936 年国立大学院数变化图

资料来源：1931 年数据来源：辛树织：《第一次中国教育年鉴·第四册丁编学校教育统计》（民国二十三年），台北：传记文学出版社 1971 年影印本，第 1516—1517 页；

1932 年数据来源：《全国各大学设立院系状况》，《申报》1935 年 1 月 10 日第 4 版；

1934 年数据来源：辛树织：《第一次中国教育年鉴·第二册丙编教育概况上》（民国二十三年），台北：传记文学出版社 1971 年版，第 342—343 页；

1935 年数据来源：申报年鉴社：《第三次申报年鉴》，美华书馆 1935 年版，第 976 页；

1936 年数据来源：中国第二历史档案馆编：《中华民国史档案资料汇编·第五辑·第一编·教育》（一），江苏古籍出版社 1994 年版，第 300—303 页。

如图 6—16 所示，在大学院系整顿中国立武汉大学、国立北平师范大学、国立浙江大学、国立北京大学和国立交通大学院数没有变化。但 1936 年的数据是 1 月份的统计结果，因此国立武汉大学的农学院未进入统计，实际上国立武汉大学属于院数增设范围中，而国立同济大学 1935 年院数虽增加 1 所，统计口径的不同把筹备中的理学院计入其中，实属院数没有变化。因此院数没有变化的是国立北平师范大学、国立浙江大学、国立北京大学、国立交通大学和国立同济大学等 5 所。

院数减少的有国立北平大学和国立暨南大学 2 所。国立北平大学 1935 年裁撤艺术学院，1936 年裁撤医学院，法学院和商学院合并为法商学院，形成女子文理、工、农、法商四院；国立暨南大学裁撤了法学院，裁并教育学院于文学院，成为文学院下设教育系，只设理、文、商3学院。

院数增加的有国立中山大学、国立清华大学和国立武汉大学3所。国立中山大学理工学院分化为理学院和工学院两个学院；国立清华大学在1932年秋就成立工学院，是在原来的土木工程学系基础上增设机械工程学系和电机工程学系而成；国立武汉大学在1936年增设农学院。

院数有增有减的有国立中央大学、国立四川大学和国立山东大学3所。国立中央大学从1931年的8院到1934年减少了商、医两学院，1936年又增加了医学院，最终定格为7院；国立四川大学1932年将教育学院裁并于文学院，1936年增设了农学院。国立山东大学1932年停办教育学院，文、理两院并为文理学院，增设工学院，1934年开始筹备农学院，直到1936年国民政府教育部统计中农学院还在筹备状态中，因此1934年、1935年实属文理、工两学院状态。

从国立大学院数调整情况看，有8所国立大学不同程度地调整院数，裁撤或裁并的学院有法学院、艺术学院、教育学院和商学院，增加的学院有工学院和农学院。很明显，文类学院被裁撤或裁并，实类学院中工、农科得到加强。而医学院的发展不太稳定，国立北平大学裁撤了医学院，国立中央大学医学院裁撤过，增设过。

学院整顿之外，学系调整更为烦琐复杂，即便院数没有变化的5所国立大学中，除了国立北京大学之外的4所均有不同程度的学系调整。据1935年初统计结果，全国院系整顿中，“共裁撤、归并或停止招生三十三个学系，其中平、沪两市约占半数，达十六系。裁撤、归并的院系中属于实科的仅三系，其余三十系均属于文法科”①。相较于1935年统计数据，若以1931年与1936年国立大学院系统计结果为据，分析其院系整顿结果，共裁撤或裁并7院、55系，增加4院、14系、2门，详见下表6—8。

① 金以林：《近代中国大学研究：1895—1949》，中央文献出版社2000年版，第200—201页。

表 6—8　　国立大学 1931 年与 1936 年院系数变化对比表

国立大学	1931 年院系数	1936 年院系数	增加院系	裁并或裁撤院系
国立中央大学	8 院 40 系、科	7 院 30 系		1 院 10 系 商学院 4 科；理学院裁并动物学系和心理学系，心理学系转入教育学院；教育学院裁并教育行政、教育心理、教育社会学系；体育科与体育专修科合并，艺术教育科与艺术专修科合并
国立北平大学	7 院 33 系	4 院 16 系	1 系 商学系	3 院 18 系 商学院与法学院合并为法商学院，商学院下设法律系、政治系、经济系并入法学院相关系，裁撤商学院下设外交领事系；裁撤艺术学院 6 系和医学院；国文系和史学系合并为文史系，数学系物理系合并为数理系，裁并哲学系、音乐系，体育系；裁撤农业生物系和农业经济系
国立北京大学	3 院 14 系	3 院 14 系		
国立清华大学	3 院 14 系	4 院 16 系	1 院 2 系 工学院：机械和电机系	
国立北平师范大学	3 院 11 系	3 院 10 系		1 系 社会学系
国立武汉大学	4 院 13 系	4 院 13 系	1 系 工学院增机械系	1 系 法学院少了商学系
国立中山大学	5 院 21 系	6 院 22 系	1 院 2 系 理工学院分化为理学院和工学院，工学院增加电机工程系和机械工程系	1 系 裁撤商学系

续表

国立大学	1931 年院系数	1936 年院系数	增加院系	裁并或裁撤院系
国立山东大学	3 院 8 系	2 院 8 系	1 院 2 系 增工学院，土木工程系和机械工程系	2 院 2 系 合并文理学院，裁撤教育学院及其 2 系
国立同济大学	2 院 2 系	2 院 3 系		1 系 工学院测量系
国立暨南大学	5 院 17 系	3 院 9 系	1 系 教育学院归并文学院成为教育系	2 院 9 系 裁撤法学院及其 2 系、教育学院及其 2 系；文学院裁撤社会学系；理学院裁撤生物学系；商学院裁撤银行系、交通管理系和普通商业系
国立浙江大学	3 院 18 系	3 院 13 系	3 系 农学院农业植物、农业动物系；工学院机械工程系	8 系 裁撤文理学院历史与政治学系、经济学系、心理学系；裁并农学院农艺系、森林系、园艺系、桑蚕系；裁撤工学院测量系
国立交通大学	沪校 5 院 14 系、门　①	沪校 5 院 16 系、门	2 门 铁道门、自动车工程门②	
国立四川大学	4 院 11 系	4 院 11 系	1 院 2 系 增加农学院 4 系；文学院增教育系	1 院 2 系 裁并教育学院于文学院中，成为教育系；理学院裁撤物理学系

资料来源：1931 年数据：辛树织：《第一次中国教育年鉴·第二册丙编教育概况上》（民国二十三年），台北：传记文学出版社 1971 年影印本，第 353—385 页；

1936 年数据：中国第二历史档案馆编：《中华民国史档案资料汇编·第五辑·第一编·教育》（一），江苏古籍出版社 1994 年版，第 300—303 页。

---

①　国立交通大学北平铁道管理学院：事务门、冶金门；唐山土木工程学院：土木工程学系（构造、铁道、建筑、市政门）、采矿冶金系（采矿、冶金门）。

②　国立交通大学沪校土木工程学院 1933 年增设道路门，机械工程学院 1934 年增设汽车工程门，一年后该门改为自动车工程门，分汽车及飞机两组。详见《学府纪闻·国立交通大学》，台北：南京出版有限公司 1981 年版，第 42—43 页。

如表6—8所示，国立大学新增院系中，商学系和教育学系是由原来的商学院和教育学院裁并后并入其他学院构成其一个系之外，新增院系均属于工、农学院下设机械工程、电机工程、土木工程、农业植物系和农业工业系等系。其中新增机械工程系的国立大学最多。国立大学裁并或裁撤院系中，商学、教育学和法学院系较多。

总之，在大规模院系整顿中被裁撤或裁并的院系主要是法学院、商学院、教育学院和艺术学院，以及法律系、社会系、教育系、音乐系和体育系等，而增设院系主要是工学院和农学院。总体趋势是适度限制文类或社会科学学科门类的发展规模，鼓励和加强实类或自然科学学科门类建设。该结论从1939年9月4日教育部颁布的《大学及独立学院各学系名称令》中也能得到验证，在此次规范院系名称中文学院、法学院和商学院改动不明显，但工学院、农学院新增诸多系。相较于教育部1929年8月14日颁布的《大学规程》，此次工学院增设系有水利工程、航空工程、纺织工程，原有的电热工程改称电器工程，建筑学改称建筑工程，采矿、冶金合称矿冶工程。这从一个侧面反映出当时社会工业发展进程，不仅出现了新兴工业领域，如航空工程，还不断扩大了国立大学工科教学与研究规模。农学院同样新增植物病虫害、农业化学、农业经济等系，林学改称森林系，越发关注民生问题。相反文学院裁撤语言学和音乐学系，社会学归并于法学院。商学院删除交通管理系，增设商学系，并允许文学院和法学院也设商学系。教育学院在此次学系名称令中未作规定，也是对其独立学科门类的一次质疑。

看到成效的同时，不可否认大学院系整顿的严峻性。虽然国立大学在适度控制文类学院的过度发展以及有效加强实类学院的建设方面成效显著，但文、法学院的改造不是短期内实现的问题。就以法科在校生比例一直排在第一位以及1934年新生总数中理、工、农、医学院新生数均不敌文、法学院生数，就能看到对文、法学科门类的限制并非易事。其实在“二十三年度之规定，文类学院各系所招新生及转学生之平均数不得超过实类之平均数”①。说明大学文、法学院基数大，即便采取暂停招生或限

① 《民国廿三年教育上之重要改革》，申报年鉴社《第三次申报年鉴》，美华书馆1935年版，第960页。

制招生人数政策，学生总量还是难以在短期内控制到适度比例。直到1936年教育部还在控制文、法科学科门类的招生人数，1936年4月17日南京电，教育部通令，限制各大学文、法、商、教育学院和独立学院文、法、商、教育科的招生名额，明确规定“各大学设有文法商教育等学院，独立学院设有文法商教育等学科者，每一学系或专修科所招新生及转学生之数额，除具成绩特优等情形，经部于招考前特许者外，以三十名为限”①。从中也可推测到当时国民政府对大学院系整顿的决心与力度。

第三节　国立大学课程标准编订与人才质量的提升

自从各大学自行采用选课制以来，学生除了国文、英文和数学必修课之外，根据各自兴趣选课，出现诸多弊端，集中表现为“在学生则常识不充，根底不厚，则进而研究专门题目，专家学说，浅尝薄涉，心得毫无。在学校则以开设课程太多，非三五专任教员所能分任，必多聘兼任讲师，滥支经费。在教员则以所教课程范围太狭，教材枯窘，不得不东涂西抹，敷衍塞责，矫此诸弊，拟将大学课程加以整理”②。为了整顿院系课程开设的混乱状况，教育部决议成立“大学课程及设备标准委员会”，形成学科带头人，规范大学学科发展，与此同时打破以往狭隘的专业教育体系，打通科系，加强大学的通识教育，培养通才，提升人才质量。

一　学科发展的规范化

“查大学课程之编制，在民国十九年时已有所编订，彼时所订对于大学各科课程之详细内容，都逐一列举，比较繁复，各大学实行方面较为困难。”③ 编制课程标准是一项烦琐的工程，必须有计划、有组织地进行。1931年10月教育部公布大学课程标准起草步骤，大体分四大步骤：首先，聘请各系专家1人1个月内拟定本系课程标准草稿；其

① 《各大学招收新生教部通令限制》，《申报》1936年4月18日第4版。
② 《编制大学课程的意见》，《申报》1931年9月9日第3版。
③ 《教部着手编订大学课程纲目》，《申报》1935年2月13日第4版。

次，教育部聘请同系数名专家集体讨论，审订草稿；再次，请1名专家整理出适用的草案；最后，由教育部公布课程标准。教育部对此次大学院系课程及设备标准制定工作十分重视，聘请一批当时国内顶尖级专家学者组成各系课程标准草拟人员，计划用两年时间编制大学课程及设备标准。据《申报》1931年10月16日和18日报道，教育部函请的各科专家有：

文学院：中国文学系刘半农、外国文学系陈源、哲学系宗白华、史学系陈寅恪、社会学系孙本文；

理学院：数学系冯祖荀，物理学系叶企孙、化学系张贻侗、生物学系秉志、地质学系翁文灏、地理学系黄国璋、心理学系潘菽、人类学系李济；

法学院：经济学系刘东麟、政治学系周觉、法律学系谢冠生；

教育学院：教育行政系李建勋、教育心理系艾伟、教育社会学系孟宪承；

农学院：农艺系赵连芳、园艺系郭须静、森林系凌道扬、畜牧系夏树人、蚕桑系葛敬中、农业化学系李乃尧、作物系沈宗翰、病虫害系胡先骕、农业经济系唐启宇；

工学院：土木工程系李协、机械工程系钱昌祚、电机工程系王崇植、矿冶工程系杨公召、建筑工程系唐英；

商学院：普通商业系李权时、会计系潘序伦、银行系马寅初、工商管理系黄荫普、国际贸易系武堉幹、统计系何廉。①

课程标准起草专家可以说是当时国内各学科带头人，其中多数为国立大学各系主任或教授，详见表6—9。

① 《文、理、商、工学院名单参考：教部函请各科专家起草大学课程及设备标准》，《申报》1931年10月16日第3版；《理、法、教育、农学院名单参考：大学课程标准起草步骤》，《申报》1931年10月18日第3版。

表 6—9　　各学科课程及设备标准起草专家统计

学科	课程与设备标准起草专家	学历	学位	籍贯	任教经历	主要成就
中国文学	刘半农（1891—1934）	常州府中学、伦敦大学、巴黎大学	法国国家文学博士	江苏江阴	北大预科国文教授（1917）国文系教授（1925）	新文化运动的倡导者之一；西北文物保护
外国文学	陈源（1896—1970）	在英国读中学、爱丁堡大学、伦敦大学	政治经济学博士	江苏无锡	1922 年后北大外文系教授、1929 年后国立武汉大学文学院教授、1931 年时文学院院长兼外国文学系主任	
哲学	宗白华（1897—1986）	同济大学医学预科；德国法兰克福大学、柏林大学		江苏常熟	1931 年国立中央大学哲学系主任	融贯中西艺术理论的美学大师
史学	陈寅恪（1890—1969）	复旦公学；德国柏林大学、瑞士苏黎世大学、法国高等政治学校、美国哈佛大学		江西修水	1925 年后清华大学国学研究院；1930 年后任历史、中文、哲学三系教授	清华四大国学大师之一
社会学	孙本文（1892—1979）	1918 年毕业于北大社会学系，就读美国伊利诺伊大学、纽约大学	伊利诺伊硕士、纽约大学博士	江苏吴江	1925 年后复旦公学教授；1928 年时中央大学设社会学系，首系主任	中国社会学奠基人之一，系统介绍西方社会学到中国的主要学者

续表

学科	课程与设备标准起草专家	学历	学位	籍贯	任教经历	主要成就
数学	冯祖荀（1880—1940）	京师大学堂师范馆、京都帝国大学理学部	理学士学位	浙江杭州	北大理科学长、北师范教授、北大理学院数学系主任（1931年时）兼任东北大学算学系主任	
物理学	叶企孙（1898—1973）	上海敬业中学；清华学校（1918）、美国芝加哥大学、哈佛大学	芝加哥理学士、哈佛哲学博士	上海	东南大学、1925年后清华大学、1931年时清华理学院院长兼物理系主任	清华大学四大哲人之一；中国物理学会创建人之一
化学	张怡侗（1890—1950）	伦敦大学	理学学士	安徽全椒	北大、北平大学和北平师范大学任教，1931年时北平师大化学系教授	
生物学	秉志（1886—1965）	京师大学堂；康奈尔大学农学院、生物系	理学士；哲学博士	河南开封	东南大学、厦门大学、中央大学	中国近代生物学主要奠基人；第一位获得美国博士学位的中国学者
地质学	翁文灏（1889—1971）	13岁中秀才；就读于上海天主教学校；比利时鲁凡大学地质学	理学博士	浙江宁波	北大教授，清华教授、代校长；1932年后任职国民政府国防设计委员会秘书长	中国第一位地质学博士；第一本《地质学》讲义的编写者

续表

学科	课程与设备标准起草专家	学历	学位	籍贯	任教经历	主要成就
地理学	黄国璋（1896—1966）	湘乡中学；长沙雅礼大学毕业；芝加哥大学地理系	硕士学位	湖南湘乡	1929年后中央大学教授后兼系主任、1936年后北平师大、西北联合大学、陕西师大任教	在中国创办大学地理学系最多的人
心理学	潘菽（1897—1988）	毕业于北大哲学系；美国加利福尼亚大学、印第安纳大学、芝加哥大学	印第安纳大学硕士;芝加哥大学心理学博士	江苏宜兴	1927年后任中央大学心理学系主任	中国现代心理学的奠基人之一
人类学	李济（1896—1979）	清华学堂；克拉克大学人口学系；哈佛大学人类学系	社会学硕士、哲学博士	湖北钟祥	1923年后南开大学人类学和社会学教授；1925年任清华大学国学研究院讲师；1929年初任中央研究院历史语言研究所考古组主任	中国考古学之父；主持了河南安阳殷墟发掘
政治学	周觉（1889—1933）	日本留学		浙江吴兴	中国同盟会上海支部负责人之一；国民政府中央监察委员	
法律学	谢冠生（1897—1971）	震旦大学法科；巴黎大学	法学博士	浙江嵊县	1924年后在震旦、复旦、中央大学任教；1930年4月后任国民政府司法院秘书长；1931年任中央大学法学院法律学系主任	

续表

学科	课程与设备标准起草专家	学历	学位	籍贯	任教经历	主要成就
教育行政	李建勋（1884—1976）	1908年北洋大学师范班毕业；民初毕业于日本广岛高等师范学校；后入哥伦比亚师范学院	教育学硕士		1931年时北平师大教育学院院长兼教育学系主任	中国教育行政研究的拓荒者
教育心理	艾伟（1890—1955）	1919年毕业于圣约翰大学；哥伦比亚大学；华盛顿大学	心理学硕士、哲学博士	湖北江陵	1925年后东南大学任教；1927—1932年中央大学教育心理系主任	
教育社会学	孟宪承（1894—1967）	南洋公学中院、圣约翰大学；华盛顿大学；伦敦大学	华盛顿大学教育学硕士	江苏武进	任教过东南大学、圣约翰大学、中央大学；1929—1933年在浙大任教	华东师大第一任校长
农艺	赵连芳（1894—1968）	清华学校；美国依俄华农工学院；威斯康星大学作物遗传研究	博士	河南罗山	1928—1935年在金陵大学、河南大学和中央大学任教、系主任（1929年后）	中国现代农业科学先驱者之一；
园艺	郭须静（1890—1933）	北洋法政学堂；巴黎凡尔赛园艺学校学系农学			1928年劳动大学农学院院长；1928年秋，中央大学农学院园艺教授、园艺系主任；1930年秋南京特别市公园管理处主任	中国引入西方近代园艺科学的奠基人之一

续表

学科	课程与设备标准起草专家	学历	学位	籍贯	任教经历	主要成就
森林	凌道扬(1888—1993)	圣约翰大学;耶鲁大学	林学硕士	广州	金陵大学、青岛大学、国立北平大学农学院;国民政府实业部技工、实业部中央模范林区管理局局长、广东农林局局长	中国近代林业科学先驱;倡设中国第一个植树节
畜牧	夏树人(1884—1944)	日本帝国大学	农学硕士	湖北利川	中央大学、北平大学、西北农学院教授	
蚕桑	葛敬中(1892—1980)	1913年毕业于北大;法国都鲁斯大学园艺、养蚕		浙江嘉兴	1919年后北京农业专门学校任教;1924年后东南大学、中央大学、1928年浙江大学教授系主任	
作物	沈宗翰(1895—1980)	1928年毕业于北京农业专门学校;美国佐治亚大学;康奈尔大学	佐治亚的农学硕士;康奈尔的哲学博士	浙江余姚	1927年后金陵大学农学院教授农艺系主任	
病虫害	胡先骕(1894—1968)	1916年毕业于加州大学伯克利分校;1925年毕业于哈佛大学	博士	江西新建		中国近代植物学奠基人之一

续表

学科	课程与设备标准起草专家	学历	学位	籍贯	任教经历	主要成就
农业经济	唐启宇（1895—1977）	1919年毕业于金陵大学；乔治亚大学硕士；康奈尔大学博士	棉作学硕士;农业经济学博士	江苏扬州	历任东南大学、中山大学、复旦大学教授	
机械工程	钱昌祚（1901—1988）	1919年毕业于清华学校；麻省理工学院	机械工程学士；航空工程硕士	江苏常熟	历任浙江工业专门学校、清华大学；1928年后任国民党政府中央航空学校教育长	中国近代航空工程师
电机工程	王崇植（1897—1958）	1921年毕业于交大电机系；麻省理工学院	电机工程硕士	江苏常熟	历任上海交大、浙大教授	
普通商业	李权时（1895—1982）	1918年毕业于清华学校；芝加哥大学硕士；哥伦比亚大学博士	经济学硕士;财政学博士	浙江镇海	1922年后历任上海商科大学、大夏大学、复旦大学、中国公学、暨南大学、交通大学、劳动大学等学校的教授，1931年时复旦大学商学院院长	
会计	潘序伦（1893—1985）	1921年毕业于圣约翰大学；哈佛大学商学院硕士；哥伦比亚大学博士	企业管理硕士；经济学博士	江苏宜兴	1924年后暨南大学任教；1927年后开会计事务所；1931年3—7月国民政府主计处主计官	被国外会计界誉为中国会计之父

续表

学科	课程与设备标准起草专家	学历	学位	籍贯	任教经历	主要成就
银行	马寅初（1882—1982）	北洋大学；耶鲁大学硕士；哥伦比亚大学博士	经济学硕士；经济学博士	浙江嵊县	历任北大教授、教务长，1929年后出任财政委员会委员长、经济委员会委员长，兼任中央大学教授，1932年后任交大教授	
工商管理	黄荫普（1900—1986）	1922年毕业于清华大学；留学英、美		广东番禺	1927年后任中山大学法学院商学系主任	
国际贸易	武堉幹（1898—1990）	毕业于国立武昌商业专门学校		湖南溆浦	1928年后中央大学商学院教授、国际贸易系主任	
统计	何廉（1895—1975）	耶鲁大学	博士	湖南邵阳	1926年后南开大学财经系统计学教授，1931年任商学院院长兼经济学系主任	在国内最早引入市场指数之调查者和“我国最早重视农业的经济学家”

资料来源：《中国教育大系·历代教育名人志》，湖北教育出版社1994年版；百度百科，2011年10月，http：//baike. baidu. com/view/1. htm。

由于医学院不分系，因此在大学课程标准编订人员名单中没有医学门类的代表，资料所限杨公召、唐英、李乃尧、李协和刘东麟等学科带头人未进入统计。现有资料基础上综合分析上述学科带头人，1931年时参与各学科课程标准草拟的学者绝大多数为中青年学者，最年轻的是机械工程学科的钱昌祚，年仅30岁，最长者是数学学科的冯祖荀，也不过51岁，各学科课程标准草拟人员平均年龄40岁。

学历层次上，研究生25人，本科9人。学位层次上，博士学位获得者18人，硕士学位获得者7人，学士学位获得者2人。由于当时国内大学没有实行学位制度，国内大学毕业者通常没有学位。1930 年后大学、独立学院毕业生才有学士称谓规定。据 1930 年 1 月 19 日《申报》刊登的“证书加载学士字样”规定：

> 本部为兼顾法理与先例起见，在学位条例未公布以前，特暂定变通办法，凡大学或独立学院毕业生证书，得遵照去年八月本部公布学校毕业修业证书规程附载之第一种证书式样，于“准予毕业”之下，依学生所入文理法教育农工商医各学院，加载“得称某学士”字样。①

在没有学位的 7 人中 6 人具有留学经历。

当时学科带头人绝大多数接受了正统的西方教育，其学科思想很大程度上吸收了西方学科思想，为此中国近代大学学科建设必然离不开西方学科的影响。尤其美国大学学科的影响较深远，因为在 18 位博士中毕业于美国大学的就有 14 人，占博士总数的 78%。其中孙本文是纽约大学博士，叶企孙、李济、胡先骕是哈佛大学博士，秉志、沈宗翰、唐启宇是康奈尔大学博士，潘菽是芝加哥大学博士，艾伟是华盛顿大学博士，赵连芳是威斯康星大学博士，李权时、潘序伦、马寅初是哥伦比亚大学博士，何廉是耶鲁大学博士。其余 4 位博士毕业于欧洲大学，其中刘半农和谢冠生毕业于巴黎大学，陈源毕业于伦敦大学，翁文灏毕业于比利时鲁凡大学。

该群体中绝大多数为当时国立大学各学系主任或教授，也有少数私立大学教授。国立大学教授中国立中央大学占多数，有宗白华、孙本文、秉志、黄国璋、潘菽、艾伟、赵连芳、郭须静、夏树人、马寅初、武堉幹，涉及文、理、教育、农、商五大学科门类 11 个一级学科；国立北京大学教授有刘半农、冯祖荀；国立清华大学教授有陈寅恪、叶企孙、翁文灏，国立浙江大学有孟宪承、葛敬中，国立北平师范大学教授有张怡侗、李建勋，国立中山大学的唐启宇、黄荫普，国立武汉大学的陈源，国立交通大学的王崇植。也有少数私立大学教授，如私立金陵大学农学院农艺系主任沈宗瀚编制作物学科课程标准，私立复旦大学商学院院长李权时编制普通商业学科标准，私立南开大学商学院院长兼经济学系主任何廉编制统计学

① 《证书加载学士字样》，《申报》1930 年 1 月 19 日第 5 版。

科课程标准。

甚至也有中央研究院研究员和国民政府官员。李济是当时中央研究院历史语言研究所考古组主任，周觉是国民政府中央监察委员，谢冠生是国民政府司法院秘书长，潘序伦是国民政府主计处主计官，钱昌祚是国民政府中央航空学校教育长。其中李济获得过美国克拉克大学人口学系社会学硕士和哈佛大学人类学系哲学博士，历任南开大学、清华大学、国学研究院教员。谢冠生为巴黎大学法学博士，历任复旦大学、中央大学教员。潘序伦为哥伦比亚大学经济学博士，历任暨南大学教员。钱昌祚为麻省理工学院航空工程硕士，历任清华大学教员。不论是研究机构研究员还是国民政府从政人员也都有丰富的大学教学经历，所以从整体上看当时学科带头人都有学科教学经验。

值得一提的是众多学科带头人中不乏赫赫有名的学者以及中国近代学科奠基人。著名学者有中国新文化运动的倡导者之一，也是西北文物保护的力推者刘半农；清华大学四大国学大师之一陈寅恪；清华大学四大哲人之一孙本文。学科奠基者有孙本文——中国社会学奠基人之一，系统介绍西方社会学到中国的主要学者；秉志——中国近代生物学主要奠基人，1918 年获得美国康奈尔大学哲学博士，成为第一位获得美国博士学位的中国学者，他在 1921 年南京高等师范学校开设中国第一个生物学系，1922 年在南京创办中国第一个生物学研究机构（中国科学社生物研究所）；翁文灏——中国近代地质学奠基人，是中国第一位地质学博士，编写了第一本《地质学》讲义；黄国璋——中国创办大学地理学系最多的人；潘菽——中国现代心理学的奠基人之一；李济——中国考古学之父，主持了著名的河南安阳殷墟发掘考古工作；李建勋——中国教育行政研究的拓荒者；赵连芳——中国近代农业科学先驱者之一；郭须静——中国引入西方近代园艺科学的奠基者之一；凌道扬——中国近代林业科学先驱，等等。

课程标准具体规定下列内容：各学院共同必修课程；各学院未分系一年级学生必修课程；各学院各学系二年级以上学生必修课程和选修课程；各科目内容大纲。为了统一口径，在此次大学课程标准中要求采用统一术语，基本规范近代有关课程基本术语。如统一采用“课目”一词，“课目即课程中各项科目之名称”①，改正原来的“科目”“学程”等名称；采用“学分”，代表课业工作的单位名称，通常采用的“绩点”一词废止；采用“普通课目”和“高等课目”，区分基本入门的课目和高深课目，改正原来指称入门课目时采用的“概论”“大意”“大纲”等名称和代表高深课目的“原理”等名称。

1931年的课程标准编订工作并没有那么顺利开展，1934年医学教育委员会率先谈论草拟医学院课程纲目，1935年教育部重新编订大学课程纲目，以便具有具体指导意义，易于普遍实行。可见，大学课程标准的编订不仅要考虑其翔实性，更要照顾其适用性问题。

二　大学通识教育的加强

此次课程标准编订不仅规范各学科发展，还有一个很重要的意图在于打破以往狭隘的专业教育体系，打通科系，加强通识教育。通识教育思想在1929年《大学规程》中也可看到其端倪，大学规程规定大学各学院或独立学院各科一年级学生不分系，主要以党义、国文、两种外国语和军事训练为必修科目，“从第二年起，应认定某学系为主系，并选定他学系为辅系”②。

1931年8月31日朱家骅在中央党部总理纪念周上讲演《中国大学教育的现状及应行注意各点》时提到目前大学教育存在的一种现象：大学生喜欢新异的科目，办学者一味地迁就学生，轻视基础入门教学，片面追求新流派新学问的评介，导致大学生缺乏基本常识而对高深学问浅尝辄止。如学哲学的不注重哲学概论和哲学史，学经济学的不注重经济学概论，学物理学的不掌握爱因斯坦的相对论，其结果学生掌握的知识零碎分散，难以成为体系，更谈不上学问的系统研究。针对此弊端，朱家骅主张“各科系要打通及注重基本功课”③，“一个大学的功课所以要各科系的打通注重基本的功课，是要使大学毕业生具有普通的常识，了解基本的理论，毕业以后，才能够离开别人指导而单独工作，继续研究，这才是目前

① 《大学课程及设备标准起草时应注意之事项》，《申报》1931年10月16日第3版。

② 《大学规程》，1929年8月14日，中国第二历史档案馆编《中华民国史档案资料汇编·第五辑·第一编·教育》（一），江苏古籍出版社1994年版，第174页。

③ 《中央与国府纪念周》，《申报》1931年9月1日第4版。

中国的大学应用的效果”①。从中映照出大学教学观的变革，通识教育观越发凸显。

1931年9月颁布的《大学课程编制的意见》中，大学课程共分为四类：公共必修科、公共选修科、主系必修科和辅系选修科。大学一、二年级学生学习公共必修科和公共选修科。公共必修科包括党义、国文、英文、第二外语、军事训练和体育与卫生，共28学分；公共选修科分五组，一至四组，每组要求任选12学分，第五组要求任选6学分，共计选读54学分：

第一组　科学方法论（3学分）、科学发达史（3学分）、物理学（6学分）、化学（6学分）、生物学（6学分）；

第二组　中国近百年史（3学分）、西洋文化史（3学分）、现代文明概观（3学分）、国际政治经济现状（3学分）、中国政治经济现状（3学分）、社会结构及其进化（3学分）；

第三组　中国哲学史（6学分）、西洋哲学史（6学分）、人生哲学（3学分）、论理学（3学分）；

第四组　中国文学（6学分）、西洋文学（6学分）、艺术概论（3学分）、西洋艺术史（3学分）；

第五组　应用化学（6学分）、手工工艺（6学分）、园艺（6学分）、畜牧（6学分）。

主系必修科30—50学分，辅系选修科20学分，大学生毕业学分要求是130—150学分。按照中国近代学科划分，“多以修身、国文、数学和外国语等为基本学科；而其他如历史、地理、理科、农业、商业等则为实质学科；体操、游戏、图画、唱歌、手工等则为技能学科”②。上述公共必修科的党义、国文、英文、第二外语、军事训练和体育与卫生等学科属于基本学科和技能学科分类，而公共选修科的五组学科主要属于实质学科分类。

之所以是通识教育的提倡，是学生在大学前两年不分院系，学习基本学科、技能学科和实质学科，掌握基础知识和基本技能，注重文化素养的

① 中国第二历史档案馆编：《中华民国史档案资料汇编·第五辑·第一编·教育》（一），江苏古籍出版社1994年版，第282页。

② 唐钺、朱经农、高觉敷：《教育大辞书》，商务印书馆1930年版，第983页。

培育，并没有一开始就进入特定学系接受专业技能训练。按照“现代高等教育分为通识教育与专业教育两部分，前者注重人格和文化素养的培育，后者则侧重于专业技能训练”① 的理解，大学课程标准规定的大学第一、第二年的课程主要是加强学生人格和文化素养的科目。尤其是文理学院负责的公共科几乎涉猎自然、社会、人文诸多学科领域。如第一组学习有助于学生通用科学方法，了解自然界概况；第二组学习有助于学生了解自己所处时代社会国家的文化历史；第三组学习有助于学生综合各科知识，了解人生意义；第四组学习有助于学生了解文艺趋势，培养自己的兴趣，陶冶高尚的情操；第五组学习有助于学生获得一种基本技能，并且加以简单应用。考核方法除了各科教师的考试之外，还要学校考试委员会组织会考，合格者才能获得前期毕业文凭，才能选择主系、辅系进行学习。

1932 年 11 月《九个月来教育部整理全国教育之说明》中再次强调基本学科的加强问题“大学为研究学术之所，其所研究之学科，必须由基本而专门，作有系统之研究，倘轻重倒置，先后失序，轻于基本而重于专门，先于专门而后于基本，则学生先已乱其门径，研究学术安得有济”②。是针对过早强调专业学科而忽略学生基本学科的大学普遍现象进行的批评，体现国家对大学通识教育的意愿。

国立暨南大学战后恢复较快，1932 年新学期开始后，率先开始实施大学一年级不分院系，加强学生基本学科学习，“因着重基本智力之培养，故大学一年级不分院系，加紧基本课程之修习”③。此决定在 12 月学校审订学程委员会集会研究中得到进一步的认可，“将来拟将大学四年学程，做下列原则，即一年级注重基本工具与常识之充实，二年级注重各科基本训练，三年级着重专业训练，四年级注重应用技能与现代之新学术”④。厘定大学生各学科学习顺序，从基本常识到基本训练再到专业学科学习，以期实现厚基础宽口径的人才培养目标。

开办大学以来就试行过通识教育的国立清华大学从 1933 年度开始，

① 张亚群：《科举制下通识教育传统的演变及其启示》，《华中师范大学学报》（人文社会科学版）2009 年第 4 期，第 128 页。

② 辛树织：《第一次中国教育年鉴·第二册丙编教育概况上》（民国二十三年），台北：传记文学出版社 1971 年影印本，第 331 页下栏。

③ 《暨南大学之新发展》，《申报》1932 年 10 月 27 日第 3 版。

④ 《暨南大学最近之发展》，《申报》1932 年 12 月 2 日第 4 版。

大一学生不分系，文、理、法、工各学院学生都修习包括自然、社会与人文三方面的共同必修课。“设这种共同必修课程的用意，在使学生求得关于自然、社会和人文方面的所谓‘通识’。”① 具体科目包括国文、英文、中国通史、西洋通史、普通物理、普通化学、普通地质学、普通生物学、逻辑学、高级算学、微积分等。上述科目中除了国文、英文之外学生可以有所选择，通史中可选择中国通史或西洋通史，自然科学中通常理学院的学生多选择普通物理或普通化学，文、法学院的学生多选择普通生物学，思维训练类课程中理学院的学生多选择高等算学或微积分，文、法学院的学生多选择逻辑。“工学院的大一课程则无选择的余地，除国文、英文之外，有普通物理、微积分、普通化学、工程画、铸锻实习。”②

学科带头人不局限于一校一院，从规范学科发展角度整体规划各个学科的课程与设备标准，在大学学科的规范化方面做出了有益的尝试。在此基础上提倡大学低年级不分系，广泛开设人文、社会、自然科学领域的基础学科，不仅有利于学生人格的培育与人文素养的养成，也有助于学生在广泛而扎实的基本知识基础上掌握专门知识，实现知识的创造与有效应用，促进学科知识的纵深发展。

第四节 国立大学科学研究与社会服务职能的加强

1912 年《大学令》到 1917 年《修正大学令》再到 1922 年新学制，均规定大学设立大学院，为大学毕业者继续研究深造之所。1929 年颁布的《大学组织法》，规定大学设研究院，而国立大学按各自需要设置研究所，却没有进行有计划、有组织的研究院建设。1931 年国民政府教育部“通令全国国立各大学酌设研究所，推广科学研究”③，大学的科学研究职能正式提出来，1934 年教育部颁布《大学研究院暂行组织规程》，大力支持大学研究院建设，不仅加强高深学术研究，也规范了研究生教育。1930 年《改进高等教育计划》专门提出大学的推广教育问题，确立了大学的社会服务职能。

① 清华大学校史编写组:《清华大学校史稿》，中华书局 1981 年版，第 121 页。

② 同上。

③ 王杰、韩云芳:《百年教育思想与人物》，天津大学出版社 2010 年版，第 89 页。

一 国立大学研究所的广泛设置

1930年4月全国第二次教育会议通过《改进高等教育计划》，充实国立大学内容方面专门提到筹备研究所问题，国立各大学除了已经设置的研究院或研究所之外，“凡具备确定的研究经费，充实的图书设施，有学术上特殊贡献的教授等条件者，均酌设研究机关”①。相较于20世纪20年代国立北京大学国学门研究所，致力于中国传统文化的整理研究，国民政府成立后国立大学开设研究所，开展科学研究，鼓励技术发明，研究领域涉及人文、社会科学和自然科学的广泛的学科领域，尤其在自然科学学科领域的研究得到加强。

国立中山大学由于其经费独立而有较充分条件发展研究所，开展科学研究较早。据《国立中山大学现况》（民国二十四年）中有关研究院沿革记载，1927年成立细菌学研究所、解剖学研究所、病理学研究所、生理学研究所、两广地质调查所、稻作试验场；1928年成立农林植物研究所、文史学研究所、教育研究所、化学工业研究所、药物学研究所；1930年成立土壤调查所、法学院研究室等。此时研究所分布在教育、医、文、理、农等学科门类中。在研究所建设力度上，医科研究所投入最大，其生理学研究所成立较早，研究所数量也最多，比文、理、农、教育科研究所总数还多。不仅如此，从仪器设备硬件设施条件看，医科研究所也走在众研究所前列。以1931年统计数据为例，医学院（同年秋各科改称学院）生理学研究所大小仪器标本755件，解剖学研究所3021件，病理学研究所751件，细菌学研究所821件，药物学研究所544件，大小仪器共计5892件。相比之下，教育研究所仪器113种，化学工业研究所大小仪器208具，农林植物研究所大小仪器488件。虽然不同学科所需仪器设备有所不同，也很难从数量的多少来衡量其绝对发展状况，但至少可以看到，在有限的设备条件下，医科所属各研究所发展的优势与强势。

国立交通大学和国立中央大学围绕特色学科有所侧重地开展研究工作。1930年8月“孙科于交通大学增设研究所”②，是大学毕业生和国内

① 辛树织：《第一次中国教育年鉴·第二册丙编教育概况上》（民国二十三年），台北：传记文学出版社1971年影印本，第329页下栏。

② 《交大将增设研究所》，《申报》1930年8月13日第2版。

专家学者研究国家建设问题与建设方法的专门机构，内分工业研究和经济研究两门，预算年费为十余万。工业研究所还额外得到中华教育文化基金委员会资助五万元，充实研究设备和条件。“工业研究部主要从事水泥、钢骨混凝土、燃料、各种植物油的工业应用和油漆、通讯、木材、黄沙等研究；经济研究部主要研究中国的经济改造、农村经济、粮食产销、铁路运价和不平等条约对国民经济的束缚等问题。”①

国立中央大学教育学院，其前身是国立东南大学教育科，是中国近代国立大学最早的教育学科建制。为根本改造我国小学课程，特编写民族中心制小学课程，1934 年 2 月创办教育实验所，积极开展研究，成果显著。据 1934 年 4 月 20 日《申报》刊登的《中央大学教育实验所工作近况》，校外机构委托该所研究课题，“中华教育文化基金会之委托进行全国中学英文教学研究，此项研究，系由该院心理系兼院长艾险舟及教育系教授张士一主持”②，艾险舟院长注重测验与统计研究，编制了 4 种测验量表，随机抽查全国各省高中各年级和大学一年级学生一万人进行测试，对华北、山东、河南、山西和河北一带学生进行了一次测验，接着对江苏、浙江、安徽、江西、湖南、湖北、广东、广西等地学生进行测验。张士一注重调查研究，已在春假后到北平天津一带学校作了问卷调查。除此之外，该所编印了心理教育实验专篇，第一期为“知觉单元形成之条件”，第二期为“汉字测量”。同年开始招收小学一年级学生一班，进行教学实验研究。出于研究需要于 1934 年 6 月招收研究生，入学资格为大学教育学系毕业，编写小学教材和研究小学教育面临的实际问题。1934 年 11 月 19 日《申报》报道，教育部准国立中央大学设立理、农两科研究所，分设算学、农艺两个研究部。1935 年理科研究所算学部开始招生，1936 年农科研究所农艺部拟招生。

国立北京大学和国立清华大学所有院均设立研究所。“原来的北大研究所国学门已于一九三〇年十一月起恢复”③，1932 年国立北京大学在研究所国学门基础上正式成立大学研究院，下设文史、自然科学和社会科学

① 方增泉：《略论 20 世纪二三十年代中国大学的学科调整——从大学教育与经济现代化的关系的角度看》，《北京师范大学学报》（社会科学版）2005 年第 5 期，第 133 页。

② 《中央大学教育实验所工作近况》，《申报》1934 年 4 月 20 日第 4 版。

③ 萧超然、沙健孙、周承恩、梁柱：《北京大学校史》，上海教育出版社 1981 年版，第 204 页。

三部；1934 年 6 月，将三部改为文科、理科、法科研究所。国立清华大学早在 1925 年就成立过国学研究院，王国维、梁启超、陈寅恪和赵元任等任教授；1929 年秋重整研究所，开办研究院，停办国学研究院，先办理科研究所，“国立清华大学研究院，今年先办物理、生物、化学、外国语文四研究所。”① 初步任命叶企孙为物理研究所所长，陈桢为生物研究所所长，张准为化学研究所所长，王文显为外国语文研究所所长。发展到 1931 年，国立清华大学三院九学科设立了研究所，研究生人数每所最少有 1 人，最多达到 9 人规模，见表 6—10。1932 年心理学研究所招收研究生，1933 年社会学与地理学两研究所也开始招生。

表 6—10　　民国二十年（1931）国立清华大学研究所学生统计

学院	学系	研究生数
文学院	中国文学	5
	外国语文	2
	历史学	8
理学院	算学	3
	物理学	1
	化学	4
	生物学	1
法学院	政治学	8
	经济学	9

资料来源：辛树织：《第一次中国教育年鉴·第二册丙编教育概况上》（民国二十三年），台北：传记文学出版社 1971 年影印本，第 385—385 页。

1931 年后国立武汉大学、国立暨南大学和国立山东大学也表现出设立研究所、研究室的意愿。《国立武汉大学组织规程》中提出设立研究院的设想，到了 1931 年文、理、法、工四学院已有四年级学生，第 123 次校务会议议决“自二十年度起，筹设各学院研究所，每一研究所，筹备时间定为一年，各学院研究所有一半完成时，全校研究院即宣告成立”②。

① 《清华大学扩充研究院》，《申报》1929 年 8 月 29 日第 3 版。

② 《武汉大学筹设研究院》，《申报》1931 年 6 月 16 日第 3 版。

国立暨南大学校长郑洪年于1931年2月22日召集文、理、法、教育、商五学院院长及相关行政人员，“讨论该校各院部添设研究室事，除理学院已有科学馆，文教两院已设研究室，再图充实外，法商两院与中学部与党义研究室亦亟应添设”①。国立山东大学从1932年7月后增设济南农学院，济南1932年7月15日电：“济南农院，设研究推广两部，研究山东主要农产之改良，研究生需大学农科毕业。”②

与上述国立大学鼓励增设研究所不同，国立北平师范大学原设研究所在此次整顿中按照教育部令停办。1931年国立北平师范大学组织系统表中与文、理、教育学院并列设有研究院，下设教育科学门和历史科学门。1934年7月教育部改进国立北平师范大学训令提出“该校研究所学生仅十二名，而职员计有十八人，月耗经费三千八百元，无何特殊设备，成立以来尚无成绩可言，该研究所自下年度起停办，原有经费移供充实本科设备之用”③。

二　国立大学研究院的设立

1934年5月19日教育部颁布《大学研究院暂行组织规程》，明确规定大学研究院要招收大学本科毕业生，研究高深学术，具体划分文、理、法、教育、农、工、商、医各研究所，以各学科门类命名，如文科研究所、理科研究所、法科研究所、教育研究所、农科研究所、工科研究所、商科研究所和医科研究所等。“凡具备三研究所以上者，始得称研究院，在未成立研究院以前，各大学所设各科研究所不冠用研究院名称……各研究所依其本科所设各系分若干部，称其研究所某部。”④ 以学科为基础建立的大学研究院建制是研究院—研究所—研究部。每个研究所可设一部或数部，3个研究所构成研究院。研究院设院长1人，由校长兼任，研究所和研究部各设主任1人。研究院、研究所和研究部的设置均经教育部核准。

---

① 《暨大各院添设研究室》，《申报》1931年2月23日第3版。

② 《青大改为山东大学》，《申报》1932年7月27日第3版。

③ 《教育部改进国立北平师范大学训令》，1934年7月4日，中国第二历史档案馆编《中华民国史档案资料汇编·第五辑·第一编·教育》(一)，江苏古籍出版社1994年版，第210页。

④ 《大学研究院暂行组织规程》，1934年5月19日，中国第二历史档案馆编《中华民国史档案资料汇编·第五辑·第一编·教育》(一)，江苏古籍出版社1994年版，第1383—1384页。

教育部在《大学研究院暂行组织规程》颁布前就鼓励和资助建设国立大学研究院，第二次庚款联席会议议决“拨用英美庚款创办国立大学研究所，闻从下年度起先择设备较完善之国立大学内，附设理农及社会教育三研究所”①。1934年5月19日教育部函请中华教育文化基金董事会及管理中英庚款董事会“年拨英庚款各十万元，暂以一年为期，补助上述三校研究院之增设，并请先将数额予以认定”②。文中所称三校即国立中央大学、国立武汉大学和国立浙江大学，1934年暑假后教育部令该三所大学设立研究院。

中英庚款董事会成立于1931年4月，董事15人，其中英国籍5人，中国籍10人，隶属于行政院。该董事会主要操作英国退还庚款1180余万英镑的具体支配和利用问题。按照当时规定，退还庚款基金的支配使用集中于铁道、电讯和水利工程，利息的支配使用集中在博物馆、图书馆、高等教育及研究机关的建筑设备和留英公费生的考送以及规范中小学、职业学校的建设方面。高等教育领域的资助“在学科方面注重理农工医”③。国立大学研究所的建立有幸得到该董事会资助，学术研究得到有力的经济保障，促进了大学研究职能的发挥与完善。按照大学设置研究院、所须具备条件，教育部令上述国立大学不论在教育经费，还是图书、仪器、建筑以及师资力量诸多方面均要加强，以满足高深学术研究的需要。

之前设立研究所的国立大学必须按照教育部此次《大学研究院暂行组织规程》规定，需要呈报教育部重新审核研究院所，若是达到教育部规定的设置研究院三大条件，“一、除大学本科经费外，有确定充足之经费专供研究之用；二、图书仪器建筑等设备，堪供研究工作之需；三、师资优越”④，才能继续设立。1934年教育部重新审核通过的大学研究所有3所国立大学、1所国立独立学院和1所私立大学，共计9个研究所，涉及文、理、法、农、工、商六大学科门类：

① 《教部将拨英美庚款》，《申报》1934年4月20日第4版。

② 《教部令三大学增设研究所》，《申报》1934年5月20日第4版。

③ 《朱家骅关于中英庚款董事会成立经过及其与中国教育文化事业关系的报告》，1941年4月8日，中国第二历史档案馆编《中华民国史档案资料汇编·第五辑·第二编·教育》（一），江苏古籍出版社1997年版，第274页。

④ 教育部颁布《大学研究院暂行组织规程》，1934年5月19日，中国第二历史档案馆编《中华民国史档案资料汇编·第五辑·第一编·教育》（一），江苏古籍出版社1994年版，第1384页。

一、国立清华大学：1. 文科研究所—中国文学、外国文学、哲学、历史四部；2. 理科研究所—物理、化学、生物、算学四部；3. 法科研究所—政治、经济两部。二、国立中央大学：1. 理科研究所—算学部；2. 农科研究所—农艺部。三、国立武汉大学：1. 法科研究所—经济部；2. 工科研究所—土木工程部。四、国立北洋工学院：1. 工科研究所—采矿冶金部。五、私立南开大学—1. 商科研究所—经济部。①

1935 年经教育部审核通过设立研究院所的大学增加了国立北京大学和国立中山大学。其中国立中山大学于 1935 年 4 月间“呈请教育部将各研究所斟酌改组，订定章程，正式成立研究院，经奉部令准予备案”②。至此设立大学研究院所的大学共计 7 所，其中国立大学 5 所，国立独立学院 1 所，私立大学 1 所。具体设置研究所和研究部详见表 6—11。

表 6—11　　教育部核准的大学研究所（1935 年 6 月）

校名	研究所	研究部
国立清华大学	文学研究所	中国文学部、外国文学部、哲学部、史学部
	理科研究所	物理部、化学部、算学部、生物学部
	法科研究所	政治部、经济部（暂停招生）
国立北京大学	文科研究所	中国文学部、史学部
	理科研究所	数学部、物理部、化学部
	法科研究所	（暂停招生）
国立中山大学	文科研究所	中国语言文学部、历史部
	教育研究所	教育学部、教育心理部
	农科研究所	农林植物部、土壤部
国立中央大学	理科研究所	算学部
	农科研究所	农艺部

① 《民国廿三年教育上之重要改革》，申报年鉴社《第三次申报年鉴》，美华书馆 1935 年版，第 961 页。

② 《国立中山大学现况》（民国二十四年），台北：传记文学出版社 1971 年影印本，第 335 页。

续表

校名	研究所	研究部
国立武汉大学	工科研究所	土木工程部
	法科研究所	经济部
国立北洋工学院	工科研究所	采矿冶金部
私立南开大学	商科研究所	经济部

资料来源：《教部限制招收研究生》，《申报》1935 年 6 月 3 日第 4 版。

如表所示，研究所学科门类包括文、理、法、教育、工、农、商七科，而国立大学研究院下设研究所学科门类主要是文、理、法、教育、工、农六科，没有商科和医科研究所。其中国立北京大学、国立清华大学、国立中山大学研究院所成立较早。国立北京大学于 1935 年 6 月修订《国立北京大学研究院暂行规程》，规定研究院院长由校长兼任，三个研究所主任分别由文、理、法学院院长兼任，采用了学院、研究所一体化模式。国立清华大学同样“研究院各所各学部，都分属有关院系管理”①，根据 1931 年《国立清华大学研究院章程》，研究院按照各学系设立研究所，研究所主任由各学系主任兼任。国立武汉大学研究所从 1931 年就开始筹备，国立中央大学研究所于 1934 年 11 月教育部获准先办理、农两科研究所。与此同时私立南开大学也得到教育部获准，“拟改办经济研究所暨裁并经商两院学系”② 设立了商科研究所，下设经济部。独立学院中只有国立北洋工学院于 1934 年 12 月组成工科研究所，招收国内外工科毕业生，研究工业领域高深学术。

据 1935 年 11 月 4 日蔡元培先生在中央党部总理纪念周上报告中央研究院与中国科学研究之概况，1935 年年底教育部核准设立的研究院、所中除了上述 7 所大学及独立学院之外，增加了私立燕京大学，其研究院下设理科研究所、法科研究所和文科研究所，具体研究部分别是化学部、生物学部、政治学部和历史学部。根据《燕京大学研究院章程》第四条规定“本研究院设院长一人，得由本大学校长兼任，各研究所及所属各部

① 《国立清华大学》，吴惠龄《北京高等教育史料·第一集（近现代部分）》，北京师范大学出版社 1992 年版，第 36 页。

② 《教部准中大南开办研究所》，《申报》1934 年 11 月 19 日第 3 版。

各设主任一人，得分别由有关之院长系主任兼任之”①，与当时国立北京大学与国立清华大学研究院、所管理基本相同，学院与研究所不是独立机构，同由院长兼任管理。学院—学系主要负责本科生教学管理工作，研究所—研究部致力于研究生的学术研究事宜。

1936年教育部统计大学研究院、所，见表6—12。

表6—12　　大学研究院统计情况（1936年）

校名	院名	设置学科
国立清华大学	文学研究所	中国文学部、外国文学部、哲学部、史学部
	理科研究所	物理部、化学部、算学部、生物学部
	法科研究所	政治部、经济部（暂停招生）
国立北京大学	文科研究所	中国文学部、史学部
	理科研究所	数学部、物理部、化学部
	法科研究所	（暂停招生）
国立中山大学	文科研究所	中国语言文学部、历史部
	教育研究所	教育学部、教育心理部
	农科研究所	农林植物部、土壤部
国立中央大学	理科研究所	算学部
	农科研究所	农艺部
国立武汉大学	工科研究所	土木工程部
	法科研究所	经济部
国立北洋工学院	工科研究所	采矿冶金部
私立南开大学	商科研究所	经济部
	理科研究所	化学工程部
私立燕京大学	理科研究所	化学部、生物学部
	法科研究所	政治学部
	文科研究所	历史学部
私立东吴大学	法科研究所	法律学部

① 《私立燕京大学》，吴惠龄《北京高等教育史料·第一集（近现代部分）》，北京师范大学出版社1992年版，第195页。

续表

校名	院名	设置学科
私立金陵大学	理科研究所	化学部
	农科研究所	农业经济部
	文科研究所	史学部（准予二十六年度招生）
私立岭南大学	理科研究所	生物部、化学部

资料来源：中国第二历史档案馆编：《中华民国史档案资料汇编·第五辑·第一编·教育》（二），江苏古籍出版社 1994 年版，第 1385—1386 页。

相较于前一年度大学研究院、所统计，1936 年新增 6 个研究所，涉及 4 所私立大学。其中新增设研究院、所大学 3 所，分别是私立东吴大学、私立金陵大学和私立岭南大学。1936 年 8 月 25 日南京电，教育部核准下列各大学设立研究所学部，“南开理科研究所化学工业部，岭南理科研究所化学部，金陵农科研究所农业经济部、理科研究所化学经济部。”① 之后陆续增加的研究所有私立东吴大学法科研究所和私立金陵大学文科研究所，新增研究部有私立岭南大学理科研究所生物部。从大学研究院所增加趋势看，主要是私立大学，国立大学没有新增研究院所。

截至 1936 年，13 所国立大学中 5 所设立研究院，共 13 个研究所，25 个研究部。20 所私立大学中南开大学、燕京大学、东吴大学、金陵大学和岭南大学等 5 所建立了 10 个研究所，12 个研究部。9 所省立大学中没有一所建立研究院所。独立学院中只有国立北洋工学院设立了工科研究所采矿冶金部。不论从研究所数量还是从研究院比例看，大学研究职能的发挥方面国立大学独占鳌头。

三　研究生教育的规范化

大学研究院成立之前，国民政府于 1928 年、1929 年先后成立中央研究院和北平研究院，均属于独立设置的科学研究机构。前者隶属于国民政府，后者隶属于教育部。中央研究院设有物理、化学、工程、天文、气象、心理、历史语言、社会科学、动植物等研究所，北平研究院设有物

① 《各大学增设研究所学部》，《申报》1936 年 8 月 26 日第 4 版。

理、化学、药学、镭学、生理、动物、植物、地质、史学等9个研究所，学科设置包罗理、工、医、文、法等领域。不同于大学研究院，上述独立研究院不招收研究生。

为此教育部加强大学研究院建设，其很重要意图是为大学毕业生提供继续深造的机会，培养研究生，为国家建设提供高层次研究人才。1934年《大学研究院暂行组织规程》第七条规定，大学研究院或研究所招收研究生，以公立或立案的私立大学及独立学院毕业生经公开考试合格后方可录取。录取范围上不能限于本校毕业生，国外大学本科毕业有资格者也可以参加考试。具体课程与论文事宜各校自拟，呈报教育部核定。

与大学研究院制度相配套，1935年4月22日国民政府公布《学位授予法》，从1935年7月1日起施行，“这部法规的颁布标志着中国以学科分类为基础的学位制度的正式建立或定型。”① 该法规定学位分学士、硕士和博士三级，学士和硕士学位由大学或独立学院授予，博士学位由国家授予。1935年5月23日教育部制定的《学位分级细则》规定文科、理科、法科、教育科、农科、工科和医科学位分三级，商科学位分商学士、商学硕士二级。其中文科和商科下设政治学和经济学授予法学学位，法科下设商学授予商学学位。硕士、博士学位称号标志着大学高层次人才所能达到的学术水平，大学研究院、所培养的人才有了学术水平的认定与认可，使得研究生教育更加规范合理。

1935年6月12日，教育部公布《硕士学位考试细则》，详细规定硕士学位考试资格、考试主办者、考试类型、考试评定事宜。硕士学位候选人，才有资格参加硕士学位考试，分学科考试和论文考试两种，由硕士学位考试委员会负责，每学年第二学期末举行。要想获得候选人资格：首先，是获得学士学位或学位法公布前在本国公立大学或立案私立大学或独立学院本科毕业或在教育部认可的国外大学获得相当于学士学位的人员；其次，是在大学研究院或研究所继续研究两年以上，修完规定课程，且成绩合格者；最后，要完成研究论文。硕士学位候选人一般由研究所主任负责指导。硕士学位考试委员会由教育部核准，校方聘请，校内外委员各占半数，主席由教育部指定。学科考试采用笔试，考所修学科中与论文相关

① 纪宝成：《中国大学学科专业设置研究》，中国人民大学出版社2006年版，第15页。

的两种以上科目，论文审查由两名校外委员负责，论文考试采用口试。两种考试中至少有一名校外委员主持。考试成绩核算中论文成绩占 60%，学科成绩占 40%，且两种成绩均在 60 分以上为准。

1936 年 4 月 7 日教育部公布《硕士学位考试办法》，“各大学经部核准设立之研究院、研究所，如有二十三年度招收之研究生，于本年度末研究期满，自得举行硕士研究生考试”①。1935 年到 1949 年，全国只举行过九届学位考试，共授予 232 人硕士学位，授予硕士学位最多的是 1943 年成立的国立交通大学电信研究所，有 19 人（工学硕士），其次是国立中央大学，有九人。② 直到中华人民共和国成立，中国大学授予的最高学位是硕士学位，未授予博士学位。

为了鼓励研究，国立清华大学、私立燕京大学都设立了专门的研究生奖学金制度。《国立清华大学研究院章程》明确规定，大学研究院学生奖学金名额为一百名，每名每年 320 元，每年的 11 月 1 日、2 月 1 日、4 月 1 日、6 月 1 日分四期分发，以资助成绩优良者。私立燕京大学专门制定《燕京大学研究院奖学金制度》，各项奖学金如下：“（甲）哈佛燕京学社奖学金；（乙）理科研究所（化学，生物，物理）设奖学金若干名额每名、每年给国币四百元至六百元；（丙）生物学部由中山文化教育馆赠予生物学研究奖学金额一名、每年给国币伍佰元；（丁）政治学部设研究邦交或吏治之奖学金额若干名每名、每年给国币三百元；（戊）教育学系设乡村建设奖学金若干名额，每名每年约给国币六百元。”③

据《中华民国史档案资料汇编》教育统计表，从 1936 年开始有具体学科门类研究生数据，1936 年全国大学研究院、所中研究生共计 75 人，分别是文科 7 人，法科 9 人，商科 18 人，理科 18 人，工科 23 人。虽然在抗战前夕大学迁移关系，大学研究院所曾一度停顿，1937 年、1938 年度研究生数量骤降到 20 人和 13 人，但在 1938 年后研究生培养工作逐渐恢复，研究生数也逐年增加，详见表 6—13。

① 《硕士学位考试办法》，1936 年 5 月 7 日，中国第二历史档案馆编《中华民国史档案资料汇编·第五辑·第一编·教育》（一），江苏古籍出版社 1994 年版，第 1408 页。

② 孙宏安：《中国近现代科学教育史》，辽宁出版社 2006 年版，第 476 页。

③ 《私立燕京大学》，吴惠龄《北京高等教育史料·第一集（近现代部分）》，北京师范大学出版社 1992 年版，第 199—200 页。

表 6—13　　　抗日战争期间全国大学研究生数统计情况

年度	共计	文	法	商	教育	理	工	医	农	师范
1945	464	151	85	6	38	71	51	9	53	—
1944	422	113	62	8	—	90	49	16	54	30
1943	410	115	44	11	—	108	26	21	51	34
1942	289	90	27	11	—	61	19	8	40	33
1941	333	90	59	11	4	79	19	2	36	33
1940	284	83	48	—	—	83	8	—	26	36
1939	144	48	11	—	3	39	7	—	22	14
1938	13	—	—	—	—	2	6	—	4	1
1937	20	—	—	—	—	4	12	—	4	—
1936	75	7	9	18	—	18	23	—	—	—

资料来源：中国第二历史档案馆编：《中华民国史档案资料汇编·第五辑·第二编·教育》(一)，江苏古籍出版社 1997 年版，第 783—788 页。

如表 6—13 所示，1936—1945 年，研究生数量从 75 人增加到 464 人，增长 6 倍，主要是文、法、理、工、农学科研究生数增长较稳定，充分证明“高等教育在战时不仅能照常发展，并已渐能纳入轨道……我国大学及研究院所，已可造就所需之候补人才”①。相较于文、理、法、工、农科研究生教育，教育学院或师范学院从 1939 年开始招收研究生，医学院从 1941 年才开始招收研究生，商学院研究生规模没有起色。大学研究院、所发展中教育、医、商学科门类发展不论起点还是发展规模均较落后。

四　国立大学社会服务职能的确立

大学推广部的设立在官方文件中最早出现于 1924 年 2 月 23 日教育部公布的《国立大学校条例令》，第十条规定“国立大学校得附设各项专修科及学校推广部”②。1930 年 4 月全国第二次教育会议通过的《改进高等教育计划》专门提出大学及专科学校的推广教育问题，“各大学及专科学

① 《抗战期间的中国教育 1937—1945》，中国第二历史档案馆编《中华民国史档案资料汇编·第五辑·第二编·教育》(一)，江苏古籍出版社 1997 年版，第 299 页。

② 《国立大学校条例令》，1924 年 2 月 23 日，中国第二历史档案馆编《中华民国史档案资料汇编·第三辑教育》，江苏古籍出版社 1991 年版，第 174 页。

校在可能范围内，应用各种方法推广教育，如举行公开演讲、夜学班、科学询问处、各种技术实用特别班、各种实用学术指导所、出版部、展览会、暑期学校等”①。再次提倡大学的社会服务职能。

大学为当时当地社会需要服务的职能形成于19世纪中期美国的“赠地学院”，是在北美声势浩大的“西进运动”和工业革命背景下产生的大学拓展职能，最具代表性的是威斯康星大学。威斯康星大学当时有个理念，大学办在这里，就是要跟当地打成一片，不仅要培养当地政府所需要的人才，教师也可以去政府部门兼职。面对社会发展需要大量的农技人才的现状，威斯康星大学就大力发展农科农业技术。通常而言，大学直接为社会服务的职能来自于威斯康星大学。20世纪30年代的中国社会也需要大学造就大批富于实干和开拓能力的实用型人才，尤其需要工、农、医科类实用人才。因此，当时的大学在推广教育方面也在做出积极努力并开展形式多样的教学服务、科研服务和社会服务。

教学服务方面，国立大学利用大学的综合优势举办培训班。济南1932年7月15日电：“济南农院，设研究推广两部，设农业传习所，专收农家子弟，改良农作。”② 国立中央大学与全国经济委员会合办植棉训练班，还与中央棉业改进所合办江浦植棉指导所等。另一方面，国立大学在生产第一线进行教学实验和服务。1934年12月25日《申报》刊登“国立中山大学设立乡村教育实验区”的报道，国立中山大学注重生产教育，“本学期教育系诸教授认为，民众教育乡村建设极为重要”③，在广州附近乡村建立乡村教育实验区。发起人为教育系许逢熙、周葆儒和崔载阳三位教授，选定广州番禺县龙眼洞为实验区，并于番禺县政府合作成立指导委员会，任周葆儒为主席，以结合学科特色，开展乡村教育活动，服务乡村，服务社会。

科研服务方面，国立大学一方面参与国家和地方的联合科研攻关。国立中央大学前身东南大学就开展过积极有效的社会服务活动，尤以农科为中心，直接服务于当时当地社会，满足民生需求，弘扬民族精神。延续这一优良传统，国立中央大学在1932年以来加大社会服务范围，不仅为当

---

① 辛树织：《第一次中国教育年鉴·第二册丙编教育概况上》（民国二十三年），台北：传记文学出版社1971年影印本，第329页上栏。

② 《青大改为山东大学》，《申报》1932年7月27日第3版。

③ 《中山大学设立乡村教育实验区》，《申报》1934年12月25日第4版。

地生产建设服务，还从国计民生的角度推广其服务范围。尤其在科学研究服务方面成绩突出，“力谋与学术机关合作并与国家及社会事业打成一片”①，服务范围近到南京，远到云南、四川。详见1932年至1937年国立中央大学校外合作事业一览表，见表6—14。

表6—14　国立中央大学1932—1937年与校外合作事业一览表（节选）

机关名称	开始时期	合作事业
江宁要塞司令部	民国廿一年十二月	要塞造林
浙江武领学校农业试验场	民国廿二年二月	稻作区域试验
安徽省立稻麦改良场	民国廿二年四月	稻作区域试验
河南第一区农林局商邱农场	民国廿二年十月	小麦及大豆玉米区域试验
实业部中央农业实验所	民国廿三年四月	棉作区域试验飞蝗防治研究
四川中心农事试验场	民国廿四年四月	稻作区域试验
美国洛氏基金会	民国廿四年十月	改良猪种及饲料等研究
国立武汉大学农学院	民国廿四年十一月	小麦试验
山东省第一区农场	民国廿四年十一月	小麦试验
全国稻麦改进所	民国廿五年三月	稻麦分级试验，昆山稻作改进实施区及小麦区域研究
云南第一农事试验场	民国廿五年十月	小麦区域试验
湖北棉产改进处	民国廿五年十月	小麦区域试验
金陵大学农学院	民国廿五年十月	小麦区域试验
江苏泰兴丁氏义庄农场	民国廿六年一月	改良猪种
浙江省家产保育所	民国廿六年五月	改良猪种

资料来源：节选自左惟、袁久红、刘庆楚编《大学之道：东南大学的一个世纪》，东南大学出版社2002版，第450页。

国立中央大学科研服务范围不仅有在南京一带种树造林，还为江宁自治实验县调查全县地质，改良蚕种麦种，设计电力灌溉，协助办理实验乡农业改良事业；派人员到云南边界，调查生物；协助调查四川石油；协助中华文化教育基金董事会调查中学英文教材等等。罗家伦在国立中央大学“最近四年”的系列报道中详细列举了其社会服务事业，“以求国立大学

① 《两年来之中央大学》，《申报》1934年6月25日第4版。

教育对于国计民生稍有裨益者"[1]。与江苏、浙江、安徽、湖南、四川等省县地方农业试验机关合办水稻麦子棉花等各种试验；与卫生署南京政府合作办理卫生诊疗所及卫生实验事务，与实业部合作编纂中国经济统计；与扬子江水利委员会合作举行水工试验等等。

另一方面国立大学加强应用研究开发，直接满足社会需要。国立中央大学教育学院心理学系在实验研究和测验编制方面国内首屈一指。"该系近年所修订与编造之各种量表不下五十余种"[2]，其量表主要集中在智力测验、教育测验和人格测量三大领域。智力测验有军队测验和各级学生团体及个别测验；教育测验包括小学各学科测验和中学英文测验；人格测量方面有情绪测验、各种人格量表和职业测验等。其研究成果引起当时国内各界，如军事、政治、商业和教育界的关注，充分展现其应用研究优势，为社会各界开展相关工作提供可靠的工具，协助其解决现实问题。

除了上述教学服务、科研服务之外，国立大学知识推广活动还涉及综合服务领域，大学生广泛参加实践性质的社会服务。如国立暨南大学教育学系注重基础理论学习的同时加强教育调查。1930 年年底教育学系邵爽秋博士带领三、四年级学生到黄渡参观上中乡村师范部。据《申报》报道，双方师生不仅共同讨论乡村教育问题，切实了解乡村教育存在的困难，回校后拟分别研究。邵爽秋博士还演讲有关"劳动与教育本位一体，学校与社会不应分家"[3] 的问题，阐述了教育与生产劳动相结合，学校教育与社会教育相结合的教育思想，具有理论前瞻性。国立大学结合学科特点，直接面向社会开展业务活动或开办社会服务的工厂、农牧场、附属医院等。国立中央大学农学院畜牧兽医系从开发西北复兴农村的实际需要出发在新校址附近添建牧场，得到国民政府的补助与美国洛氏基金会物质协助等等。抗日战争爆发后教育部应全国政治、经济、生产建设各方面的需要，在后方设立若干所国立大学，支持学术研究之外，要求大学研究所在地文化教育风俗习惯，大学的社会服务职能得以充分发挥。

---

① 《中央大学之最近四年》（六），《申报》1936 年 9 月 12 日第 4 版。

② 《中大教育学院心理学系近况》，《申报》1936 年 6 月 17 日第 4 版。

③ 《暨大教育系参观黄渡乡师》，《申报》1930 年 12 月 3 日第 3 版。

第七章

案例分析：中国近代国立大学教育学科建制的演化

教育学科在中国近代大学学科体系中从无到有，经历了一段曲折的构建与演变历程。教育学从《奏定大学堂章程》中一门课程到1929年《大学组织法》中成为与文、理、法、农、工、商、医学等相并列的学科门类，制度层面上极大地提升了它的学科地位。在中国近代国立大学中国立东南大学最先设置教育科系，成为教育学在国立大学中学科建制的开端。随着“高师改大”运动，国立大学中教育科系院所建制得以扩充发展，而在20世纪30年代国立大学院系整顿中教育学科建制不同程度地受到制约。教育学科建制在中国近代国立大学中的演变历程是中国近代国立大学学科建制与发展的一个缩影，也是制约它的各种因素综合作用的结果。

第一节　国立大学教育学科设置的背景

中国近代国立大学中教育学科何以建制与发展，固然是多方面综合作用的结果，而大学法规制度所起的政策引导作用是必不可少的。中国近代最早颁布实施的《奏定大学堂章程》与民国时期相继出台的《大学令》《大学规程》《大学组织法》《大学法》等大学法规制度是解读大学学科编制的基础文献。在中国近代大学法规制度中教育学从一门课程发展到一门独立学科门类大体经过20年的努力。

一　教育学作为课程在大学法规中的出现

《奏定大学堂章程》是以日本学制为蓝本研制的中国近代第一部大学法规。该章程中教育学不具有独立学科地位，它出现在政法科下设政治学门的主课中，同时出现在文科下设英国文学门、法国文学门、俄国文学门、日本国文学门的补助课中，《中外教育史》出现在经科各门的补助课中。民初《大学规程》中教育学同样作为课程之一，出现在哲学下设中国哲学和西洋哲学的科目之中。由此可见，清末民初的大学法规制度中，教育学仅仅是一种课程，而且是学科归属不够明确的课程门类，或归属于政治学或归属于文学或归属于哲学。此时的教育学还不具有独立学科地位，其研究对象与治学方法还有待明确与完善。

国立北京大学 1917 年课程安排中就有《教育学》课程，“大学文科分为哲学、文学、史学三门。哲学门通科：心理学概论、认识论……教育学概论、美学概论……以上各科，各生所必习者除外国语外，各科均在第一、二学年讲毕。专科：中国哲学史……教育学（教授法）（教育史）（教育学史）……以上各科在第三、第四年讲授，任各生自择正科一科，副科一科或二科，听讲时间必在三〇单位以上”[①]。作为哲学门通科之一，《教育学概论》是哲学系所有学生的必修课程，作为中国哲学史专科之一，《教育学》是中国哲学史专业高年级学生的选修课程。教育学课程安排在哲学中，这一开端似乎与教育学的本源极其相似。康德曾在哲学讲座中最先讲授教育学，之后赫尔巴特加以发展，使教育学成为一门独立学科。因此，教育学从其学科渊源上与哲学息息相关，它是从哲学中分化出来的一门学科。

二　教育学作为学科在大学法规中的出现

1922 年 11 月 1 日教育部公布的《学校系统改革案》规定：“依旧制设立之高等师范学校，应于相当时期内提高程度，收受高级中学毕业生，修业年限四年，称为师范大学校……为补充初级中学教员之不足，得设二年之师范专修科，附设于大学校教育科，或师范大学校。”[②]“大学教育科”的表述充分说明教育部当时已默认了大学校可以设置教育科，教育学从清末民初的课程门类逐步获得一定的学科地位。因此，通过 1922 年新学制，不仅明确规定了高等师范学校可以升格为师范大学，还明确了综

① 《北京大学文、理、法科本、预科改定课程一览》，1917 年，见潘懋元、刘海峰《中国近代教育史资料汇编·高等教育》，上海教育出版社 2007 年版，第 382—383 页。

② 《学校系统改革案》，1922 年 11 月 1 日，中国第二历史档案馆编《中华民国史档案资料汇编·第三辑教育》，江苏古籍出版社 1991 年版，第 105 页。

合大学可以设置教育科。随着新学制的颁布，20 世纪 20 年代出现了“高师改大”运动，随着高等师范学校升格为大学，国立大学中教育科系建制迅速增多。

教育学最高学科地位的确立要归功于 1929 年 7 月 26 日颁布的《大学组织法》。该法规明确规定，大学分文、理、法、教育、工、农、商、医各学院，教育学成为与文、理、法、农、工、商、医学并列的独立学科门类。1929 年 8 月 14 日国民政府教育部颁布的《大学规程》详细规定，大学设教育学院，独立学院设教育科，内分教育原理、教育心理、教育行政、教育方法及其他学系，大学或独立学院不设教育学院或教育科，可设教育学系于文学院或文科。1934 年 5 月 19 日《大学研究院暂行组织规程》进一步规定，大学分文、理、法、教育、工、农、商、医学各研究所，教育研究所的设置被提到议事日程。教育研究所的建立，对其学科建设与发展无疑是一次有力的推动。

1935 年 5 月 23 日教育部颁布《学位分级细则》，明确提出教育科学位分教育学士、教育硕士和教育博士 3 级。遗憾的是 1939 年 9 月 4 日《大学及独立学院各学系名称》令中，规范和统一了文、理、法、工、农、商、医学院各学系称谓，唯独没有教育学院所属各学系名称的规范标准，显示出教育学科建制方面制度的漏洞，到了 1948 年 1 月 12 日国民政府公布《大学法》，大学分文、理、法、医、工、农、商等学院，回归到民初《大学令》七科之学的原型，教育学没有专门列入大学学科门类中，教育学独立学科门类地位被取缔，反映出政策制定者对教育学的学术性与学科合法性问题的质疑。此次《大学法》在补充说明中提出，“师范学院应由国家单独设立，但国立大学得附设之。本法施行前已设立之教育学院，得继续办理”①。由此可见，国家此时已不鼓励和提倡国立大学设置教育学院系，而是采取相对封闭方式的独立师范学院设立教育科系的做法。这在一定意义上说明，相较于文、理、法、医、工、农、商等学科门类，教育学学科地位还不稳定牢固，或者说从高深学问的视角看，教育学的学术性还不及文、理、法、医、工、农、商学等学科门类，证实教育学学科建设还不够成熟。

---

① 《大学令》，1948 年 1 月 12 日，顾明远《中国教育大系 · 20 世纪中国教育》（一），湖北教育出版社 2004 年版，第 184 页。

第二节　国立大学教育学科建制沿革

以京师大学堂师范馆的创办为起点，清末大学堂中已有教育学科建制萌芽。民国成立后，国立大学中教育科系院所的建立要比文、理、法、商、农、工等科要晚，1921 年国立东南大学最早设置了教育科系。随着大学设置标准的降低，国立大学中教育院系开始增多，受到 20 世纪 30 年代大规模院系整顿的影响，多数国立大学裁并或裁撤了教育院系。国立大学教育学科建制从创立、发展到裁并、裁撤，经历了一段大起大落的曲折发展历程。

一　国立大学教育科系的创始

国立大学中教育科的萌芽可以从京师大学堂速成科师范馆说起。1902 年 10 月 14 日京师大学堂恢复办学后举行招生考试，首先招考速成科仕学馆和师范馆学生，其中师范馆主要招考了举贡生监入学，第一批录取 56 名学生。师范馆学制 4 年，分设国文外国语部、历史地理部、数学物理部、博物农学部 4 部。学科设置上有学生通习科目和专习科目之分。学生通习科目有国文、经学、伦理、教育、心理、体操、教育法令和人伦道德，是四类师范生必修科目。专习科目分四大类：第一类政法和外文；第二类中外历史地理；第三类数理化等自然科学类；第四类动植物学和农学。据吴相湘、刘绍唐《国立北京大学纪念刊（民国六年廿周年纪念册下）》毕业同学录，1907 年 3 月（光绪三十三年二月）优级师范科毕业生共计 108 名。1908 年 6 月 14 日（光绪三十四年五月十六日）师范馆改设为京师优级师范学堂。京师大学堂师范馆是建立分科大学之前的教育机构，还不属于大学教育层次，严格意义上不属于正规大学的学科建制，但它却是中国近代国立大学中教育学科建制的萌芽，在“师不苛求”的条件下，为清末各类学堂提供了师资储备。

民国成立后，在国立大学中国立东南大学最早成立教育科系。1921 年国立东南大学成立，设置 5 科 27 个学系。文理、教育、农、工、商 5

科中专设教育科，“以培养教育人员，研究教育学术，推广教育事业为目的”①。教育科下设教育学系、心理学系和体育系，此三系均为南京高等师范学校所创，1926 年增设乡村教育系。国立东南大学不仅是最早设置教育科系，心理学系也堪称是中国近代国立大学中最早设立者，著名心理学家潘菽回忆说：“在那时，据我所知道，中国有独立的心理学系的只有一个东南大学。所以东南大学的心理学系可以说是中国第一个了。”②

国立东南大学深受美国大学的影响，继承其大学的人才培养、科学研究与社会服务职能为一体的模式，“以科学精神研究教育问题，以职业精神，培植专门人才，并以开阔精神，推广教育学术”③，教育科系在教学、研究与社会服务方面成绩显著。1922 年教育科系聘请到的知名学者包括美国教育硕士孟宪承和美国哥伦比亚大学教育博士朱彬魁，孟宪承主讲教育哲学与教育学说，朱彬魁主讲比较教育与教育统计。除此之外，还有陶行知、俞子夷、郑晓沧、姜琦、朱君毅、陆志韦、陈剑修、程其保、陈鹤琴、凌冰、艾伟、程湘帆、汪懋祖、赵叔愚、徐则陵等一大批留美归国的教育学者。如此卓越的师资队伍，不仅使学生掌握扎实的教育学专业基础知识，还可以掌握教育学科发展的前沿动态，有利于高质量人才的培养。“东大教育科十分重视学术研究，教师发表论文约 400 余篇（含译作），其中发表论文 10 篇以上的教师有 9 人，兼职教师黄炎培写论文约 40 余篇。”④ 国立东南大学教育科在社会推广事业方面也成绩突出，筹办学校的同时，“教育科为教育部培养一种心理测验人才、由教育科与中华教育改进社共设”⑤。

1927 年 7 月江苏试行大学区制，国立东南大学改组并入第四中山大学，1928 年 2 月 23 日依照大学委员会决定，改名江苏大学，同年 5 月 16 日，又依照大学委员会决议，定名为国立中央大学。“国立中央大学教育学院，为国内成立最早声誉最著之教育学术研究与人才培养机关，我国二

① 南京大学校庆校史资料编辑组、学报编辑部编辑：《南京大学校史资料选辑》，南京大学印刷厂 1982 年版（内部发行），第 150 页。

② 胡延峰：《学科规训视野中近代中国心理学学科的发展——以中央大学心理学系为例》，《心理学探新》2009 年第 5 期，第 3 页。

③ 《本校现状及十二年度计划》，《申报》1923 年 1 月 1 日第 1 版。

④ 项建英：《民国时期综合性大学教育学科论略——以中央大学、北京大学为个案》，《高教探索》2006 年第 5 期，第 80 页。

⑤ 《东南大学之新气象》，《申报》1922 年 10 月 1 日第 3 版。

十年来，凡是增进教育事业之各种活动，十九俱与该院有密切关系。”[①]该校在大学区制时期共设九个学院，其中教育学院“分教育学系、师资科，附设教育各专科”[②]，原来的心理学系归并于理学院，各专科主要包括艺术专修科、体育专修科。国立中央大学教育学院原本就是由国立东南大学教育科改组而成，有着优良的历史传统。某种意义上国立东南大学教育科系的良好发展基础，为 1929 年《大学组织法》中教育学成为独立学科门类奠定了坚实的基础。

二 国立大学教育学院系的发展

1917 年《修正大学令》和 1922 年新学制中降低了大学学科设置标准，1924 年《国立大学校条例令》再次规定“国立大学校得设数科或单设一科”[③]。制度层面上大学学科设置标准的降低直接导致国立大学数量的骤增，其中有一部分是高等师范学校升格为大学，从而国立大学中教育学院系开始增多。

（一）教育学系的设置

随着 1922 年新学制的颁布实施，高等师范学校纷纷改办大学，或升格为师范大学或与其他学校合并改组成综合大学，出现了“高师改大”运动。“民国初期，综合性大学设置教育学科的很少，随着‘高师改大’运动，一批高等师范纷纷改为综合性大学。从此，综合性大学开始设有教育学系、教育学院。”[④] 事实证明，民初七所高等师范学校升格成大学后，东北大学之外的六所国立大学均设置了教育学系。除此之外，与“高师改大”无关的国立大学也陆续设置了教育学系。

民初七所高等师范学校中，北京高等师范学校、北京女子高等师范学校和成都高等师范学校升格为师范大学，南京高等师范学校、沈阳高等师范学校、广东高等师范学校和武昌高等师范学校改办成综合性国立大学。具体而言，北京高等师范学校 1923 年升格为国立北京师范大学，北京女

① 《中央大学教育学院教育实验所招收研究生计划》，《申报》1934 年 7 月 18 日第 4 版。

② 南京大学校庆校史资料编辑组、学报编辑部编辑：《南京大学校史资料选辑》，南京大学印刷厂 1982 年版（内部发行），第 225 页。

③ 《国立大学校条例令》，1924 年 2 月 23 日，中国第二历史档案馆编《中华民国史档案资料汇编·第三辑教育》，江苏古籍出版社 1991 年版，第 174 页。

④ 项建英：《民国时期综合性大学教育学科论略——以中央大学、北京大学为个案》，《高教探索》2006 年第 5 期，第 79 页。

子高等师范学校1924年升格为国立北京女子师范大学。成都高等师范学校原名四川高等师范学校，为了适应全国高等师范学校名称统一的形势，1916年11月“根据教育部决定，改称国立成都高等师范学校”[①]，1924年经历一段改办国立成都大学的风波，终因成都高等师范学校师生的强烈抵制与反抗，国立成都大学未能归并成都高等师范学校。1927年7月21日，成都高等师范学校代理校长龚向农，鉴于各专门学校申请办单科大学，致函省长公署，提出高师改办师范大学问题，8月30日省长公署批复同意，转咨教育部。“9月26日，国民政府教育行政委员会由蔡元培领衔以144号批文通知，该会9月16日111次会议讨论通过，同意成都高师改大为‘国立成都师范大学’，仍用省款作办学经费。”[②]

其余四所高等师范学校在1923年至1926年间陆续改办成综合性国立大学：南京高等师范学校1923年并入国立东南大学，“实行新学制后之东南大学，与南高关系，经众谈论，以新学制已定，高师得提高程度，成为师范大学，拟将高师各部科依其性质，归入东南大学”[③]；沈阳高等师范学校与奉天省公立文学专门学校1923年4月26日合并成东北大学[④]；广东高等师范学校与广东公立法科大学、广东公立农业专门学校1924年2月合并成国立广东大学；武昌高等师范学校1923年9月改为国立武昌师范大学，1924年秋旋即改组为国立武昌大学。

改办后的七所大学中只有东北大学未设置教育学系，其余的国立大学均设置了教育学系。1923年7月东北大学招考的第一届新生为证，“新招收文科法科的英文、俄文、政治、法律四个系和理工科的数学、物理、机械、电工、土木五个系的预科生300余名”[⑤]，文科法科下设四系中没有教育学系。

国立东南大学教育科系自不必赘述，国立北京师范大学“本科设教

---

① 四川大学校史编写组：《四川大学史稿》，四川大学出版社1985年版，第35页。

② 同上书，第92页。

③ 《国立东南大学校董会志（续）》，《申报》1922年12月22日第4版。

④ 东北大学于1923年10月24日正式举行开学典礼，当时设置了理工、文法两科，没有独立设置教育科，1924年1月高师全部学生毕业，7月文专学生全部毕业，东北大学改为真正的大学，且1925年归入省立大学范围。

⑤ 王振乾、丘琴、姜克夫：《东北大学史稿》，东北师范大学出版社1988年版，第5页。

育、国文、英文、历史、地理、数学、物理、化学、生物九个系”①。国立北京女子师范大学1924年《国立北京女子师范大学组织大纲》第二章第二条规定，“大学本科设数学物理学化学生物地质学教育学哲学史学国文学英文学音乐体育等十一系”②。国立成都师范大学于1927年9月改办后先招收了预科生和专科生，1929年秋才开始招本科生，“师大1929年招本科生后，才改文史、英文、数学、理化、博物五部为系，分别设教育系、中文系、史地系、英文系、数学系、化学系、生物系，原计划办的地质系未办成，所以实际只有七系”③。

国立广东大学开办之初拟设文、理、法、农、工五科，实则只设文、理、法、农四科，“文科设中国文学、英国文学、史学、哲学和教育学系”④，据《国立中山大学现况》（民国二十四年）中各学院沿革，广东大学1926年改办中山大学后，文科学院改称文史科，“下设中国语言文学、哲学、史学、教育学、英吉利语言文学五系”⑤，仍旧保留了教育学系。国立武昌师范大学设置的是教育哲学系，改办师范大学之前，1923年6月武昌高等师范学校教授评议会主任会议就议决，“自下学年度起改为师范大学，设教育哲学系、中国文学系、外国文学系、历史社会学系、数学系、理化系、生物学系、地理学”⑥。由于1926年10月北伐军下武汉，国立武昌大学停办，后由武汉国民政府将原有的国立武昌大学、国立武昌商科大学、省立医科大学、省立法政大学及省立文科大学合并为国立武昌第二中山大学，1927年3月开学，同年冬停办，随后1928年9月改组的国立武汉大学院系建制中没有设置教育哲学系，而是单独设置了哲学系。因此，国立武昌大学只在1923年至1926年间设置了教育哲学系。

除了上述“高师改大”后的国立大学广泛设置教育系之外，国立北京大学、国立清华学校大学部和国立西北大学也陆续设置了教育学系。

① 《国立北平师范大学》，吴惠龄《北京高等教育史料·第一集（近现代部分）》，北京师范大学出版社1992年版，第58页。

② 《国立北京女子师范大学组织大纲》，吴惠龄《北京高等教育史料·第一集（近现代部分）》，北京师范大学出版社1992年版，第311页。

③ 四川大学校史编写组：《四川大学史稿》，四川大学出版社1985年版，第143页。

④ 梁山、李坚、张克谟：《中山大学校史》，上海教育出版社1983年版，第6页。

⑤ 《国立中山大学现况》（民国二十四年），台北：传记文学出版社1971年影印本，第121页。

⑥ 《学府纪闻·国立武汉大学》，台北：南京出版有限公司1981年版，第20页。

1924年7月国立北京大学增设教育学系，“但在十三年以前，哲学系内既有教育门之设，实为本系之前身”①。1923年10月19日《北京大学日刊》刊登过“关于请求成立教育系的报告”，其中摘录了蒋梦麟校长对教育系成立问题的基本态度，“对于此事，极表同意……虽经济需要增加，也不要许多，因为现有关于教育之教员已经不少。且各系学生毕业后，多从事教育，若缺乏教育知识，实感不便……先请陈百年、高宝寿两先生拟出一个计划书来再说”②。凭借国立北京大学的名望，当时教育学系也汇聚了一批国内知名教育学者，从1927年教员统计中可见一斑，见表7—1。

表7—1　　国立北京大学教育学系教员及所授科目一览表

姓名	籍贯	职务	所授科目
杨荫庆	京兆	主任	西洋教育史、学校管理法、参观与批评、英文教授法、英文教育选读
李建勋	直隶	教授	教育行政、师范教育、各国教育制度
李蒸	直隶	讲师	中等教育问题、教育研究班、乡村教育
韩定生	直隶	讲师	教学、普通教学法、小学教育问题
朱君毅	浙江	讲师	教育统计
瞿世瑛	江苏	讲师	教育哲学
陈宝泉	直隶	讲师	中等教育制度变迁史、中国教育史
周扶耕	直隶	讲师	教育心理、儿童心理、青年心理、职业教育
陈映璜	湖北	讲师	遗传与环境
梅卓生	广东	讲师	学校卫生
赖绍周	山东	讲师	社会学
韩述祖	京兆	哲学系主任	中国哲学史、西洋哲学史
陈大齐	浙江	教授	论理学
樊际昌	浙江	预科主任	普通心理学
傅侗	河南	讲师	论理学

资料来源：王学珍、郭建荣：《北京大学史料第二卷（1912—1937）》中册，北京大学出版社2000年版，第1755—1756页。

① 李辛之：《北京大学之教育系》，吴相湘、刘绍唐《国立北京大学纪念刊第三册》（民国十八年卅一周年、民国卅七年五十周年纪念刊），台北：传记文学出版社1971年影印本，第72页。

② 王学珍、郭建荣：《北京大学史料第二卷（1912—1937）》中册，北京大学出版社2000年版，第1754页。

优秀师资队伍，必定能带动学生的学习气氛与研究兴趣。当时教育学系全体同学组织了北大教育学会，1929 年 4 月的《北大教育学会简章》规定，"本会以促进教育事业及研究教育学术为宗旨"[①]，教育学系学生在教师的指引下不仅掌握了当时较为先进的教育思想、理论与研究方法，还致力于教育科学研究活动。

1925 年清华学校成立大学部后，"大学部以学系为单位，共设国文、西洋文学、物理、化学、生物、历史、政治、经济、教育心理、农学与工程 11 个学系"[②]。"1928 年秋，学校当局认为教育学属师范教育范围，与清华文理科大学性质不符，故改教育心理学系为心理学系"[③]，清华学校大学部教育心理学系在 1928 年清华学校真正成为"国立清华大学"时已被改称心理学系。据统计，1929 年 6 月，原有教育心理学系毕业生 10 人。1925 年进入官方统计的国立西北大学，1923 年 8 月开始筹办，1924 年 1 月，北洋政府正式批准立案，任命原西北大学筹备处处长傅铜为校长。西北大学当时设置文学院、社会科学院、自然科学院、应用科学院四院，社会科学院下设史学系、哲学系、教育学系、法学系。[④] 由于 1926 年 4 月西安被围，百业停滞，1927 年 1 月"因规模过大学生过少，经费人才两难困难……即以本校所有一切校产经费改办中山学院"[⑤]。国立北京大学之外，清华学校大学部和国立西北大学也曾设置过教育学系，在开放式师资培养方面作了一次短暂的尝试。

（二）教育学院系的扩张

随着 1929 年 7 月 26 日《大学组织法》的颁布，大学可分设教育学院得到制度保障。国立大学按照部令，原教育学系改设为教育学院或在文学院中保留教育学系，教育学科建制得以普及。

南京国民政府成立后，控制国立大学自由发展局面，1927 年至 1929 年间试行大学区制，通过国立大学大合并，国立大学数量从 1927 年初 17 所减少到年底 6 所，当时获得政府认可的国立大学有国立第四中山大学、

---

① 王学珍、郭建荣：《北京大学史料第二卷（1912—1937）》中册，北京大学出版社 2000 年版，第 1760 页。

② 苏云峰：《从清华学堂到清华大学 1928—1937》，生活·读书·新知三联书店 2001 年版，第 51 页。

③ 清华大学校史编写组：《清华大学校史稿》，中华书局 1981 年版，第 211 页。

④ 西北大学校史编写组：《西北大学校史稿》，西北大学出版社 1987 年版，第 14 页。

⑤ 同上书，第 22 页。

国立京师大学校、国立同济大学、国立中山大学、国立第三中山大学和国立暨南大学。1928 年增加国立劳动大学、国立武汉大学、国立清华大学和国立交通大学，1929 年增加独立办学的国立北平师范大学和国立北京大学，1930 年新增国立青岛大学，1931 年 11 月新增国立四川大学，国立大学总数达到 14 所。1931 年教育部国立大学一览表中国立大学 13 所："国立中央大学（南京）、国立北平大学（北平）、国立北京大学（北平）、国立北平师范大学（北平）、国立清华大学（北平）、国立中山大学（广州）、国立浙江大学（杭州）、国立武汉大学（武昌）、国立劳动大学（上海）、国立暨南大学（上海）、国立同济大学（上海）、国立青岛大学（青岛）、国立交通大学（上海北平唐山）"[①]。由于 1932 年国立劳动大学停办而未进入此次国立大学统计中，国立大学数量从 1931 年至 1937 年一直保持 13 所。

据 1931 年教育部统计数据，13 所统计在案的国立大学中 5 所国立大学独立设置教育学院，4 所国立大学在文学院下设教育学系，近 2/3 的国立大学具有教育学科建制。对比 1932 年全国大学中已有 28 所大学具有教育院系建制的统计数据[②]，9 所国立大学设置教育学院系，占到当时全国大学教育学院系总数的 1/3。不仅在全国大学中设置教育学院系方面国立大学占据一定优势，相较于省立大学，国立大学教育学院系建制占绝对优势。1931 年教育部统计的 9 所省立大学中只有东北大学设置了教育学院。东北大学于 1928 年"8 月，文科增设哲学系、教育系，工科增设建筑系……（1929 年）1 月，成立了教育学院，由校方任命李树棠为院长"[③]。原来文科下设教育系、英文专修科和理学院下设数理专修科归并教育学院。教育学院下设两个系，八个专修科：教育行政系、教育心理系、政治专修科、法律专修科、国文专修科、英文专修科、数理专修科、博物专修科、体育专修科、家政专修科。

具体而言，国立大学中国立中央大学、国立北平师范大学、国立四川大学、国立暨南大学和国立青岛大学设置了教育学院，各系详情见

① 《国私立大学之调查》，《申报》1930 年 1 月 8 日第 3 版。

② 1932 年全国教育系科分布情况详见侯怀银、李艳莉《民国时期教育系科的分布及其特征》，《高等教育研究》2011 年第 10 期。

③ 王振乾、丘琴、姜克夫：《东北大学史稿》，东北师范大学出版社 1988 年版，第 7—8 页。

表7—2。

表 7—2　　民国二十年（1931）国立大学教育学院系统计

国立大学	教育学院院长	科系	科系主任	教员数		学生数	
				各科系	全院	各科系	全校
国立中央大学	程其保	教育学系		4	53	36	
		教育行政系	常道直	3		174	
		教育社会学系	许本震	3		42	
		教育心理学系	艾伟	6		23	
		体育科	张信孚	19		20	
		体育专修科	张信孚			66	
		艺术教育科	唐学咏	7		17	
		艺术专修科	唐学咏			65	
		卫生教育专修科		11		9	
国立北平师范大学	李建勋	教育学系	李建勋	26	42	215	295
		体育学系	袁敦礼	16		80	
国立四川大学	邓胥功	教育学系	刘绍禹	7	37		65
		专修科　体育	向志钧	9		55	107
		艺术	赵治昌	12		52	
		文预科		11			115
国立暨南大学	谢循初	教育学系	邰爽秋		27	52	145
		心理学系	张耀翔			14	
		不分系				33	
		师资专科	谢循初			19	
		国语文组				15	
		英语文组				12	
		史地社会组					
国立青岛大学	黄敬思	教育行政系	黄敬思	4	4	47	
		乡村教育系				11	

资料来源：辛树织：《第一次中国教育年鉴·第二册丙编教育概况上》（民国二十三年）台北：传记文学出版社 1971 影印本，第 359—373 页。

如表 7—2 所示，国立中央大学教育学院最庞大，在原来的教育学系、师资科、艺术专修科、体育专修科的基础上，改设教育行政系、教育社会学系、教育心理学系和艺术教育科、体育科、艺术专修科、体育专修科。1930年1月《中央大学组织规程》就已规定，教育学院设教育心理系、教育社会学系、教育行政系、师资科、体育科、艺术教育科。原来的教育学系分化为教育心理、教育行政和教育社会学系三系，艺术专修科和体育专修科改为本科层次教育，“自十八年度起，改艺术专修科为艺术教育科，体育专修科为体育科，新生毕业年限，改为四年，与大学本科的程度相等”①。师资科因经济原因暂停办。1932年9月教育学院添设心理学系。

国立北平师范大学1929年从国立北平大学独立出来，保持自己的师范性，独立设置了教育学院，下设教育学系和体育学系。其余三所国立大学教育学院随着学校的成立而新生的学科建制，尤其是国立青岛大学教育学院是1931年刚从文学院下设教育学系升格为学院，1930年时教育学系归属在文学院中，“二十年二月，校务会议决议，自下年期，将教育学系扩充为教育学院。五月，校务会议议决教育学院先成立教育行政系及乡村教育系”②。

除了上述国立大学独立设置教育学院之外，还有国立中山大学、国立北京大学、国立武汉大学和国立浙江大学按照教育部《大学组织法》规定，在文学院中保留或新设教育学系。国立武汉大学新设哲学教育学系，主任高翰。国立浙江大学新设教育学系，主任郑宗海。其中国立武昌大学经过一段国立第二中山大学时期，1928年9月成立国立武汉大学时没有设置教育系，当时学科编制为三学院十系：“社会科学院设法律、政治经济、商学三系。理工学院设物理、化学、生物、数学四系。文学院设中国文学、外国文系、哲学三系。”③ 1930年国立武汉大学“哲学系改为哲学教育系”④，还不属于完全意义上教育学科建制，况且1938年学校迁移四川乐山后哲学教育系改回哲学系。国立浙江大学在国立第三中山大学的基础上1928年秋才成立文、理学院，文学院中设置了教育学系。

① 南京大学校庆校史资料编辑组、学报编辑部编辑：《南京大学校史资料选辑》，南京大学印刷厂1982年版（内部发行），第240页。

② 辛树织：《第一次中国教育年鉴·第二册丙编教育概况上》（民国二十三年），台北：传记文学出版社1971年影印本，第349页中、下栏。

③ 《学府纪闻·国立武汉大学》，台北：南京出版有限公司1981年版，第25页。

④ 同上书，第6页。

虽然 1931 年时国立大学教育学院系建制达到发展的顶峰，但相较于大学文、理、法、农、工、商等学科门类，教育学院系发展还不够成熟。国立大学中教育学科有时提升到学科门类的高度，独立设置教育学院，有时处于一级学科的地位，在文学院或社会学院下设教育学系，且多数国立大学教育学院系建制较为简单，基本以教育学系为主，其他各系的称谓极不统一，如常见的“教育学系”“教育行政系”“教育心理学系”之外，还有“体育学系”“心理学系”“乡村教育系”“哲学教育系”等多种称谓。该现象反映出当时教育学院系建制不成熟的一面。

三　国立大学教育学院系的裁并与裁撤

应国家发展的需要，国民政府教育部从 1931 年开始鼓励实类院系建设，适当控制文类院系发展。文类院系主要包括文、法、商、教育学等学科基础上建立的院系，因此，国立大学教育学科建制在此次国家宏观调控中不同程度地受到影响，多数国立大学教育学院被裁并到文学院或原有教育学系被裁撤。

国立青岛大学、国立四川大学和国立暨南大学，裁撤或裁并了教育学院。国立山东大学（前身国立青岛大学，1932 年改称现名）教育学院 1930 年才从文学院中独立出来，不到两年时间就停办，只在文学院中保留了教育讲座。据济南 1932 年 7 月 15 日电：“今青大整委会开会议决，改名国立山东大学。文理两院并为文理学院，设青岛……教育学院停办，在文学院内设教育讲座。”[①] 1932 年 2 月王兆荣任国立四川大学校长后，按照教育部令，将教育学院改为教育学系，隶属于文学院。国立四川大学教育学院裁并源于办学经费所限，“1932 年秋，成都巷战之后，学校办学经费奇窘，难于维持，1933 年 3 月 7 日，奉教育部 7323 号指令，决定将教育学院裁撤，所属教育系、艺术专修科、体育专修科并入文学院”[②]。同样在这一年春，国立暨南大学教育学院改为教育学系，隶属于文学院。其原因是当时上海属于战区，暨南大学采取紧缩与集中办学政策，教育学院改为教育学系归并于文学院。关于国立暨南大学教育学院裁并问题，时任教育部长朱家骅申明态度，并非是对教育学的不重视问题，“大学生修

---

① 《青大改为山东大学》，《申报》1932 年 7 月 27 日第 3 版。

② 四川大学校史编写组：《四川大学史稿》，四川大学出版社 1985 年版，第 172 页。

习教育，以为师资之备，但是特设一院，专习教育科目，在一方面苟缺乏文理基本科目之研究，试问除教育科目外，将持何术以为人师，在又一方面，如许专习教育之学生，毕业后又那得加许教育行政机会，以展其所学”①。“撤回真如原校后，本校之编制分文、理、商三学院。”② 当时文学院下设中国语文学系、外国语言学系、历史社会学系、政治经济学系、教育学系五系，教育学系分心理和教育行政两组，保留教育学系，没有重办教育学院。

国立北平大学按照教育部第二次整顿北平大学令，1933 年 7 月将女子文理学院原有的哲学系改为哲学教育系，不到 2 年时间，1935 年 8 月教育部再次提出改进训令，要求“女子文理学院哲学教育系停办，该系学生甚少，应将原有学生改入他系，或设法予以转学，以便早日结束完竣”③。

国立中央大学和国立北平师范大学保留了教育学院。国立中央大学也从 1932 年起，对教育学院系作了适当调整，教育学院教育原理、教育行政、教育社会学系合并为教育学系；艺术教育科、艺术专修科合并为艺术科；体育专修科并入体育科；卫生教育科等现有学生毕业后即行结束。据 1934 年 6 月 23 日《申报》刊登的罗家伦对“两年来之中央大学”的报道，通过两年的院系整理，1932—1935 年中央大学设 6 院 30 系。其中教育学院设教育学系和心理学系二系，艺术科、体育科和卫生教育科三科。由于保持师范特色，国立中央大学教育学院教学质量得以保持和发展。1934 年国立中央大学教育学院教育学系和心理学系教授 18 人，均为国内知名学者，包括艾险舟、杜佐周、萧孝荣、许恪生、张士一、孟宪承、陈剑修、潘菽、吴南轩、王书林、高君珊、赵更传、钟道赞、桂质柏、熊文敏、王凤鸣、夏承枫、赵延为。

此次教育学院系整顿中，在九所省立大学中唯一设置教育学院的东北大学也未能幸免。1934 年经教育部派员视察，具体报告了东北大学的院系整顿意见和建议，其中专门有一条建议为：“教育学院：教育学院本年

---

① 《朱家骅对于目前政府整理大学办法之说明》，《申报》1932 年 7 月 25 日第 2 版。

② 《暨大战后一年来概况》（三），《申报》1933 年 6 月 16 日第 4 版。

③ 《教育部改进国立北平大学训令》，1935 年 8 月 11 日，中国第二历史档案馆编《中华民国史档案资料汇编·第五辑·第一编·教育》（一），江苏古籍出版社 1994 年版，第 216—217 页。

不招生。”[①] 至此国立大学教育学院系发展受到国家宏观调控的影响，抗日战争爆发前，13 所国立大学中仅有 2 所保留了教育学院，3 所裁撤或裁并教育学院，6 所保留了教育学系，详见表 7—3。

表 7—3　　全国国立大学教育学院系（1936 年 1 月）

校名	校址	校长	学院（系）
国立中央大学	南京	罗家伦	教育（教育、心理、体育、艺术、卫生教育）
国立北京大学	北平	蒋梦麟	文（中国文学、史学、哲学、教育、外国语文）
国立北平师范大学	北平	李蒸	教育（教育、体育）
国立武汉大学	武昌	王星拱	文（中国文学、哲学、外国文学、历史、教育）
国立中山大学	广州	邹鲁	文（中国语言文学、英国语言文学、史学、教育、哲学、社会）
国立暨南大学	上海	何炳松	文（中国文学、外国文、历史地理、教育）
国立浙江大学	杭州	郭任远	文理（教育、外国文学、物理、数学、化学、生物）
国立四川大学	成都	仁鸿隽	文（中国文学、外国文学、史学、教育）

资料来源：中国第二历史档案馆编：《中华民国史档案资料汇编·第五辑·第一编·教育》（一），江苏古籍出版社 1994 年版，第 300—303 页。

四　国立大学教育研究所的创设

如果说国立大学设置教育学院系，主要是为了传授教育科学知识，培养师资力量的话，成立教育研究所，意味着教育科学研究的开始，也是教育学科知识扩展与应用的标志，更是教育学本土化的一种努力与尝试。

由于国立中山大学经费独立而有较充分条件发展研究所，较早开展了教育学科学研究，1927 年秋开始筹备，1928 年 2 月正式成立，“定名教育学研究所，暂隶文学院，我国有此种教育专门研究机关，实以此为嚆矢”[②]。1934 年后按照教育部要求重新备案成立，成为当时大学研究院中唯一的一所教育研究所。1935 年 4 月，国立中山大学“呈请教育部将各研

---

① 《教育部改进东北大学训令》，1934 年 7 月 14 日，中国第二历史档案馆编《中华民国史档案资料汇编·第五辑·第一编·教育》（一），江苏古籍出版社 1994 年版，第 198—199 页。

② 国立中山大学研究院教育研究所：《本所研究事业十年》，1937 年，厦门大学特色文献资源数据库，http：//210. 34. 4. 53/zt/index. jsp：1。

究所斟酌改组，制定章程，正式成立研究院，经奉部令准予备案”①，6月6日正式成立研究院，教育研究所随即从文学院中独立出来，如表7—4。

表7—4　教育部核准的国立中山大学研究院研究所（1935年6月）

校名	研究所	研究部
国立中山大学	文科研究所	中国语言文学部、历史部
	教育研究所	教育学部、教育心理部
	农科研究所	农林植物部、土壤部

资料来源：《教育部限制招收研究生》，《申报》1935年6月3日第4版。

1931年2月，国民政府教育部决定合并国立北平师范大学与国立北平大学第二师范学院（女子师范学院），7月正式成立国立北平师范大学，不仅设置教育学院，还设置研究所，下设教育科学门和历史科学门。国立北平师范大学教育研究所前身可以追溯到北京高等师范学校1920年开办的教育研究科。教育研究科当时招收高师、专门学校毕业生和大学三年级的学生，教育科学化运动的推动下，“北京高等师范学校教育研究科还将心理学、生物学、心理测量等定为教育学科的必修课程”②，促进了教育研究的科学化。“1922年4月3日，北京高等师范学校为教育研究科第一期研究生举行毕业典礼，授予毕业生常道直、王卓然、薛鸿志、殷祖英等16人‘教育学士’学位。此为我国高等师范学校研究生授予教育学士学位之始。”③

国立中央大学于1934年2月创办教育实验所，“该所目的在于利用教育心理两系人才设备，用心理实验及统计方法，解决教育问题，建立中国化的科学教育”④。该研究所在教学实验研究方面成果显著。

国立大学教育研究所不仅招收研究生，培养高层次教育人才，还开展

---

① 《国立中山大学现况》（民国二十四年），台北：传记文学出版社1971年影印本，第335页。

② 项建英：《教育“科学化”运动与近代中国大学教育学科的发展》，《现代大学教育》2009年第5期。

③ 《北京近代高等教育大事记（1862—1949）》，吴惠龄《北京高等教育史料·第一集（近现代部分）》，北京师范大学出版社1992年版，第386页。

④ 南京大学校庆校史资料编辑组、学报编辑部编辑：《南京大学校史资料选辑》，南京大学印刷厂1982年版（内部发行），第271页。

教育科学研究，促进教育学科知识的科学化，同时有效地推广教育科学知识，发挥教育研究所的社会服务职能。

研究生培养方面，国立中山大学1928年2月设教育学研究所后，10月开始招收研究生。[①] 起初研究生招生资格，不限于大学毕业，但必须能阅读外文文献并具有一定的教学经验。1933年以前研究生共6人，1934年起，提升研究生入学资格，以大学教育学院系毕业生为准。“据统计，1928—1941年中山大学教育研究所共培养6届研究生，其中有17名研究生被授予教育学硕士学位。”[②] 国立北平师范大学教育研究所制定一系列章程、学则和细则，规范了研究生培养制度。出于研究需要，国立中央大学教育实验所于1934年6月招收研究生，入学资格为大学教育学系毕业，编写小学教材和研究小学教育面临的实际问题。

以国立北平师范大学教育研究所研究生教育为例，当时研究所设主任导师、导师和助教若干人。其中主任导师分管教育研究与教材编纂事宜，导师和助教协助主任导师指导和训练研究生，从事教育调查研究与统计分析工作。当时教育研究所招生条件为国立、省立或教育部立案私立大学毕业生，经本所入学考试合格者。据《国立北平师范大学研究所研究生细则》（1932年），教育研究所入学考试科目有国文、英文、教育心理、教育统计和教育行政，而本校毕业的成绩优异者免试或部分免试入学，“本大学教育系毕业生成绩总平均在七十五分以上，其教育统计、教育心理、教育哲学、教育行政四科，平均在八十分以上者免考。本大学他系毕业生，平均成绩在七十五分以上，本系主科及教育必修科平均具在八十分以上，并曾选修教育统计及教育哲学者免考”[③]。教育研究所学制1—3年，课程采用学分制，毕业学分要求为30学分，必修科15学分，选修科15学分。具体规定如下：

（1）必修科　共15学分

a教育研究法　3学分；b教育测验法　3学分；c教育实验法　3学分；d高等教育统计学　6学分。

---

① 吴定宇主编：《中山大学校史（1924—2004）》，中山大学出版社2006年版，第92页。

② 肖朗、项建英：《学术史视野中的近代中国大学教育学科》，《社会科学战线》2009年第9期。

③ 《国立北平师范大学》，吴惠龄《北京高等教育史料·第一集（近现代部分）》，北京师范大学出版社1992年版，第88页。

（2）选修科　共选15学分

a 学务调查　3学分；b 课程研究　3学分；c 乡村教育及其研究法　3学分；d 高等教育心理学　6学分；e 教育哲学及其研究法　3学分；f 其他

《国立北平师范大学研究所学则》（1932年）规定，各课目举行试验，考试成绩60分为及格，成绩在60分以下45分以上者补考，不到45分者重习。修满规定学分，提交论文一篇，由研究所委员会审查合格者，准予毕业，教育部学位规程颁布后，补发学位。

教育科学研究方面，国立中山大学教育研究所主要开展了四个方面的研究工作：

> 关于小学、中学、大学用书、课程问题之研究；关于学校行政方面，如本省中学校长问题、教学领导方法、小学自治及书院教育等之研究；关于民众教育的研究，如民校招生、乡村青年训练、民众字典、华侨教育之调查研究等；关于心理学方面，如幼童智力测验、顽童心理、中小学生学习与气候关系等的研究。①

教育研究所的科学研究工作广泛采用实验、调查的实证研究方法，设立了小学实验班、龙眼洞乡村教育实验区、花县乡村教育实验区、石牌乡村服务实验区等，教育研究步入科学化阶段。为了有效推广教育研究成果，教育研究所创办刊物，代表性刊物有1928年2月创刊的《教育研究》，到抗日战争爆发前出版70多期，还出版了《儿童自由画研究》《中学作文教学研究》《学看外国文研究》《如何使新教育中国化》等18种教育丛书②。

国立中央大学教育实验所受校外机构委托，开展了一些应用课题研究，如应“中华教育文化基金会之委托进行全国中学英文教学研究，此项研究，系由该院心理系兼院长艾险舟及教育系教授张士一主持”③。艾险舟院长注重测验与统计研究，编制了四种测验量表，随机抽查全国各省

① 梁山、李坚、张克谟：《中山大学校史》，上海教育出版社1983年版，第69页。

② 吴定宇主编：《中山大学校史（1924—2004）》，中山大学出版社2006年版，第92页。

③ 《中央大学教育实验所工作近况》，《申报》1934年4月20日第4版。

高中各年级和大学一年级学生一万人进行测试，对华北、山东、河南、山西、河北、江苏、浙江、安徽、江西、湖南、湖北、广东、广西等地进行测验。张士一注重调查研究，到北平天津一带学校作了问卷调查。除此之外，该所编印了心理教育实验专篇，第一期为“知觉单元形成之条件”，第二期为“汉子测量”。

教育研究所社会服务方面，《国立北平师范大学研究所章程》（1932 年）第二条规定：“本所任务如下：研究教育实际问题；培养教育学术专家；搜集整理并编纂各科教材。”① 当时编纂的教材主要分国语国文教材组、历史公民教材组和自然科学教材组。教育研究所主任导师专门分管教育研究与教材编纂事宜，有效地开展了中小学教材编写工作。

国立中山大学教育研究所不仅开展教育科学研究，还加强教育学科知识的推广与应用。1928 年起，教育系监督民众教育试验学校以来，教育学研究所协助进行各项试验，包括普通民众的文字教育、公民训练和谋生技能增进等工作。1931 年秋，教育学研究所创办了国立中山大学附属初中女子部，试验新法教学之余有效地推广教育教学知识，加强了教育科学知识的应用。“民国廿五年间，本大学乡村服务实验区及本校与广东省教育厅及中国社会教育社合办之花县乡村教育实验区先后成立，由本所担任设计及辅导工作。”② 其中乡村服务实验区的成立是由于当时国立中山大学四周均为乡村，以求大学教育内容的充实与教育事业的推广考虑，在学校物质建设已有相当基础的条件下，致力于向社会事业方面发展。成立花县乡村教育实验区的目的在于寻求推行普及教育的办法与设立适应生活需要的教育设施，为各地开展教育活动提供参考。教育学研究所不仅协助学校和当地教育工作，还积极开展了国际合作研究、组织教育会社、举办工作展览会等各项教育推广活动。国际合作项目方面，“曾承美国品格教育协会委托协助修订儿童道德信条，瑞士国际教育局委托调查中国儿童读物，比利时国际家庭教育会委托征集关于中国家庭教育之资料，英国世界

① 《国立北平师范大学》，吴惠龄《北京高等教育史料·第一集（近现代部分）》，北京师范大学出版社 1992 年版，第 85 页。

② 国立中山大学研究院教育研究所：《本所研究事业十年》，1937 年，厦门大学特色文献资源数据库，http：//210.34.4.53/zt/index.jsp：2。

成人教育协会委托调查本大学推广工作。"① 教育会社组织方面，教育学研究所发起组织了当时国内较有影响力的中国教育学会、中国社会教育社和中华儿童教育社的广州分社，以协助上述会社在南方的发展，共谋社会发展。与此同时，为了引起社会各界人士对教育研究的兴趣，抗战之前举办过5次展览会，展览内容包括研究所研究工作、相关出版物以及开放实验室和博物室等。

第三节　国立大学教育学科建制演变的影响因素分析

国立大学教育科系院所发展历程充分证明，依托师范学校特色，国立大学中教育科系得以设置，同时通过教育学的科学化，教育学科内在知识体系得以完善，加固了国立大学中学科建制的根基，为教育学在大学制度中获得独立学科身份奠定了良好的基础。再通过大学法规的颁布实施，国立大学广泛设置教育科系院所，进一步促进了教育学科建设。面对社会发展的实际需求，国民政府教育部进行大规模院系整顿，国立大学教育院系建制受到一定的制约。因此，国立大学教育学科建制不仅受到国立大学传统、学科知识发展等内在因素的影响，同样受到一个国家大学法规制度和社会需求引发的国家政府宏观调整的影响，影响因素是多方面的，学科建制演变是多方因素综合作用的结果。

一　国立大学历史渊源与传统

教育科系院所的建立与发展，固然需要人力、物力、财力等诸多方面的保障，但不是有了基本保障，就有好的发展。国立大学教育科系院所的发展与所属大学的历史渊源与传统有很大关联。若国立大学校史与师范学校有一定的关联，其教育学科建制较为牢固，并发展较快。事实证明，国立大学合并高师或以高师为根基建立师范大学的，其教育科系院所发展在相同条件下比其他国立大学要优越。

以1922—1926年国立大学设置教育学系情况为例，见表7—5。

---

① 国立中山大学研究院教育研究所：《本所研究事业十年》，1937年，厦门大学特色文献资源数据库，http：//210. 34. 4. 53/zt/index. jsp：56。

表 7—5　　　　1922—1926 年新设教育学系的国立大学

年度	新设教育学系的国立大学	设置教育学系的国立大学数量
1921	国立东南大学	1
1922	—	1
1923	国立北京师范大学、国立武昌师范大学（国立武昌大学的前身）	3
1924	国立北京女子师范大学、国立广东大学、国立北京大学	6
1925	国立西北大学	7
1926	—	6

注：清华学校 1925 年成立大学部时还不属于严格意义上的国立大学，因此，其教育心理学系暂不列入国立大学新设教育学系的统计中；国立武昌大学 1926 年停办，并后续大学也未设置教育学系而 1926 年设置教育学系的国立大学减少一所。

如表 7—5 所示，南京国民政府成立之前，已有 7 所国立大学设置了教育学系，其中国立北京大学和国立西北大学不是“高师改大”后的大学之外，国立东南大学、国立北京师范大学、国立武昌大学、国立北京女子师范大学、国立广东大学分别是南京高等师范学校、北京高等师范学校、武昌高等师范学校、北京女子高等师范学校和广东高等师范学校改办大学后成立的国立大学。还有一所未进入统计范围的国立成都师范大学，在 1929 年办本科教育时也设置了教育学系，由于南京国民政府成立后未将其划入国立大学范围，没有列入表格之中。这么看来，20 世纪 20 年代设立教育学系的国立大学中绝大多数具有师范教育根基和传统。因此，当时国立大学广泛设置教育科系，很大程度上与国立大学与高等师范学校的历史渊源有关联。

再以教育科系院所保存较为完整的国立大学而论，主要是国立东南大学（后期并入国立中央大学）、国立北平师范大学和国立中山大学。它们不仅最先设置教育科系，也最先开创了教育学的科学研究，在教育事业方面也是成绩卓著的大学。国立东南大学就是在南京高等师范学校的基础上成立的国立大学，它在国立大学中最先设置了教育科系，也是较早设立教育研究所的国立大学之一。办学过程中始终重视教育学科建设，即便在经费紧缺的艰难时期，力保教育科系建制。1924 年 4 月 27 日，校董事会面对经费困难，进行了一番学科调整讨论，当时郭秉文校长明确指出，“文理科为大学基本学科，应循序进行；教育科为南高递嬗而成，毕业学生极得社会信仰，国内大学办教育科者尚少，且无如本校之办理之完善，应予逐渐扩张，有附属之中小学，备该科研究试验之用，应继续办理”①。农科开办较早，有较好的根底，商科设在上海，又是社会商业发展的急需，工科虽有良好的师资队伍，财力紧缺之时，万不得已暂行停办。最终结果是裁并工科，保留教育科，并加以完善。

国立北平师范大学是“高师改大”运动中唯一一所保存下来的师范大学，虽然北京女子高等师范学校和成都高等师范学校起初也是改成师范大学，但在1931年后陆续与其他大学合并，前者归并于国立北平师范大学，后者与国立成都大学和公立四川大学合并为国立四川大学。可以说国立北平师范大学是形式和内容上最完整保存师范特色的国立大学。国立中山大学的前身广东大学是借助广东高等师范学校的国立身份改组而成的综合大学。它们有一个共同的特征，在诸多国立大学中保存与延续师范特色较好的大学。可见，国立大学的教育学科建制离不开大学师范教育特色的影响。教育学本身就是师范教育的核心学科门类，正因为如此，师范特色保持良好的国立大学中教育学科建制得以长期保存和发展。

同样在教育学科科学研究领域，具有良好师范教育传统的国立中央大学、国立中山大学和国立北平师范大学开创了新风气。它们设立研究所不仅培养教育学术研究人才，还采用科学研究方法开展教育实验调查，促进教育学科知识的科学化，通过人才培养和科学研究活动，推动了教育科学知识的有效应用与推广。

相反国立四川大学也是合并了国立成都师范大学、国立成都大学和公立四川大学的产物，当有师范教育的传统才对。只是国立成都师范大学成立到合并为止，“校长几乎是一年一换，由于变动频繁，他们基本上在学校没有什么明显的建树”②，师范特色也没能得以较好地保存与发扬。正因为如此，三校合并后的国立四川大学也就没有多少师范特色可言。在办学经费紧缺条件下，教育学院被裁撤，与国立东南大学学科调整形成鲜明的对比。沈阳高等师范学校基础上形成的东北大学到1928年文科才增设教育系，1929年改办教育学院，但是由于一开始就没有教育系设置，教

① 南京大学校庆校史资料编辑组、学报编辑部编辑：《南京大学校史资料选辑》，南京大学印刷厂1982年版（内部发行），第134页。

② 四川大学校史编写组：《四川大学史稿》，四川大学出版社1985年版，第143页。

育院系发展缺乏延续性而发展的根基不牢固，1934 年被教育部训令暂停招生。正反面的例证都能说明，高等师范学校基础上建立的国立大学在发展过程中师范教育特色保持的好与否直接影响到后续教育学科建制。

二　学科知识的科学化

20 世纪 20 年代出现的国立大学教育科系院所的快速发展，表面上与“高师改大”运动相关联，但从根本上而言，离不开与此时出现的教育“科学化”运动带动下教育学科知识的科学化。“从 20 世纪初京师大学堂师范馆设置教育学方面的课程到清末的优级师范学堂和民初的高等师范学校，教育学科经过 20 多年的发展，已积累了一定的学术基础，此时，教育学科要在更高的平台上实现质的飞跃，在学术上以求进一步突破，无疑综合性大学更具优势，因此，在综合性大学设置教育学科符合教育学术自身发展的客观规律以及教育学科学术化的总体趋势。”①

随着杜威、孟禄、柏克赫斯特、克柏屈等一批国际知名教育家、心理学家来华讲学，西方先进的教育思想、理论与教育科学研究方法在中国得以广泛传播，教育研究开始采用教育调查、教育实验、教育测验等科学方法。同时，各大学教育学系陆续设置大量的科学课程，促进了教育学科知识的科学化。作为教育科学化运动的前沿阵地——国立东南大学和国立北平师范大学的教育学科内容的科学化自不必列举，就以国立北京大学的教育学系 1924—1929 年设置的课程为例（表 7—6），足以看到此时教育学科知识科学化的大体趋势。

表 7—6　　　　1924—1929 年国立北京大学教育系课程统计

年度	课程	教员数	学生数
1924	教育学概论、中国哲学史、西洋教育史、西洋哲学史、行为论、社会学、普通心理学、教育心理学、儿童心理学、教育行政、教育哲学、普通教学法、各国教育制度、近代教育原理与实施、现代教育思潮、中等教育问题、学校管理、教育测验、教育社会学、图书馆学、图书利用法、目录学、国语及注音字母、第一外国语、第二外国语	16	30

① 项建英：《论近代中国大学教育学科设置模式嬗变》，《江苏高教》2009 年第 3 期。

续表

年度	课程	教员数	学生数
1925	教育学概论、中国哲学史、西洋哲学史、近代西洋小学教育史、社会学、普通心理学、行为论、青年心理、普通教学法、教育行政、教育理想发展概观、教育哲学、各国教育制度、教育统计、现代教育思潮、养成师资问题、图书利用法、中等教育问题、近代教育趋势、英文教育选读、国语及注音字母、逻辑、遗传与环境、教育社会学、第一外国语、第二外国语	19	56
1926	教育学概论、上古西洋教育史、科学概论、近代西洋教育史、中国哲学史、西洋哲学史、社会学、伦理学、普通心理学、教育心理学、儿童心理学、变态心理学、普通生物学、遗传与环境、实验教育、原人心理、各国教育制度、教育哲学、教育统计、教育行政、智慧测验、近代教育原理与实施、教育社会学、现代教育哲学问题、近代西洋中等教育史、近代西洋小学教育史、教育理想发展概观、道尔顿制、课程组织、普通教学法、学校管理、学校卫生、逻辑、养成师资问题、图书利用法、英文教育选读、第一外国语、第二外国语	19	48
1927	教育学概论、中国哲学史、西洋教育史、西洋哲学史、普通心理学、社会学、伦理学、教育心理学、儿童心理学、教育行政、普通教学法、教育哲学、教育统计、小学教育、乡村教育、师范教育、参观与批评、逻辑、中等教育问题、各国教育制度、教育研究班、中国教育史、中国近代教育制度变迁史、职业教育、学校卫生、遗传与环境、英文教授法、学校管理、英文教育选读、第一外国语、第二外国语	16	53
1928	教育学概论、中国哲学史、西洋哲学史、普通心理学、教育史、教育心理学、社会学、伦理学、教授法原理、遗传与环境、教育统计、教育测验、师范教育、小学教育问题、图书馆学、逻辑、学务调查、学校管理、生理学、第一外国语、第二外国语	12	63

续表

年度	课程	教员数	学生数
1929	教育学、中国哲学史、社会学、西洋哲学史、科学概论、西洋教育史、伦理学、逻辑、普通心理学、儿童学、教育行政、教育测验、教育心理、教育统计、唯物主义与教育、中国教育思想史、师范教育、教授法原理、工作学校要义、学校组织、教育与文化、现代教育思潮、教育哲学、遗传与环境、学校管理、小学教育、英文教育选读、特殊儿童心理、德文教育选读、第一外国语、第二外国语	19	75

资料来源：李辛之：《北京大学之教育系》，1933 年 4 月，吴相湘、刘绍唐《国立北京大学纪念刊第三册》（民国十八年卅一周年、民国卅七年五十周年纪念刊），台北：传记文学出版社 1971 年影印本，第 72—75 页。

如表 7—6 所示，1924—1929 年间，国立北京大学教育学系课程设置中，教育内容的科学化程度显而易见，从其逐年加设新课程情况看，不仅增加各类心理学课程，还加设教育测验、教育统计、教育调查方面的课程，甚至还把当时国际上最新教育组织形式——道尔顿制作为一门独立课程加以开设。具体而言，1924 年课程中有普通心理学、教育心理学、儿童心理学、教育测验等科学课程，1925 年增加了行为论、青年心理、教育统计、现代教育思潮、遗传与环境等课程，1926 年增加了科学概论、变态心理学、普通生物学、实验教育、智慧测验、道尔顿制等课程，1927 年增加了参观与批评、教育研究班等课程，1928 年增加了学务调查、生理学等课程。国立北京大学“教育学系为了能在浓郁的学术土壤上茁壮成长，努力使教育学科学术化”①。

国立北京大学为代表的一部分没有高等师范学校根基，师范特色不浓的国立大学的教育学系课程内容已经反映出当时教育“科学化”运动的成果。教育“科学化”运动，不仅提升了教育学科知识的科学含量，通过学科知识体系内在的发展，也提升了教育学学科地位，使国立大学的教育科系建制更具有合理性。“随着大学教育学科‘科学化’运动的展开，教育学科学术价值逐渐为世人所了解，教育学科在大学的地位日益得到提

① 项建英：《民国时期综合性大学教育学科论略——以中央大学、北京大学为个案》，《高教探索》2006 年第 5 期。

高，学科进一步分化和完善。”① 正是由于教育学科知识自身的科学化与完善发展，国立大学陆续设置系科院所，通过学科建制也有力地推动着教育学科自身的发展。

三 政府政策引导与宏观调控的制约

国立大学中设置教育科系到教育院所的发展，直到教育学科建制逐渐萎缩的历史轨迹中，我们看到政府的宏观调控能力，它对国立大学教育学科建制的设置与发展具有很强的约束力。政府不仅通过大学法规进行宏观调控，还通过相关政策的出台引导和约束国立大学教育科系院所建制。

从国立大学教育科系的创建历程看，离不开国家政府颁布实施的大学法规的政策指导。清末《奏定大学堂章程》和民初《大学令》《大学规程》中教育学不具有独立学科地位，作为课程之一出现在大学法规中。此时国立大学也设置过教育学课程而没有出现教育科系，到了 1921 年国立东南大学在国立大学中第一个设置了教育科系。在 1922 年“新学制颁定前，教育学科是否在综合性大学设置的争论就已经开始，而 1922 年学制的颁定只是这种呼声的制度化……学制明确规定了高等师范学校升格为师范大学，综合性大学设置教育学科”②。至此 20 世纪 20 年代出现了“高师改大”运动，随着高等师范学校升格为大学，国立大学中教育科系建制迅速增多。

民初七所高等师范学校分别是 1912 年的北京高等师范学校，1913 年成立的武昌高等师范学校，1915 年成立的南京高等师范学校，1916 年成都高等师范学校和广东高等师范学校列入国家预算，1918 年成立沈阳高等师范学校，1919 年 4 月增加国立北京女子高等师范学校，至此高等师范学校数量达到七所。随着新学制的颁布实施，七所高等师范大学陆续改办成师范大学或综合大学。七所高师改大后的大学中六所国立大学均设置了教育学系。正是由于许多综合性大学由原来的高师脱胎而来，国立大学设置教育科系的较多，且基础较好。

1929 年 7 月《大学组织法》明确了教育学的独立学科门类地位后，

---

① 项建英：《教育“科学化”运动与近代中国大学教育学科的发展》，《现代大学教育》2009 年第 5 期。

② 项建英：《论近代学制与大学教育学科的发展》，《江苏高教》2007 年第 3 期。

当时国立大学中近 2/3 的大学设置了教育学院或文学院中设置了教育学系，国立大学中教育学科建制成为普遍。可见，1922 年新学制、1929 年《大学组织法》和《大学规程》的颁布实施直接影响到国立大学中教育院系建制的发展。

民初政府设置高等师范学校的目的是培养中等学校师资，国立大学出于对硕学闳材的培养目标，没有考虑教育科系设置问题。20 世纪 20 年代政府鼓励“高师改大”，高等师范学校升格的师范大学和高等师范学校改组的国立大学相继设置了教育科系，随着发展进入规范化阶段，发展的顶峰时期，近 2/3 的国立大学设置教育院系。20 世纪 30 年代，政府为了满足社会所需建设人才的现实需求，对国立大学院系进行大整顿，鼓励实类院系建设，限制文类院系扩展，导致教育院系在内的文类学科建制的一度萎缩。

国立大学教育学科建制的去留问题，同时反映出国家对师资培养模式的考虑，时任教育部长朱家骅在《九个月来教育部整理全国教育之说明》（1932 年 11 月）中提到有关师资培养与师范教育的改革问题：一方面，国立大学设置教育院系的，鼓励招收若干名高等师范生，优其待遇，传授一定的专门科学外，修习若干教育学程，毕业时由教育部严格考试；另一方面，师范大学也招收若干名大学及专科学校毕业生，使其受一年或两年的教育学训练。朱家骅的改革思想很明确，就是保留国立大学中教育学科建制，也保存师范大学的独立地位，鼓励师范大学和综合大学共同培养合格师资。按照该指示教育部变更国立北平师范大学组织，“师大招收普通大学毕业生，授以一年或二年师范训练，职业教育师资，另以考试方法考取之”①。同年 12 月召开的国民党四届三中全会上，却出现了两种不同的提案：“一种认为师范大学应脱离大学而单独设立，教育部应设师范大学 2 所或 3 所，各国立大学之教育学院或教育学系概行并入师范大学；另一种则认为师范教育不应另设，以免畸形发展。这次论争的结果是：由于抗战爆发，各地师资日益紧缺，高等师范教育的地位重新得以确立。”② 这一结果预示着国立大学中教育院系建制必定会受到限制，教育学科建制在国立大学中的发展进入萎缩阶段，使得综合大学办师范教育的尝试暂告一段落。

① 《教部变更北师大组织》，《申报》1932 年 11 月 5 日第 3 版。

② 项建英：《论近代中国大学教育学科设置模式嬗变》，《江苏高教》2009 年第 3 期。

第八章

国立东南大学（中央大学）与私立厦门大学学科发展之比较

民国时期大学学科建制在改制、调整、发展中得以完善。选择这一时期代表性国立大学与私立大学，对其学科建制与发展进行对比分析，有助于从不同办学主体的视角，解读大学学科发展的影响因素。“在中国近现代大学史上，东南大学与厦门大学的早期发展颇具典型性。两校同年创立，校训不约而同，各以鲜明的办学特色和卓越的办学成就跻身国内名校。”① 不仅如此，国立东南大学（中央大学）和私立厦门大学在学科设置方面也以多学科综合性著称，同一时空条件下二者的学科建制与发展具有一定的可比性。通过比较，两校在 1921—1937 年学科建制与发展方面，表现出相对稳定性与波动性的差异，但在大学多学科建设、基础学科与应用学科共同发展方面具有共性，这与不同的办学主体和校长的学科建设思想密切相关。

第一节　国立东南大学(中央大学)的学科建制与发展

国立东南大学于 1921 年创办，初设文理、教育、农、工、商 5 科 27 个学系，是当时学科门类最齐备的综合性国立大学。大学区制时期改组为第四中山大学，1928 年 2 月改称江苏大学，同年 5 月定名为国立中央大学，至抗战前，国立中央大学是国立大学中学科门类最齐全的一所多学科综合性大学。国立东南大学“科—系”建制整合了大学的人才培养、科

① 张亚群：《“同归而殊途　一致而百虑”——郭秉文与林文庆办学理念之比较》，《东南大学学报》（哲学社会科学版）2011 年第 6 期。

学研究与社会服务职能为一体。经历江苏大学时期的九院建制与国立中央大学时期八院建制，国立东南大学（中央大学）始终保持了多学科文理综合的学科特色。

一　国立东南大学“科—系”建制的初创

1921年7月，《国立东南大学组织大纲》获教育部批准，8月23—25日与南京高等师范学校同时招考学生，1921年9月9日《申报》声明，由郭秉文兼任国立东南大学校长。国立东南大学创办后采用了“科—系”建制，科的设立相当于相关学系的联合体，科一级负责教育行政事务，各学系负责具体教学管理任务，学系的设立使得教学具有相对独立性，科—系共同合成为以学科为基础建立的学术组织系统。全校设立教授会和评议会，有权议决有关科与系的增设、废止或变更事宜。

“南京原有农、工、商、教育、体育专修科其规模已近于各国之大学，以之并入东南大学，第须添招文理科，则学科已属完备”①，国立东南大学创办之时已设文理、教育、农、工、商五科。1921年3月25日《国立东南大学大纲草案》第四条规定，“本大学以学系为主干，暂设下列各系：一国文系、二英文系、三哲学系、四历史系、五地学系、六政法经济系、七数学系（天文附）、八物理系、九化学系、十生物系（生理动物植物解剖附）、十一心理系、十二教育系、十三体育系、十四农艺系（作物土壤农具附）、十五园艺系、十六畜牧系、十七病虫害系、十八农业化学系（农产制造附）、十九机械工程系、二十会计系、二十一银行系、二十二工商管理系”②。

草案拟设22个学系，实则国立东南大学设置了5科27个学系，学科建制具体如下：

> 文理科：国文系、英文系、西洋文学系、哲学系、历史系、地学系、政治系、经济系、数学系、化学系、物理系、心理系、生物系等13系；
>
> 教育科：教育系、心理系、体育系等3系；

---

① 《国立东南大学缘起》，《申报》1920年12月25日第2版。

② 《国立东南大学大纲草案》，《申报》1921年3月25日第3版。

农科：生物系、农艺系、园艺系、畜牧系、病虫害系、蚕桑系、农业化学系等7系；

工科：机械工程系；

商科：银行理财系、会计系、工商管理系等3系。①

对比草案，学系总数多出5个，其实学系种类只增加2个：西洋文学系和蚕桑系。政法经济系分为政治系和经济系两系，而心理系和生物系同时分设在两科中，显示出其学术性与应用性双重属性。上述学系中生物系、心理学、教育系、体育系、园艺系、畜牧系、病虫害系、蚕桑系、会计系、工商管理系等在中国近代国立大学中最先具有学科建制。

1925年后国立东南大学出现易长风潮，近半年时间学潮不断，9月16日政府决定停办东南大学。1926年蒋维乔代理校长后，对原有“科—系”建制作了适当调整。按照1926年8月1日《国立东南大学组织大纲修正稿》规定，本科分为文科、理科、教育科、农科、商五科，具体学科建制为：

文科：一、国文系　二、外国语文系　三、哲学［国］系　四、历史系　五、政治系　六、经济系

理科：一、数学系　二、物理系　三、化学系　四、地学系　五、心理系　六、植物系　七、动物系

教育科：一、教育系　二、心理系　三、乡村教育系　四、体育系

农科：一、植物系　二、动物系　三、农艺系　四、园艺系　五、畜牧系　六、蚕桑系　七、病虫害系

商科：一、普通商业系　二、会计系　三、工商管理系　四、银行理财系　五、国际贸易系　六、保险系　七、交通运输系。②

对比1922年学科建制，1926年学科建制规定中学科门类改动较大，

① 《本校现状及十二年度计划》，《申报》1923年1月1日第3版。

② 中央大学档案：《国立东南大学组织大纲修正稿》，1926年8月1日，中国第二历史档案馆编《中华民国史档案资料汇编·第三辑教育》，江苏古籍出版社1991年版，第251—252页。

文理科分为文、理两科，取缔工科学科门类。1926 年 3 月 22 日校长办公处出台《文理实行分科》一文，“本学期文理实行分科，请贵处将划分文理各系，即日开示为荷”[①]。关于工科，1924 年 4 月 27 日校董事会提出裁撤决议案，5 月 14 日常务校董会议讨论通过，暂行停办工科。学系调整方面，生物系分化为动物系和植物系，英文系、西洋文学系合并为外国语文系，教育科增设乡村教育系，商科增设普通商业系、国际贸易系、保险系、交通运输系，农科裁并农业化学系。

国立东南大学“以培养适合于社会所最需要之人材为标准，希望将来陶冶一种有科学思想有真人格有真办事能力之学生，以应用于现实之社会、而为建造国家之中坚人物”[②] 为宗旨。以此为指导，国立东南大学“科—系”建制，整合了大学的人才培养、科学研究与社会服务职能为一体。为了保证招生质量，国立东南大学采用入学考试兼心理测验的考核方式。入学后学生的平时考核和学期考试也是极其严格，从而保证专门人才的质量。从“那几年清华留美公费生和各省官费生的考选，有关科学各门录取生中南高、东大毕业生占了很大的比例”[③] 的事实中可见当时培养出的人才质量。

国立东南大学建校初期虽然没有专门设置研究所，但各学系不同程度地开展了科学研究工作。据 1922 年 3 月 12 日《申报》刊载的《东南大学进行近讯》，当时东南大学教员、学生共同参与编写的出版物增多，有影响的杂志就包括《教育研究》《农业丛刊》《工业研究》《史地学报》《文哲学报》《中等教育研究》《心理》《学衡》等。文理、教育科教授刘伯明、陆志韦、王伯秋等发起组织“中国社会科学社”，刘伯明还组织了“中国哲学会”，于 1923 年 7 月 1 日在南京举行了成立大会。教育科与当时国内各大学及教育机关合组建立“中华教育改进社”。除此之外，当时国立东南大学助教授多数为本校毕业生，他们践行教学与科学研究相结合的原则，一边任教，一边研究学问，一部分人还出国深造，为学术发展打下坚实的基础。

---

① 南京大学校庆校史资料编辑组、学报编辑部编辑：《南京大学校史资料选辑》，南京大学印刷厂 1982 年版（内部发行），第 160 页。

② 《东南大学之新气象》，《申报》1922 年 10 月 1 日第 3 版。

③ 左惟、袁久红、刘庆楚编：《大学之道：东南大学的一个世纪》，东南大学出版社 2002 年版，第 215 页。

大学的知识推广活动是其直接为社会服务的表现。1921 年 3 月《国立东南大学大纲草案》明确规定，大学“另设推广部、其类别如左、一校内特别生、二通信教授、三暑期学校”①。英文系利用语言优势，通过函授学校让更多大学之外的学子学习外语。教育科筹办学校，加强教育理论与实践的联系，践行新的教育理念与教学方法。商科设立夜校，加强应用知识的推广，以便于工商界人士也参与到研究学问的行列，共同解决中国工商业发展中的现实问题。据不完全统计，1923 年 1 月国立东南大学除了教授、教员、讲师、助教 113 人，本校新旧正式生 761 人之外，还有特别生 263 人，商科夜校生 124 人。特别生和夜校生总数达到在校正式学生总数的一半。国立东南大学的知识推广活动开创了中国近代国立大学直接为社会服务的先河。

二　大学区制时期“院—系、科”建制的确立

1927 年 7 月江苏试行大学区制，江苏教育厅与国立东南大学（包括上海商科大学)、河海工科大学、江苏法政大学、江苏医科大学、南京工业专门学校、苏州工业专门学校、上海商业专门学校、南京农业学校 8 校合并成立第四中山大学，1927 年 7 月 23 日张乃燕任校长，“并面聘胡刚复、蔡无忌、何尚平、刘藻彬四人接收东南大学，即以该校为大学本部，聘请一时在硕二十七人为筹备员”②。

1928 年 2 月 23 日依照大学委员会决定，第四中山大学改名为江苏大学，大学本部设有 9 个学院：“自然科学院、社会科学院、文学院、哲学院、教育学院、医学院、农学院、工学院、商学院。”③ 具体学科建制是：

> 自然科学院内分算学系、物理学系、化学系、地学系、生物学系、人类学系、心理学系；
>
> 社会科学院内分史地学系、社会学系、经济学系、政治学系、法律学系；
>
> 文学院内分中国文学系、外国文学系、语言学系；

① 《国立东南大学大纲草案》，《申报》1921 年 3 月 25 日第 3 版。

② 南京大学校庆校史资料编辑组、学报编辑部编辑：《南京大学校史资料选辑》，南京大学印刷厂 1982 年版（内部发行），第 206 页。

③ 唐钺、朱经农、高觉敷：《教育大辞书》，商务印书馆 1930 年版，第 958 页。

哲学院设哲学系；

教育学院分教学系、师资科，附设教育各专科；

医学院分医学基本学系、内科、外科、妇、儿、产科，专科，附设护病专修科。药学院药学科；

农学院分植物农艺科、动物农艺科、农产制造科；

工学院分机械工程科、电机工程科、土木工程科、建筑科、矿冶工程科、化学工程科、染织科；

商学院分银行科、会计科、工商管理科、国际贸易科。①

其中自然科学院、社会科学院、文学院、哲学院、教育学院、农学院和商学院由国立东南大学文、理、农、商、教育五科以及江苏法政大学改组而成。国立东南大学文科分化出文学院、哲学院、社会科学院三院，新增社会学系和法律学系；理科改称自然科学院，增设人类学系；教育科心理学系归并于理学院；农科的园艺系、畜牧系、蚕桑系、病虫害系等特色学系改为科下具体学门。教育科的乡村教育系、商科的普通商业系、保险系、交通运输系在江苏大学学科建制中未出现。医学院由江苏医科大学改组而成，工学院由河海工科大学、南京工业专门学校和苏州工业专门学校改组而成。由此判断，江苏大学本部主体部分还是国立东南大学改组而成的院系。

对比 1926 年国立东南大学的学科建制，江苏大学学科建制最大的变化在于“科—系”建制改用“院—系、科”建制，学院下设系或科，明确划分出基础学科与应用学科的界限。据《第四中山大学本部组织大纲草案》规定，大学本部设若干学院，院设若干系或科，凡同性质之课目，在学术上能构成系统者为系；合适当之课目，在应用上能构成课程者为科；综合性质相近应行联合设立之各系各科为学院。由此可见，重学理学术性强的学科采用系建制，而重实用应用性强的学科采用科建制。此时的“科”已不是从前指称的学科门类基础上的建制，而是学院下设，与系并列的一级学科基础上的建制。

三　国立中央大学在抗战前的院系所调整

1928 年 5 月 16 日，依照大学委员会决议，江苏大学定名为国立中央

① 南京大学校庆校史资料编辑组、学报编辑部编辑：《南京大学校史资料选辑》，南京大学印刷厂 1982 年版（内部发行），第 225 页。

大学。1928年7月2日，张乃燕校长呈大学院《修改大学本部各学院名称》文，“自然科学院名义太觉广漠，译名殊欠惬当，兹拟易名理学院，庶名实相符，且足以表示崇尚科学之意。社会科学院名义亦觉稍广泛……兹拟易名法学院，以资醒目。其现有社会科学院之社会学系与历史地理系归入文学院。哲学院现有学生十一人，学程只哲学一系单设一院，太不经济。欧美各大学，现尚无此先例。兹拟裁撤哲学院，而将其学生归入文学院，定名为哲学系”①。1928年8月国立中央大学改自然科学院为理学院，改社会科学院为法学院，哲学院裁并于文学院，从而形成文学院、理学院、法学院、教育学院、医学院、农学院、工学院和商学院等八大学科门类的学科组织。

国立中央大学“院—系”建制与1929年《大学组织法》学科编制规定完全吻合，反过来说《大学组织法》的规定很大程度上参照了国立中央大学学科建制，因为国立中央大学在大学区制时期就已采用八院制，成为其他国立大学学科建制的标杆。学科门类既有文理综合性，也有基础学科与应用学科相结合的特点，构成多而全的学科特色。

1929年1月1日张乃燕校长报告的《最近中央大学概况》中学科编制如下：

理学院内分算学系、物理学系、化学系、地学系、生物学系、心理学系；

文学院内分中国文学系、外国文学系、哲学系、史学系、社会学系；

法学院内分法律学系、政治学系、经济学系；

教育学院内一系三科，教育学系、师资科、艺术专修科、体育专修科；

医学院内分六科，内科、外科、药科、专科、儿产专修科、护病专修科；

农学院内设三科，植物农艺科、动物农艺科、农产制造科；

工学院设分七科，机械工程科、电机工程科、土木工程科、化学

① 南京大学校庆校史资料编辑组、学报编辑部编辑：《南京大学校史资料选辑》，南京大学印刷厂1982年版（内部发行），第228页。

工程科、建筑科、矿冶科、染织科；

商学院内分四科，银行科、会计科、工商管理科、国际贸易科。[①]

1929年7月国民政府停止大学区制，国立中央大学行政组织也随之变更，大学设教务处、事务处和秘书处，聘叶元龙为教务长，刘藻彬为事务长，张衡为秘书长。据《中央大学一年来工作报告》：1929年度起理学院生物学系的动物、植物两门，独立成系；教育学院教育学系分化为教育心理、教育行政和教育社会三系，师资科因经济关系暂行停办，艺术专修科改为艺术教育科，体育专修科改为体育科，新生毕业年限，改为四年，与大学本科程度相等；农学院的农作物门、农艺工程组改并为农艺垦殖科，土木门、蚕桑门、园艺门、森林组分别改为畜牧兽医科、蚕桑科、园艺科、森林科，昆虫组与植物病理组合并为病虫害科，农产制造门与农艺化学组合并为农业化学科。1929年9月，地学系胡焕庸、黄国璋、张其均等教授提出地理门应独立成系建议书，1930年1月由校务会议议决，理学院地学系的地理门独立成系，归文学院办理。原来的地学系改为地质学系。[②]

1930年1月18日《中央大学组织规程》中提出的办学宗旨是研究高深学术，以养成党国需要人才，阐扬世界文化。1930年11月25日行政院国务会议第一次会议议决朱家骅为国立中央大学校长，12月13日到校任职。国立中央大学取消总务长，改设教务长。由于国立中央大学文、理、法、工、教育五学院在南京四牌楼，农学院在三牌楼，商学院在上海，医学院在吴淞，农、商、医学院均独立设有教务处，各司其事。学科建制维持原来院—系、科制，八院布局一直保持到1932年。

1932年6月29日，国立中央大学学生殴打代理校长段锡朋（教育部政务次长）一事，1932年6月30日行政院令“国立中央大学在沪设立之商医两院外，着即暂行解散，听候派员彻底整理”[③]。经过一段时间的整顿，1932年9月5日罗家伦担任校长，同年10月，商、医两学院独立为国立上海商学院及国立上海医学院，八院变成六院，除了教育学院3科之

① 《最近中央大学概况》，《申报》1929年1月1日第6版。

② 南京大学校庆校史资料编辑组、学报编辑部编辑：《南京大学校史资料选辑》，南京大学印刷厂1982年版（内部发行），第239页。

③ 《院令解散中央大学》，《申报》1932年6月30日。

外，院下设“科”全部改为“系”，其学科建制变成全国统一的“院—系”建制。

不同于1929年后出现的学系分化趋势，1932年后学科建制调整呈现出学系合并趋势。如理学院动物及植物学系合并为生物学系，教育学院教育原理、教育行政、教育社会学系合并为教育学系，艺术教育科、艺术专修科合并为艺术科，体育专修科并入体育科。

经过两年的院系整理，国立中央大学从1931年的8院38系、科缩减到1934年的6院30系、科：文学院设中国文学、外国文学、哲学、史学和社会学5系；理学院设算学、物理学、化学、地质学、地理学、生物6系；法学院设法律学、政治学和经济学3系；教育学院设教育学和心理学2系，艺术、体育和卫生教育3科；工学院设土木工程、机械工程、电机工程、化学工程和建筑工程5系；农学院设农艺、森林、畜牧兽医、农业化学、园艺、蚕桑6系。“将繁复之教育社会系等，从事归并，而将较切于国家实际需要之学系，如工学院之化工系，农学院之园艺蚕桑等系，予以恢复。”[①] 改变原来各院办公、授课和研究地点较散的局面，集中各院地点，规定中山院为文学院，科学馆为理学院本部，东南院为法学院，南高院为教育学院本部，新教室为工学院本部，三牌楼为农学院。

1935年增设医学院，学科建制变成7院30系科，见表8—1。

表8—1　　　　1936年1月国立中央大学院系建制

校名	校长	所设院（系）
国立中央大学	罗家伦	理（算学、物理、化学、生物、地质、地理） 工（土木、电机、机械、建筑、化学工程） 法（法律、政治、经济） 农（农艺、森林、畜牧兽医、农业化学、蚕丝、园艺） 文（中国文、外国文、史学、哲学、社会学） 教育（教育、心理、体育、艺术、卫生教育）

资料来源：中国第二历史档案馆编：《中华民国史档案资料汇编·第五辑·第一编·教育》(一)，江苏古籍出版社1994年版，第300页。

① 《两年来之中央大学》，《申报》1934年6月23日第4版。

由于当时国家缺乏医学人才，国民政府特令“该校应即添办医学院，于下年度开始招生，以应国家急需”[①]。国立中央大学医学院“二十四年度开始招生正式成立，该院教室实验室建筑，亦以落成”[②]。当时聘请中央医学院内科主任戚寿南博士为院长。同年设立牙医专科学校，1936 年下学期医学院添设解剖学、生理学、生物化学、病理学、药物学和细菌学 6 个实验室，“二十五年则奉部令将社会及蚕桑两系裁并，则一部分课程则并入他系开设”[③]。社会学系裁并于哲学系。至此抗日战争爆发前，国立中央大学学科建制为 7 院 28 系、科。据国立中央大学建立十周年纪念报道，1937 年时学科建制为：文学院分中国文学系、外国语文系、哲学系、史学系 4 系；理学院分算学系、物理系、化学系、地质系、地理系、生物系 6 系；法学院分法律系、政治系、经济系 3 系；教育学院分教育系、心理系及艺术科、体育科、卫生教育科 2 系 3 科；农学院分农艺系、森林系、农业化学系、畜牧兽医系、园艺系等 5 系；工学院分土木工程系、机械工程系、电机工程系、建筑工程系、化学工程系等 5 系。

国立东南大学时期曾提议创办大学研究院案，“欲求作育专门人才，则尚有待于研究院焉”[④]，初拟文、理、教育、农、商五科合立一研究院。1926 年 11 月 18 日教授会修正通过《研究院简章》，详细规定了研究院机构设置、研究生入学条件、课程学习要求、考试考核方式、学费标准以及学位授予等事项。事实上此时大学研究院未能正常运行，到了国立中央大学时期，研究机构的设置开始于 1933 年法学院经济统计研究室。该研究室主要从事搜集中国经济年史资料，着手编纂民国以来中国经济年史。1934 年 2 月创办教育实验所，出于研究需要，也“应各方之研究要求，决定在本年暑假招收研究生八名，在教授指导下，从事各种实验研究，凡在国内各大学教育系或心理系毕业或其他各系毕业，而以教育或心理为辅系者均可应考”[⑤]。1934 年 10 月，奉令筹设研究所，11 月先设理科研究

① 《教育部改进国立中央大学训令与该校办理情形呈》，1935 年 5 月 10 日，中国第二历史档案馆编《中华民国史档案资料汇编·第五辑·第一编·教育》（一），江苏古籍出版社 1994 年版，第 206、209 页。

② 《中央大学之最近四年》（一），《申报》1936 年 9 月 7 日第 4 版。

③ 同上。

④ 南京大学校庆校史资料编辑组、学报编辑部编辑：《南京大学校史资料选辑》，南京大学印刷厂 1982 年版（内部发行），第 161 页。

⑤ 《中大教育学院教育实验所收研究生计划》，《申报》1934 年 7 月 18 日第 4 版。

所算学部及农科研究所农艺部。“该两研究所并未经政府特颁经费，完全由本校经常费内提供，理科研究所算学部已于二十四年度开始招生，农科研究所农艺部亦已筹备就绪，二十五年度即可正式开办。”①

第二节　私立厦门大学的学科建制与发展

厦门大学由著名爱国华侨陈嘉庚先生于1921年创办，民国时期经历私立与国立两个发展阶段，形成自己的办学特色，不仅为国家和民族培养了专门人才，还致力于科学研究与社会服务。“私立厦大的办学历程，是中国近代大学学科建设、学术发展与文化嬗变的一个历史缩影。”② 本书节选其私立大学时期学科建制演变历史，以期与同一时期国立大学加以对比分析。

一　“部—科”建制的初创

1921年2月至3月，厦门大学在上海、厦门、福州、新加坡等地开始招生，4月1日，在厦门进行复试，共录取新生112人，其中商学部28人，师范部84人。③ “1921年4月6日，厦门大学在集美中学新校舍‘即温楼’举行开校典礼，这标志着私立厦门大学的正式诞生”④，到校报到者98人。《厦门大学大纲》（1921年3月）规定，大学分6学部：师范部、法制经济学部、商学部、工学部、农林学部和医学部，每部分为若干科。实则厦门大学开办初期只设师范、商学两部，师范部分文理两科。

1921年5月，邓萃英校长辞职，6月林文庆回国继任，扩充原有学科建制，设文、理、商、教育四学部。林文庆校长提出“本校原设有师范学部，其目的在养成中等学校教师，以期发达本省之地方教育。文理两学部本校向无专科，仅于师范学部内附设之，殊为不合。因改师范学部为教育学部，并增设文理两学部，使与商学部等同为独立之学部，以期与国内

① 《中央大学之最近四年》（二），《申报》1936年9月8日第4版。

② 张亚群：《从西洋文化回归儒学文化——林文庆大学教育思想解析》，《高等教育研究》2010年第1期。

③ 洪永宏编著：《厦门大学校史》（第一卷），厦门大学出版社1990年版，第14页。

④ 张亚群：《自强不息　止于至善——厦门大学校长林文庆》，山东教育出版社2012年版，第87页。

外各大学编制相当"①。1921 年 11 月"改师范部为教育学部，以隶属师范部之文、理两科分设文学、理学两部"②，1922 年 7 月增设工学、新闻两学部，学科门类增加到文、理、教育、商、工、新闻等六大学科门类。

与民初《私立大学法规》规定的学科门类有所不同的是厦门大学当时多设置了教育和新闻学部，超出大学学科设置范围。1913 年 1 月 16 日，北洋政府教育部公布了《私立大学规程》，是中国近代由政府制定颁布的关于私立大学的第一个专门法规。该法规明确规定，私人或私法人设立大学，遵照《大学令》第三条有关大学学科设置的标准和二十一条大学院生相关学位授予的规定。也就是说在大学学科设置标准方面，国立大学和私立大学一样分设文、理、法、商、医、农、工七科，或文、理二科并设或文科兼法、商二科或理科兼医、农、工三科或二科或一科，要达到文理综合或基础学科与应用学科相结合的标准。当时厦门大学设置教育学科，"顺应了我国教育变革和发展的迫切要求，也反映出陈嘉庚和林文庆对教育作用的深邃理解"③。

二　"科、系、院"的演变

1923 年 4 月，学校评议会议决，改"学部"为"科"，全校设置文、理、教育、商、工、新闻六科及预科。1924 年 4 月经历第一次学潮，"受其影响，离校教师占教师总数的二分之一，而且理、工、商、教育等四个主要科系的主任（专任教授级）均离校，使厦大师资建设与办学遭受严重挫折。为了应对危机，林文庆校长一面调整、合并学科，一面积极补充师资，力图发展"④。1924 年 6 月，学校学科建制进行一次大调整，教育科、商科、新闻科并入文科，工科并入理科，"是时大学本科惟设文、理二科，文科分系八，曰国文系、外国语言文学系、哲学系、历史社会学系、政治经济学系、教育学系、商学系、新闻学系；理科分系六，曰数学

① 黄宗实、郑文正选编：《厦门大学校史资料》（第一辑），厦门大学出版社 1987 年版，第 225—226 页。

② 《厦门大学沿革》，辛树织《第一次中国教育年鉴·第二册丙编教育概况上》（民国二十三年），台北：传记文学出版社 1971 年影印本，第 429 页下栏。

③ 张亚群：《自强不息　止于至善——厦门大学校长林文庆》，山东教育出版社 2012 年版，第 169 页。

④ 同上书，第 194 页。

系、物理学系、化学系、植物学系、动物学系、工学学系”①。各科、系主任于1925年基本配齐，唯独“新闻系因条件限制，系主任一职暂缺，1926年1月停办”②，从而1922年增设的新闻部，经过1923年4月改为新闻科之后，1924年6月并入文科，最终在1926年被裁撤。

师资与经费的有力保障下，1926年8月，“将隶属于文科的教育学系、商学系及隶属于理科的工学系，仍改为独立的科；并添设法科，以隶属于文科的政治经济学系并入之”③。至此厦门大学共设文、理、教育、商、工、法6大学科门类，下设19个学系：文科内设国文、外国语言文学、哲学、历史社会学4系；理科内设数学、物理学、化学、植物学、动物学5系；教育科内设教育学、心理学2系；商科内设商业学、会计学两系；工科内设土木工程、电气工程、机械工程3系；法科内设法律学、政治学、经济学3系。

对比1924年“科—系”建制，1926年学科建制不仅增加了科类，还增加了多个学系。具体而言文理两科基础上增加了教育、商、工、法科四个学科门类，学系调整方面，裁撤一系，增设六系。新闻系被裁撤，增设了教育科的心理学系、商科的会计学系、法科的法律学系，工科新设土木工程、电气工程和机械工程三系，文科下设的政治经济学系，此次改设在法科下，并分化为政治系与经济系两系。到了1926年“9月，地质学系正式成立”④，理科下设学系增加到六系。从教育、工、商、法科学科地位的提升以及增加相关学系情况看，这一时期学校加强了应用学科建设。

遗憾的是工科于1927年6月停办。1927年9月理科增设天文学系。⑤按计划1926年“拟以一百万办医科”⑥，但在1928—1929年厦门大学组织系统图中只有文、理、教育、法、商五科，没有医科建制。同样在1928年

---

① 黄宗实、郑文正选编：《厦门大学校史资料》（第一辑），厦门大学出版社1987年版，第92页。

② 洪永宏编著：《厦门大学校史》（第一卷），厦门大学出版社1990年版，第64页。

③ 同上书，第69页。

④ 张亚群：《自强不息　止于至善——厦门大学校长林文庆》，山东教育出版社2012年版，第192页。

⑤ 陈营、陈旭华编：《厦门大学校史资料》（第五辑），厦门大学出版社1990年版，第7页。

⑥ 黄宗实、郑文正选编：《厦门大学校史资料》（第一辑），厦门大学出版社1987年版，第336页。

后招生广告中没有出现医科招生信息。陈嘉庚先生总结《厦大之成绩与财政之独立》一文中提到，医农两科，均可独立创设，免用厦大名义，亦免附设于厦大……在理化科未设备之前，首两年学生可在厦大肄业，至第三年然后入医专学校。据相关文献记载，医科从 1924 年开始筹备，1929 年停办。[①] “至建校八周年，全校共设有文、理、教育、法、商五科及预科，其中，文科有四系，法科分为三系，理科设算学、天文、物理、化学、植物、动物、地质等七系，初步形成综合性大学的学科体系。”[②]

国学研究院，从 1925 年冬开始筹备，1926 年 9 月制定《厦门大学国学研究院章程》，10 月完成各部机构的设置及职员配备，1926 年 10 月 10 日举行国学研究院成立大会。“厦门大学国学院的创办，旨在研究和弘扬中国固有文化。它适应 20 世纪 20 年代初中国传统学术转型的时代需要，是培养国学专门人才、复兴传统文化的一次重大实践。”[③] 国学研究院内设研究部、陈列部、图书部、编辑部、造型部和出版部 6 部，研究部下设语言文字学组、史学及考古学组、哲学组、文学组、美术音乐组 5 组。国学研究院当时聘请到林语堂、沈兼士、顾颉刚、鲁迅、陈万里、张星烺、孙伏园等知名国学专家，提出“要以现代科学方法整理中国固有的文化”[④]。国学研究院成立后招收研究生，开创了厦门大学研究生教育的先河,“当时被招收从事研究者，有厦大应届毕业生高兴僔、郑江涛二人”[⑤]，在教员指导下高兴僔完成《太姥山》、郑江涛完成《诗经中描写之社会现象》的研究论文。同时国学研究院的林语堂、顾颉刚、鲁迅、张星烺、丁山、陈万里、江绍原等教员，自行开展国学研究，出版了相关研究成果。结合自己的研究，教员们广泛开展学术讲座，促进文化传播。

“在创办国学院过程中，同样因为（林文庆校长）尊孔而与鲁迅发生文化冲突，加之文理科办学经费分配及人事纠纷，再次引发学潮”[⑥]，国

① 陈营、陈旭华编:《厦门大学校史资料》（第五辑），厦门大学出版社 1990 年版，第 8 页。

② 张亚群:《自强不息　止于至善——厦门大学校长林文庆》，山东教育出版社 2012 年版，第 172 页。

③ 同上书，第 272 页。

④ 洪永宏编著:《厦门大学校史》（第一卷），厦门大学出版社 1990 年版，第 75 页。

⑤ 同上书，第 76 页。

⑥ 张亚群:《“同归而殊途　一致而百虑”——郭秉文与林文庆办学理念之比较》，《东南大学学报》（哲学社会科学版）2011 年第 6 期。

学研究院也因此次学潮，1927 年 2 月被迫停办。《顾颉刚就厦大第二次学潮致胡适函》中透漏，兼任研究院秘书的林语堂与兼任大学秘书的刘树杞之间的矛盾冲突，林语堂除了研究院内部的日常事务之外，不得过问预算、购置等事宜，“国学院中无论什么事都以困于经费而不得进行，科学研究院（刘氏所立）却正在筹备，而且在筹备期中，各教授已经支了薪水”①，文理科经费分配不均现象由此可见。

恰逢 1926 年 12 月，陈嘉庚实业经营不佳，核减厦门大学经费，“承诺给国学院的经费未能落实，而受聘厦大国学院的一些学人，如顾颉刚、沈兼士并未计划久留……当国学研究经费无法到位，出版计划落空之际，这些南下学者遂萌发去意”②。1927 年 2 月 14 日，代理大学秘书黄开宗遵照陈嘉庚及林文庆校长自新加坡来电，以公函通知国学研究院，自本年起停办，该院职员计教授留用张星烺、顾颉刚二人，其余均辞退。国学研究院虽停办，但厦门大学科学研究工作仍继续，“学校成立了教育学会、生物学会、化学学会等学术组织，定期举办学术演讲报告，营造良好的学术研究氛围；开展实地考察、调研、致力科学发明”③。

“1928 年 3 月 26 日，国民政府大学院以私立厦门大学办理与私立大学立案条例第三、第四条完全符合，批准立案。”④ 在全国私立大学中，厦门大学首先获得国民政府大学院批准立案，成为合法的私立大学。1930 年 3 月，私立厦门大学遵照教育部大学组织法，改“科”为“学院”，设置文学院、理学院、法学院、教育学院、商学院 5 院 17 学系，不久增至 21 学系⑤：文学院内设中国文学系、外国文学系、哲学系、社会学系、史学系 5 系；理学院内设数学系、物理学系、化学系、植物学系、动物学系、天文学系 6 系；法学院内设法律学系、政治学系、经济学系 3 系；教育学院内设教育原理学系、教育心理学系、教育行政学系、教育方法学系 4 系；商学院内设会计学系、银行学系、工商管理学系 3 系。⑥ 原来的国文系改称

① 黄宗实、郑文正选编：《厦门大学校史资料》（第一辑），厦门大学出版社 1987 年版，第 281 页。

② 张亚群：《自强不息　止于至善——厦门大学校长林文庆》，山东教育出版社 2012 年版，第 286 页。

③ 同上书，第 176 页。

④ 同上书，第 307 页。

⑤ 同上书，第 319 页。

⑥ 洪永宏编著：《厦门大学校史》（第一卷），厦门大学出版社 1990 年版，第 97 页。

中国文学系，历史社会学系分化为社会学系和史学系，教育学系分化为教育原理学系、教育行政学系、教育方法学系，增设工商管理系。至此学科建制基本稳定，1931 年教育部统计私立厦门大学学科建制见表 8—2。

表 8—2　　1931 年私立厦门大学学科建制情况

院别	院长	科系	科、系主任	教员数		在校生数	
				各科系	全院	各科系	全校
文学院	徐声金	中国文学系		5	20	32	89
		外国文学系	罗文柏	8		19	
		哲学系	陈丁谟	2		3	
		社会学系	徐声金	3		21	
		史学系	薛永黍	3		14	
		语言学系	周辨明				
理学院	陈子英	算学系	张希陆	2	12	6	45
		物理学系	田渊添	2		6	
		化学系	区嘉炜	5		20	
		植物学系	段续川	2		4	
		动物学系	陈子英	2		9	
法学院	区兆荣	法律学系	沈家诒	6	12	42	150
		政治学系	区兆荣	3		75	
		经济学系	曾天宇	3		33	
教育学院	孙贵定	教育原理学系	孙贵定	2	10	19	108
		教育心理学系	朱君毅	3		18	
		教育行政学系	姜琦	3		65	
		教育方法学系	杜佐周	2		6	
商学院	陈德恒	会计学系	陈德恒	3	5	21	43
		银行学系	郑世察	2		19	
		工商管理学系	陈振骅	1		3	

资料来源：辛树织：《第一次中国教育年鉴·第二册丙编教育概况上》（民国二十三年），台北：传记文学出版社 1971 年影印本，第 430—431 页。

与 1930 年学科建制相比较，1931 年统计中缺少天文学系，据查证该系于1930年9月停办。[①] 1932年4月19日，中央司法行政部批准法学院特许设立。

三 院系的裁并

“1932年秋，裁并工商管理学系。1933年3月2日，校务会议决议：自1934年度起，文学院社会学系、历史学系合并为历史社会学系，徐声金任系主任；理学院植物学系、动物学系合并为生物学系，林绍文任系主任；法学院政治学系、经济学系合并为政治经济学系，曾天宇任系主任；教育学院教育原理学系、教育方法学系合并为教育学系，教育学院院长孙贵定兼任系主任。”[②]

1934年6月25日，遵照部令裁撤哲学系，并将商学院各学系合为商学系，并入法学院，改称法商学院。[③] 至此私立厦门大学学科建制调整为4院12系：文学院下设中国文学系、外国文学系和历史社会学系；理学院下设算学系、物理学系、化学系和生物学系；教育学院下设教育学系和教育心理学系；法商学院下设法律系、政治经济系和商学系。

1936年4月28日，举行校董事第二次会议，决议“自本年秋季起，教育学院并入文学院，成为教育学系；又文学院中国文学系及外国语文学系并为文学系；又理学院算学系及物理学系并为数理学系”[④]。6月校董事会还议决，因学生减少，经费困难，裁院并系。改办国立前私立厦门大学学科建制缩减为文、理、法商三学院九系：文学院下设文学系、历史社会系、教育学系；理学院下设数理学系、化学系和生物系；法商学院下设法律系、商业系和政经系。

随着陈嘉庚先生南洋树胶产业经营萧条，厦门大学经费主要来源受阻，“经费危机始终困扰着林文庆校长，这也是厦大由私立改为国立的根

---

① 陈营、陈旭华编：《厦门大学校史资料》（第五辑），厦门大学出版社1990年版，第7页。

② 张亚群：《自强不息　止于至善——厦门大学校长林文庆》，山东教育出版社2012年版，第321页。

③ 黄宗实、郑文正选编：《厦门大学校史资料》（第一辑），厦门大学出版社1987年版，第93页。

④ 同上书，第94页。

本原因"①。陈嘉庚先生在《厦大献与政府》一文中解释，"民廿六年春，余念厦集二校虽可维持现状，然无进展希望，而诸项添置亦付缺如未免误及青年。若政府肯接受厦大，余得专力维持集美，岂不两俱有益，此乃出于万不得已之下策，乃修书闽省主席及南京教育部长告以自愿无条件将厦门大学改为国立"②。学校经费1937年正式列入中央预算，经中央核定，由教育部决定自1937年7月1日起私立厦门大学改为国立厦门大学。改国立后，教育部补助29万，省府年补助六万元，国立厦门大学年经费共计35万，学生年缴学杂费也从200余元减少，与其他国立大学相同。1937年7月开始由国立清华大学物理学教授萨本栋充任校长，将法律系撤销，法商学院改名商学院，增办土木工程系，按照教育部院系整顿意向，加强了理工科建设。

第三节　两校学科建制与发展的异同

作为民国中期国立大学与私立大学的典型代表，国立东南大学（中央大学）与私立厦门大学在学科建制与发展方面既有相同的地方，也有不同的一面。二者在大学多学科文理综合性以及学理与应用相结合的学科建制方面具有共性，而学科建制演变过程中表现出的相对稳定性与波动性是两校学科建制与发展方面的显著差别。国立东南大学（中央大学）与私立厦门大学在学科建制与发展方面的异同，归根结底与其不同的办学主体和校长的学科建设思想息息相关。

一　多学科文理综合的学科建制

国立东南大学（中央大学）与私立厦门大学在建校后的十多年间，学科建制从初创、发展到调整，始终保持了多学科文理综合性以及学理与应用相结合的特征。国立东南大学创办时设置了文理、教育、农、工、商五科，虽然文理合设一科，却已具备文、理、教育、农、工、商六大学科门类，在当时国立大学中以学科门类最齐全、文理综合、学理与应用并重

---

① 张亚群：《自强不息　止于至善——厦门大学校长林文庆》，山东教育出版社2012年版，第411页。

② 黄宗实、郑文正选编：《厦门大学校史资料》（第一辑），厦门大学出版社1987年版，第340页。

为著称。国立东南大学不仅注重文、理基础学科建设，在教育、农、商科方面具有相当规模，“可以说是一所最具规模的现代化的大学”①。随着大学区制大学的试行，第四中山大学合并国立东南大学在内的八所院校，形成庞大的学科建制，设置了自然科学院、社会科学院、文学院、哲学院、教育学院、医学院、农学院、工学院和商学院九学院，涉及理、法、文、哲、教育、医、农、工、商等九大学科门类。1928 年 8 月，国立中央大学将自然科学院改称理学院，社会科学院改称法学院，哲学院裁并于文学院，从而形成文学院、理学院、法学院、教育学院、医学院、农学院、工学院和商学院等八院建制。即便在 1932 年 10 月，商学院和医学院独立出去，1935 年国立中央大学重新设置了医学院，至抗战前仍保持了文、理、法、教育、工、农、医七院二十七系建制。总体上看，国立东南大学到国立中央大学，其学科建制中始终不变地保持着文、理、教育、农科四大学科门类，文理综合特色、基础学科与应用学科的平衡以及教育、农学优势学科的坚守与发展成为其学科建制与发展的特色。

私立厦门大学从 1921 年 6 月林文庆长校后，始终保持了文、理两科主导地位，从起初的文、理、教育、商学部到 1922 年增设工学、新闻两学部，学科门类达到文、理、教育、工、商、新闻 6 大类。1924 年学潮后经历短期的文、理两科建制以外，直到改为国立大学时期，学科门类数量没有少于 3 门，最多的时候达到文、理、教育、商、工、法 6 学院，最少的时候也有文、理、法商 3 学院。文、理学科门类之外，相对保持时间较长的学科门类有教育学、商学和法律。教育科从 1921 年建制到 1936 年归并于文学院，共持续 15 年。商科从 1921 年建制到 1934 年归并于法学院，共持续 13 年。法律科从 1926 年增设到 1937 年裁并为止，共持续 11 年。尤其是 1926 年增设心理学系、会计学系、法律学系，土木工程系、电气工程系、机械工程系，应用学科建设得到加强。“尽管受师资、经费等因素制约，新闻、工科先后停办，医科处于筹办阶段，但作为综合性大学的主要学科，文、理、教育、法、商五科不断发展，形成综合性大学的重要基础。”② 因此，私立厦门大学学科建制同样保持了文理综合性和基

① 左惟、袁久红、刘庆楚编：《大学之道：东南大学的一个世纪》，东南大学出版社 2002 年版，第 211 页。

② 张亚群：《自强不息　止于至善——厦门大学校长林文庆》，山东教育出版社 2012 年版，第 309 页。

础学科与应用学科的相对平衡性，与国立东南大学（中央大学）学科建制与发展的特征基本相近。

二　学科建制演变的相对稳定性与波动性

国立东南大学与私立厦门大学学科建制演变历程中前者具有相对稳定性，后者学科建制调整幅度和变化频率较高，出现一定的波动性，见图8—1。

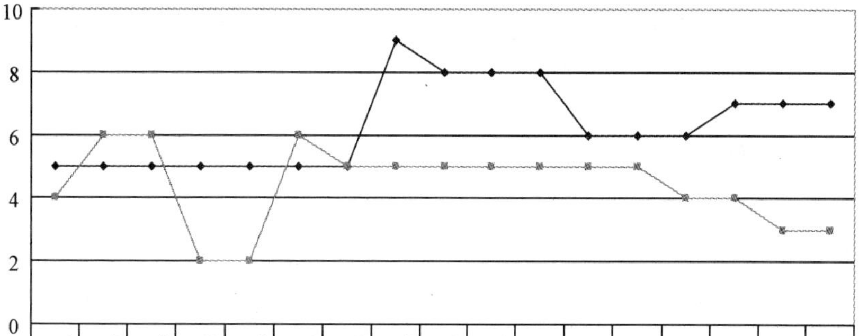

	1921年	1922年	1923年	1924年	1925年	1926年	1927年	1928年	1929年	1930年	1931年	1932年	1933年	1934年	1935年	1936年	1937年
东大院数	5	5	5	5	5	5	5	9	8	8	8	6	6	6	7	7	7
厦大院数	4	6	6	2	2	6	5	5	5	5	5	5	5	4	4	3	3

图8—1　国立东南大学与私立厦门大学1921—1937年院数变化曲线

如图所示，私立厦门大学学科建制在1927年之前和1933年之后波动性较大，尤其是建校初期几年中科数变化幅度较大，从1921年的4学部增加到1922年的6学部，1924年突然降到文、理两科，1926年重新恢复到6科建制，学科门类的合并与分化频率较高，学科地位的不稳定直接影响到学科发展的延续性。1934年后商学院归并于法学院，1936年教育学院归并于文学院，私立厦门大学在改办国立之前仅设置了文、理、法商3学院，还不及建校初期文、理、教育、商4学部建制。相对而言，国立东南大学学科建制在1921—1937年，经历了一段大学区制时期改动之外，其他时期基本保持了文、理、教育、农、商科建制，学院数量没有低于5个。由于1927年后合并8所院校，成立大学区制大学，1928年出现了院数高峰，随着取消大学区制，国立中央大学学科建制基本稳定在8学院，1932年的下滑是由于设在上海的商学院和医学院分化出去变成独立学院，1935年应国民政府要求，为了满足首都所需医学人才的需求，重新设置了医学院。至抗战前，国立中央大学学科建制是7院28系、科。从国立东南大学院数变化曲线图看，其学院数量变动还是具有相对稳定性。

不仅二者的院数变化呈现出差异，系数变化方面选择几个代表性年代作一比较，国立东南大学系数在1922—1931年逐年增加，20世纪30年代随着国民政府大规模院系整顿，出现小幅下滑，系数与建校初期持平，见图8—2；私立厦门大学系数变化同样在1931年达到峰顶，随后出现大幅度下滑，改办国立大学时仅设置了8个系，比建校初期减少6个系，见图8—3。从两所大学学系总数看，二者差距较大，私立厦门大学学系数量最多时候也不过20个系，而国立东南大学创建初期已设置27个系，之后的学系调整变化中也没有低于27个系。

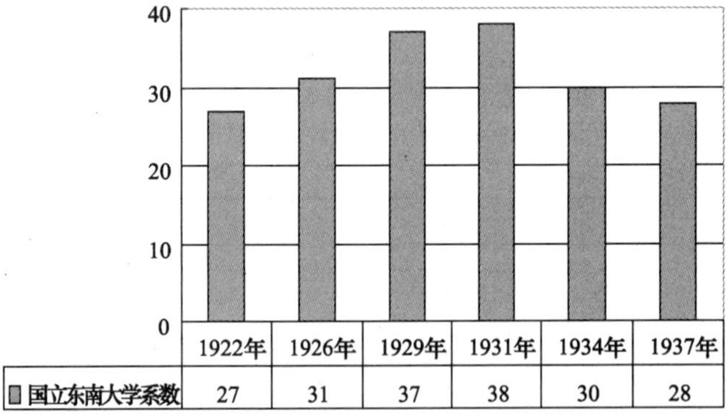

图8—2　国立东南大学系数变化情况

数量变化之外，具体院系调整方面，国立东南大学于1926年暂行停办工科。当时国立东南大学文理、教育、农、工、商科中工科实力确实最单薄，创办之初仅有机械工程系，“十二年感于国内电机及建筑人材之需要，添设电机工程系及土木工程系”①，本打算吸收欧美国工程大学的办学经验，考虑本国实业现状，建设工科之际，1924年4月27日，校董事会提出关于工科之决议案：

工科虽有良好之教授，因公家经济困难之故，尚未能臻于工科大学应有之标准，欲期完善，自非大加扩充不可，然而公家财力如此难

① 南京大学校庆校史资料编辑组、学报编辑部编辑：《南京大学校史资料选辑》，南京大学印刷厂1982年版（内部发行），第154页。

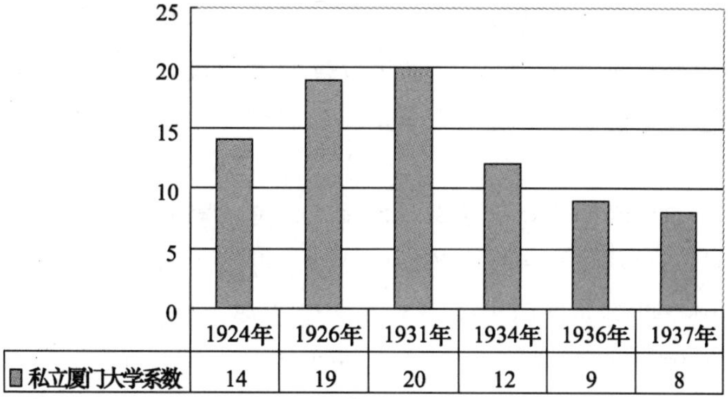

图 8—3　私立厦门大学系数变化情况

> 商，断难办到。江苏境内已办有工科大学及工专等校几所，且有较为完备者，现在工科学生，数尚不多，而设备方面，又不能有适应需要之扩张，如仍照常进行，不特发展难期，仰恐贻误学子。万不得已，惟有暂行收束停办，所有学生由校设法转学他校，或并酌予补助，以完成其学业。①

5 月 14 日常务校董会议讨论校董会议暂行停办工科案，一致主张维持原案。最终因财力紧缺为由，国立东南大学裁撤工科。1927 年开始试行大学区制，国立东南大学并入第四中山大学，学科建制也随之扩建，经过短暂的九院建制后国立中央大学恢复文、理、教育、法、商、农、工、医八院建制，至抗战前保持了文、理、教育、法、农、工、医七院建制。

相较于国立东南大学，私立厦门大学院系调整比较频繁：工科于 1922 年 7 月设立，1927 年 6 月停办；新闻科于 1922 年 7 月设立，1926 年 1 月停办；天文学系于 1927 年 9 月增设，1930 年 9 月停办；政治经济学系 1926 年 8 月，分化为政治系和经济系，1933 年重新合并为政治经济学系；历史社会学系 1930 年 2 月，分化为史学系和社会学系，1933 年又重合并为历史社会学系；教育学系 1930 年 2 月，分化为教育原理学系、教育行政学系和教育方法学系，1933 年再合并为教育学系。1934 年后陆续

① 南京大学校庆校史资料编辑组、学报编辑部编辑：《南京大学校史资料选辑》，南京大学印刷厂 1982 年版（内部发行），第 134 页。

裁撤哲学系，裁并商学院和教育学院，学科建制逐渐萎缩。各科系调整时间均不长，工科、新闻科办学不到5年，天文学系办学时间仅3年，各系分化合并周期也不过3—6年。如此短暂的时间段频繁地进行科系调整，也从一定意义上说明私立厦门大学学科建制演变的波动性特点。

三　不同办学主体对大学学科建制与发展的影响

国立大学与私立大学最大的区别就在于办学主体的不同。国立大学顾名思义是国家投资办理的大学，私立大学主要由私人或私法人创办的大学。办学主体的区分直接导致二者经费来源的巨大差异。以1931年大学经费来源统计为例，见表8—3。

表8—3　民国二十年（1931）大学教育岁人之经费节选（单位：元）

学校类别	总计	国库款	省库款	财产收入	捐助款	学生缴费	杂项收入
国立大学	13478760 (100%)	9451055 (70.14%)	1552850 (11.52%)	83485 (0.62%)	1954115 (14.48%)	320098 (2.37%)	117157 (0.87%)
省立大学	3438750 (100%)	—	3095379 (93.5%)	43732 (1.32%)	—	144126 (4.35%)	27533 (0.83%)
私立大学	7706535 (100%)	303000 (3.93%)	244792 (3.18%)	1033503 (13.4%)	3169693 (41.16%)	1718089 (22.28%)	1237458 (16.05%)

注：括号内数据为百分比。

资料来源：辛树织：《第一次中国教育年鉴·第四册丁编学校教育统计》（民国二十三年）台北：传记文学出版社1971年影印本，第1533页。

如表所示，国立大学主要经费来源是国库款，私立大学主要经费来源是捐助款。1931年国立大学岁入经费的70%来源于国库款，而私立大学岁入经费中国库款仅占4%，还不到国立大学国库款总额的6%，私立大学的经营基本依靠私人捐助和学生所缴学费以及其他财产收入。

正因如此，在私立厦门大学学科建制演变中院系扩展时期往往是陈嘉庚先生实业兴旺时期，相反科系裁并或合并时期往往是其实业萧条而导致的办学经费减缩时期。这是导致私立厦门大学学科建制演变波动性特征的根本原因。具体而论，1925年陈嘉庚先生实业的鼎盛时期，厦门大学以强大的经济实力作后盾，充实师资储备，于1926年8月将隶属于文科的教育学系、商学系以及隶属于理科的工学系改为独立一科，同时增设法科，在原来文、理两科基础上扩展为文、理、教育、商、工、法六科建制。20 世纪 30 年代陈嘉庚先生在南洋的实业受到世界经济危机的冲击，私立厦门大学办学经费也随之陷入困境，万不得已裁并部分院系，以维持学校的继续经营。可见 1933 年后出现的院系合并、裁并甚至裁撤现象实属办学经费不足而采取的一种应对措施。如 1933—1936 年间社会学系和史学系合并为历史社会学系，教育原理学系、教育方法系、教育行政系合并为教育学系，动物学系和植物学系合并为生物学系，政治系与经济系合并为政治经济系，算学系和物理系合并为数理学系，同时商学院归并于法学院，教育学院归并于文学院，哲学系被裁撤。同样国学研究院的创办与停办也是很大程度上受到当时学校办学经费的影响。

国立东南大学办学经费来源主要是江苏财政收入中的国税部分，“该校地处东南，每年经费均由江苏、浙江、江西、安徽四省分派，自各该省国税项下提出，数年以来江苏一省提付该校每年预算三分之二，其余三分之一由浙赣皖三省分派，但以该三省历年经费困难，多未实行。”① 虽然也会面临经费困难之时，相较于私立大学，国立大学的经费还是有一定的保障。正因为如此在两所大学系数变化图中看到，二者在数量上的差距，如图 8—4 所示。

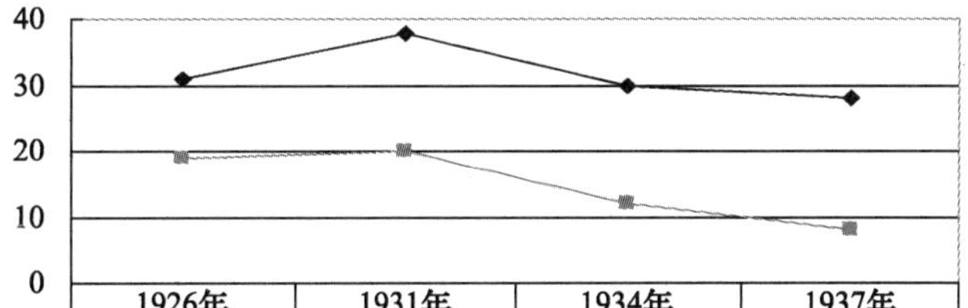

	1926年	1931年	1934年	1937年
—◆— 东大系数	31	38	30	28
—■— 厦大系数	19	20	12	8

图 8—4　国立东南大学与私立厦门大学系数比较

由于是国立大学，其办学宗旨必须符合国家政府的政策规定，不能任意发展，因此在国立东南大学（中央大学）学科建制演变中两次大的变

① 唐钺、朱经农、高觉敷：《教育大辞书》，商务印书馆 1930 年版，第 965 页。

动，均与当时国民政府采取的大学改革政策密切相关。试行大学区制大学，国立东南大学在内的八所院校改组为第四中山大学，出现了庞大的学科建制。20世纪30年代出现的院系裁并现象，是应国家建设需要，按照国民政府教育部要求进行的大学院系整顿。因此，同样在20世纪30年代出现的国立东南大学学科建制调整，不完全属于办学经费导致的院系萎缩现象，是在国家政府鼓励实类院系建设，适当限制文类院系发展的政策调控下的一次改动。这同样能说明办学主体的不同对大学学科建制与发展产生的影响。

国立东南大学（中央大学）与私立厦门大学学科建制演变所经历的初创、发展与调整的过程充分说明，前者的演变与发展更多受制于大学法规政策与应对社会发展需求采取的国家政府宏观调控的影响，后者的演变与发展历程主要受制于办学经费的保障程度。表象的相似性隐含不同的动因与背景，而这种不同恰恰是两所大学办学主体的不同所导致的结果，进而证明不同办学主体对大学学科建制与发展产生直接的影响。

四　校长的学科思想对大学学科建制与发展的影响

国立东南大学首任校长郭秉文，奠定了大学的多学科基础，对后期国立中央大学学科发展产生了深远影响。郭秉文字鸿声，出生于江苏江浦，具有中西文化教育背景，早年就读于上海清心书院，后游学美国，获得哥伦比亚大学教育学硕士、哲学博士学位，回国后任南京高等师范学校和国立东南大学校长。大学区制大学虽合组八所院校，其文、理、教育、农、商等主要学科门类，基本以国立东南大学为基础建立而成。因此，郭秉文的学科思想潜移默化地影响着国立东南大学学科发展以及国立中央大学学科建制的根基。

私立厦门大学时期，林文庆长校。林文庆，字梦琴，出生于新加坡，自幼接受英文教育，获得英国爱丁堡大学医学学士和外科硕士学位，后应邀到剑桥大学从事研究工作。回新加坡后学习中国传统文化，研读经书，改信儒教。林文庆1921年6月出任厦门大学校长，“在长期办学历程中，林文庆致力于学科建设，缔造研究型大学的优良学术传统，不仅为其后厦门大学的发展奠定了根基，而且在中国现代大学史上产生积极的示范效应。私立时期厦大重点建设的教育学、生物学、化学、商学、国文（国学）、法学等学科，后来发展为本校强势学科，跻身国内学术研究前沿，为人才培养和科学、文化发展作出了重要贡献”①。

“郭秉文、林文庆均依据综合大学要求及本校办学目标，规划、调整学科设置。其治校举措相同点在于：在学科结构上，强调多学科并举，学与术并重；重视招揽人才，广延海内外名师，提升学科建设水平；重视基础研究与应用研究相结合，促进学术发展和服务社会；以学系为本位，实行选科制和学分制（绩点制）。”② 尤其是他们秉持的人文与科学相结合、注重师资储备与养成的学科主张，很大程度上指引着学校学科发展的方向。

郭秉文校长与林文庆校长在多学科综合性大学建设中均强调人文与科学的平衡问题。人们总结郭秉文校长的办学思想时总会提到，通才与专才的平衡、人文与科学的平衡、师资与设备的平衡、国内与国际的平衡等四点。③ 其中人文与科学的平衡是郭秉文校长学科发展思路的重要体现，大学不仅强调传统人文教育的价值，还要加强自然科学学科的建设，以期实现二者的平衡。事实上国立东南大学创办时，合设文理科建制充分证明了该思想。郭秉文校长为了加强理科建设，先后聘请到数十位具有留学经历的自然科学领域的教授学者，如中国科学社的发起人仁鸿隽、物理学家胡刚复、地理学家竺可桢、植物病理学家邹秉文等。

同样，林文庆校长“秉持科学与国学并重的办学宗旨，注重中西文化的融会贯通”④，不仅重视中国传统文化，还注重科学知识的价值。正如他在《文科之重要》一文中所言，“中国将来之复兴，全视乎毕业于文科之学子……故厦门大学重视国文、文学、哲学及文科各课程之重要，盖吾人认为国家文化之进展，全视乎此等学术之研求，因其为一切法律、经济、伦理及政治之基础。其余科学及近代学术亦皆为现代文化之不可缺者，厦门大学自当予以相当之注意。文科学生亦应有相当之科学知识，以

① 张亚群：《自强不息　止于至善——厦门大学校长林文庆》，山东教育出版社2012年版，第433—434页。

② 张亚群：《“同归而殊途　一致而百虑”——郭秉文与林文庆办学理念之比较》，《东南大学学报》（哲学社会科学版）2011年第6期。

③ 刘正伟：《国立东南大学与江苏教育近代化》，《东南大学学报》（哲学社会科学版）2002年第3期。

④ 张亚群：《从西洋文化回归儒学文化——林文庆大学教育思想解析》，《高等教育研究》2010年第1期。

便完全实现其所受教育之功用也”[①]。林文庆校长出于对中国传统文化的热衷，力主创办了国学研究院，提倡传统文化的研究与传承，加强人文学科建设。即便在有限的办学经费条件下，私立厦门大学同样注重自然科学学科建设，在当时国内私立大学中以自然科学研究著称。从厦门大学八周年纪念特刊记载的一段描述中可见一斑：“现在国内私立大学，在上海、北平等处，数目不可谓不多。但大抵偏重政治、经济、文学、哲学等科目，在科学上有特殊的贡献的，几为凤毛麟角。厦大的特色，便是特别注重自然科学的研究，为心理、物理、化学、植物、动物等，都设有实验室。”[②] 综上所述，从文科之重要性的认识到文科学生具备相当的科学知识的要求，从国学研究院的创办到自然科学实验室的筹办，种种迹象都诠释了林文庆校长的人文与科学并重的学科思想。

两位校长在学科建设方面都很重视师资队伍建设。郭秉文长校时期，网罗国内知名学者云集东南大学，如文科的刘伯明、汤用彤、杨杏佛、朱君毅等，理科的仁鸿隽、胡刚复、竺可桢、熊庆来等，教育科的陶行知、陈鹤琴、孟宪承、廖世成等，农科的邹秉文、秉志、胡先骕、陈焕镛等，工科的茅以升、沈祖玮等，商科的孙本文、李道南、潘序伦等，外籍教师中有美国、德国等国心理学、物理学、生物学和哲学领域的诸多专家，“该校教师均为中外积学之士、一时人才济济、实为该校学子学业前途无量之幸福。”[③] 司徒雷登高度赞誉郭秉文校长的办学业绩时也提道，“秉文先生延揽了五十位留学生，每一位都精通他自己所教的学科”[④]，他们更是以美国大学的传统把大学的人才培养、科学研究与社会服务职能整合为一体，在本土大学学科建设中开创了一代新风。

同样在1925年陈嘉庚实业的鼎盛时期，私立厦门大学在以强大的经济实力作后盾，林文庆校长采取重金聘请师资策略，恰逢1926年第一次国内革命战争时期，多所国立大学经费无着，应聘来厦门大学的教授增多。1926年3至12月应聘来校的教授学者包括国学大师林语堂、沈兼

---

① 黄宗实、郑文正选编：《厦门大学校史资料》（第一辑），厦门大学出版社1987年版，第235—236页。

② 同上书，第335页。

③ 《东南大学之新气象》，《申报》1922年10月1日第3版。

④ 左惟、袁久红、刘庆楚编：《大学之道：东南大学的一个世纪》，东南大学出版社2002年版，第211页。

士、鲁迅，历史学家张星烺、顾颉刚、丁山，考古学家陈万里，语言学家罗常培，翻译家潘家洵，哲学家张颐，人类学家史禄国，生物学家秉志，数学家姜立夫，物理学家胡刚复、朱志涤，地质学家谌湛溪，教育家孙贵定、雷通群、庄泽宣，法学家区兆荣，会计学家陈德恒等。[①] 他们的到来，为私立厦门大学的学科发展注入了新的活力，成为当时文、理、教育、法、商等各学科建设的重要推动力。即便在厦门大学办学经费困难时期，“林文庆校长仍不断扩充师资，其中不乏名师。著者据《厦大周刊》的不完全统计，1930 年 3 月至 1937 年 3 月间，厦大陆续聘新教员 133 人（含留学返校及辞职再聘者 3 人），其中教授 57 人，副教授 6 人，二者合计 63 人，占新聘教员总数的 47.4%；其他为本校毕业留校或外校毕业的助教或讲师等”[②]。

郭秉文校长与林文庆校长不仅注重文、理基础学科建设及其平衡发展，还关照地方需要与自身特色，注重发展优势学科，在中国近代大学中形成了自己学科特色。如国立东南大学的教育科与农科，私立厦门大学的商科与教育科都是它们的优势学科或特色学科。以教育科为例，国立东南大学是以南京高等师范学校为基础建立的综合性大学，郭秉文校长“创议并主张施行寓师范于大学的体制”[③]，开创了国立大学中设置教育科系的先河，教育学科也因此成为国立东南大学的特色学科之一。

林文庆校长曾强调，“我国目下师资及教育专门人才甚为缺乏，故对于教育学科特加注意，以期养成良好师资及教育界领袖，因以提高一般教育之程度”[④]。私立厦门大学社会科学研究方面，教育科较为突出，据厦门大学校史记载，1926 年 4、5 月间，教育科 21 名四年级学生，在陈芝梅老师的带领下前往上海、苏州、无锡、南京、杭州、福州等地组织考察，参观大、中、小学 50 余所，了解各地办学情况。1926 年秋季开始，教育科附设实验小学，实行新的教学法和教学组织形式（道尔顿制），积累了丰富的教学经验。“1927 年庄泽宣教授指导第二次教育科毕业生 7 人

① 张亚群：《自强不息　止于至善——厦门大学校长林文庆》，山东教育出版社 2012 年版，第 201—210 页。

② 同上书，第 329 页。

③ 刘正伟：《国立东南大学与江苏教育近代化》，《东南大学学报》（哲学社会科学版）2002 年第 3 期。

④ 洪永宏编著：《厦门大学校史》（第一卷），厦门大学出版社 1990 年版，第 26 页。

赴上海，参观沪江大学、中华职业学校等名校。其后，第三届、第四届部分毕业生在指导老师姜伯韩、孙贵定教授等带领下，先后参观考察江苏、上海、杭州等地学校教育。”① 1930年时，在教育学院执教的国内知名学者有雷通群、孙贵定、钟鲁斋、杜佐周、姜琦、朱君毅、吴家镇、钟道赞等人。1931年中英庚款补助私立厦门大学教育学院举办实验教育讲座，开展教育科学研究与实验心理学的研究等。由此可见，在当时教育学界，私立厦门大学教育学院具有一定的地位与影响力。

① 张亚群：《自强不息　止于至善——厦门大学校长林文庆》，山东教育出版社2012年版，第311页。

第九章

中国近代国立大学学科发展演变的理论探讨

中国近代国立大学学科在与社会文化教育的密切联系与时代巨变的遥相呼应中，得以建制、演变与发展。作为中国高等教育近代化的重要组成部分，国立大学学科建制与发展历程，同样具有外来性与本土化[①]并存的特征。一方面随着西学东渐与科举革废，经、史、子、集“四部之学”转型为西方科学知识体系，中国近代大学学科体系按照西方的分科立学原则得以制度化。另一方面，随着学科的发展，大学从经世致用人才的培养到高深学术的研究以及开展社会服务活动，知识的传播、扩展和应用过程反过来推动学科知识的本土化。因此，中国近代国立大学学科建制与发展历程不是全盘西化，办学者在“矫正过分西化而做出的文化自救”[②] 的尝试与努力是值得肯定的。探索中国近代国立大学学科建制与发展历程的目的，在于认识和驾驭学科发展的客观规律。本章结合高等教育理论与学科理论，探讨中国近代国立大学学科建制演变的特点，揭示中国近代国立大学学科发展的规律，以史为鉴对当今大学学科建设提出几点启示。

第一节　中国近代国立大学学科建制演变的特点

从清末到民国中期，中国近代国立大学学科建制经历了从“科一门”

---

① 张亚群：《科举革废与近代中国高等教育的转型》，华中师范大学出版社2005年版，第237页。

② 张亚群：《自强不息　止于至善——厦门大学校长林文庆》，山东教育出版社2012年版，第272页。

“科—系”到“院—系”“研究院—所—部”等发展历程。这段曲折的构建过程是不断削弱中国传统文化的影响而引进西方科学思想的过程，也是从人才培养到逐步发展大学的科学研究与社会服务职能的过程。大学学科建制作为按学科编制编成的大学学术组织及其隶属关系，其演变过程中必然涉及大学学科制度、学科设置和学科组织的问题。因此，从大学学科发生机制、大学学科制度、大学学科设置和大学学科组织的角度，审视中国近代国立大学的学科建制演变，呈现出如下四个特点。

一　中国近代国立大学学科建制没有继承性

学科作为学问的科目门类，中国自古就有“六艺”“五经”“四部”之分。中国古代高等学校的主要任务是培养各级行政官吏。科举考试作为文官选拔制度，必然影响到学校教育的主要方向，学问的范围不可能超越科举考试科目的范围，儒家经学的正统地位神圣不可侵犯。“在《奏定学堂章程》正式实施之前，在科举选士的巨大影响下，传统学科制度在国内教育中始终占主导地位，西学分科并不普及。”[①] 不同于西方近代科学，中国传统学科探讨的是伦理道德问题，相较于人与自然的关系，更多关注人与社会的关系，物质运动的研究远不及对人自身的研究。因此，中国传统学科集中于人文学科领域，人们对个人道德修养的重视程度远远高于对客观世界的探索需求，社会科学和自然科学学科即使有萌芽也不能演进为中国近代科学。

以晚清西学东渐与科举革废为动因，经、史、子、集“四部之学”为代表的传统学科向西方科学知识体系转型，促进了中国近代大学学术分科思想的产生与发展。受此影响，中国近代国立大学学科建制并没有继承太学、国子监、书院等中国传统高等教育机构的学科模式，而是移植了西方大学学科模式。“就外来性而言，中国近代高等教育制度是从西方移植而来，与传统高等教育制度没有直接的继承关系”[②]，从而中国近代国立大学学科建制，同样与传统高等教育之间没有继承性，清末民初国立大学学科建制基本移植和仿效了国外大学的学科建制。

---

① 张亚群：《文化视域中的高等教育变革——中国高等教育近代化模式再认识》，《中国地质大学学报》（社会科学版）2011 年第 1 期。

② 张亚群：《科举革废与近代中国高等教育的转型》，华中师范大学出版社 2005 年版，第 237 页。

天津中西学堂头等学堂设置了法律学、矿学、工程学和机器学门，是中国近代新式大学的最早学科建制。这里看不到经、史、子、集“四部之学”的痕迹，从法科、工科学科门类看，全部是西方学科的移植。京师大学堂1910年开办分科大学，具体设置了经科、法政科、文科、格致科、农科、工科和商科大学，从学科门类规定看，经科属于中国传统学科门类，文科中中国文学也属于传统学科范畴。法政科的法律和政治、文科的外国文学，格致科的化学和地质学，农科的农学，工科的土木工学和采矿及冶金学，商科的银行保险学等“科—门”，均属于西方学科范畴，是为获得西方科学、技术以及可能带来的社会经济利益而设置的学科建制。

由于秉持“中体西用”思想，京师大学堂分科大学学科建制中，坚持了中国传统学科的基础地位，试图对中国传统学科有所继承，但从学科数量上来看，西学占据主导地位。况且不到两年的时间，辛亥革命爆发，中华民国成立，京师大学堂改称国立北京大学，取消经学科建制，格致科改称理科。蔡元培掌校后，学科建制变成文、理、法、工4科14门。其中中国文学门、中国史学门、哲学门中适当地保留了中国传统学科内容之外，其余11个学门均为西方学科。因此，京师大学堂学科建制也没能继承传统高等教育的知识体系。山西大学堂本科教育仅设置了法律学、采矿冶金学、格致学和土木工程学门，学科建制以法、工、格致（理科）为主，依然没有传统学科建制。

民初与国立北京大学齐名的国立东南大学，由于郭秉文校长为首的多数教员都有美国著名大学学历背景，其学科建制一开始采纳美国大学模式，初设文理、教育、农、工、商5科27个学系，从学科设置、课程讲授到论文写作的人才培养基本环节上，充分体现了西方学科的影响。

可见，清末民初国立大学学科建制，与传统高等教育之间没有直接的继承关系。从清末3所国立大学学科建制来看，它们分别移植了美、英、日大学模式，天津中西学堂按照美国大学模式，头等学堂设置专门学，而山西大学堂采纳英国大学模式，西学专斋采用“科—门”建制，京师大学堂按照《奏定大学堂章程》，采用日本大学模式设置分科大学“科—门”建制，从其根源上来说，主要还是间接模仿了德国大学学科建制。民初两所综合性国立大学，分别仿效了日、德、美等国家的大学学科建制。

二　构建以西学为基础的大学学科体系

中国近代国立大学学科建制演变离不开大学学科制度的政策引导。1904年1月13日颁布的《奏定大学堂章程》，第一次从国家层面规定了近代国立大学学科编制的具体“科—门”，以经学科为首的“八科分学”，厘定了京师大学堂“科—门”建制的轮廓。民国元年《大学令》，确立了文、理、法、商、医、农、工“七科之学”，奠定了中国近代大学学科体系的根基。相较于清末大学学科制度，民初大学学科体系从“中学”治西学的思想指导转向西学统领“中学”的局面，大学学科结构从重应用转向重学理，基本定位了中国近代大学的学科特点。

《奏定大学堂章程》“八科分学”最大的特色在于经学科排在诸学科之首，显示出“四部之学”在西方学科混杂的大学学科体系中得到一定的重视与保存，体现了“中体西用”思想。在中西学科关系上，经学科为主的中国传统学科不可改变，西方学科只能用来巩固中学。毕竟此时还未完全停止科举考试，经史之学不论在举子眼中还是在重臣心目中都具有不可替代性，是选拔人才的标准。

此外，《奏定大学堂章程》的学科规定还呈现出功利主义色彩。《奏定大学堂章程》的8科46门中，文学科、格致科和政法科中的政治门属于基础学科，共计16门。医、工、农、商科和政法科中的法律学属于与社会职业分工密切联系的应用学科，共计19门。由于经学科主张致用、实用，也属于应用学科范畴。因此，学科数量上，基础学科16门，占学门总数的35%；应用学科30门，占学门总数的65%，体现了重应用、轻学理的学科特点。

清末民初大学学科制度的最大不同在于，人们对传统学科的态度转变。若说《奏定大学堂章程》的制定者，秉持“中体西用”思想，对经、史、子、集“四部之学”加以保留与发展的话，民初《大学令》《大学规程》的制定者，却以西学改造“中学”，“中国传统的学科分类已为西方学科制度所取代”①。

民初大学学科体系中，经学科的废除与哲学的独立设置，格致科改称

---

① 张亚群：《文化视域中的高等教育变革——中国高等教育近代化模式再认识》，《中国地质大学学报》（社会科学版）2011年第1期。

理科到学科编排法则遵循科学发展的内在逻辑，种种迹象都在说明，用西学改造“中学”已成定局，西方学科开始占据主导地位。中国近代大学学科将按照国际通行的学科体系运行，学科的正当性也要以西方学术分科为标准。1912 年《大学令》取消经学科独立学科地位与蔡元培先生不论“忠君、尊孔”的主张不无关系。同理，大学学科体系中哲学获得独立学科地位，不仅与王国维的建议不谋而合，也与蔡元培先生的游学经历密不可分。

以学科编排法则为例，民初《大学令》中学科编排从基础学科到应用学科的顺序，突破了《奏定大学堂章程》中从“中学”到西学的顺序，开始遵循科学发展的内在逻辑。因为从科学发展的角度看，基础科学在先，应用科学在后，应用科学是运用基础理论科学的研究成果为社会现实服务的，必须以基础科学为前提。实际上民国时期大学学科编排法则基本上没有超越科学发展的内在逻辑。如 1917 年《修正大学令》规定的大学学科编排顺序是文、理、法、商、医、农、工科，1924 年《国立大学校条例》规定的大学学科编排顺序是文、理、法、商、医、农、工科，1929 年《大学组织法》规定的大学学科编排顺序是文、理、法、教育、工、农、商、医科，1948 年《大学法》规定的大学学科编排顺序是文、理、法、医、工、农、商科。上述大学法规中，学科门类的编排顺序均以文、理基础学科为先，随后才是法、医、农、工、商、教育等应用学科门类，遵循了科学发展的内在逻辑。与此同时，上述学科编排顺序，充分体现了大学的重学理、兼应用的学科特点。

三　确立科学学科在大学中的统领地位

科学学科进入大学课堂到统领大学学科体系，离不开西学东渐带来的西方科学主义思潮的影响，根本上却与传统学科在社会变革中无法承载的使命有关联。以经史之学为主要考核内容的科举考试，选拔不出晚清社会所需的经世致用之才，科举革废在所难免。面对社会政治、经济、文化的大震动，学科不得不从其只关心“人事”的人文性，转向广泛关注社会和自然界的科学性。

传统学科是经、史、子、集“四部之学”为代表的经史之学，近代学科是相对独立系统化的科学知识体系。通过清末民初大学学科制度，清晰地看到传统学科的隐退与消融历程。知识分类标准从研究主体，导向研究客体，学科从不同师门派别的知识系统，转向有自己独特研究对象与方法的科学分支。“近代文化的核心是什么？用四个字概括：民主、科学。”[①] 民主和科学作为口号是在五四运动之后提出的，但在鸦片战争后，晚清社会有识之士已有学习西方民主和科学的意愿与行动。维新变法运动是一次主张民主、科学的改革，虽然以失败告终，却在某种意义上推动了中国社会的民主化与科学化。在大学层面上理解中国近代文化的核心，民主更多体现在大学的规章制度与管理中，科学则主要表现在大学学科设置与课程实施中。

京师大学堂分科大学开办初期，设置了经科大学，下设毛诗学、周礼学、春秋左传学 3 门，却不到《奏定大学堂章程》规定的经学科学门总数的 1/4。可见，科举废止，直接影响到清末学子学习经学的积极性，从而影响到经科大学的建设，削弱了传统学科在学校教育中的影响范围。各分科大学学科构成比例中，经科的毛诗学、周礼学、春秋左传学和文科的中国文学 4 门属于中国传统学科范畴之外，其他“科—门”基本属于西方科学学科范畴。

民国成立后，国立北京大学，取缔经学科，将经学附属在文科中，经学从此失去其大学中的学科建制。据中国哲学门第二班学生冯友兰在《北大怀旧记》中的记载，“我们的学门，既然是中国哲学门，所以功课以中国哲学为主。主要的功课是经学、中国哲学史、诸子哲学、宋学(即宋明哲学)”[②]。1917 年从中国文学门内分出一部分教员及国史编撰处一部分编纂员，组织中国史学门。至此经学被分解在中国文学、中国哲学、中国史学等一级学科中。“时至 20 世纪 20 年代，近代经学终于在‘科学’‘民主’的新文化潮流冲击下，完成了向近代的根本转向，持续两千余年的经学时代自此也就退出了历史舞台。”[③] 虽然 1921 年国立北京大学成立国学门研究所，致力于整理和保存中国传统学科，但文史哲不分家的经史之学被西方的学术分科方法进一步分解到诸多学科之中，西方近代科学学科开始占据大学学科领地。

---

① 龚书铎：《社会变革与文化趋同：中国近代文化研究》，北京师范大学出版社 2005 年版，第 39 页。

② 冯友兰：《北大怀旧记》，吴相湘、刘绍唐《国立北京大学纪念刊第三册》（民国十八年卅一周年、民国卅七年五十周年纪念刊），台北：传记文学出版社 1971 年影印本，第 251 页。

③ 麻天祥：《中国近代学术史》，武汉大学出版社 2007 年版，第 64 页。

正所谓“科学在学问系统和知识传授中的地位，是进入现代化的一项基本标准”①，随着民国时期国立大学取消经学科，广泛设立文、理、法、农、工、商、医等学科门类为基础的“科”或学院，西方科学在国立大学学科体系中占据主导地位，人们认识到科学对社会发展、经济繁荣和人类自身进步所产生的不可替代作用。20世纪30年代后，通过国立大学院系整顿，实类院系得到加强，使理、工、农、医等自然科学学科得到大力发展，促进了国立大学的近代化。

清末到民初大学学科设置中传统学科的示弱是由西学东渐与科举革废综合作用导致的结果，那么，民国时期国立大学学科设置中西方科学学科的统领地位的确立离不开留学教育的推动作用。仅以20世纪20年代国立东南大学师资储备为例，当时郭秉文校长在内的诸多教师均有美国著名大学学历背景，据孙宏安在《中国近现代科学教育史》中统计的20世纪20年代任教于国立东南大学的留美学生，有11人毕业于哥伦比亚大学师范学院，9人毕业于哈佛大学，7人毕业于康奈尔大学，5人毕业于麻省理工学院，4人毕业于伊利诺伊大学，3人毕业于芝加哥大学，3人毕业于西北大学，还有13人分别毕业于纽约州立大学、布朗大学、华盛顿大学、加利福尼亚大学、密歇根大学、弗吉尼亚大学、宾夕法尼亚大学、里海大学、艾奥瓦大学和明尼苏达大学等著名学府。充分说明“当时的中国大学师资已在资历上达到了现代科学教育先行国的科学教育师资水平，即从校长和教员的角度看，中国大学的科学教育已转化为现代科学教育了”②。他们中有哲学、文学、政治学、工程学、电机学、土木学、理学、机械工程学、农学、化学、光学等众多学科的博士、硕士、学士。他们为当时国立东南大学文理、教育、农、工、商多学科发展做出了重大贡献，尤其在理、工、农等自然科学领域的贡献突出。

1921年国立北京大学国学门研究所的创办开启了中国近代国立大学科学研究的先河。1931年国民政府教育部“通令全国国立各大学酌设研究所，推广科学研究”，大学的科学研究职能正式提出来。1934年《大学研究院暂行组织规程》的颁布为契机，教育部大力支持大学研究院建设，不仅加强高深学术研究，也规范了研究生教育。至此大学不仅传播西方科

① ［法］巴斯蒂：《京师大学堂的科学教育》，《历史研究》1998年第5期，第47页。

② 孙宏安：《中国近现代科学教育史》，辽宁出版社2006年版，第387页。

学学科知识，也开始采用西方的科学研究方法创造知识、推广知识，西方科学在大学学科中的统领地位不可动摇。

四　开创大学学术组织的学科逻辑模式

中国近代国立大学学科建制经历了从“科—门”“科—系”到“院—系”建制的发展历程，学系成为大学基层学术组织，直到当今多学科综合性大学大多采行学院制。从学科门类为基础设立“科”建制到一级学科为基础建立“系”建制，“院—系”建制延续了以学科分类为基础建立学科组织的传统，开创了近代大学学科组织的学科逻辑模式。“学科逻辑模式是根据知识的学科分类来设立基层学术组织的模式。”① 其特点是根据现有学科分类建立学科组织，认同学科现有发展状况，在此基础上通过知识传播、扩展与应用，促进学科的纵深发展与横向交涉。

一个合格的大学基层学术组织不仅是知识传播阵地，而且是以知识传授、扩展与应用为目标，承担大学教学、科研、社会服务职能的组织。中国近代国立大学学科建制从非学术性组织到集教学、研究、服务为一体的学术组织，也经历了从混乱无序到逐步有序的演变过程。清末大学堂由于是开创之举，移植模仿不同国家大学模式，导致其学科建制的混乱与无序局面。以学科门类为基础建立的分科大学，虽具有专门管理人员和正副教员，在其草创之时，对学科功能的体现，仅局限于知识传承，没有知识的创新与推广，学科组织的学术性无从谈起。

1919 年国立北京大学蔡元培校长大胆改革“科—门”建制，废学长，打通文理分科，突破学科门类限制，“门”改设学系，设系主任综合管理学科事务，建立了以一级学科为基础的大学学科组织形式——学系。学系是欧美等国大学广泛采用的学科建制的移植。改设学系后取消各科教务处，设立校一级教务管理机构，统一领导全校教学事务，组织协调各系教学工作。学系成为基层学科组织，各系成立教授会，规划本系教学工作，教学也具有相对独立性，从而有利于学科的分化与纵深发展。改设学系后国立北京大学形成学校—学系二级教学管理模式，大学真正意义上实现统管教学工作，人才培养进入统一规划阶段。

---

①　史秋衡、吴雪：《大学基层学术组织制度建设的内在逻辑》，《复旦教育论坛》2009 年第 5 期。

1921年国立东南大学采用“科—系”建制。学科门类基础上设置“科”，一级学科基础上设置“学系”，科的设立相当于相关学系的联合体，总体负责其行政事务，学系的设立使得教学具有相对独立性。全校设置专门的教务部，设主任一人，管理全校教学工作，各科总负责本学科门类的教育行政，学系具体负责本学科教学管理工作，应该说国立东南大学“科—系”建制在当时是独创的。

“院—系”建制萌芽于国立中山大学，1929年《大学组织法》规定了学院为大学学科组织形式，“院—系”建制成为大学学科建制主体。各学院设院长1人，由校长聘任，综理院务，各系设主任1人，主要办理本系教务工作。学院在学校组织中发挥承上启下的作用，院一级组织在当时没有多少实权，它只是介乎校长与系主任之间的一个转承与协商的机构。学系作为大学基层学术组织，直接面对教学、科研等学术活动。各学院由院长、系主任、事务主任组成院务会议，计划本院学术事宜和审议全院一切事宜。同样各系设系教务会议，由全系教员组成，系主任为主席，计划本系学术设备事宜。

“院—系”建制延续到中华人民共和国成立后院系调整时期，改革开放后多学科综合性大学重新恢复学院制，但在新的历史条件下学院制出现多样化发展趋势。目前中国研究型大学的学科建制，“按照学科门类、一级学科或学科群设置学院（学系），按照二级学科设置学系或者研究所等基层学术组织的做法十分常见”①。比较而言，中国近代国立大学“院—系”建制与当今大学学院制的显著差别在于当时学院是建立在学科门类基础上，学系建立在一级学科基础上，相对比较简单统一。按照实践经验，“院—系”建制的学科层级越高，越容易拓宽人才培养口径，有助于学科门类下一级学科的发展以及一级学科下二级学科的发展。

第二节　中国近代国立大学学科发展的规律

学科发展不仅包括学科知识的增长，也包括学科组织从无序到有序的演进过程。“学科的发展从根本上说取决于生产力的发展程度、科学技术

① 郑晓齐、王绽蕊：《我国研究型大学基层学术组织的逻辑基础》，《教育研究》2008年第3期。

的总体水平、思维能力的演进阶段和知识的集约化水准。"[①] 中国近代高等教育转型的"后发突变型"[②] 模式说明，中国近代国立大学学科从无到有，从产生到发展，很大程度上受到传入中国的西方科学知识和当时社会发展程度的制约与影响。因此，有必要从学科建制的变迁动因、学科发展历程、学科功能的发挥以及学科建制的地位入手，揭示中国近代国立大学学科发展的规律。

一　中国近代国立大学从清末民初的"科—门"建制，到20世纪20年代末的"院—系"建制，反映了西方大学模式的影响

京师大学堂分科大学是，清末以学科门类为基础建立的最早的大学学科组织，开创了培养人才为基本职能的大学学科组织的先河。其"科—门"建制是中国近代国立大学学科建制雏形，"科—门"建制为特征，大学形成了由学科门类和一级学科组成的学科体系。京师大学堂"科—门"建制是按照《奏定大学堂章程》规定而设置，从制度参照的蓝本看，"科—门"建制参照了日本大学的学科建制，而明治维新后，日本的学校教育制度主要仿效了德国学制，因此，京师大学堂"科—门"建制，间接模仿了德国大学模式。

蔡元培先生大胆改革"科—门"建制，打通文理分科，突破学科门类限制，"门"改设学系，建立了以一级学科为基础的大学学科组织形式——学系。学系简称系，是高等学校按照学科设置的教学单位，起源于中世纪大学。现代大学产生后，"美国大学根据德国讲座制的概念建立了系的体制，大学的学术工作根据学科来划分。这种改革产生了以学科为基础的新学科组织形式——学系。学系于1825年首先出现在哈佛学院。"[③] 到19世纪末期，美国大学普遍设立学系，随着高等教育文化交流的推进，世界多个国家的大学开始采纳了以一级学科为基础设立的学系建制。"系建制的建立，在中国近代高等教育发展史上同样具有重要的意义。它标志着中国古代'门馆之学''门阐之学'在高等教育领域的终结，标志着中国近代大学从基础建制上对西方现代大学模式的高度认同，也标志着中国

① 陈燮君：《学科学导论》，生活·读书·新知三联书店出版社1991年版，第18页。

② 张亚群：《科举革废与近代中国高等教育的转型》，华中师范大学出版社2005年版，第231页。

③ 庞青山：《大学学科论》，广东教育出版社2006年版，第151—152页。

高等教育开始步入近代化阶段。”①

国立北京大学采用学系建制之后，国立东南大学采用了“科—系”建制，1924 年《国立大学校条例》第四条规定“国立大学校各科分设各学系”②。学系建制的采用很大程度上受到大学办学者的影响，国立北京大学蔡元培校长，数次赴德国、法国留学，考察过欧洲国家的大学。国立东南大学郭秉文校长，留学美国，获得美国哥伦比亚大学教育学硕士、哲学博士学位，对美国大学教育有深入了解。两位校长在民国初期，在各自执掌的大学采用学系建制，必然与其留学经历密切相关。正是在蔡元培、郭秉文等广泛接触西方大学教育的校长的努力下，中国近代国立大学引进了学系建制，从而 1924 年《国立大学校条例》中，从制度层面上确立了国立大学的学系建制。因此，中国近代国立大学突破“科—门”建制，采用学系建制，实质上还是对西方大学学科建制的移植，只是这一次并没有采用日本、德国大学模式，而是直接采用欧美大学模式。

《大学组织法》的颁布实施不仅区分出大学与独立学院的界限，还规范了大学的“院—系”建制，学院正式成为大学的学科组织机构，下设各学系，构成学院制。产生于中世纪大学的“学院”，一开始不是作为教学的机构，而只是为贫困学生提供的住宿场所。在英国和德国，学院发展成为大学最基本的教学行政单位。在美国，“学院制的实行主要是源于研究型大学的兴起”③。1876 年建立的霍普金斯大学开创了美国研究型大学的先河，它的成功，促进了哈佛、哥伦比亚、耶鲁等传统大学向研究型大学的转变，并纷纷开始采用学院制。

1929 年《大学组织法》颁布之前，蒋梦麟就曾提出过大学的学院建制，“1923 年，蒋梦麟在代表杭州大学董事会拟就的《杭州大学章程》中，就曾设计了一个非常清晰的‘校、院、系’组织体系。该章程较多地借鉴了美国高等教育的模式，是近代中国较早对‘校—院—系’建制进行建构的尝试”④。1928 年 10 月，南京国民政府改大学院为教育部，14

① 周川：《中国近代大学建制发展分析》，《北京大学教育评论》2004 年第 3 期。

② 《国立大学校条例令》，1924 年 2 月 23 日，中国第二历史档案馆编《中华民国史档案资料汇编·第三辑教育》，江苏古籍出版社 1991 年版，第 174 页。

③ 曹贵权、吴建秀：《模式与道路——关于学院制的历史、运行机制和我国大学的学院制改革》，《中国高教研究》1997 年第 2 期。

④ 周川：《中国近代大学建制发展分析》，《北京大学教育评论》2004 年第 3 期。

日任命蒋梦麟为教育部长，统筹管理全国教育事务。显然，在大学制度中“科—系”建制改为“院—系”建制，“学院”替代“科”，蒋梦麟起到重要作用。从学院建制源起看，同样受到西方大学模式的影响。

二　中国近代国立大学学科发展是办学者的主观愿望与培养人才的客观需求相互作用的结果

中国近代最早颁布实施的《奏定大学堂章程》是以日本大学模式为蓝本，民初《大学令》和《大学规程》延续了日本大学模式，而1922年新学制和1929年《大学规程》主要以美国大学模式为蓝本。从大学法规的参照蓝本而论，中国近代大学学科制度一开始就是舶来品。《奏定大学堂章程》颁布之前就已设置的天津中西学堂和山西大学堂学科建制分别是按照美国大学模式和英国大学模式创设的。因此，中国近代大学起初的学科设置标准，基本上照搬欧美大学模式，是当时条件下不得已的选择，体现的是人才培养的客观需求。

随着实践的深入，人们反思到当时经济条件下，建立多学科综合性大学的难度，1917年《修正大学令》降低大学学科设置标准，至少体现出办学者对大学发展与大学学科编制的关注与探索，这应该是大学学科发展中制度层面上的一次主观适应过程。1922年新学制，确立大学学科设置的单科多科并存的标准后，大量专门学校和高等师范学校升格为大学，大学数量骤增，高等教育质量面临严峻的挑战。为了制止大学发展的混乱局势，国民政府在1929年明确规定大学以研究高深学术，养成专门人才的培养目标，大学分设文、理、法、教育、农、工、商、医各学院，凡具备三学院以上才能称为大学，不到三学院的称为独立学院。此次规定突破了1917年《修正大学令》、1922年《学校系统改革案》以及1924年《国立大学校条例》中大学设数科或一科均可的规定，提高了大学学科设置标准，再次强调了大学的多学科性。

国民政府教育部规定大学的多学科性，它不是简单意义上对民初《大学令》中多科制的回归，也是一次主观适应过程。它的提出是在三民主义教育宗旨颁布之后，本土化趋势多于外来性的历史条件下对大学学科设置标准的反思，是新的历史条件下的发展。强调大学多学科性的同时，注重实用科学的发展，遵循了以充实人民生活，扶植社会生存，发展国民生计，延续民主生命为教育目的的三民主义教育宗旨。

中国近代大学制度均以西方大学制度为蓝本，这是西学东渐的社会背景中大学制度的客观发展过程。但从大学制度的修正和完善中表现出的相对稳定性和延续性看，不得不说是制度制定者对大学发展的思考与探索，体现的是一种主观适应历程。

中国近代国立大学学科建制演变中同样看到，学科发展是客观需求与主观愿望相融合的过程。中国近代国立大学“科—门”建制、“科—系”建制、“院—系”建制从源头上看是对国外大学学科建制的模仿，而国立大学每一次新的学科建制均在制度颁布之前就有萌芽与有效的尝试。分科大学的规定在《奏定大学堂章程》中出现，但1895年天津中西学堂最先尝试分科教学，成为分科大学雏形。学系的规定在1924年《国立大学校条例》中出现，但1919年国立北京北大就率先撤门改系，1921年创办的国立东南大学采用“科—系”建制。系的建立，在中国近代大学发展史上具有重要意义，标志着中国近代大学从基础建制上对西方现代大学模式的高度认同，标志着中国国立大学开始步入近代化阶段。学院建制的规定在1929年《大学规程》中出现，但1925年国立中山大学就采用“院—系”建制，国立中央大学还采用了“院—系、科”建制。可见，国立大学学科建制改革与尝试为制度层面上大学学科建制的规定提供宝贵的经验与坚实的实践基础。

中国近代国立大学学科发展的主观适应过程还表现在大学的科学研究与社会服务职能中。大学研究院、研究所的建立，某种意义上有助于实现学科研究与发展的本土化。作为研究机构，要以本国、本土社会的现实问题为先导，采用或借鉴国外相关学科的研究方法，逐步建构自己的概念体系、理论体系。国立北京大学国学门研究所就是典型案例，它不仅开创中国近代国立大学科学研究的先河，还对中国传统文化进行多学科的研究，试图建立中国传统学科的概念框架和理论体系，“复兴国学是20世纪20年代国人矫正过分西化的文化自救”①，充分体现出学科发展中办学者主观愿望与诉求。从国立东南大学集教学、研究与服务为一体的“科—系”建制开始，中国近代国立大学的社会服务职能开始萌芽，以1924年《国立大学校条例》的颁布为契机，大学设立推广部，拓展大学的社会服务

① 张亚群：《自强不息　止于至善——厦门大学校长林文庆》，山东教育出版社2012年版，第272页。

职能写进官方文件中，对国立大学具有广泛的政策指导作用。国民政府成立后在国立中央大学为首的一批国立大学中继续发展大学的社会服务职能，开展知识的应用与推广活动，在大学学科发展的本土化方面做出了积极的努力，较好地诠释了中国近代国立大学学科发展的主观适应历程。

总之，作为中国高等教育近代化的重要组成部分，国立大学学科建制与发展历程，同样具有外来性与本土化并存的特征。中国近代国立大学学科发展不仅受制于社会现实需求、政府宏观调控和大学法规政策的约束，还受到学科知识的发展成熟、大学自身传统以及办学者学科思想指导下主观愿望的引导。因此，中国近代国立大学学科建制与发展是人才培养的客观需求与办学者主观愿望相互作用的结果。

三　中国近代国立大学学科发展始终以人才培养为重心，在有限的条件下拓展科学研究与社会服务职能

随着中等教育的发展，中国近代国立大学真正意义上变成中学后教育，具备了高等教育所强调的中学教育基础上专业教育的特点，高级人才培养成为大学的基本职能。大学办学宗旨在清末、民初和国民政府时期明显不同。清末大学堂强调培养“通才”，是通达中外治学，推行新政的人才，因为这一时期的教育宗旨是“忠君、尊孔、尚公、尚武、尚实”[①]，核心是“中学为体，西学为用”，培养的人才必然要学贯中西，尤其以封建伦理道德的认同和身体力行为重，维护清朝统治而服务。天津中西学堂的创办开创了中国近代国立大学的先河，盛宣怀主张培养社会实用人才，传授西方的科学技术，在清末就培养出一批工科、法科领域的高级人才。如著名的法学家王宠惠，矿冶专家王宠佑，教育家张佑巡，经济学家马寅初，医学家刘瑞恒，数学家秦汾，银行金融家钱永铭，冶金学家温宗禹、蔡远泽，法学家赵天麟、冯熙运，师范教育家李建勋、齐国梁等。[②] 京师大学堂分科大学的设立正是满足当时“通才”培养目标，设置了经科、法政科、文科、格致科、农科、工科和商科 7 科大学。既要学习中国传统经史之学，还要加强格致、农、工、商等西方学科知识，培养经世致用

---

① 《学部奏请宣示教育宗旨折》，光绪三十二年（1906），舒新城《中国近代教育史资料》上，人民教育出版社 1981 年版，第 217 页。

② 王杰、韩云芳：《百年教育思想与人物》，天津大学出版社 2010 年版，第 55 页。

之才。

民国时期大学宗旨中“教授高深学术”贯穿始终，《大学令》强调大学要养成硕学闳材，区别于专门学校的专门人才的培养目标。前者体现的是一种“全才”思想，“这种人才不仅需要有健壮的体魄、近代科学知识，而且必须具有高尚的品德和情操，换言之，也就是德、智、体、美诸方面全面而和谐发展的共和国的建设者和捍卫者”①。这番通俗的解释，完全体现了当时“注重道德教育，以实利教育、军国民教育辅之，更以美感教育完成其道德”② 的教育宗旨。大学学科也随之取缔经学科，设置文、理、法、商、医、农、工 7 科，国立北京大学率先废“科—门”建制，改设学系，打通文理科界限，致力于文理兼通全面发展人才的培养。

国民政府时期，按照三民主义教育宗旨，《大学组织法》明确规定大学养成专门人才为培养目标。大学必须强调实用科学，培养的专门人才要“养成专门知识技能，并切实陶融为国家社会服务之健全品格”③。从其精神实质上看，同样体现了德、智、体诸方面发展，只是更强调实用科学，加重了人才培养的功利主义色彩。国立大学采用“院—系”建制，根据学科门类和知识体系，将大学分成若干个代表不同学科的院、系，学校以学系为单位进行教学、科研管理。这有助于学校人才培养目标的完成。还通过 20 世纪 30 年代大规模院系整顿，增强理、工、农、医学院建设，加大力度培养国家所需工业、农业建设人才，满足了当时社会所需国防建设人才的需求。

如果说清末“通才”的培养是出于教育救国的迫切需要，更多体现了社会本位教育价值观的话，民国时期全面发展人才和专门人才的培养开始关注个体的知识技能和人格品质，体现了个人本位的教育价值观。相对于大学的人才培养只考虑社会价值取向而言，关注个体价值本身是一次教育价值观的重大发展。

中国近代国立大学以学科为基础建立学科组织，在知识的传播、扩展与应用推广过程中大学的人才培养、科学发展与为当时当地社会服务职能

① 田正平：《中国教育史研究·近代分卷》，华东师范大学出版社 2009 年版，第 295 页。

② 《教育宗旨》，1912 年 9 月 2 日，舒新城《中国近代教育史资料》上，人民教育出版社 1981 年版，第 223 页。

③ 《中华民国教育宗旨及其实施方针》，顾明远《中国教育大系 20 世纪中国教育》（一），湖北教育出版社 2004 年版，第 15 页。

得以充实和发展。京师大学堂分科大学的建立，使大学成为传播知识的主要阵地，注重学科知识的经世致用价值，培养“新政”所需的懂得学理，并会实用，应以治事、救世之才。相较于培养经世致用人才为单一职能的分科大学时期，民初国立北京大学通过“科—门”改制，设立学系，培养文理兼通人才，同时以学科为基础设置研究所，发展了大学的研究职能。

国立东南大学“科—系”建制，按照美国大学传统，将大学的人才培养、科学研究和社会服务职能整合为一体，在本土大学学科建设中开创了一代新风。卓越的师资队伍，不仅使学生掌握扎实的专业基础知识，还引领学生了解学科前沿动态，培养其科学研究兴趣与能力。“科—系”为学科组织单位，开展了科学研究工作和知识推广活动。如英文系结合自己语言学科优势，筹办函授学校，提高国人的外语水平；教育科不仅筹办学校，还为教育部培养心理测验人员；农科筹办棉植专科，培养专门人才，解决农业方面遇到的现实问题；商科设立夜校，加强商业知识的推广，便于工商界人士参与研究，共同解决中国工商业发展面临的现实问题，等等。

20世纪30年代，国民政府教育部开展大规模院系整顿，一方面，裁并和裁撤同一区域重复设置并超出社会需要的文、法科院系，适当控制法政人才的培养；另一方面，增设农、工、医科院系，充实理科院系，增加国家急需工、农业领域建设人才和医学人才，加强国防建设。微观层面上充实学科内容，形成学科带头人，编订大学课程与设备标准，致力于高等教育质量的提升，保证国家培养人才的质量。

1934年国民政府教育部颁布《大学研究院暂行组织规程》，以学科为基础建立“研究院—研究所—研究部”。国民政府鼓励和资助国立大学建设研究院，截至1936年，13所国立大学中5所设立研究院，共设13个研究所，25个研究学部。学科门类涉及文、理、法、教育、工、农6科，在中国文学、外国文学、哲学、史学、经济学、物理学、化学、算学、生物学、教育学、教育心理学、农林植物学、土壤学、土木工程等多学科领域开展系统深入的研究，推动上述学科知识的创新与发展。1935年4月22日国民政府颁布《学位授予法》，标志着以学科分类为基础的学位制度的正式建立，中国近代大学研究生教育进入制度化发展阶段。

随着知识的传播、创新，知识的应用与推广得到加强，最终确立了大学为当时当地社会需要服务的职能，在抗日战争特殊历史时期最大限度地发挥了大学的社会服务职能。中国近代国立大学学科发展与大学的人才培养、科学发展与社会服务职能之间有内在联系，学科发展围绕人才培养这一核心职能，并在有限的条件下拓展了大学的科学研究与社会服务职能，推动了国立大学的近代化。

四　中国近代国立大学学科建制是学科发展的重要组织基础

对中国近代学科发展而言，相较于学会组织、学术研究机构，大学学科建制是推动学科发展最有力的保障与基础。通过大学学科建制，为学科的存在与发展提供了经费、设备等方面的物质资源，同时通过院、系、研究所建制培养学科的接班人，为学科发展提供人员储备，通过学科共同体的合作交流，创新学科知识，促进学科内在观念构建，实现学科的发展。

大学学科建制作为按学科编制编成的大学学术组织及其隶属关系，是学科发展的基本组织基础。大学学科建制以学科获得独立地位为前提，以学科组织的形成为标志，它是学科组织在职、责、权方面的动态体系，是为了实现学科组织目标而采取的一种分工协作体系。

以学科为基础建立的科、门、学系、学院以及研究院、研究所、研究学部等基层学术组织是大学学科建制特有的范畴。学科建制不仅能说明大学学科构成问题，还可以折射出学科发展的历程。大学学科建制往往能见证一门学科的成与败，因为大学制度中学科设置并不代表学科的成熟与完善，它只是学科产生的初始标志，只有经过学科建制，学科发展才具备基本的物质条件、人员储备和组织基础。通常人们把大学的成立、学会组织的布局、学术研究机构的设置看成是一门学科能否成立、能否被学术界承认的三大主要标尺。

《奏定大学堂章程》规定的学科编制为 8 科 46 门，实际上京师大学堂 1910 年分科大学学科建制只有 7 科 13 门，包括经学、法政、文、格致、农、工、商学 7 科和毛诗学、周礼学、春秋左传学、法律、政治、中国文学、外国文学、化学、地质学、农学、土木工学、采矿及冶金学、银行保险学 13 门，1912 年时虽然增加到 7 科 17 门，但比起章程规定，还是很多学科没有获得大学学科建制。医科虽然在大学堂章程中有学科编制，但在京师大学堂中没有学科建制，学科发展也就难以实现。制度层面上的大学学科编制与京师大学堂分科大学学科建制之间的差距充分验证了盛宣怀在拟设天津中西学堂章程时所言："创举之事，空言易，实行难，立法易，收效难"[①]。同理，国立北京大学学科建制中经学科失去独立学科地位，直接影响其系统传承与发展问题。因此，大学学科发展的根本在于学科建制，学科设置可以是制度层面上的规定，学科建制意味着学科组织结构的确立，是实践层面上学科地位的确立问题。

学科建制作为学科组织实体，学科发展离不开构成组织主体的学术人员。人（从事学科研究、知识生产、社会活动的人）是学科产生与发展的核心、根本[②]，一支优秀的学科群体是学科发展不可多得的资源。中国近代国立大学确立"院—系"建制后，其文、理基础学科建制完备而全面，奠定了中国大学基础学科的坚实基础。当时各国立大学文学院的主要负责人中，国立中央大学的汪东是中国近代著名文学家、书法家和词学家；国立北京大学的胡适是中国新文化运动的领袖之一、著名学者、历史家、文学家和哲学家；国立清华大学的冯友兰是现代新儒家，为中国哲学史学科建设做出了重大贡献；国立北平师范大学的黎锦熙是著名语言文字学家、词典编纂家、文字改革家；国立暨南大学的陈钟凡是中国文学批评史学科的奠基人；国立武汉大学的陈源是著名文学评论家和翻译家；国立青岛大学的闻一多是著名学者、诗人，新月派代表诗人；国立四川大学的向楚是著名史学家，其著作《巴县志》是研究蜀地风俗历史的必读文献。同样，各国立大学理学院的主要负责人中，国立中山大学的陈宗南为著名化学家、教育家；国立中央大学的李学清是地质学家、矿物学家、地质教育家；国立北京大学的刘树杞是著名科学家、化学教育家；国立清华大学的叶企孙是卓越的物理学家，中国物理学界一代宗师；国立四川大学的周太玄是著名生物学家、教育家；国立武汉大学的王星拱是著名化学家、哲学家、教育家；国立青岛大学的黄际遇是数学家、教育家；国立交通大学科学学院的裘维裕是物理学家、教育家。可想而知，在如此卓越的学科专家带领下必然形成一支高素质的学科教学团队、科学研究团队，他们不仅是各自学科领域的佼佼者，同样也是各学科教育家，培养了一批批学科继承人，为学科发展后继有人做出了卓越贡献。国立大学文理基础学科建设

① 盛宣怀：《拟设天津中西学堂章程禀（附章程、功课）》，舒新城《中国近代教育史资料》上，人民教育出版社1981年版，第136页。

② 廖益：《大学学科专业评价研究》，厦门大学教育研究院2007年版，第23页。

得到充分发展，为后续大学应用学科的加强与发展奠定了坚实的理论基础。

可见，学科在大学中获得建制意味着学科获得社会的认可，确立自己的合法地位。学科建制为学科知识的成熟发展提供了基本的组织基础、人员储备和物质条件，是学科发展的必备资源基础。尤其是当大学学科发展成为一个社会科学发展的重要推动力时，或者说学会、研究机构、图书中心、学科的专门出版机构等都依靠大学院、系、研究所开展工作时，我们必须承认大学学科建制是学科发展的最重要的组织基础。大学学科建制区别于其他学科建制的最重要特点就是它以人才培养为重心，培养学科的接班人，延续着学科的发展，人才培养是其基本职能，研究与服务职能是其衍生职能，而学会、专门研究机构的重心往往不是人才培养，是研究职能或是服务职能。因此，通过学科接班人的培养，促进学科的成熟发展方面，大学学科建制具有不可替代性。

第三节　中国近代国立大学学科建制与发展的启示

中国近代国立大学学科建制经历了无序到有序的艰难历程，最终形成了“院—系”建制。以大学学科建制为组织基础，学科发展从高深知识的传播、创新到应用，逐渐完善了大学的人才培养、科学研究与社会服务职能。探究中国近代国立大学学科建制演变的特点与学科发展的规律，对当今中国大学学科设置标准、学科建设的侧重点以及学科建制改进等方面具有一定的参考价值与借鉴意义。

一　大学要注重多学科文理综合发展

中国近代国立大学学科建制与发展历程，并非遵循单科到多科的发展路线，其学科发展一开始就强调多学科性，从本质上看“大学这一组织形式，首要的特征就是它的多学科性”[①]。《奏定大学堂章程》明确规定，经学科、政法科、文学科、医科、格致科、农科、工科和商科大学，在京师大学堂务须全设，将来外省设立大学时，可不必全设，但至少设置三科，以符合学制规定。

① 周川：《高等学校建制的组织学诠释》，《教育研究》2002 年第 6 期。

民初《大学令》首次提出大学学科设置标准，“大学以文、理二科为主；须合于下列各款之一，方得名为大学：一、文、理二科并设者；二、文科兼法、商二科者；三、理科兼医、农、工三科或二科或一科者”[①]。相较于清末大学堂分科大学的多科要求，大学学科设置开始出现多学科、文理综合特征。若要符合大学的称谓，或文理综合或基础学科与应用学科并行，可以是文科与法科、商科综合，也可以是理科与农科、工科、医科综合，强调了文理二科对其他学科的基础作用，确立了文理基础学科在大学中的主导地位。清末民初对大学的多学科、文理综合性问题是有明确意识的。

1917 年《修正大学令》、1922 年新学制和 1924 年《国立大学校条例》，把国立大学学科设置标准降低到设数科或一科均可的程度。20 世纪 20 年代曾出现短期的单科大学兴起与由此导致的大学数量骤增现象。事实证明只有数量增加而没有质量提升的大学的虚无发展不能满足社会发展对人才的需求。面对单科大学兴起产生的大学教育质量下滑现象，国民政府教育部于 1929 年颁布《大学组织法》，规定大学分文、理、法、教育、农、工、商、医各学院，凡具备三学院以上者，始得称为大学。不到三学院的称为独立学院，得分两科。此项规定是重新反思大学学科标准的理性结论，再次确认大学的多学科、文理综合性。

至此国立大学“院—系”建制基本呈现出多学科性，并且文理基础学科建制得到普遍加强。通过大规模院系整顿，使发展不均衡的应用学科院系得到快速发展，国立大学恢复了多学科、文理综合性特征。总之，文、理两科是大学的重心，其他应用学科的设置，以坚实的文、理基础学科为基础。抗战胜利后，1946 年国民政府教育部的文件中，为何会出现建设国内一流大学和世界一流大学的提法呢，这恐怕与 20 世纪 30 年代奠定的国立大学文理学科基础分不开。

大学在本质上是多学科兼文理综合大学，单科不能称其为大学。这一点提醒人们在新的历史条件下，高等院校定位分类还未完全明确之前，不应盲目追求大学的称谓，要在理性层面上充分认识到大学的本质，尊重大学的多学科、文理综合性特征。只有建立在文理基础学科基础上的多学科

---

① 《大学令》，1912 年 10 月 24 日部令第 17 号，潘懋元、刘海峰《中国近代教育史资料汇编·高等教育》，上海教育出版社 2007 年版，第 367 页。

发展，才能保证大学高级专门人才培养的质量与高深学术研究的水平，也才能在高深知识的传播与创新基础上实现知识的推广应用，保障大学直接为社会服务的质量。

二　大学应加强传统人文学科建设

自从民初《大学令》确立“七科之学”以来，中国近代大学学科体系基本定型，而其秉持的按照西方学术分科确立学科体系的传统对中国大学学科设置影响深远。“西方学科制度的盛行，削弱了中国学术文化传统。”[①] 虽然1921年国立北京大学创办国学门研究所，整理中国传统学科方面做出一定的努力，20世纪30年代围绕大学院系整顿进行的学科均衡发展的早期尝试，体现了对大学学科发展的一种理性思考，但根本上没有动摇大学学科传统。

20世纪30年代增设国立大学理、工、农、医学院，加强实类学科的建设力度，补充社会急需建设人才到1950年中央人民政府教育部统一领导国立大学（正式取缔“国立”二字），对其进行了大学院系调整，加大工科大学建设。再到1977年高考恢复后国家同样重点支持理、工、农、医学科门类建设。几次大的院系调整过程中始终没有重视传统人文学科的发展问题。

应该说近代中国形成的大学学科传统始终在发挥着作用。那就是按照西方的学术分科思想，看待学科的正当性，而近代传入中国的西方学科从根源上看，深受科学主义思潮影响，倾向于功利主义，忽视人文主义。正如“李文逊认为，近代中国的发展基本上在反应西方的挑战；然而由于无法有效响应来自带有扩张主义企图的西方挑战，中国最终是屈辱地被迫放弃它自认具有普世价值的文化主义，从而接受‘工具理性’意义上的‘现代化’。此一转变，是中国由作为‘绝对性’象征的儒家世界大同主义，转向‘相对性’的西方实用主义价值”[②]。发展至今。我们看到的仍旧是工具理性意义上的现代化，中国大学学科教育中“重科学，轻人文”或“重功利，轻理性”的倾向仍长期存在。“在极端功利化、工具化的办

---

① 张亚群：《文化视域中的高等教育变革——中国高等教育近代化模式再认识》，《中国地质大学学报》（社会科学版）2011年第1期。

② 丘为君：《戴震学的形成：知识论述在近代中国的诞生》，新星出版社2006年版，第2页。

学理念误导下，中文等传统文化学科受到不同程度的冲击。人文教育虽有课程，而无‘市场’，大学校园文化生态严重失衡。”① 为了实现科学与人文的平衡，功利与理性的兼顾，当今大学需要加强传统人文学科建设。

相较于自然科学与社会科学学科，“人文学科是以人的观念、精神、情感和价值，即以人的主观精神世界及其所沉淀的精神文化为研究对象的领域”②，大学加强传统人文学科建设的目的在于建设大学文化，塑造大学人文精神，有助于通识人才的培养。目前，国内大学出现的“国学研究院的再现和书院式教学改革的尝试，这些并非学术界一时兴致所致，而是对传统文化教育的再认识与创造性转化使然，在一定程度上反映了培育通识人才的现实需要”③。为此需要打破文理分家的局面、拓宽专业口径，在课程计划中保证传统人文学科的教学要求，根本上改善大学人文学科教育。文史哲不分家，社会科学自然科学相融合是中国传统学科的最大特色，在新的历史条件下，值得思考“学科的正当性是否必须与传入中国的近代西方学术分科接轨”④ 的问题。

三　大学学科建设要把人才培养放在首位

学科建设作为学科的属概念，涵括了学科发展的所有方面，纵向包括一门学科的产生、发展和完善的过程，横向包括学科文化、学科制度以及学科建制的发展过程，似乎与学科相关的任何一个概念都可以是它的种概念。因此，大学的学科建设包括学科体系、学科规划、学科方向、学科带头人、学术队伍、人才培养、学科群、学科基地、学科项目、重点学科等诸多方面的建设，然而“大学中的学科建设，从根本上说是为承担大学职能服务的，而不能只关注学科自身的发展。促进学科的发展，是大学学科建设的重要甚至是首要的目标，但决不是它惟一的目标和任务”⑤。

大学的三大职能中，人才培养是基本职能，发展科学是重要职能，直

---

① 张亚群：《自强不息　止于至善——厦门大学校长林文庆》，山东教育出版社 2012 年版，第 483 页。

② 教育部社会科学委员会学风建设委员会组编：《高校人文社会科学学术规范指南》，高等教育出版社 2009 年版，第 1 页。

③ 张亚群：《文化视域中的高等教育变革——中国高等教育近代化模式再认识》，《中国地质大学学报》（社会科学版）2011 年第 1 期。

④ 罗志田：《西学冲击下近代中国学术分科的演变》，《社会科学研究》2003 年第 1 期。

⑤ 冯向东：《学科、专业建设与人才培养》，《高等教育研究》2002 年第 3 期。

接为社会服务是拓展职能。回顾世界高等教育史，大学职能的演变经历了从基本职能向重要职能和拓展职能的递进过程。“后发外生型”的中国近代大学，其职能的发展同样经历了从人才培养向科学研究和为社会服务职能的完善过程。不论时代如何变迁，大学的三大职能中人才培养是始终不可替代的职能。

努力建设世界一流大学的今天，研究型大学的学科建设成为中国大学发展研究的焦点。然而受到大学功利主义思想的影响，大学的学科建设基本以科研为重心，某种意义上学科建设成为申请高水平的科研项目，申请国家重点学科，增加博士点数，争取更多的科研经费的活动。重科研、轻教学已成为目前大学学科建设中的普遍现象。人才培养的主要途径是教学，忽略教学意味着人才培养得不到应有的重视，从长远利益看，违背了学科建设的初衷。因此，大学办学者在学科建设导向上把人才培养放在首位，加强本科生教育教学质量，在此基础上加强大学的科学研究与社会服务职能。在保证教学质量的前提下，鼓励教师们教学与科研相结合，开展学科教学研究和学科知识的科学研究，进一步提升教师的教学能力，从而实现教学与科研的良性互动。

四　新的历史条件下学院制需要创新

20 世纪 50 年代，我国通过新一轮大学院系调整，满足国家重工业发展需求，建立了大量单科院校，大学分为文理大学、单科性大学和单科学院。中国近代大学采用的“院—系”建制被“系—教研室”建制取代，系变成按学科门类设置的具有教学、科研、社会服务职能的行政教学组织，教研室是直接承担、计划和组织教学、科研工作的基层组织。

随着 1985 年中央教育体制改革，大学的“系—教研室”建制改为“院—系”建制，大学学科建制改革进入多样化发展阶段。近年来我国常见的几种大学学科建制有,“院—系”建制、“系—研究所、研究室”建制、“系/系级研究所—研究室”建制、“院—系—教研室”建制、“院/系/研究所—研究室/教研室”建制等。其中“院—系—教研室”建制，造成学科层次过多，各级职能不明确，甚至重叠设置院系，导致了学院下设学院，系中有系的混乱局面。根本在于目前还未建立大学学科建制方面的明确章程或法规，造成大学学科建制无章可循的局面。学院制的恢复，实质在于如何突破原来的“系—教研室”建制形成的校级集权管理模式，扩大学院和学系的学术自主权。归根结底是淡化行政权力，加强学术权力，促进学科的发展问题。

由于“现行的院系所（室）建制一般只反映同一领域各学科之间的源流关系，未能反映不同领域学科间耦合互动的要求”①，因此，面对学科不断分化和高度综合趋势，原来高度专业化的“院—系、研究所”建制，造成人为的学科壁垒与隔阂，阻碍交叉学科的形成与学科的综合发展。“校长直接领导下设置系科，同时再设若干中心的组织结构越来越成为发展趋势……可以发挥高等学校多学科、综合性的优势。”②

按照该思路，大学学科建制可以尝试采用“中心/学院—学系/研究所/推广部”建制。学科建设分工方面，学院主要负责一级学科点建设，为学科分化发展提供物质条件、财力保障和人员储备，学院并行设立以问题为中心建立纯粹的研究机构——中心，可以组合全校人力资源，致力于跨学科研究，随着研究问题的变化，中心人员重新进行组合。从组织结构角度看，这是典型的矩阵结构，中心的人员由各院系抽选出来，他们既归中心负责人领导，又属于原来院系领导，能最大限度地利用有限的人力资源。学院下设学系和研究所，致力于二级学科的教学与研究工作，实现学科的人才培养、科学研究职能。学系与研究所在人员上可以共享，在学科关系上是可以融合渗透，它们之间的关系应该是平等协作的关系。学系、研究所并行设立推广部，专门负责社会服务事务。

通常而言，大学组织层次不宜超过三级，这样有利于信息的及时沟通和学术团队的建设，同时采用纵向分工与横向联系的组织结构，有利于组织人员的分工与协作。学院下设学系体现了纵向的分工，而中心的建立与推广部的设置体现了横向联系。按照上述学科建制，形成纵向教学分级管理，横向教学与科研、服务相结合，学科为重心实现大学的人才培养、科学发展与社会服务职能，既有利于学科的纵向深入发展，也有利于学科的横向综合发展，符合学科发展的基本

① 潘云鹤、顾建民：《大学学科的发展与重构》，《高等工程教育研究》1999年第3期。

② 薛天祥：《高等教育管理学》，华东师范大学出版社1997年版，第213页。

规律。

总之，没有适合于任何大学的学科建制，学科建制变革应采取长期逐步建立的方法，需要一个慢慢适应过程。既要考虑大学的外部环境与内部条件，又要充分认识自己学校长期形成的学科传统，避免学科建制的随意加设、裁撤、合并等做法，从长远考虑学科发展的空间。

主要参考文献

一　史料

[1]《学堂纪事》,《申报》1899 年 1 月 17 日（第九千二百五十五号）。
[2]《北京电》,《申报》1920 年 12 月 16 日第 3 版。
[3]《国立东南大学缘起》,《申报》1920 年 12 月 25 日第 2 版。
[4]《东南大学组织大纲之议定》,《申报》1921 年 2 月 12 日第 3 版。
[5]《国立东南大学大纲草案》,《申报》1921 年 3 月 25 日第 3 版。
[6]《东南大学发展消息》（二）,《申报》1921 年 10 月 29 日。
[7]《北大设立大学院之先声》,《申报》1921 年 12 月 23 日第 2 版。
[8]《东大农科蚕桑系进行近况》,《申报》1922 年 1 月 22 日第 2 版。
[9] 郭秉文:《东南大学农科改良全国棉作事业述要》,《申报》1922 年 1 月 22 日（增刊）。
[10]《北大国学研究所之发展》,《申报》1922 年 2 月 25 日第 3 版。
[11]《东大调查农事》,《申报》1922 年 3 月 6 日第 3 版。
[12]《续纪北大之国学研究所》,《申报》1922 年 3 月 9 日第 3 版。
[13]《东南大学进行近讯》,《申报》1922 年 3 月 12 日第 2 版。
[14]《东南大学之新气象》,《申报》1922 年 10 月 1 日第 3 版。
[15]《东大农科棉作展览会纪》,《申报》1922 年 10 月 23 日第 3 版。
[16]《国立东南大学校董会志》,《申报》1922 年 12 月 11 日第 4 版。
[17]《国立东南大学校董会志》（续）,《申报》1922 年 12 月 22 日第 4 版。
[18]《最近之国立法大》,《申报》1924 年 3 月 2 日第 3 版。
[19]《北京工业学校改为大学》,《申报》1924 年 3 月 4 日第 2 版。
[20]《清华之现在与将来》,《申报》1924 年 3 月 27 日第 3 版。

[21]《国立大学联合会之发起》,《申报》1924年7月1日第3版。
[22]《广东大学五科之内容》,《申报》1924年7月15日第3版。
[23]《广东大学最新消息》,《申报》1924年9月29日第2版。
[24]《自治学院改称国立政治大学》,《申报》1925年10月4日第3版。
[25]《东大农科推广养蚕之进行》,《申报》1926年5月20日第3版。
[26]《东大农科概况之报告》,《申报》1926年5月20日第3版。
[27]《广大改办中山大学》,《申报》1926年6月26日第3版。
[28]《广大改办中山大学之进行》,《申报》1926年7月21日第3版。
[29] 蔡元培:《十五年来我国大学教育之进步》,《申报》1926年10月10日第3版。
[30]《汉口专电》,《申报》1926年12月15日第2版。
[31]《粤中山大学研究科学之进行》,《申报》1926年12月24日第3版。
[32]《教部承认成都大学为国立》,《申报》1926年12月29日第2版。
[33]《清华教授王国维自尽记》,《申报》1927年6月12日第3版。
[34]《中央政会纪要》,《申报》1927年7月6日。
[35]《第四中山大学各部院长聘定》,《申报》1927年7月6日第2版。
[36]《北京电》,《申报》1927年7月21日。
[37]《中山大学将依省份改名》,《申报》1927年11月28日第2版。
[38]《大学分科设校之概要》,《申报》1928年9月13日第5版。
[39]《暨大修正各学院名称》,《申报》1928年9月27日第3版。
[40]《北平大学组织之一斑》,《申报》1928年11月39日第3版。
[41]《最近中央大学概况》,《申报》1929年1月1日第6版。
[42]《交大学生请求添办土木工程学院》,《申报》1929年6月18日第3版。
[43]《清华大学扩充研究院》,《申报》1929年8月29日第3版。
[44]《国私立大学之调查》,《申报》1930年1月8日第3版。
[45]《证书加载学士字样》,《申报》1930年1月19日第5版。
[46]《劳动大学改组》,《申报》1930年6月6日第2版。
[47]《交大将增设研究所》,《申报》1930年8月13日第2版。
[48]《交大自然科学院成立》,《申报》1930年9月4日增刊。
[49]《青岛大学近日开学》,《申报》1930年9月20日第3版。
[50]《暨大教育系参观黄渡乡师》,《申报》1930年12月3日第3版。

[51]《教部令整顿平大师大》，《申报》1931年2月12日第4版。
[52]《暨大各院添设研究室》，《申报》1931年2月23日第3版。
[53]《武汉大学筹设研究院》，《申报》1931年6月16日第3版。
[54]《中央与国府纪念周》，《申报》1931年9月1日第4版。
[55]《编制大学课程的意见》，《申报》1931年9月9日第3版。
[56]《教部函请各科专家起草大学课程及设备标准》，《申报》1931年10月16日第3版。
[57]《大学课程及设备标准起草时应注意之事项》，《申报》1931年10月16日第3版。
[58]《大学课程标准起草步骤》，《申报》1931年10月18日第3版。
[59]《教部令清华停办法律系》，《申报》1932年5月17日第2版。
[60]《院令解散中央大学》，《申报》1932年6月30日。
[61]《全国高等教育问题谈论会第一日》，《申报》1932年7月15日第3版。
[62]《朱家骅对政府整理大学办法之说明》，《申报》1932年7月25日第2版。
[63]《青大改为山东大学》，《申报》1932年7月27日第3版。
[64]《暨南大学之新发展》，《申报》1932年10月27日第3版。
[65]《暨南大学最近之发展》，《申报》1932年12月2日第4版。
[66]《国立暨南大学董事会》，《申报》1932年12月20日第4版。
[67]《教部训令平各大学不得添设文法学院》，《申报》1933年5月8日第3版。
[68]《暨大战后一年来概况》，《申报》1933年6月11日第4版。
[69]《暨大战后一年来概况》（三），《申报》1933年6月16日第4版。
[70]《教部第二次整顿平大令》，《申报》1933年7月6日第4版。
[71]《全国国立省立大学之沿革》，《申报》1934年2月19日第4版。
[72]《中央大学教育实验所工作近况》，《申报》1934年4月20日第4版。
[73]《教部将拨英美庚款》，《申报》1934年4月20日第4版。
[74]《山东大学设农学院》，《申报》1934年5月4日第4版。
[75]《教部令三大学增设研究所》，《申报》1934年5月20日第4版。
[76]《两年来之中央大学》，《申报》1934年6月23日第4版。

[77]《两年来之中央大学》(二),《申报》1934 年 6 月 25 日第 4 版。
[78]《教部准中大南开办研究所》,《申报》1934 年 11 月 19 日第 3 版。
[79]《中山大学设立乡村教育实验区》,《申报》1934 年 12 月 25 日第 4 版。
[80]《教部着手编订大学课程纲目》,《申报》1935 年 2 月 13 日第 4 版。
[81]《教部限制招收研究生》,《申报》1935 年 6 月 3 日第 4 版。
[82]《清华大学积极在湘设校》,《申报》1936 年 4 月 2 日第 4 版。
[83]《各大学招收新生教部通令限制》,《申报》1936 年 4 月 18 日第 4 版。
[84]《中大教育学院心理学系近况》,《申报》1936 年 6 月 17 日第 4 版。
[85]《浙大农学院改进》,《申报》1936 年 7 月 13 日第 4 版。
[86]《最近五年度全国高教录取新生之科别》,《申报》1936 年 7 月 14 日第 4 版。
[87]《全国高等教育趋势及历年毕业生人数》,《申报》1936 年 8 月 23 日第 4 版。
[88]《各大学增设研究所学部》,《申报》1936 年 8 月 26 日第 4 版。
[89]《中央大学之最近四年》,《申报》1936 年 9 月 7 日第 4 版。
[90]《中央大学之最近四年》(六),《申报》1936 年 9 月 12 日第 4 版。
[91] 北洋大学—天津大学校史编辑室:《北洋大学—天津大学校史》(第一卷),天津大学出版社 1990 年版。
[92] 北京大学、中国第一历史档案馆:《京师大学堂档案选编》,北京大学出版社 2001 年版。
[93] 吴相湘、刘绍唐:《国立北京大学纪念刊第一册》(民国六年廿周年纪念册上),台北:传记文学出版社 1971 年影印本。
[94] 吴相湘、刘绍唐:《国立北京大学纪念刊第二册》(民国六年廿周年纪念册下),台北:传记文学出版社 1971 年影印本。
[95] 吴相湘、刘绍唐:《国立北京大学纪念刊第三册》(民国十八年卅一周年、国卅七年五十周年纪念刊),台北:传记文学出版社 1971 年影印本。
[96] 萧超然、沙健孙、周承恩、梁柱:《北京大学校史》,上海教育出版社 1981 年版。
[97]《学府纪闻·国立北京大学》,台北:南京出版有限公司 1981 年版。

[98] 王学珍等:《北京大学纪事:1898—1997》,北京大学出版社 1998 年版。
[99] 王学珍、郭建荣:《北京大学史料第二卷(1912—1937)》中册,北京大学出版社 2000 年版。
[100] 南京大学校庆校史资料编辑组、学报编辑部编辑:《南京大学校史资料选辑》,南京大学印刷厂 1982 年版(内部发行)。
[101]《国立中山大学现况(民国二十四年)》,台北:传记文学出版社 1971 年影印本。
[102] 梁山、李坚、张克谟主编:《中山大学校史》,上海教育出版社 1983 年版。
[103] 吴定宇主编:《中山大学校史》(1924—2004),中山大学出版社 2006 年版。
[104] 王振乾、丘琴、姜克夫:《东北大学史稿》,东北师范大学出版社 1988 年版。
[105] 西北大学校史编写组:《西北大学校史稿》,西北大学出版社 1987 年版。
[106] 清华大学校史编写组:《清华大学校史稿》,中华书局 1981 年版。
[107]《学府纪闻·国立清华大学》,台北:南京出版有限公司 1981 年版。
[108]《国立武汉大学一览》(民国二十四年),台北:传记文学出版社 1971 年影印本。
[109]《学府纪闻·国立武汉大学》,台北:南京出版有限公司 1981 年版。
[110] 王玉芝、罗卫东主编:《浙江大学校史简本》,浙江大学出版社 2010 年版。
[111]《学府纪闻·国立交通大学》,台北:南京出版有限公司 1981 年版。
[112] 四川大学校史编写组:《四川大学史稿》,四川大学出版社 1985 年版。
[113] 国立中山大学研究院教育研究所:《本所研究事业十年》,1937 年版,厦门大学特色文献资源数据库,http://210.34.4.53/zt/index.jsp。
[114] 黄宗实、郑文正选编:《厦门大学校史资料》(第一辑),厦门大学出版社 1987 年版。

［115］洪永宏编著：《厦门大学校史》（第一卷），厦门大学出版社 1990 年版。
［116］陈营、陈旭华编：《厦门大学校史资料》（第五辑），厦门大学出版社 1990 年版。
［117］陈翊林：《最近三十年中国教育史》，上海太平洋书店 1930 年版。
［118］《一九三三年之上海教育》，上海新闻社 1934 年版。
［119］申报年鉴社：《第三次申报年鉴》，美华书馆 1935 年版。
［120］吴惠龄：《北京高等教育史料·第一集（近现代部分）》，北京师范大学出版社 1992 年版。
［121］陈学恂：《中国近代教育大事记》，上海教育出版社 1981 年版。
［122］陈学恂：《中国近代教育史教学参考资料》，人民教育出版社 1986 年版。
［123］朱有瓛：《中国近代学制史料·第二辑》上册，华东师大出版社 1987 年版。
［124］李桂林：《中国现代教育史教学参考资料》，人民教育出版社 1987 年版。
［125］辛树织：《第一次中国教育年鉴·第二册丙编教育概况上》（民国二十三年），台北：传记文学出版社 1971 年影印本。
［126］辛树织：《第一次中国教育年鉴·第四册丁编学校教育统计》（民国二十年），台北：传记文学出版社 1971 年影印本。
［127］中国第二历史档案馆编：《中华民国史档案资料汇编·第三辑教育》，江苏古籍出版社 1991 年版。
［128］中国第二历史档案馆编：《中华民国史档案资料汇编·第五辑·第一编·教育》（一），江苏古籍出版社 1994 年版。
［129］中国第二历史档案馆编：《中华民国史档案资料汇编·第五辑·第二编·教育》（一），江苏古籍出版社 1997 年版。
［130］教育部教育年鉴编纂委员会：《第五次中华民国教育年鉴》，台北：正中书局 1985 年版。
［131］教育部法规委员会：《教育法规汇编》，台北：正中书局 1975 年版。
［132］舒新城：《中国近代教育史资料》（上、中、下册），人民教育出版社 1981 年版。

[133] 潘懋元、刘海峰:《中国近代教育史资料汇编·高等教育》,上海教育出版社 2007 年版。
[134] 璩鑫奎、唐良炎:《中国近代教育史资料汇编·学制演变》,上海教育出版社 2007 年版。
[135] 汤志钧、陈祖恩、汤仁泽:《中国近代教育史资料汇编·戊戌时期教育》,上海教育出版社 2007 年版。
[136] 璩鑫奎、童富勇:《中国近代教育史资料汇编·教育思想》,上海教育出版社 2007 年版。
[137] 孙常炜:《蔡元培先生全集》,台北:台湾商务印书馆 1997 年版。
[138] 顾明远:《中国教育大系·20 世纪中国教育》(一),湖北教育出版社 2004 年版。
[139] 唐钺、朱经农、高觉敷:《教育大辞书》,商务印书馆 1930 年版。
[140] 胡行之:《外来语词典》,上海天马书店 1936 年版。
[141]《辞源》(修订本),商务印书馆 1979 年版。
[142]《辞海·教育学·心理学分册》,上海辞书出版社 1987 年版。
[143]《教育大辞典·第 10 卷:中国近现代教育史》,上海教育出版社 1991 年版。
[144]《教育大辞典·第 3 卷:高等教育》,上海教育出版社 1991 年版。
[145] 陈旭麓、李华兴:《中华民国史辞典》,上海人民出版社 1991 年版。
[146] 黄河清编著:《近现代辞源》,上海辞书出版社 2010 年版。

二　论著

[1] 左玉河:《从四部之学到七科之学:学术分科与近代中国知识系统之创建》,上海书店出版社 2004 年版。
[2] 张国刚、乔治忠:《中国学术史》,东方出版中心 2006 年版。
[3] 麻天祥:《中国近代学术史》,武汉大学出版社 2007 年版。
[4] 钱穆等:《中国学术史论集》(三),中华文化出版事业社 1956 年版。
[5] 包遵彭、李定一、吴相湘:《中国近代史论丛·第一辑第二册:中西文化交流》,台北:正中书局 1956 年版。
[6] 刘海峰:《科举学导论》,华中师范大学出版社 2005 年版。
[7] 刘海峰、史静寰:《高等教育史》,高等教育出版社 2010 年版。

[8] 张亚群:《科举革废与近代中国高等教育的转型》, 华中师范大学出版社 2005 年版。

[9] 张亚群:《自强不息　止于至善——厦门大学校长林文庆》, 山东教育出版社 2012 年版。

[10] 田正平:《中国教育史研究·近代分卷》, 华东师范大学出版社 2009 年版。

[11] 高奇:《中国高等教育思想史》, 人民教育出版社 2001 年版。

[12] 董宝良:《中国近现代高等教育史》, 华中科技大学出版社 2007 年版。

[13] 王李金:《中国近代大学创立和发展的路径——从山西大学堂到山西大学(1902—1937)的考察》, 人民出版社 2007 年版。

[14] 苏云峰:《从清华学堂到清华大学 1928—1937》, 生活·读书·新知三联书店 2001 年版。

[15] 方增泉:《近代中国大学(1898—1937)与社会现代化》, 北京师范大学出版社 2006 年版。

[16] 曲士培:《中国大学教育发展史》, 北京大学出版社 2006 年版。

[17] 金以林:《近代中国大学研究: 1895—1949》, 中央文献出版社 2000 年版。

[18] [加拿大] 许美德:《中国大学 1895—1995: 一个文化冲突的世纪》, 许洁英译, 教育科学出版社 1999 年版。

[19] 蒋廷黻:《中国近代史》, 上海古籍出版社 2004 年版。

[20] [美] 费正清等:《剑桥中国晚清史(1800—1911)》(上、下卷), 中国社会科学院历史研究所编译室译, 中国社会科学出版社 1985 年版。

[21] [美] 费正清:《剑桥中华民国史(1912—1949)》(上、下卷), 杨品泉等译, 中国社会科学出版社 1994 年版。

[22] 陈宝泉:《中国近代学制变迁史》, 北京文化学社 1927 年版。

[23] 乐嗣炳:《近代中国教育实况》, 世界书局 1935 年版。

[24] 周予同:《中国现代教育史》, 福建教育出版社 2007 年版。

[25] 陈景磐:《中国近代教育史》, 人民教育出版社 1983 年版。

[26] 钱曼倩、金林祥:《中国近代学制比较研究》, 广东教育出版社 1996 年版。

［27］龚书铎：《社会变革与文化趋同：中国近代文化研究》，北京师范大学出版社 2005 年版。
［28］吴刚：《知识演化与社会控制——中国教育知识史的比较社会学分析》，教育科学出版社 2002 年版。
［29］欧力同：《孔德及其实证主义》，上海社会科学院出版社 1987 年版。
［30］昌家立：《关于知识的本体论研究：本质、结构、形态》，巴蜀书社 2004 年版。
［31］［美］华勒斯坦等：《学科·知识·权力》，刘健芝等编译，生活·读书·新知三联书店 1999 年版。
［32］［美］华勒斯坦等：《开放社会科学：重建社会科学报告书》，刘锋译，生活·读书·新知三联书店 1997 年版。
［33］［英］比彻、特罗勒尔：《学术部落及其领地：知识探索与学科文化》，唐跃勤、蒲茂华、陈洪捷译，北京大学出版社 2008 年版。
［34］［美］朱丽·汤普森·克莱恩：《跨越边界——知识　学科　学科互涉》，姜智芹译，南京大学出版社 2005 年版。
［35］［美］爱德华·希尔斯：《学术的秩序——当代大学论文集》，李家永译，商务印书馆 2007 年版。
［36］纪宝成：《中国大学学科专业设置研究》，中国人民大学出版社 2006 年版。
［37］方文：《学科制度和社会认同》，中国人民大学出版社 2008 年版。
［38］庞青山：《大学学科论》，广东教育出版社 2006 年版。
［39］宣勇：《大学变革的逻辑》，人民出版社 2009 年版。
［40］陈燮君：《学科学导论》，上海三联书店 1991 年版。
［41］李铁君：《大学学科建设与发展论纲》，中国社会科学出版社 2004 年版。
［42］陶本一：《学科教育学》，人民教育出版社 2001 年版。
［43］陈平原：《中国现代学术之建立：以章太炎、胡适之为中心》，北京大学出版社 1998 年版。
［44］刘龙心：《学术与制度：学科体制与现代中国史学的建立》，新星出版社 2007 年版。
［45］丘为君：《戴震学的形成：知识论述在近代中国的诞生》，新星出版社 2006 年版。

[46] 丁雅娴主编：《学科分类研究与应用》，中国标准出版社 1994 年版。
[47] 茹宁：《大学的政治逻辑——大学与国家关系的哲学分析》，黑龙江人民出版社 2008 年版。
[48] 黄济：《教育哲学通论》，山西教育出版社 1998 年版。
[49] 张建伟：《近代化细节》，湖南人民出版社 2008 年版。
[50] 钟启泉：《现代课程论》，上海教育出版社 2003 年版。
[51] 王家通：《日本教育制度——现况趋势与特征》，高雄：高雄复文图书出版社 2003 年版。
[52] 王杰、韩云芳：《百年教育思想与人物》，天津大学出版社 2010 年版。
[53] 孙宏安：《中国近现代科学教育史》，辽宁出版社 2006 年版。
[54] [美] 小摩里斯 · N. 李克特：《科学是一种文化过程》，顾昕、张小天译，生活 · 读书 · 新知三联书店 1989 年版。

三　论文

[1] 樊洪业：《从科举到科学：中国本世纪初的教育革命》，《自然辩证法通讯》1998 年第 1 期。
[2] 樊洪业：《北京大学生物系正式成立于 1926 年》，《中国科技史料》1999 年第 2 期。
[3] 周川：《高等学校建制的组织学诠释》，《教育研究》2002 年第 6 期。
[4] 周川：《中国近代大学建制发展分析》，《北京大学教育评论》2004 年第 3 期。
[5] 罗志田：《西学冲击下近代中国学术分科的演变》，《社会科学研究》2003 年第 1 期。
[6] 潘懋元、刘海峰：《高教历史与高教研究》，《高等教育研究》1992 年第 1 期。
[7] 刘海峰：《传统文化与中国古代高等教育特点》，《机械工业高教研究》1994 年第 4 期。
[8] 张亚群：《废科举与学术转型——论清末科学教育的发展》，《东南学术》2005 年第 4 期。
[9] 张亚群：《从探索规律到阐释文化——教育史研究的新路径》，《华南师范大学学报》（社会科学版）2008 年第 5 期。

［10］张亚群：《文化视域中的高等教育变革——中国高等教育近代化模式再认识》，《中国地质大学学报》（社会科学版）2011年第1期。
［11］张亚群：《“同归而殊途　一致而百虑”——郭秉文与林文庆办学理念之比较》，《东南大学学报》（哲学社会科学版）2011年第6期。
［12］张亚群、虞宁宁：《会通中西教泽群贤——陈垣高等教育思想特色辨析》，《福建师范大学学报》（哲学社会科学版）2012年第1期。
［13］肖朗：《中国近代大学学科体系的形成——从“四部之学”到“七科之学”的转型》，《高等教育研究》2001年第11期。
［14］肖朗、项建英：《近代教会大学教育学科的建立与发展》，《高等教育研究》2005年第4期。
［15］肖朗、项建英：《近代高等师范学校教育学科的建立与发展——以北高南师为中心》，《华东师范大学学报》（教育科学版）2006年第1期。
［16］肖朗：《明清之际西方大学学科体系的传入及其影响》，《浙江大学学报》（人文社会科学版）2009年第1期。
［17］肖朗、项建英：《学术史视野中的近代中国大学教育学科》，《社会科学战线》2009年第9期。
［18］刘剑虹：《蔡元培的大学学科建设理论及特点》，《师资培训研究》2001年第3期。
［19］刘剑虹：《梅贻琦的大学学科建设思想初论》，《高等师范教育研究》2001年第1期。
［20］苟德敏：《竺可桢大学学科建设思想研究》，《华中师范大学研究生报》2010年第1期。
［21］邓岳敏，张亚群：《探析民国时期大学设置标准的演变》，《交通高教研究》2003年第6期。
［22］方增泉：《略论20世纪二三十年代中国大学的学科调整——从大学教育与经济现代化的关系的角度看》，《北京师范大学学报》（社会科学版）2005年第5期。
［23］［法］巴斯蒂：《京师大学堂的科学教育》，《历史研究》1998年第5期。
［24］王天根：《严复与近代学科》，《清史研究》2007年第1期。
［25］田正平、刘保兄：《教会大学中国籍教师与中国近代大学的学科建设——以燕京大学社会学系为个案》，《陕西师范大学学报》（哲学

社会科学版）2007 年第 2 期。
[26] 周谷平、赵师红：《农学留学生与近代中国高等农学学科的发展》，《浙江大学学报》（人文社会科学版）2009 年第 10 期。
[27] 项建英：《民国时期综合性大学教育学科论略——以中央大学、北京大学为个案》，《高教探索》2006 年第 5 期。
[28] 项建英：《近代中国私立大学教育学科的建立与发展》，《高教探索》2007 年第 2 期。
[29] 项建英：《论近代学制与大学教育学科的发展》，《江苏高教》2007 年第 3 期。
[30] 项建英：《论近代中国大学教育学科设置模式嬗变》，《江苏高教》2009 年第 3 期。
[31] 项建英：《教育"科学化"运动与近代中国大学教育学科的发展》，《现代大学教育》2009 年第 5 期。
[32] 侯怀银、李艳莉：《民国时期教育系科的分布及其特征》，《高等教育研究》2011 年第 10 期。
[33] 胡延峰：《学科规训视野中近代中国心理学学科的发展——以中央大学心理学系为例》，《心理学探新》2009 年第 5 期。
[34] 尚小明：《民国时期大学哲学科系的"热"与"冷"》，《北京大学教育评论》2010 年第 3 期。
[35] 张绍磊：《黄炎培与国立暨南学校规复初期的学科建设（1917—1923）——以商科建设为例》，《暨南学报》（哲学社会科学版）2006 年第 6 期。
[36] 徐曼：《留美生与中国近代自然科学学科的建立和发展》，《学术论坛》2005 年第 4 期。
[37] 刘正伟：《国立东南大学与江苏教育近代化》，《东南大学学报》（哲学社会科学版）2002 年第 3 期。
[38] 张雪蓉：《国立东南大学办学思想和办学实践的启示》，《高等工程教育研究》2003 年第 2 期。
[39] 易汉文：《国民政府是何时下令改国立广东大学为国立中山大学的》，《广东史志》1999 年第 2 期。
[40] 周兴樑、胡耿：《中国教育科学研究与人才培养的开拓者——国立中山大学教育研究所（1927—1949）探析》，《中山大学学报》（社

会科学版）2009 年第 2 期。
[41] 刘小强：《关于高等教育研究的“学科模式”的反思》，《高教探索》2011 年第 5 期。
[42] 陈学东：《近代学科规训制度的中国本土化》，《山西师大学报》（社会科学版）2004 年第 2 期。
[43] 潘云鹤、顾建民：《大学学科的发展与重构》，《高等工程教育研究》1999 年第 3 期。
[44] 冯向东：《张力下的动态平衡：大学中的学科发展机制》，《现代大学教育》2002 年第 2 期。
[45] 冯向东：《学科、专业建设与人才培养》，《高等教育研究》2002 年第 3 期。
[46] 庞青山、薛天祥：《世界一流大学学科结构特征及其启示》，《学位与研究生教育》2004 年第 12 期。
[47] 庞青山、王乐：《世界一流大学学科组织特征研究》，《理工高教研究》2005 年第 2 期。
[48] 庞青山、薛天祥：《大学学科结构的演进及其特点》，《教师教育研究》2005 年第 5 期。
[49] 李化树：《论大学学科建设》，《教育研究》2006 年第 4 期。
[50] 宣勇、凌健：《“学科”考辨》，《高等教育研究》2006 年第 4 期。
[51] 宣勇：《大学学科组织化研究：多学科的审视》，《教育发展研究》2009 年第 5 期。
[52] 宣勇、凌健：《大学学科组织化建设：价值与路径》，《教育研究》2009 年第 8 期。
[53] 钱颖一：《谈大学学科布局》，《清华大学教育研究》2003 年第 6 期。
[54] 王建华：《学科、学科制度、学科建制与学科建设》，《江苏高教》2003 年第 3 期。
[55] 翟亚军、王战军：《理念与模式——关于世界一流大学学科建设的解读》，《清华大学教育研究》2009 年第 1 期。
[56] [芬兰] 塔皮奥·瓦瑞斯：《知识社会中的全球大学》，冯典译，《教育研究》2009 年第 1 期。
[57] 杨素萍：《大学学科的演变：认识论的视角》，《中国高教研究》2009 年第 6 期。

[58] 崔跃峰：《西学东渐与中国高等教育中近代学科的设立》，河南大学，硕士学位论文，2002 年。
[59] 陈学东：《近代科学学科规训制度的生成与演化》，山西大学，博士学位论文，2004 年。
[60] 赵灵芝：《西方学科分类在中国的引入——以张之洞的“八科分学”为例》，大连理工大学，硕士学位论文，2007 年。
[61] 鲍嵘：《高深学问与国家治理：1949—1954 中国大学课程政策与学科建制研究》，厦门大学，博士学位论文，2004 年。
[62] 庞振超：《1949—1998 中国大学人文学科变革研究》，厦门大学，博士学位论文，2006 年。
[63] 廖益：《大学学科专业评价研究》，厦门大学，博士学位论文，2007 年。
[64] 冯典：《大学模式变迁研究：知识生产的视角》，厦门大学，博士学位论文，2009 年。
[65] 贾莉莉：《基于学科的大学学术组织研究》，华东师范大学，博士学位论文，2008 年。
[66] 王东杰：《政治、社会与文化视野下的大学“国立化”：以四川大学为例（1925—1939）》，四川大学，博士学位论文，2002 年。
[67] 张雪蓉：《以美国模式为取向：中国大学变革研究（1915—1927）——国立东南大学为个案》，华东师范大学，博士学位论文，2004 年。
[68] 许小青：《从东南大学到中央大学——以国家、政党与社会为视角的考察（1919—1937）》，华中师范大学，博士学位论文，2004 年。
[69] 李金奇：《被学科规训限制的大学人文教育——一种学科规训制度的视角》，华中科技大学，博士学位论文，2005 年。

索　引

F

G

J

K

M

P

Q

R

S

T

W

X

Y

Z

后　　记

3年前的今天我参加博士学位论文答辩，答辩委员会诸位专家对论文的修改提出了宝贵的意见和中肯的建议。认真聆听专家学者的建议，有幸把博士论文修订成书，这里向他们致以最崇高的敬意和最诚挚的谢意。学术研究的经历自有心酸与痛楚的时候，但“痛并快乐”的感受又是何等的珍贵，精神的满足让我时刻感到充实与自信。驻足回首这一段心路历程，有过辛酸、有过甘苦，但更多的是心中的那份感激。

有幸得到厦门大学教育研究院周密的课程训导，在严谨、开明、前沿的学术氛围中讨论、学习和探索，我感到很幸运。从选题到论文写作的每一步都是在导师悉心指导下完成的，倾注了导师大量的心血，在此衷心地感谢恩师张亚群教授。他那渊博的专业知识、严谨的治学态度、精益求精的研究作风和诲人不倦的高尚师德是我学习的榜样和努力进取的方向。论文的顺利完成，同样离不开厦门大学教育研究院各位老师、同学的关心与帮助。尤其在课程学习过程中得到潘懋元先生的直接教导与宽宏包容，每每想起心里洋溢着敬佩与暖意。聆听刘海峰教授精彩的科举学讲授，领略其卓越的学术造诣，始终是我学习的强大动力。

从论文写作到修改成书的整个过程中，我深深体会到亲人、同事、朋友给予的无私关怀、支持与帮助，在这里请接受我忠诚的感谢。首先，感谢父母、爱人和孩子，他们是我坚实的后盾，不曾让我有后顾之忧，使得我在实现理想的路上奋力进取。其次，感谢我的老师、领导在我困惑迷茫之时给予的鼓励与开导。特别感谢德高望重的扎巴教授的勉励与鞭策，让我时刻记住自己的责任和使命。感谢七十三院长的大力支持，让我在工作和学习之间找到平衡，减轻我的工作压力，使我一心一意投入到学习和研究中。同时感谢我的班主任老师蒙古族教育史研究专家王风雷教授的鼓励以及娜布其老师、阿娜老师、满达老师的开导，教会我在面对困惑压力时如何调节自己、认清自己和引导自己。最后，由衷地感谢为拙著的顺利出版付出辛勤劳作的我的学生朱维和中国社会科学出版社的喻苗编辑，她们的专业素养和敬业精神令人钦佩。

尽管得到诸多专家、学者、老师的帮助提携，但由于个人能力所限，书中难免疏漏和偏颇，敬请读者批评指正。

斯日古楞

2015 年 6 月 7 日　写于浙大紫金港图书馆